合肥工业大学新经济系列研究报告

中国上市公司增加价值研究报告（2021）

朱卫东　编著

合肥工业大学出版社

图书在版编目(CIP)数据

中国上市公司增加价值研究报告.2021/朱卫东编著.—合肥:合肥工业大学出版社,2023.3
ISBN 978 - 7 - 5650 - 5957 - 5

Ⅰ.①中… Ⅱ.①朱… Ⅲ.①上市公司—经济发展—研究报告—中国—2021 Ⅳ.①F279.246

中国版本图书馆 CIP 数据核字(2022)第 177752 号

中国上市公司增加价值研究报告(2021)

朱卫东　编著　　　　　　　　　　　责任编辑　孙南洋

出　版	合肥工业大学出版社	版　次	2023 年 3 月第 1 版
地　址	合肥市屯溪路 193 号	印　次	2023 年 3 月第 1 次印刷
邮　编	230009	开　本	889 毫米×1194 毫米　1/16
电　话	人文社科出版中心:0551-62903200	印　张	14.5
	营销与储运管理中心:0551-62903198	字　数	334 千字
网　址	www.hfutpress.com.cn	印　刷	安徽联众印刷有限公司
E-mail	hfutpress@163.com	发　行	全国新华书店

ISBN 978 - 7 - 5650 - 5957 - 5　　　　　　　　　定价:52.00 元

如果有影响阅读的印装质量问题,请与出版社营销与储运管理中心联系调换。

前　言

现代企业是各利益相关者实现多元价值追求的平台，企业应该为各利益相关者创造价值，积极追求利益相关者视角下的企业综合价值最大化，而不仅仅是站在股东利益最大化视角追求单纯的经济利益。相比较利润指标而言，增加价值能够更全面地反映企业的资源配置状况，反映企业为社会和利益相关者创造的经济价值。

企业的价值就在于其创造价值的能力。现代企业之间的竞争从根本上看是企业价值创造能力之间的较量，企业价值的创造和企业整体价值的提升是企业长盛不衰并持续发展的关键，研究企业如何创造价值、如何分配价值是具有现实意义的重要课题。本书基于利益相关者视角，考察了企业的利益相关者对企业的生产经营活动所做的贡献以及相应的收益情况，以增加价值最大化为企业绩效评价目标，全面考虑了企业各利益相关者的利益诉求，拓展了企业绩效评价的内涵，对拓展企业经济可持续高质量发展具有重要意义。

本书梳理价值创造理论的发展历史，借鉴发达国家相关价值创造指标，基于企业绩效评价方法和利益相关者理论，设计了增加价值创造与分配评价指标体系，用于评价上市公司价值创造与分配情况。

本书选取我国沪深 A 股上市公司 2011—2020 年数据，从增加价值创造总额、创造效率和价值分配三个方面对上市公司进行分析。其中，重点分析了 2020 年度上市公司的价值创造与分配情况，并从行业、区域和所有制三个维度系统地分析我国企业增加价值创造与分配现状及其存在问题。研究发现，对增加价值及其创造效率的研究分析，可以为实现资源的有效配置和企业的可持续发展提供有效方法，对企业经营决策和政府政策的制定均具有重要意义。

本书是在财政部全国会计科研课题（重点项目）"大数据与财务报告及其未来模式研究"（2015KJA012）和教育部博士点导师专项基金项目（20100111110015）"基于利益相关者视角的增加价值分配理论与在我国上市公司的实证研究"的研究基础上形成的成果。先后参加本书研究的有：朱卫东、张晨、吴勇、杨春清、王锦、汪益玲、田雨绯、张超、戴潇雅、胡雪、金梦、苏剑、周希辰、薛帅琦、柳杨、桂雨菲、陆娇娇、殷然和储菲。

　　本书由朱卫东担任主编，第一章由朱卫东、殷然编写，第二章由朱卫东、汪益玲、王锦、田雨绯编写，第三章由胡雪、周希辰和薛帅琦编写，第四章由胡雪、金梦、苏剑编写，第五章由胡雪、桂雨菲、陆娇娇和储菲编写。胡雪对全部书稿进行了文字校对与形式统稿。

　　增加价值的会计计量、报告与分析利用在我国还处于探索发展阶段，还未形成系统的增加价值报告的制度规范体系。对增加价值分配问题的剖析可以为政府主管部门制定科学合理的社会分配准则和基于企业利益相关者的经济决策提供依据，对完善我国收入分配制度和提升企业可持续的价值创造具有较高的理论价值和较强的实践指导意义。期待学术界同人共同投入到增加价值会计学的研究中来，为构建和谐发展的社会，贡献会计研究者的力量。

目　　录

第 1 章 绪 论

1.1 研究背景及意义

1.1.1 研究背景

传统企业管理中的"股东至上主义"是盎格鲁-撒克逊体系公司治理模式的核心。在该模式下，股东是企业的所有者，企业应该为股东服务，企业的唯一经营目标是最大化其股东价值。Milton Friedman（1970）认为，企业的唯一责任就是增加它的利润，社会责任信条是社会主义信条。

然而，20 世纪 80 年代以来，企业内外的环境发生了重大变化，此时仅仅依靠股东权利和一系列的委托代理关系而忽略企业其他利益相关者的利益要求，已经难以解决企业的持续发展问题。总体看来，当今社会的企业相对于过去企业，其所处的外部环境、企业内部组织形式等方面都发生了很大的变化。

从企业所处的外部环境来看，首先，自由市场的局限日益凸显。传统经济理论是建立在自由市场基础上的，认为经济活动是为了追求利润最大化。这种一味追求利润最大化思想的直接后果是市场失灵带来的一系列社会问题，它破坏了经济赖以发展的环境，最终制约了经济的发展。其次，经济伦理理论得到进一步发展，推动了企业社会责任思想的深化。在传统的经济理论中，存在着分离主题的问题，即认为传统的经济将企业与伦理隔离开来，认为企业无须受到伦理的约束，这种分离主题的思想受到经济伦理思想的诟病，因此企业须承担一定社会责任的思想在实践中得到深化。再次，市场竞争空前加剧。市场竞争的加剧使得企业争夺赖以生存资源的难度越来越大，这样企业以邻为壑的经营理念、经营方式因受到资源获得性的约束而变得越来越困难。最后，知识经济的兴起。当今的市场远非工业化早期的卖方市场了，在买方市场模式下，企业要生存并求得发展，关键要依靠科学化的管理、富有创意的产品、对市场信息的精确把握与有效利用等，此时人力资本等非财务资本对企业发展的作用甚至超过了物质资本的作用，故而对人力资源重视不足或者忽视其作用的经营模式，不能满足当今社会的需要。

从企业内部组织形式来看，一方面，企业自身的组织模式发生了很大的变化。最主要的是两权分离及股权分散化的企业经营模式，使得企业的产生与经营建立在一组契约基础上，企业多处于内部人控制状态，这样会产生侵蚀中小股东利益等一系列委托代理问题。另一方面，企业内部元素也发生了很大的变化，主要包括：管理者不再认为所有者仅仅关注投资回报，还应关注长期目标以及环境的变化，企业关键要素持有者在企业内拥有越来越重要的权利；由于竞争关系，顾客有了更多的选择；员工身份发生了变化，兼员工、顾客、股东及特殊利益集团成员身份等，并且员工创造性与积极性的发挥对企业生存与发展至关重要；于供应商而言，出现资源稀缺以及管理稀缺问题。

鉴于企业内外部环境的变化，20 世纪末开始出现对企业进行重新定义的学术思潮，学术界对新环境下的企业经营目标和利益相关者利益及其保护做了大量的研究。企业的增加价值理论揭示了企业创造的经营成果（增加价值）如何在利益相关者之间进行分配，体现了企业内、外部的社会关系。增加价值管理会计的本质特征认为企业是利益相关者的一个经营共同体，这与利益相关者的企业理论是完全一致的，而这一理念也是利益相关者和谐发展的最好体现。

1.1.2 研究意义

传统的"资本雇佣劳动"企业观下，企业是以股东财富最大化为动机而存在的私有组织体。随着企业理论的不断发展，尤其是企业社会性的不断推进，现代企业理论将企业看作社会公民，是其利益相关者之间综合性社会契约的汇集，这就要求企业的经营决策必须考虑他们的利益，并给予相应的报酬和补偿。

本书主要从以下几个方面进行研究：第一，披露企业价值创造总和。增加价值是企业所创造的全部新增价值，增加价值的大小反映了企业资源配置的真正效率，反映了企业各生产要素结合为社会贡献的总价值，其与传统的利润指标相比，可以全面地反映企业为社会所做的贡献。第二，增加价值在利益相关者之间的分配情况。企业长期稳定的发展要求增加价值在各相关利益主体之间进行科学合理的分配，以企业的社会性为立足点，从企业利益相关者的角度出发，研究企业增加价值分配，对我国上市公司增加价值分配模式现状、问题及其原因进行系统的分析，研究不同行业、不同地区、不同所有制类型的上市公司增加价值分配与企业发展的一般规律。第三，增加价值创造效率分析。通过对各生产性指标的分析与研究，找出不同行业、不同地区、不同所有制类型上市公司价值创造效率的差异。

通过本书的研究，可以更加深入系统地了解我国企业增加价值创造与分配的现状及其存在的问题，对企业自身发展及政府相关政策的制定等均具有重要的意义。一方面，对增加价值及其创造效率的研究分析，可以为实现资源的有效配置和企业的可持续发展提供有效方法，从而提升我国上市公司的价值创造效率；另一方面，对增加价值分配问题的剖析可以为政府主管部门制定科学合理的社会分配准则和基于企业利益相关者的经济决策提供依据，对完善我国收入分配制度具有较高的理论价值和较强的实践指导意义。

1.2 增加价值概述

1.2.1 增加价值的起源与发展

1.2.1.1 增加价值的起源

增加价值的基本思想源于马克思的劳动价值论，是用以反映新创造价值的概念。1954

年，Suojanen 将增加价值引入会计领域，他将企业定义为参与各方的决策中心，在此观点下会计的角色就是用一种他们最容易理解的方式向多方面的利益团体报告结果。Suojanen 认为，增加价值向参与各方提供了比收入和利润等更多的信息。倡导增加价值的其他西方学者也认为，利润计算的特点是着眼于股东权益，只把股东看作企业生产经营的受益者是不全面的，增加价值从更广阔的视角，考察了企业内外的参与者对企业生产经营所做出贡献的大小及其相应的受益情况，相对于利润指标来看，增加价值指标可以更加全面地反映资源配置的效率。

我国学者余绪缨（1996）认为，利润计算受到多种可变因素的影响，具有很大的不确定性（如存货计价有多种可供选择的计价基础——按原材料成本、变动成本或者全部成本计价等，以及计价方法选择上的差异，如先进先出法、平均成本法），因而选择用增加价值为基础进行相关指标的分析，可避免这样的缺陷且更具客观性。另外，企业应该承担一定社会责任的思想，也是推动增加价值理论发展的重要原因之一。Meek 和 Gary（1988）认为，增加价值报告（VAS）是作为企业社会责任报告的一部分，研究企业社会责任概念，实际上是企业的管理者是否负有超过股东之外义务的问题。在这一时期，Gray 等（1987）对有关社会责任进行了分类，即"原始资本家"在应对市场时，否认公司的社会责任，而只注重效率；"权益之计者"认为，通过接受某种最低程度的社会责任，企业能获得长期经济福利和稳定性；"社会契约的支持者"认为，企业以社会愿望而存在，进而对社会期望负有义务；"社会生态学者"认为，经济已经造成了严重的社会问题，因而有责任消除它；"社会主义者"希望打破经济与资本的政治权利以满足集体主义的安排。

增加价值理论在西方兴起还有这样几个因素：开征增值税、提高劳动生产力、缓解劳资矛盾以及绩效管理思想的进化等。支持增加价值报告（VAS）的人认为，VAS 具有这样的优点：测量公司创造的全部财富、强调利益相关者之间相互依靠关系、为员工关注工资和前途提供了条件以及有助于管理者实施产出激励计划。

在 20 世纪六七十年代，增加价值报告引起了社会包括管理者、员工、工会、会计学者以及政府等的广泛关注，故 70 年代后期和 80 年代早期，众多企业在其年度报告中开始报告"增加价值报表"。

1.2.1.2　增加价值与剩余价值的区别与联系

马克思的劳动价值论认为，商品的价值由三部分组成，即 $W=C+V+M$，这里 C 为物化劳动转移到商品中的价值，$V+M$ 为劳动者创造的新价值，V 是劳动者为自己创造的价值，M 为被资本家无偿占有的剩余价值。

如果令 $C=C_1+C_2$，其中 C_1 表示劳动对象转移的价值，C_2 表示劳动资料转移的价值，则商品价值公式可以改写为：

$$W=C_1+C_2+V+M$$

本书中的增加价值在理论上等于 $V+M$（增值净额）或者等于 C_2+V+M（增值毛额），即在增值毛额中扣除劳动资料转移的价值 C_2 就得到增值净额。从增值额的计算公式我们可以看出，将所有生产单位创造的增值毛额加总，我们就得到国民生产总值的量；而将扣除劳动资料后的增值净额加总，就可以得到相当于国民收入的值。

马克思的商品价值公式目的是揭示活劳动是价值的源泉，并揭示了资本家无偿占有剩余价值的本质。而增加价值理论是为了度量企业创造出的新增的价值，揭示企业为社会创造的新增财富的大小，目的是揭示劳动生产力提高的途径、增加价值在其利益相关者中的分配，并将增加价值用于绩效管理等方面，进而反映企业资源配置绩效和所承担的社会责任情况。

1.2.2 增加价值的内涵界定与计算方法

增加价值实际上就是对生产经营活动中新创造价值的一种称呼，可以有多种叫法，包括增加价值、附加价值、创造的财富、钱的去向等。增加价值可以被粗略地定义为"由企业及其雇员活动而创造的价值，也就是销售收入减去买入原材料及服务的成本"。英国会计准则委员会（1975）也给出了类似的定义，即增加价值是"销售收入减去购买的材料及服务费用，其结果是度量企业通过自己和其员工的努力所创造的财富"。此外，该委员会（1975）认为：把利润放在适合的位置的最简单和直接的方法就是把企业的成果看作是资本、管理和员工共同努力的结果，通过报告增加价值来代表，利润只是增加价值的一部分。这样，通过增加价值报表，增加价值分配的每一部分的相互依赖关系显得更清楚。

上述对增加价值的定义实际上用的是扣除法，或者称作减法，而且定义得也比较宽泛，例如销售收入是否包含其他业务收入以及是计算增值"净额"还是"毛额"等，没有明确界定。此外，对增加价值的定义还可以从加法（或者收入法、分配法）的角度进行，即用增加价值的去向加总来定义。在实际计算增加价值时，鉴于数据的可获得性以及计算目的的差异，增加价值的计算又可以分为两种理论，即解释理论和义务理论。前者是从增加价值生产或形成的角度，说明增加价值是如何产生的，相应的，计算增值的方法称为"生产法"；而后者是从增值分配的角度（钱的去向），说明增加价值都去了哪里，此种计算增加价值的方法称为"收入法"或者"分配法"。赵丽萍（2002）认为，在企业增值表理论与实践的发展过程中，解释理论占了主导地位。

1.2.2.1 "收入法"计算增加价值

"收入法"也称"加法"或者"分配法"，是从企业的利润表和成本明细表等中挑出构成增加价值的项目，将其加总而得到的，这一方法适合事后的总结与分析。计算过程是把工资、租税、纯金融费（支付利息等金融费用减去收到利息等的金融收益的差额）、折旧费、租金以及税后经常利润加起来得到企业创造的增加价值，即：

$$增加价值＝工资＋租税＋纯金融费＋折旧费＋租金＋税后经常利润$$

英国企业大都采用"收入法"计算增加价值，与日本所采用的方法基本一致，其计算公式为：

$$VA＝W_t＋T_t＋Div_t＋I_t＋P_t＋Dep_t$$

W_t 表示第 t 年雇员的报酬，T_t 表示第 t 年上缴的税赋，Div_t 表示第 t 年的分红，I_t 为第 t 年的利息支付，P_t 表示第 t 年的留存收益，Dep_t 表示第 t 年的折旧额。

可以看出，"收入法"是从对生产要素支付报酬的角度来计算增加价值的，是一种用经济学的观点来理解增加价值的，故而能既有利于宏观经济统计需要，又容易从企业的实际报表中计算得到，长期来看还可以得到各种有益的启示。但是，山口裕康（1995）认为，运用"收入法"未能计算出没有列入增加值构成项目的费用，因而不能完全反映企业独特的生产技能，而"生产法"可以弥补这个不足。

1.2.2.2　"生产法"计算增加价值

生产法又称为扣除法，或者"减法"，山口裕康在《经营分析入门》一书中，认为扣除法是从销售额中扣除外购价值来得到增加价值，其中外购价值包括原材料费、外委加工费以及发货运费等外部服务费，即：

增加价值＝销售额—外购价值（原材料费＋买入零件费＋外委加工费＋外部服务费）

山口裕康认为，"生产法"既可以反映企业生产的全部增加值，同时有利于企业开发其他企业不能效仿的独特生产技术，进行以高增加值为目的的经营，适用于事前的预测与计划。另外，山口裕康认为，管理的目的、精度和时机最终决定选用方法的适合性，并认为提高增加值的方法有三种，即提供良好的使用价值（即质量）、被顾客接受（价值实现）、降低成本的技术。

1.2.2.3　增加价值净额还是毛额

上述的"生产法"或者"分配法"都没有说明运用增加价值毛额（GNA）还是净额（NVA），从理论上来看，两者只是计算口径上的不同，没有孰优孰劣的问题。但是在实际操作中，两种计算方法往往造成不同的结果，以致最终结果失去了可比性。

由于不同企业计提折旧方式存在差异，GNA 的优点有利于克服折旧的随意性（如机器的折旧率、折旧方式、残值估计等的随意性），因而比较客观；而 NVA 能真实反映创造的新增加价值。另外，如进行全额分配也不会影响企业的简单再生产活动。娄尔行等（1985）认为，计算增值净额比较可取。Michael（1979）也支持 NVA 的算法，理由是：第一，NVA 真实地反映了创造的新价值问题，公司可以 100％地分配其 NVA，而长期来看不能对 GNA 进行如此分配；第二，基于 NVA 计算产出激励计划要比 GNA 更加公平；第三，按照一致性和配比性原则，折旧需要像购入成本一样进行扣除；第四，NVA 避免了重复计算的问题；第五，可以看出团队的贡献大小及其共同生产问题。

1.2.2.4　本书的计算方法

鉴于数据的可获得性限制，本书使用"分配法"计算增加价值，且计算的是增加价值净额，全部数据均来源于 CSMAR 数据库。具体计算方法如下：

企业年度创造的增加价值＝员工所得额＋政府所得额＋股东所得额＋债权人所得额＋企业留存。

其中员工所得包括工资、福利和从利润或成本费用中支付给员工相当于工资性质的劳动报酬；股东所得是指股东的分红和股利；债权人所得是指利息；政府所得是指政府向企业征收的税金；企业留存则是未分配的增值剩余部分。分配法能反映企业在生产经营过程中新创造的价值在相关方面的分配情况，体现增加价值的归属问题，旨在反映企业受益者的共同利益、企业对社会责任和社会义务的履行情况。一般认为，增值毛额将固定资产折旧和企业留存一同列示能更清楚地体现企业可用于未来投资的本期经营所得，但如果将增值毛额全额分配，必然会影响投入资本的完整性；如果扣除折旧，则更能体现会计处理的一致性和收入费用配比原则，突出了会计数据的可加性，因此增值净额更具可取性。

1.2.3 增值表

国外对增值会计的研究积累了许多研究成果，许多国家要求企业编制增值表并且披露，其中典型的有日本、英国等。增值表又称为附加价值计算书，其形式主要由三个问题所决定。第一个是编制增值表的目的，是发生基准还是销售基准，也就是认识时点的问题；第二个是增值表编制的数据源泉；第三个是增值额的计算方法是基于加法还是减法的问题。

1975 年 6 月，日本会计研究学会附加价值会计特别委员会第 2 回报告发表的附加价值计算书，是作为在会计制度上的损益计算书补充财务报表。该表以粗附加价值为基础，重视经营成绩时序的比较以及企业之间的比较；采用减法计算，以修正生产价值为认识时点，制作资料源泉为损益表等。其形式见表 1-1 所列。

表 1-1　日本会计研究学会附加价值会计特别委员会的附加价值计算书

［A］粗附加价值产出值的计算	1. 污染处理费
Ⅰ 生产值	2. 折旧
1. 纯销售价值	3. 租借费
2. 期初成品、半成品存货价值	4. 修理费
3. 期末成品、半成品存货价值	5. 保险费
Ⅱ 前给付价值	6. 广告宣传费
1. 材料费	7. 招待费
（1）原材料费	8. 坏账准备金转入、坏账损失
（2）买入零件费	Ⅳ 粗附加价值分配值
（3）燃料费	1. 人件费（劳动分配值）
（4）车间消耗品费	（1）制造相关人件费
（5）消耗工具器具备品费	①工资
2. 制造费用	②薪水
（1）外包工程费	③杂费
（2）电费	④职工奖金
（3）水费	⑤退休金
（4）旅游交通费	⑥福利费
（5）通信费	⑦福利设施费
3. 销售费以及一般管理费	（2）销售、一般管理人人件费

（续表）

（1）销售手续费	⑧职工工资、奖金
（2）包装费	⑨管理人员工资、奖金
（3）搬运费	⑩福利费
（4）样品费	2. 各项税费（社会分配值）
（5）保管费	（1）各项税费
（6）测试费	3. 地租、金融费用（资本分配值）
（7）差旅费	（1）地租
（8）交通费	（2）支付利息、折扣费
（9）通信费	（3）债券利息
（10）光热费	（4）债券发行差价摊销
（11）消耗品费	（5）销售折扣以及其他金融费用
［B］粗附加价值支付值、分配值的计算	（6）债券发行费摊销
Ⅲ粗附加价值支付值	4. 营业纯收益

资料来源：作者根据外文资料整理获得

英国会计准则指导委员会（ASSC）1975 年的《公司报告》提出了如表 1－2 所示的附加价值计算书（以制造业为例）。它是以销售基准作为认识时点，附加价值计算书作为利益概念的补充，提倡各财务报表能整合为一张报表。对生产附加价值采用减法计算，分配项目为职工、资本提供者、政府以及资产维持准备。计算的附加价值为保留折旧的粗附加价值。

表 1－2　英国会计准则指导委员会：附加价值计算书（制造业）

销售价值	
减：买入材料、服务	
附加价值	
按照以下分配	
职工的支付额：	
工资、年金、奖金等	
资本提供者的支付额：	
借入资金利息	
股东分配	
政府的支付额：	
未纳的法人税	
资产维持、扩张的准备金额：	
留存收益	

资料来源：作者根据外文资料整理获得

从上述两张表中可以看出，日本的附加价值计算书详细地列举了增加价值的创造与分配，涉及的科目较为精细，清晰地呈现了增加价值的形成来源及分配去向，而英国制造业的增值表结构和内容都相对简单，较为直观地呈现了增加价值的形成来源及分配去向。由于我国对增值会计的研究大多数停留在理论层面上，在实践方面，尚未有企业编制增值表，增值表的格式与内容也尚未明确，日本的附加价值计算书对于我国企业未来编制增值表的借鉴意义更大。美国、新加坡等国家大多数基于英国《公司报告》中提出的增值表的格式与内容，分别结合自身国家的特点编制增值表。

国际上对于增值表的编制没有统一的格式，但是通常都是采用报告式或账户式。虽然形式略有不同，但是所反映的内容基本一致，主要是给报表使用者呈现了增值额的形成与分配。无论哪种形式的增值表，均反映的是企业各利益相关者的利益。按照社会责任会计的角度，企业对社会履行的责任还包括消费者、供应商、环境以及社区等其他与企业相关的这部分利益相关者的利益问题。因此，增值表在后期实践中应该加以完善。

1.3　增加价值相关研究

自 Soujanen 第一次将增加价值引入会计领域以来，增加价值问题在过去几十年间一直是国际会计领域研究的一个持续争论的话题（Staden，1999）。1975 年，英国发表的《公司报告》为英国乃至国际会计界认识增加价值的概念及其应用提供了动力。该报告不但定义了增加价值概念，并且提出了增值表的形式，提倡 VAS 可以补充现有的财务报表，因为其是基于利益相关者视角而非股东独立视角。随后，英国四大会计师事务所对增加价值进行了研究，提供了增加价值作为衡量企业绩效指标的有用性证明，并且出版相关报告及书籍。有关增加价值的研究主要集中在以下几个方面。

学者们认为创造增加价值比创造利润更适合作为企业经营的目标。Karpik 等（1990）通过实证研究发现，增加价值会计信息比传统的财务会计信息对市场的风险更具有解释力，因此增加价值是比传统财务指标更适合衡量企业价值的指标。Riahi 和 Fekrat（1994）以 1981—1990 年美国 673 家企业数据为样本，研究 VAS 及财务报表中衍生出来的绩效指标的变异和持续问题，研究结果显示，净增加价值相对于净利润或者经营现金流量，具有低的变异性和更大的持久性，并且相对于利润和现金流，基于净增加价值衡量的会计风险与市场的关系更加密切。而在南非，研究文献主要针对增加价值在工会工资谈判的有用性等方面。印度学者 Niranjan 和 Suvarun（2008）选取了印度的巴拉特重型电气有限公司（BHEL）自 1999 年起连续 8 年的时间序列数据做相关性分析，结果发现，增值毛额指数和增值净额指数在 1999—2007 年都呈持续上升的现象（除了 2001 年），而这些指数增长的主要原因是企业产品值的不断上升，并且结果显示增加价值和企业产品值的相关系数达到 0.99。日本学者水野一郎（2003）认为，企业不仅要为物质资本所有者服务，更应该面向所有向企业投入资源的利益相关者服务，因此，比利润指标视角更广的增加价值应该作为企业价值创造的指标，并以中国的海尔集团和日本的京瓷公司为案例研究对象，发现将增加价值作为企业绩效管理的核心指标相对于以往的利润指标取得了更好的管理效果。

企业需要承担社会责任的思想，也是推动增加价值理论发展的重要因素之一。Morley（1979）认为，增加价值的受益者不仅限于股东，而是将员工、政府等都作为企业的受益人，体现了一定社会责任的思想。Meek 等（1988）认为，研究企业承担社会责任的问题，实际上是研究企业的经理人是否应服务于股东之外的利益相关方的问题，而增加价值蕴含了包括股东在内的全部利益相关方的利益，因此增加价值报告可作为企业社会责任报告的一部分。增加价值表明了企业承担的社会责任，也有利于增强企业管理者的社会责任感。水野一郎（1990）认为，日本的增加价值会计研究的重要理论基础之一，就是重视企业社会责任的社会会计理论。Aggarwal（2001）通过案例研究分析了美国沃尔玛的经营管理过程，认为沃尔玛在经营的过程中对员工等利益相关者创造的增加价值给予重视，体现了沃尔玛经营中对利益相关者履行的社会责任，而结果是这样的经营方式为沃尔玛带来了巨大效益。

国内关于增加价值的研究开始于 20 世纪 80 年代初，并在此后的几十年间得以发展。娄尔行和张为国（1985）分析了国外的增值表内容及性质，并且详细论述了其与利润表的区别及其自身的优劣，最终得出结论认为中国实行社会主义制度，可以将增值表作为社会责任会计的一部分内容，我国企业更具备条件编制采用增值表。楼土明（1996）详细阐述了增值额含义、增值会计的性质及增值报告的形式，并且对增值会计的性质进行了详细分析，认为增值会计有以下作用：首先，从增值额的形成看，有利于促进优化资源配置，提高经济效益；其次，从增值额的分配看，有利于揭示有关利益主体，从企业获取所得的情况；再次，从劳动价值角度看，有利于调动增值创造者的积极性；最后，从核算的角度看，有利于企业增值会计的核算与国民经济核算有机地联系起来。增加价值实证研究方面，杨春清和朱卫东（2012）基于深沪两市 2003—2010 年 1023 家上市公司共 7161 个观察数据，研究了我国上市公司职工薪酬与企业绩效之间的关系，按照一定的分离准则，对样本企业按绩效高低不同分为两组，然后分别对两组样本进行回归对比分析，结论显示高绩效组企业中员工薪酬与企业绩效存在显著的正相关关系，而对比组企业没有这样的关系；另外，高绩效组企业薪酬对绩效的弹性为 0.79%，而对比组没有此弹性。王锦（2015）以 2003—2013 年的上市公司数据为样本，采取倾向匹配得分法研究员工增加价值分配水平对企业价值的影响，研究结果显示，在控制其他影响企业价值的因素后，员工增加价值分配水平高的企业能够在提升股东利益的同时创造出更高的增加价值。王化成（2012）以增加价值（价值创造额）为基础构建了中国会计指数以反映宏观经济运行，开拓了增加价值应用的新领域。

从国内外研究概况来看，在宏观经济学中，增加价值通过国民经济的生产性能衡量国民收入，即国民生产总值或国内生产总值，这些概念代表了一个具体时期的国民经济增加值；除了衡量国民收入，增加价值也被认为是经济和商务管理等方面的一个有用的经济和性能指标；增加价值的重要性更体现在其作为财务工具衡量一个企业的业绩，因为企业的经营影响了社会、经济以及社区的福利。相对于净利润，增加价值衡量视角更加宽广，它揭示了整体的价值创造及在利益相关者之间的分配，而不仅仅是关注资本提供者的利益。

第 2 章　增加价值创造与分配评价体系

2.1　基于增加价值的企业绩效评价内涵

企业有众多的利益主体，这些利益主体包括企业所有者、企业债权人、企业职工、政府等。企业管理目标应与企业利益主体有关，是多个利益主体共同作用的结果，各个利益主体的目标都可以综合为企业长期稳定发展和企业总价值的不断增长。基于以上原因，企业的经营成果和经营管理应以最大限度地实现各利益集团的利益为目标，各利益集团的利益目标最大化，就是企业绩效的最大化。增加价值正是基于利益相关者视角，充分保障各利益相关者的利益，因此，评价企业绩效应该以评价企业增加价值最大化为核心。增加价值最大化目标的基本思想是将企业的长期稳定发展摆在首位，在保证企业可持续发展的前提下，满足企业各利益相关者的利益，包括股东与各利益主体之间的利益协调关系；企业员工的切身利益；加强与债权人之间的联系，保障企业的融资渠道；关心政府政策变化，依法纳税以及企业自身留存收益，保障企业的投资能力等。

增加价值最大化目标克服了股东利益最大化目标的缺陷，是对现代企业财务管理目标深层次认识的拓展。增加价值最大化目标的实现是建立在企业长期稳定发展及各利益相关者利益得以保证的基础之上。它不仅考虑到股东利益，同时也充分考虑到与企业密切相关的员工、债权人及政府的利益。企业增加价值最大化目标的特点是：①满足了企业财务管理的本质要求，即企业价值最大化；②满足股东利益，股东财富仍然是企业价值评价的最重要的组成部分，充分肯定了物质资本的地位；③注重债权人的利益，关注企业长远发展需要，保证企业的偿债能力及抵御风险的能力；④将企业员工视为公司治理主体之一，充分尊重员工，保障员工权益；⑤保证政府的利益，保障政府公共收益的实现，从而更好地为企业和社会提供公共服务，实现企业履行社会责任的义务。

我国是社会主义市场经济国家，与资本主义市场经济相比，我们更加强调职工的实际利益和各项权利，强调社会财富的积累，强调协调处理好各方面的利益，强调实现共同发展和共同富裕，这些特征决定了我国企业财务管理的目标应综合考虑多方面的利益。本书遵循利益相关者理论，构建以增加价值最大化为企业目标的企业绩效评价体系，对我国上市公司的增加价值创造及各利益相关者利益所得情况进行评价。以增加价值最大化为企业绩效评价目标，全面考虑了企业各利益相关者的利益诉求，拓展了企业绩效评价的内涵，即由单纯的为物质资本提供者服务拓展为为各利益相关者服务，比以企业利润最大化或股东财富最大化为目标的绩效评价更加科学合理，同时也丰富了企业绩效评价的内容。

2.2　增加价值创造与分配的评价范围

2.2.1　评价内容

本报告的评价对象是中国 A 股上市公司的价值创造与分配，因此，需要构建科学完整的指标体系，从而对上市公司的价值创造与分配情况进行分析评价。本报告基于中国上市公司财务数据及指标，参考借鉴美国、英国、日本等国家相关价值创造指标，构建一套完整的指标体系，用于评价上市公司价值创造情况。评价内容主要包括：①增加价值创造情况，主要考察上市公司价值创造现状及趋势变化；②增加价值分配现状，主要考察上市公司增加价值在利益相关者之间的分配情况，并重点考察企业员工人均分配情况；③增加价值创造效率指标，主要考察企业增加价值创造的效率。

2.2.2　评价样本

本报告的评价样本包括截至 2020 年底所有在沪深 A 股上市的公司，选取 2011—2020年的数据对我国上市公司价值创造与分配现状进行分析，并对 2020 年度的上市公司的价值创造与分配情况进行详细分析并给予评价。总样本分布情况见表 2-1 所列：

表 2-1　总样本分布情况

年份	2011	2012	2013	2014	2015	2016	2017	2018	2019	2020
公司数	2 192	2 326	2 387	2 510	2 709	2 995	3 377	3 471	3 681	3 860

2.3　增加价值创造与分配的评价维度

2.3.1　所在行业

由于各行业的业务性质及风险特征不同，不同行业之间的上市公司的价值创造及分配情况也必然存在差异，因此，有必要对不同行业的上市公司价值创造情况进行分析，以便了解价值创造的行业差异。

中国证监会 2012 年修订的《上市公司行业分类指引》将上市公司行业分为 19 个门类，具体代码见表 2-2 所列：

表 2-2　上市公司行业分类代码

A	农、林、牧、渔业
B	采矿业

（续表）

C	制造业
D	电力、热力、燃气及水生产和供应业
E	建筑业
F	批发和零售业
G	交通运输、仓储和邮政业
H	住宿和餐饮业
I	信息传输、软件和信息技术服务业
J	金融业
K	房地产业
L	租赁和商务服务业
M	科学研究和技术服务业
N	水利、环境和公共设施管理业
O	居民服务、修理和其他服务业
P	教育
Q	卫生和社会工作
R	文化、体育和娱乐业
S	综合

在 19 个大类行业中，制造业是上市公司最多的行业，为了使各行业公司数量均衡，可以采取以下方法将制造业进行细分。

（1）按照中国证监会 2012 年修订的《上市公司行业分类指引》，制造业还可以细分为 31 个小类，见表 2-3 所列。

表 2-3　制造业细分

C13	农副食品加工业	C29	橡胶和塑料制品业
C14	食品制造业	C30	非金属矿物制品业
C15	酒、饮料和精制茶制造业	C31	黑色金属冶炼和压延加工业
C16	烟草制品业	C32	有色金属冶炼和压延加工业
C17	纺织业	C33	金属制品业
C18	纺织服装、服饰业	C34	通用设备制造业
C19	皮革、毛皮、羽毛及其制品和制鞋业	C35	专用设备制造业
C20	木材加工和木、竹、藤、棕、草制品业	C36	汽车制造业
C21	家具制造业	C37	铁路、船舶、航空航天和其他运输设备制造业
C22	造纸和纸制品业	C38	电气机械和器材制造业
C23	印刷和记录媒介复制业	C39	计算机、通信和其他电子设备制造业

（续表）

C24	文教、工美、体育和娱乐用品制造业	C40	仪器仪表制造业
C25	石油加工、炼焦和核燃料加工业	C41	其他制造业
C26	化学原料和化学制品制造业	C42	废弃资源综合利用业
C27	医药制造业	C43	金属制品、机械和设备修理业
C28	化学纤维制造业		

（2）按照各行业所投入的资源和要素中占比最大和居于主要地位的要素为标准，根据要素的密集度或相对密集度，即根据不同行业在生产过程中对要素依赖程度的差异，可以将制造业企业分为劳动密集型制造业，资本密集型制造业及技术密集型制造业。分类结果见表2-4所列。

表 2-4　制造业结构分类

劳动密集型制造业	C13 农副食品加工业；C14 食品制造业；C17 纺织业；C18 纺织服装、服饰业；C19 皮革、毛皮、羽毛及其制品和制鞋业；C20 木材加工和木、竹、藤、棕、草制品业；C21 家具制造业；C23 印刷和记录媒介复制业；C24 文教、工美、体育和娱乐用品制造业；C29 橡胶和塑料制品业；C30 非金属矿物制品业；C33 金属制品业；C41 其他制造业；C43 金属制品、机械和设备修理业
资本密集型制造业	C15 酒、饮料和精制茶制造业；C16 烟草制品业；C22 造纸和纸制品业；C25 石油加工、炼焦和核燃料加工业；C26 化学原料和化学制品制造业；C28 化学纤维制造业；C31 黑色金属冶炼和压延加工业；C32 有色金属冶炼和压延加工业；C34 通用设备制造业
技术密集型制造业	C27 医药制造业；C35 专用设备制造业；C36 汽车制造业；C37 铁路、船舶、航空航天和其他运输设备制造业；C38 电气机械和器材制造业；C39 计算机、通信和其他电子设备制造业；C40 仪器仪表制造业；C42 废弃资源综合利用业

2.3.2　所在地区

由于我国各地经济发展不均衡，处于不同地区的公司的市场化程度、制度完善程度、环境条件等是不同的，因此增加价值创造与分配存在差异。按照中华人民共和国行政区域划分，中国大陆有31个省、直辖市和民族自治区。这些行政区域又可以划分为东部、中部和西部3个地区，其中，东部地区包括北京、天津、河北、辽宁、上海、江苏、浙江、福建、山东、广东、海南11个行政区域，中部地区包括安徽、河南、湖北、湖南、江西、山西、吉林、黑龙江8个行政区域，西部地区包括新疆、甘肃、陕西、宁夏、四川、重庆、贵州、云南、广西、西藏、青海、内蒙古12个行政区域。

2.3.3　所有制性质

中国上市公司所有制类型不同，不同所有制企业的价值创造及分配情况存在差异。我们以公司最终控制人的类型为分类标准，将上市公司分为央企、国有企业及民营企业。

2.4 增加价值创造与分配评价指标体系

基于企业绩效评价相关理论及方法，借鉴美国、英国等发达国家关于增加价值相关指标的研究与应用，并重点参考日本 TKC（日本最大的职业会计人员团体）的企业的生产性评估报告所用指标体系，我们设计了增加价值创造与分配评价指标体系。该指标体系包括增加价值总值指标、增加价值分配指标、人均指标和增加价值创造效率指标 4 个部分，其中增加价值总值指标和增加价值分配指标反映了企业的价值创造和分配情况；人均指标可以消除规模效应，使得不同规模的行业（企业）间横向可比，具体包括人均增值额、人均薪酬和人均净利润；增加价值创造效率指标则多方面地反映了价值创造效率，具体包括了资产增加价值率、销售增加价值率、增加价值综合生产性、经营资本生产性和设备资本生产性，具体含义及计算方法见表 2-5 所列。

表 2-5 增加价值创造与分配评价指标体系

指标		计算方法	指标含义
增加价值总值指标	增加价值	增加价值＝员工所得额＋政府所得额＋股东所得额＋债权人所得额＋企业留存额（此为净增加价值公式，粗增加价值要加上折旧）	增加价值是企业真正意义上创造的价值，是比利润更适合作为衡量企业绩效的指标
	员工所得	员工所得＝支付给职工以及为职工支付的现金＋应付职工薪酬期末期初之差	员工应获得的增加价值
	政府所得	政府所得＝支付的各项税费＋应交税费期末期初之差－收到的税费返还	政府应获得的增加价值
	股东所得	股东所得＝本年股数×每股股利	股东应获得的增加价值
	债权人所得	债权人所得＝利息支出	债权人（银行）应获得的增加价值
	企业留存	企业留存＝净利润－派息数	企业应留存的增加价值
增加价值分配指标	员工所得率	员工所得率＝员工所得额/增加价值	表示员工获得的增加价值占增加价值的比例
	股东所得率	股东所得率＝股东所得额/增加价值	表示股东获得的增加价值占增加价值的比例
	政府所得率	政府所得率＝政府所得额/增加价值	表示政府获得的增加价值占增加价值的比例
	债权人所得率	债权人所得率＝债权人（银行）所得额/增加价值	表示债权人（银行）获得的增加价值占增加价值的比例
	企业留存率	企业留存率＝企业留存额/增加价值	表示企业获得的增加价值占增加价值的比例

（续表）

指标		计算方法	指标含义
人均指标	人均增值额	人均增值额＝增加价值/员工人数	表示每年每一位员工创造的增加价值，是生产性分析中最重要的指标，它是代表劳动生产性最重要的指标
	人均薪酬	人均薪酬＝员工所得额/员工人数	表示员工每年平均获得的工资、奖金等，未达到人均薪酬的员工需要更加努力工作，以获得更多的工资
	人均净利润	人均净利润＝净利润/员工人数	人均净利润是表现劳动生产性的指标，代表员工每人每年创造的净利润
增加价值创造效率指标（生产性指标）	资产增加价值率	资产增加价值率＝增加价值/总资产	表示每年每单位总资产创造的增加价值，此指标可以消除规模效应比较增加价值创造情况，其中总资产＝（期初总资产＋期末总资产）/2
	销售增加价值率	销售增加价值率＝增加价值/销售收入	表示每年每单位销售收入创造的增加价值，此比率越高说明商品创造的利益越高
	增加价值综合生产性	增加价值综合生产性＝增加价值/（人工费＋经营资本）	表示增加价值占全部经营生产要素（劳动与资本）投入量的比例，在企业综合比较中起着重要作用，其中人工费为薪酬期末数，经营资本＝（期初流动资产＋期末流动资产）/2
	经营资本生产性	经营资本生产性＝增加价值/经营资本额	表示每年每单位经营资本创造的增加价值，此指标代表投入的经营资本创造的增加价值，其中经营资本额＝（期初流动资产＋期末流动资产）/2
	设备资本生产性	设备资本生产性＝增加价值/固定资产	表示每年每单位固定资产创造的增加价值，此指标代表物质生产设备投入下创造的增加价值，越是资本集约型企业，该指标越重要，其中固定资产＝（期初固定资产净额＋期末固定资产净额）/2

第3章　2011—2020年上市公司
增加价值创造及分配整体现状

按照先总后分的思路，本章将首先对2011—2020年中国全部上市公司的增加价值创造总值指标、增加价值创造分配指标、人均指标以及增加价值创造效率指标进行分析；然后进行分行业对比分析、分地区分析和分经济性质分析；考虑到创业板公司的特殊性，本章还对创业板公司进行重点分析。在进行分行业对比分析时，由于教育行业以及居民服务、修理和其他服务业包含的企业数量过少，将不会单独进行分析。为了保证以上结果不受异常值影响，在分析时会剔除ST企业和增加价值为负值的企业，并在本章最后对其进行单独分析。

3.1　2011—2020年上市公司增加价值创造及分配整体现状

3.1.1　增加价值创造总额情况

表3-1所列的是2011—2020年除去ST和增加价值为负值的上市公司后的增加价值创造的描述性统计数值。图3-1所示的是2011—2020年除去ST和增加价值为负值的上市公司后的价值创造均值，即增加价值均值的总体情况，从中可以看出：①增加价值均值整体呈增长趋势，但增长态势趋于缓和，这与我国整体的经济发展相吻合；②2015年和2020年两个年度，增加价值均值出现下降趋势，即上市公司在数量增多的情况下价值创造能力下降。

表3-1　2011—2020年增加价值创造的描述性统计　　　　（单位：百万元）

年份	中位数	均值	最小值	最大值	标准差	公司数
2011	336.13	1 672.39	2.96	657 625	15 409.56	2 022
2012	343.34	1 652.92	0.24	636 742	14 531.18	2 180
2013	380.75	1 806.39	2.17	671 168	15 110.35	2 280
2014	424.89	1 877.01	0.12	638 103	14 324.41	2 398
2015	460.06	1 861.96	0.24	501 272	11 639.06	2 545
2016	505.57	1 922.09	2.10	450 972	10 503.62	2 853
2017	516.32	2 247.38	0.03	495 666	14 051.31	3 239
2018	581.88	2 614.79	3.17	581 037	15 938.80	3 178
2019	583.96	2 675.28	0.25	579 391	15 531.80	3 331
2020	528.86	2 457.18	0.91	475 961	13 719.06	3 519
总体	464.96	2 103.16	0.03	671 168	14 115.56	27 545

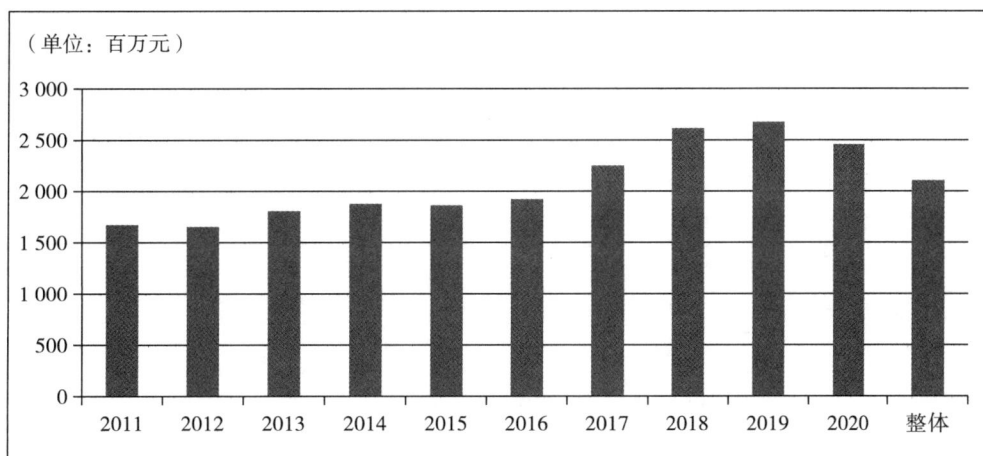

图 3-1　2011—2020 年上市公司价值创造均值总体情况

3.1.2　增加价值分配情况

图 3-2 和图 3-3 所示的分别是 2011—2020 年上市公司增加价值分配额的基本情况和趋势变化。从图中可以看出：①各利益相关者所得在每年的结构构成基本相同，从所得额看，上市公司分配给政府、员工和企业留存的价值额占多数，股东和债权人所得额相对较少；②各利益相关者所得额基本呈增长趋势，其中政府所得和员工所得增长趋势明显且较稳定，而分配给股东的所得相对比较稳定，变化趋势平缓，企业留存额变动幅度在 2011—2020 年相对于其他利益相关者来说波动幅度较大。

图 3-4 和图 3-5 所列的是上市公司增加价值分配比例趋势和分配比例情况，分配比例的计算方法是全部上市公司各利益相关者当年所得总额占当年增加价值总额的比例。

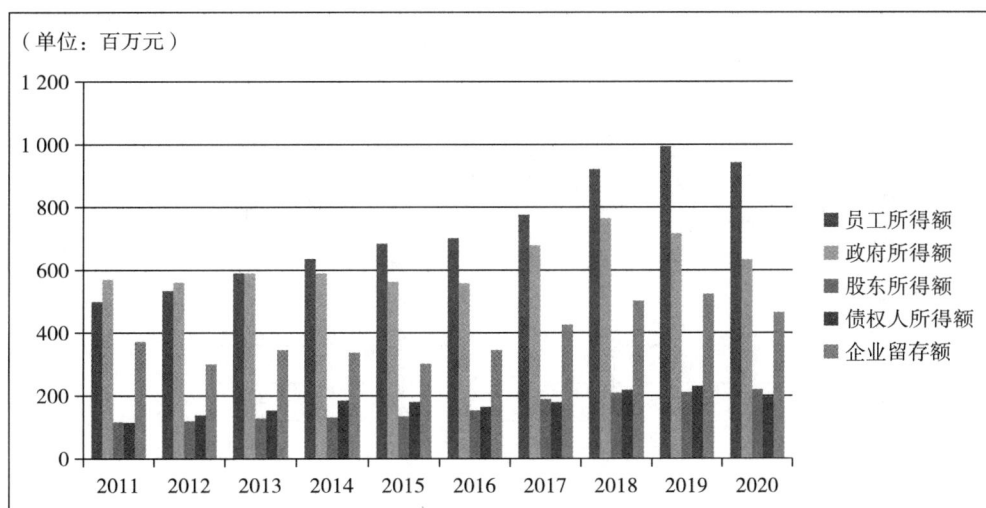

图 3-2　2011—2020 年上市公司增加价值分配额情况

（单位：百万元）

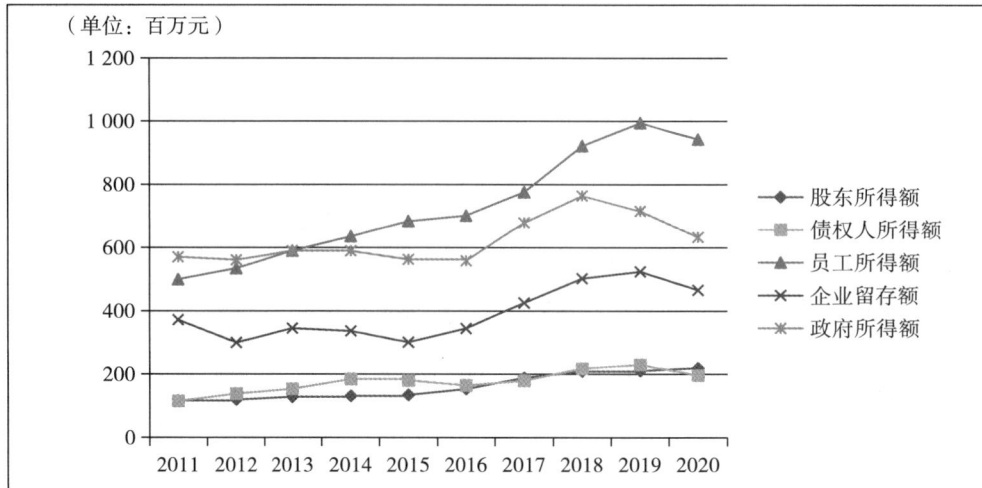

图 3-3 2011—2020 年上市公司增加价值分配额趋势

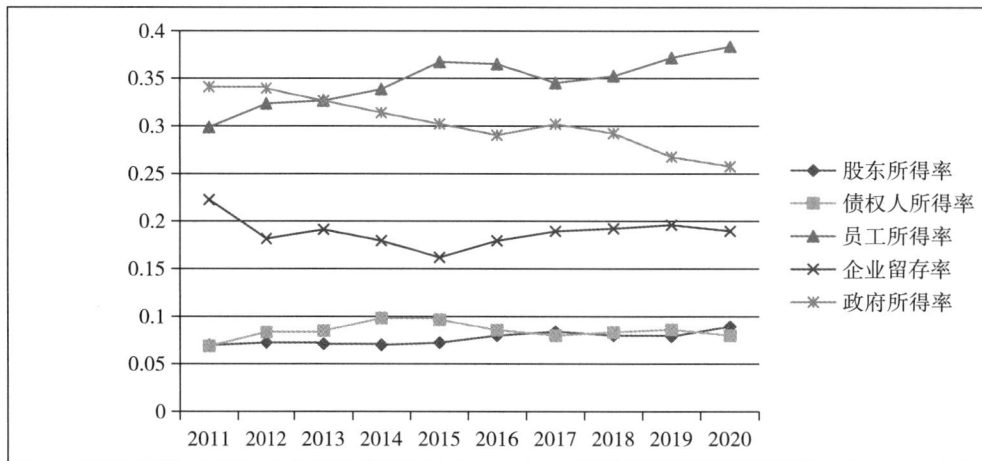

图 3-4 2011—2020 年上市公司增加价值分配比例趋势

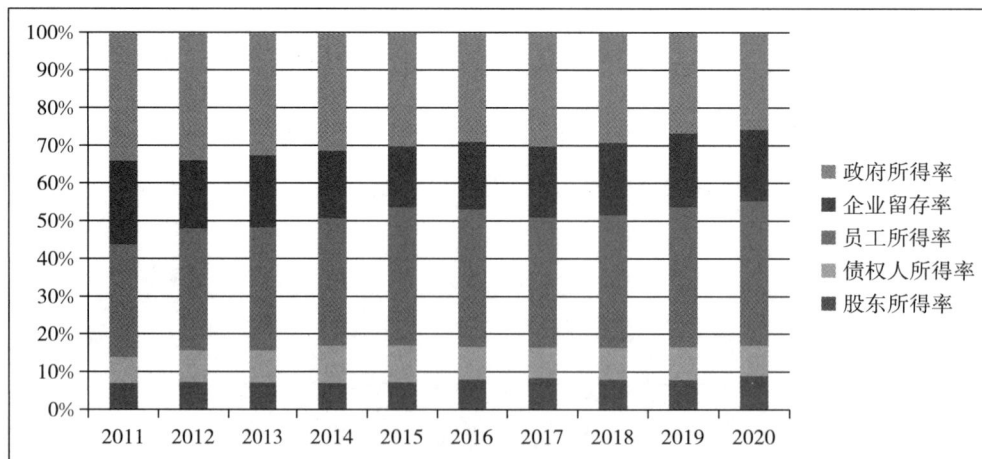

图 3-5 2011—2020 年上市公司增加价值分配比例情况

　　课题组认为，上市公司增加价值分配情况基本反映出了我国上市公司的一些基本特点：①上市公司是我国主要的纳税主体；②政府所得率较高且稳定变化，体现了我国公有制的国家性质；③员工所得率较高且稳定变化，体现了我国员工工资水平整体变化的稳定性；④股东所得率高于债权人所得率，说明我国上市公司融资中股权融资成本高于债权融资成本，这或许与强制上市公司现金分红的规定有关；⑤企业留存率变化波动相对较大，说明我国上市公司利润创造能力受经济大环境的影响较大。

3.1.3　人均价值创造情况

图 3 - 6 和图 3 - 7 所示的是 2011—2020 年上市公司人均价值创造情况和趋势变化。从图中可以看出：①人均增值额与人均净利润变化趋势基本一致，或者说增加价值可以反映净利润的变化情况；②人均增值额基本呈先下降后上升趋势；③人均薪酬基本呈线性变化趋势，即 2011—2020 年每年的人均薪酬增长率不高，反映出了近 10 年来我国上市公司员工平均薪酬水平在持续低增长。

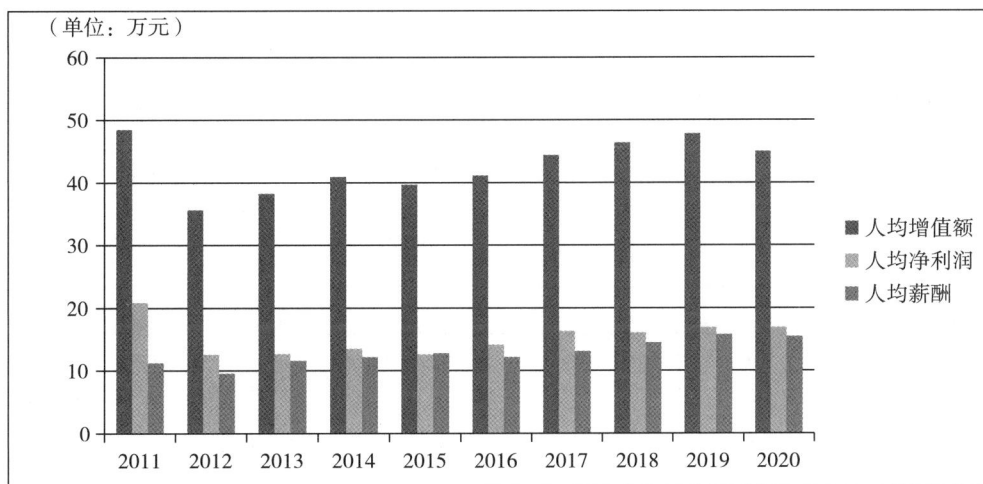

图 3 - 6　2011—2020 年上市公司人均价值创造情况

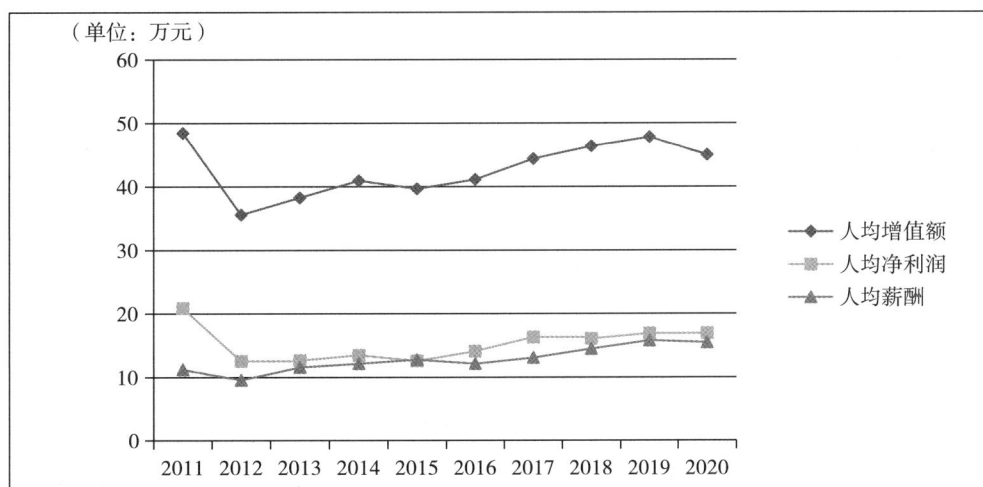

图 3 - 7　2011—2020 年上市公司人均价值创造趋势情况

3.1.4 生产性指标

图 3-8 所示的是 2011—2020 年上市公司生产性指标中资产增加价值率、销售增加价值率、增加价值综合生产性和经营资本生产性的变化情况，图 3-9 所示的是 2011—2020 年上市公司设备资本生产性指标变化情况。从图中可以看出：①资产增加价值率、增加价值综合生产性和经营资本生产性在 2011—2020 年变化趋势平缓，而销售增加价值率提升趋势明显，自 2016 年起就稳定高于 0.35；②2011—2017 年，设备资本生产性指标基本保持平稳上升状态，数值由约 2.78 上升至 4.11 左右，2018 年开始，设备资产生产性指标略有下降，2020 年保持在 3.96 左右。

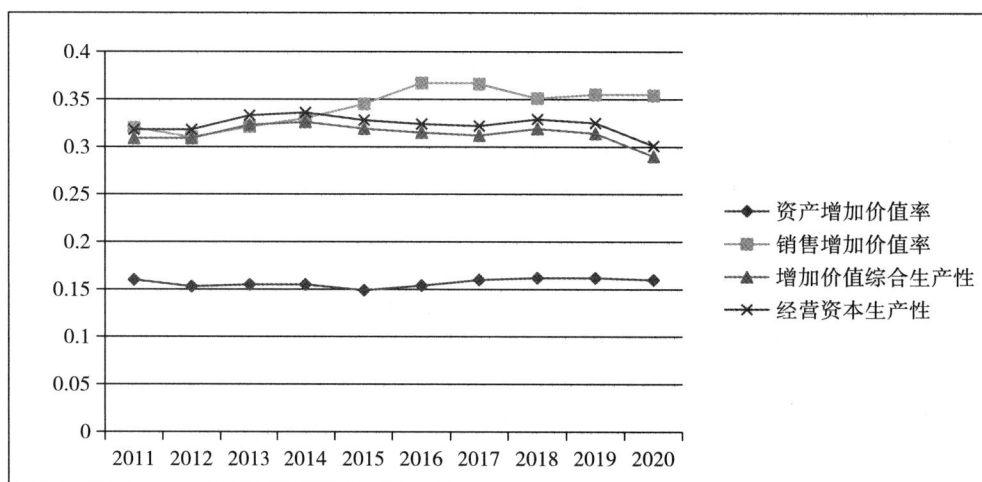

图 3-8 2011—2020 年上市公司部分生产性指标变化趋势

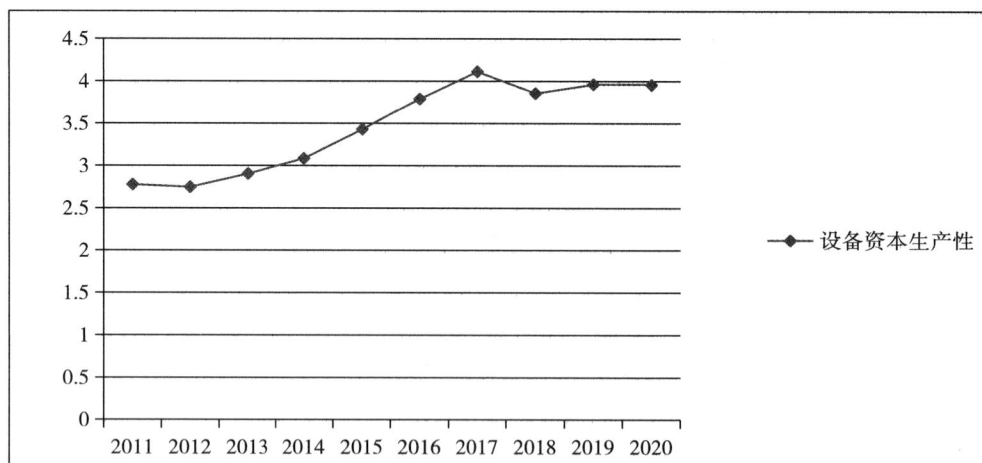

图 3-9 2011—2020 年上市公司设备资本生产性指标变化情况

图 3-10 所示的是 2011—2020 年上市公司生产性指标变化情况，从图中可以看出：①除设备资本生产性外，其他几个生产性指标在近 10 年内的变化趋势不大，即每年每单位总资产、销售收入、经营资本的价值创造效率基本保持在稳定的水平，这反映了劳动、资本

的年均价值创造效率以及与消费者价值共创的年均价值创造效率在近 10 年里基本不变；②上市公司生产性指标中，变化幅度最大的是设备资本生产性，它反映的是每年每单位固定资产创造的增加价值效率，究其原因可能在于科技进步带来的单位固定资产投资价值创造效率的提升。

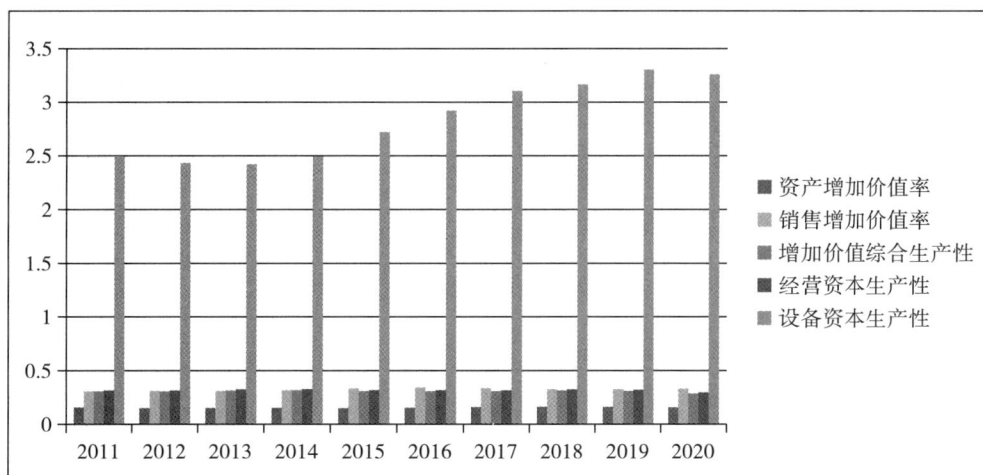

图 3 - 10　2011—2020 年上市公司生产性指标变化情况

3.2　2011—2020 年各行业上市公司增加价值创造及分配现状

3.2.1　2011—2020 年农、林、牧、渔业上市公司增加价值创造及分配情况

表 3 - 2 所列的是 2011—2020 年农、林、牧、渔业上市公司增加价值创造的描述性统计数值，图 3 - 11 所示的是 2011—2020 年农、林、牧、渔业上市公司价值创造总额即增加价值总额均值的总体情况。从图表中可以看出：①2012—2014 年农、林、牧、渔业上市公司增加价值总额整体稳定；②2015 年和 2016 年农、林、牧、渔业上市公司增加价值总额连续增加，2017 年和 2018 年较 2016 年相比有所下降，但降幅不大，整体保持稳定；③2019 年农、林、牧、渔业上市公司增加价值总额大幅增加，2020 年又大幅下降，回归到 2017—2018 年的水平，说明 2019 年是农、林、牧、渔业上市公司价值创造的异常年份，受益于市场因素，当年农、林、牧、渔业上市公司价值创造能力显著提升。

表 3 - 2　2011—2020 年农、林、牧、渔业上市公司增加价值创造的描述性统计（单位：百万元）

年份	中位数	均值	最小值	最大值	标准差	公司数
2011	196.19	409.56	32.62	2 826.19	591.07	33
2012	176.85	313.62	28.30	2 450.48	432.94	33
2013	196.43	317.02	7.69	2 382.12	409.89	34

（续表）

年份	中位数	均值	最小值	最大值	标准差	公司数
2014	203.15	306.52	0.12	2 317.12	413.02	33
2015	222.64	605.76	6.31	11 010.60	1 758.75	38
2016	310.95	967.66	2.11	18 161.30	2 927.57	38
2017	298.27	882.67	12.47	12 763.50	2 139.55	37
2018	407.05	910.12	12.75	10 361.70	1 779.59	37
2019	376.60	1 653.80	0.25	21 686.60	4 054.10	34
2020	318.87	949.89	5.29	15 202.80	2 658.32	33
总体	242.69	738.45	0.12	21 686.60	2 116.43	350

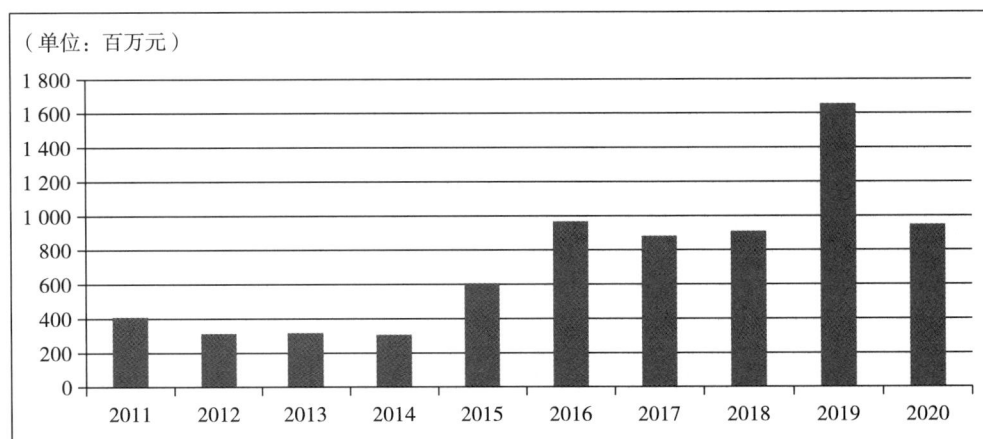

图 3-11　2011—2020 年农、林、牧、渔业上市公司价值创造总额均值总体情况

　　图 3-12、图 3-13 所示的是 2011—2020 年农、林、牧、渔业上市公司增加价值分配额的基本情况及趋势变化。从图中可以看出：①相较于全样本数据分析结果，农、林、牧、渔业上市公司增加价值分配给员工、企业留存和股东的价值额占多数，其次是债权人所得，政府所得额在所有利益相关者中最低，原因在于政府对农、林、牧、渔产业的大力扶持；②从趋势变化看，员工所得额呈现稳步增长，股东所得、债权人所得和政府所得相对比较稳定，增长趋势平缓，企业留存额整体呈增加趋势但波动幅度也较大，从特殊年份看，2020 年各利益相关者的增加价值分配额都出现下降趋势。

　　图 3-14 和图 3-15 所示的是农、林、牧、渔业上市公司增加价值分配比例趋势和分配比例情况，计算方法是农、林、牧、渔业上市公司各利益相关者当年所得额占当年增加价值总额的比例。从图中可以发现，农、林、牧、渔业上市公司中员工所得和企业留存所占比例相对较高，从 2011—2020 年，员工所得率和企业留存率变化幅度极大。

（单位：百万元）

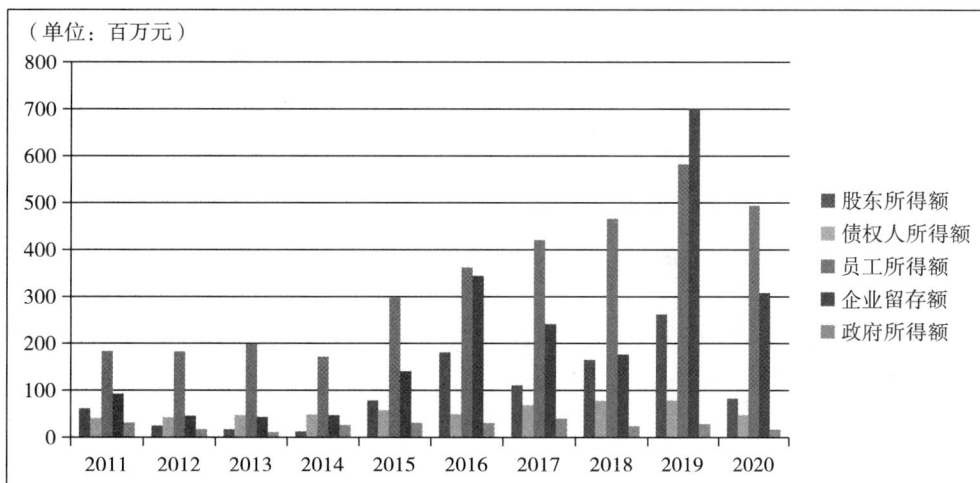

图 3-12 2011—2020 年农、林、牧、渔业上市公司增加价值分配额情况

（单位：百万元）

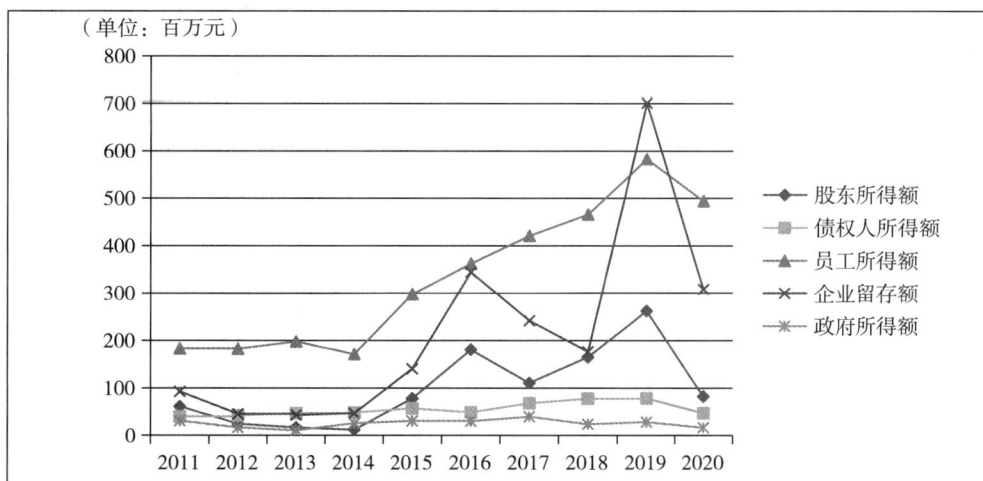

图 3-13 2011—2020 年农、林、牧、渔业上市公司增加价值分配额趋势

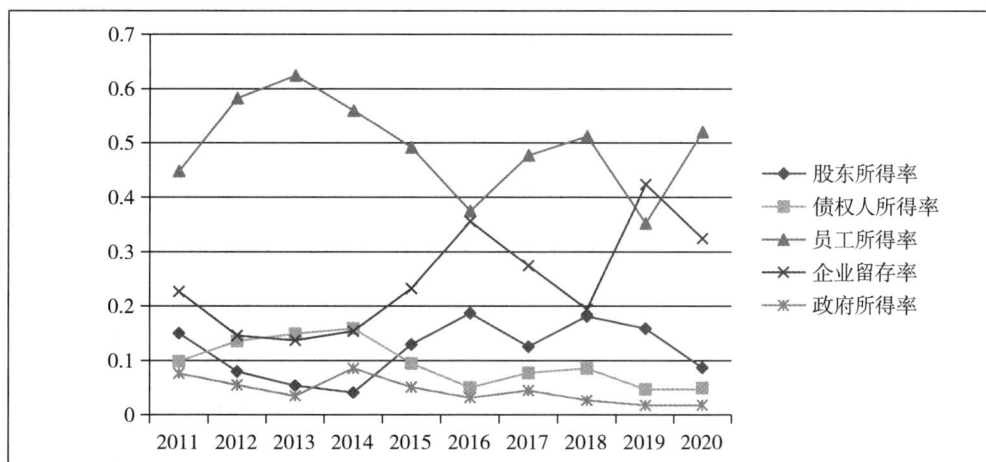

图 3-14 2011—2020 年农、林、牧、渔业上市公司增加价值分配比例趋势

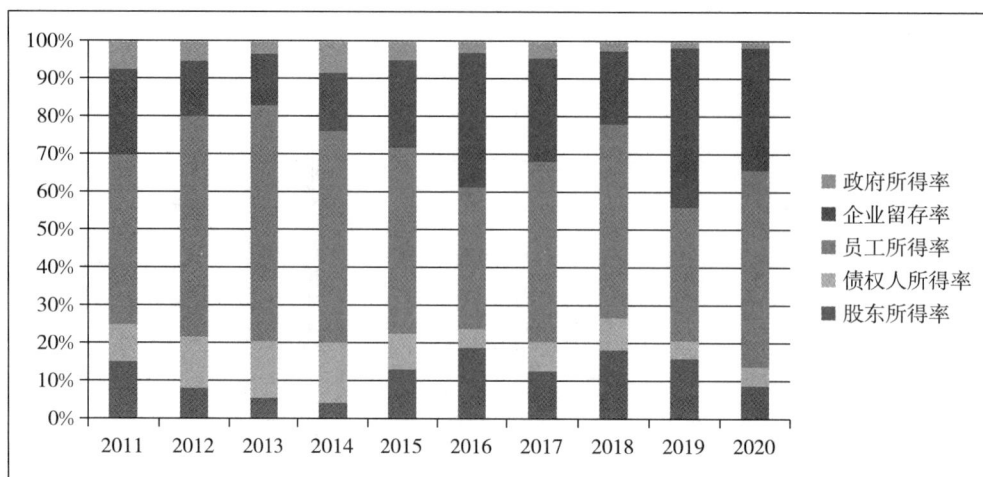

图 3-15　2011—2020 年农、林、牧、渔业上市公司增加价值分配比例情况

图 3-16 和图 3-17 所示的是 2011—2020 年农、林、牧、渔业上市公司人均价值创造情况和趋势变化。从图中可以看出：①人均增值额与人均净利润变化趋势基本一致，或者说增加价值可以反映净利润的变化情况；②人均增值额基本呈现倒 U 形曲线，先下降后上升，2017 年为人均增值额的最高点；③2011—2020 年农、林、牧、渔业上市公司人均薪酬呈稳定增长趋势。

图 3-18、图 3-19 和图 3-20 所示的是 2011—2020 年农、林、牧、渔业上市公司生产性指标变化情况。从图中可以看出：①2011—2020 年，增加价值综合生产性指标与经营资本生产性指标不仅变动趋势基本一致，数值也大体相似；②增加价值综合生产性指标与经营资本生产性指标波动较大，整体处于上升趋势，资产增加价值率与销售增加价值率有所波动，但 2011—2020 年整体变动不大；③除 2016 年外，设备资本生产性指标基本保持平稳状态，为 0.6 左右，2016 年设备资本生产性指标较为异常，达到 1.6。

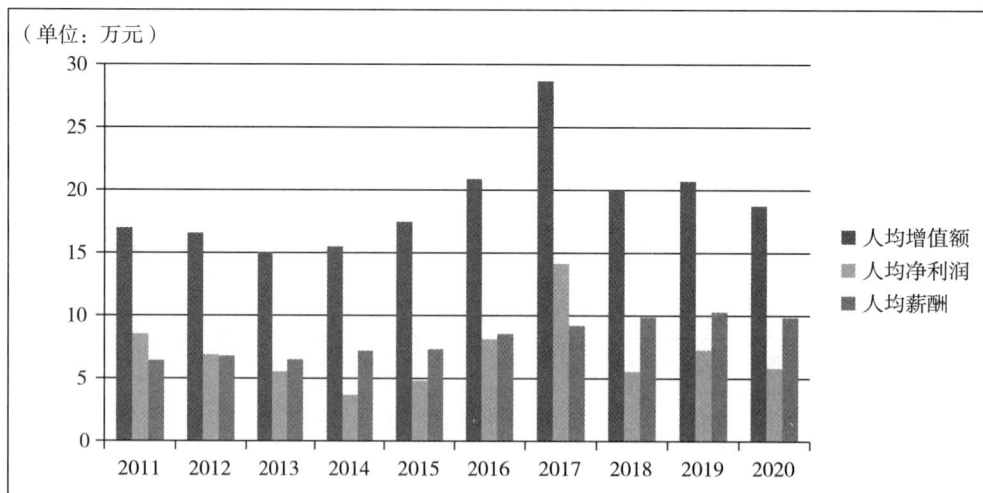

图 3-16　2011—2020 年农、林、牧、渔业上市公司人均价值创造情况

（单位：万元）

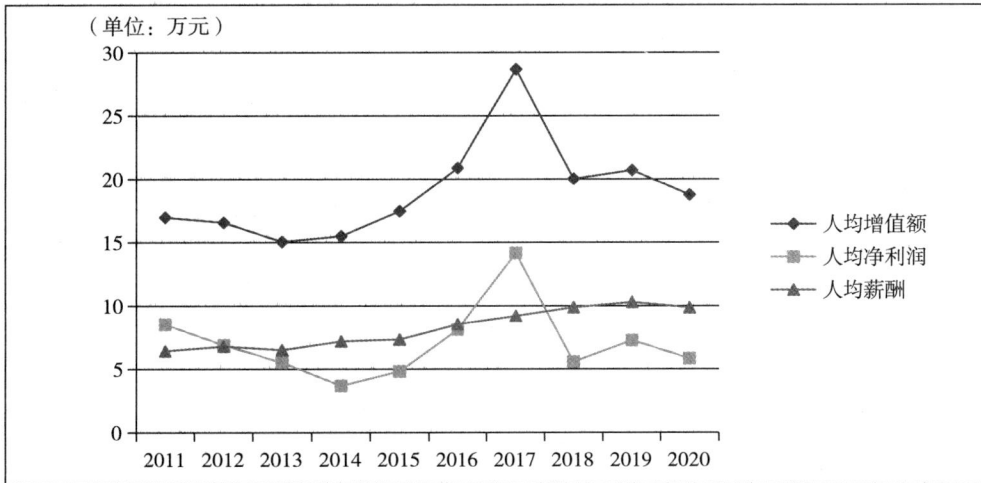

图 3-17　2011—2020 年农、林、牧、渔业上市公司人均价值创造趋势情况

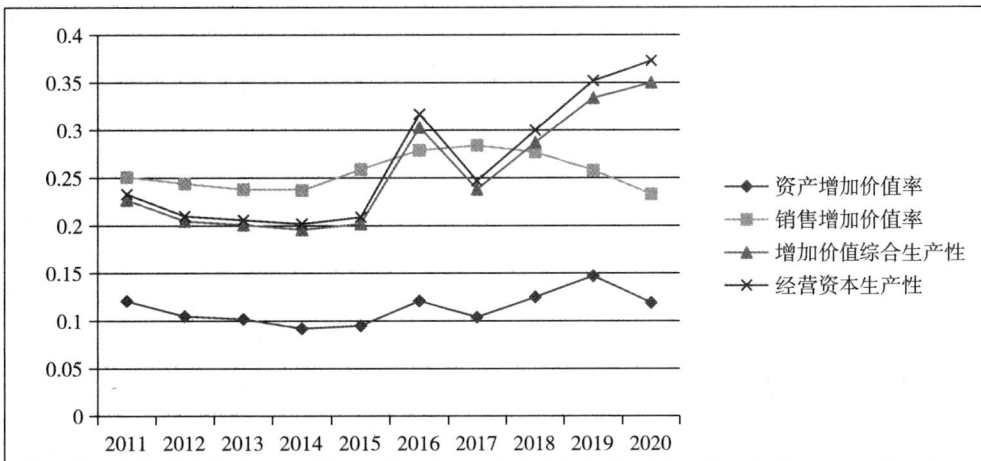

图 3-18　2011—2020 年农、林、牧、渔业上市公司部分生产性指标变化情况

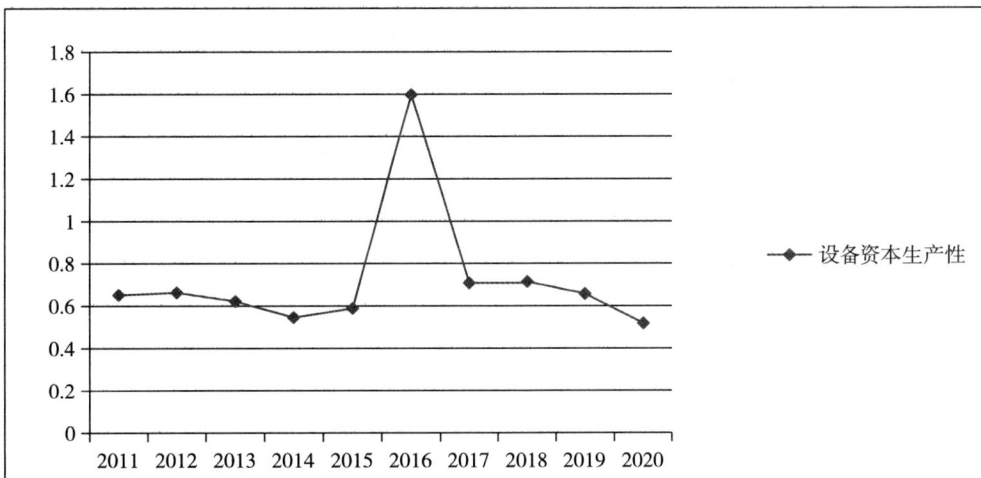

图 3-19　2011—2020 年农、林、牧、渔业上市公司设备资本生产性指标变化情况

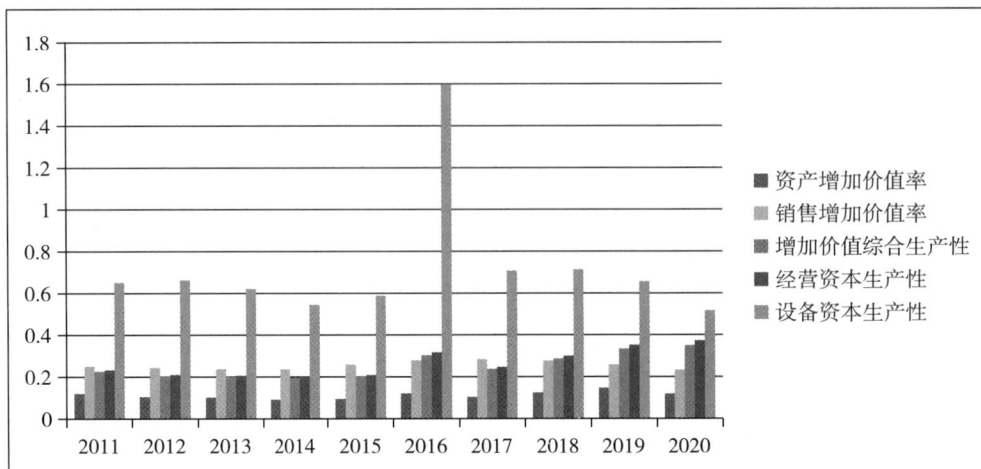

图 3-20　2011—2020 年农、林、牧、渔业上市公司生产性指标变化情况

3.2.2　2011—2020 年采矿业上市公司增加价值创造及分配情况

表 3-3 所示的是 2011—2020 年采矿业上市公司增加价值创造的描述性统计数值，图 3-21 所示的是 2011—2020 年采矿业上市公司价值创造总额即增加价值总额均值的总体情况。从图表中可以看出：①2011—2016 年采矿业上市公司增加价值总额整体呈下降趋势；②2017 年采矿业上市公司增加价值总额开始触底反弹，2017 年和 2018 年迎来大幅增长；③2019 年和 2020 年采矿业上市公司增加价值总额较 2018 年的峰值连续小幅下降。

表 3-3　2011—2020 年采矿业上市公司增加价值创造的描述性统计　　　（单位：百万元）

年份	中位数	均值	最小值	最大值	标准差	公司数
2011	2 262.44	18 744.88	49.79	657 625	89 955.62	54
2012	2 723.48	17 317.87	17.70	636 742	84 304.16	58
2013	2 000.59	16 139.03	11.91	671 168	84 686.67	64
2014	1 752.98	14 658.98	22.23	638 103	79 275.17	66
2015	1 486.87	11 458.58	9.99	501 272	61 719.09	67
2016	1 297.03	11 186.91	7.87	450 972	57 140.81	64
2017	2 063.12	20 850.59	5.59	495 666	84 583.93	67
2018	2 650.82	23 536.43	3.76	581 037	94 624.64	66
2019	2 193.41	21 308.28	14.98	579 391	87 334.33	72
2020	2 402.84	20 843.89	44.80	475 961	79 237.48	64
总体	1 928.61	17 631.37	3.76	671 168	80 495.11	642

（单位：百万元）

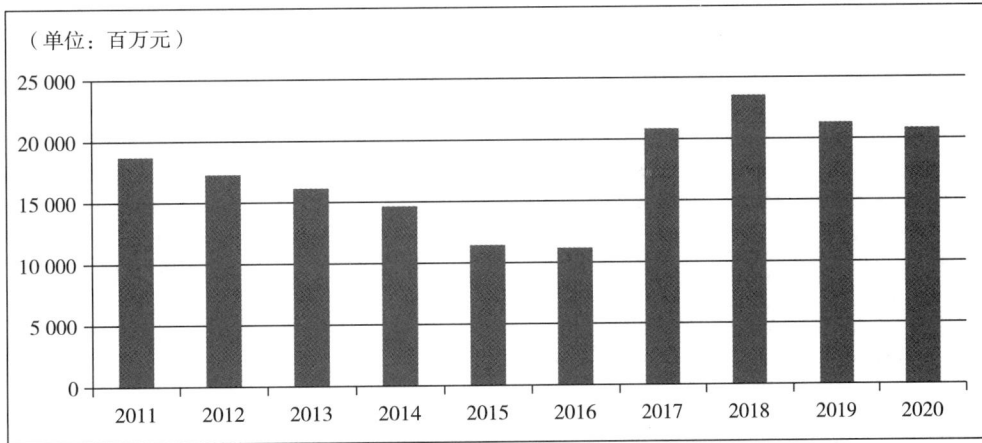

图 3 - 21　2011—2020 年采矿业上市公司价值创造总额均值总体情况

图 3 - 22、图 3 - 23 所示的是 2011—2020 年采矿业上市公司增加价值分配额的基本情况及趋势变化。从图中可以看出：①各利益相关者所得在每年的结构构成基本相同，从所得额看，采矿业上市公司政府所得额数值最大，其次是员工所得额，这与农、林、牧、渔业上市公司相反；②从趋势变化看，员工所得额、政府所得额和企业留存额波动较大，员工所得额和政府所得额整体呈现上升趋势，企业留存额则呈下降趋势，债权人所得额和股东所得额则较为稳定。

图 3 - 24 和图 3 - 25 所示的是采矿业上市公司增加价值分配比例趋势和分配比例情况，计算方式与上相同。从图中可以看出：①采矿业上市公司股东与债权人价值分配呈集中趋势，但个别年份受到了极端值的影响；②采矿业显著的特征是政府所得率最高，从 2011—2020 年政府所得率基本都保持在 0.5 以上；③员工所得率仅次于政府所得率，并且呈现逐年上升趋势。

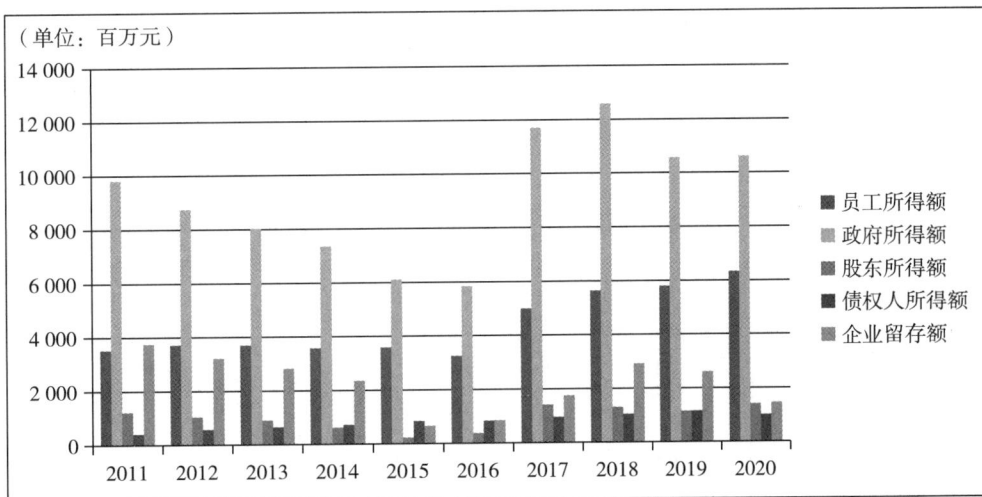

（单位：百万元）

员工所得额
政府所得额
股东所得额
债权人所得额
企业留存额

图 3 - 22　2011—2020 年采矿业上市公司增加价值分配额情况

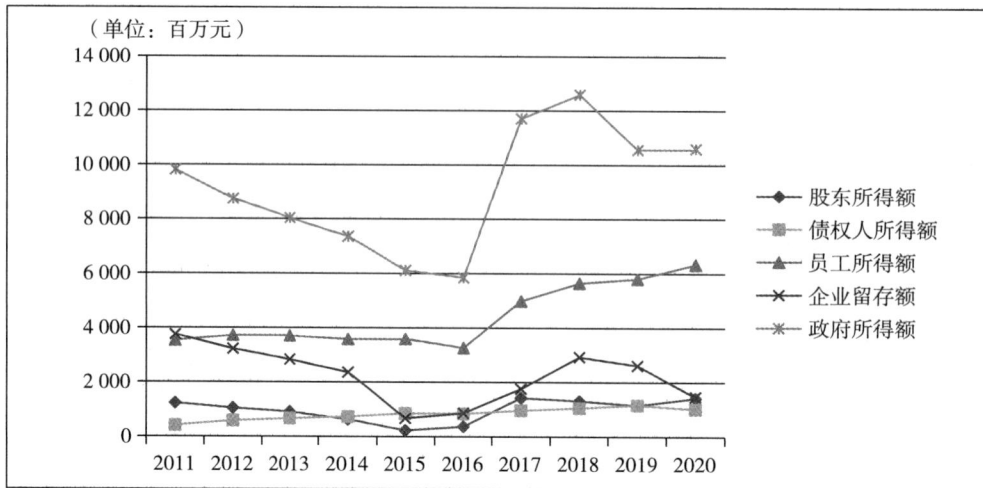

图 3-23　2011—2020 年采矿业上市公司增加价值分配额趋势

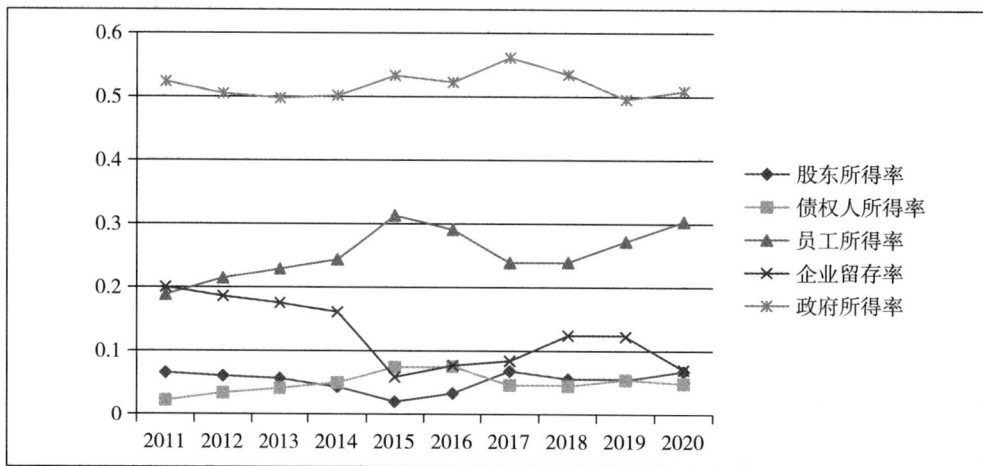

图 3-24　2011—2020 年采矿业上市公司增加价值分配比例趋势

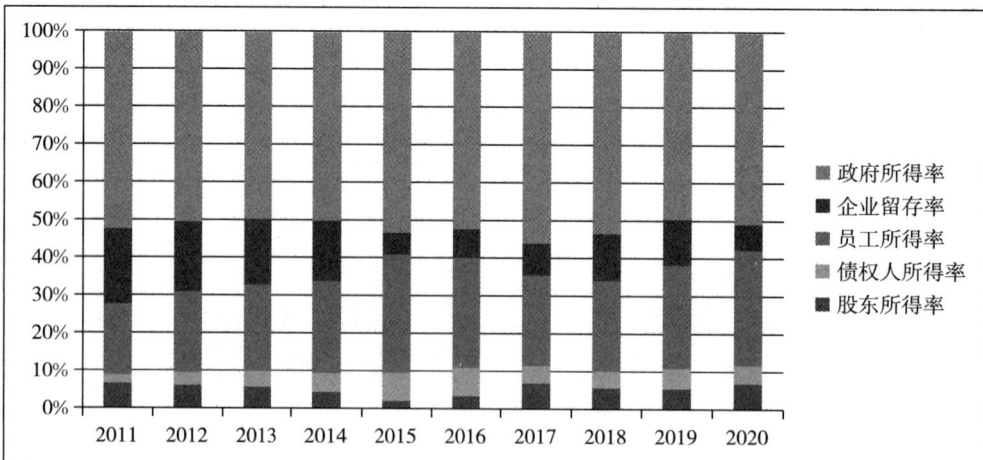

图 3-25　2011—2020 年采矿业上市公司增加价值分配比例情况

图 3-26 和图 3-27 所示的是 2011—2020 年采矿业上市公司人均价值创造情况和趋势变化。从图中可以看出：①人均增值额与人均净利润变化趋势基本一致，或者说增加价值可以反映净利润的变化情况；②人均增值额整体呈上升趋势，但是中间存在一个波浪波动；③2011—2020 年采矿业上市公司人均薪酬呈稳定增长趋势。

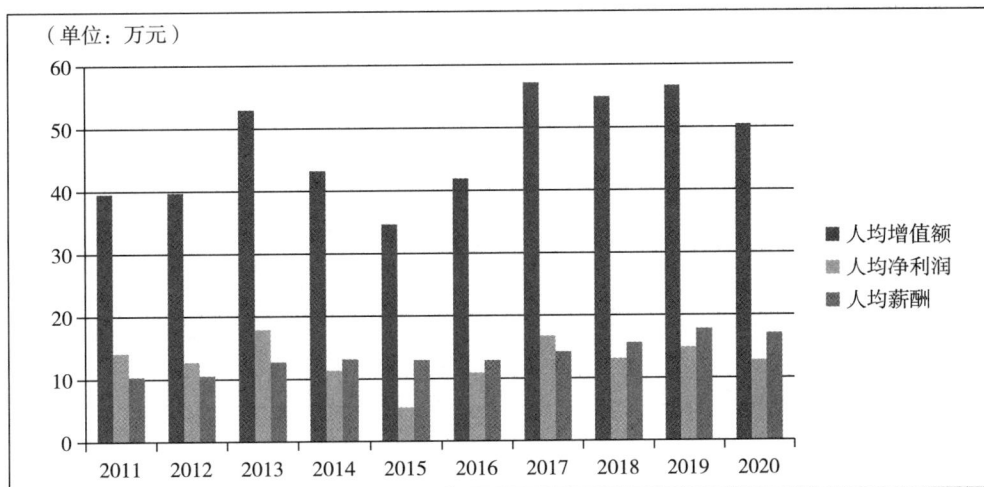

图 3-26　2011—2020 年采矿业上市公司人均价值创造情况

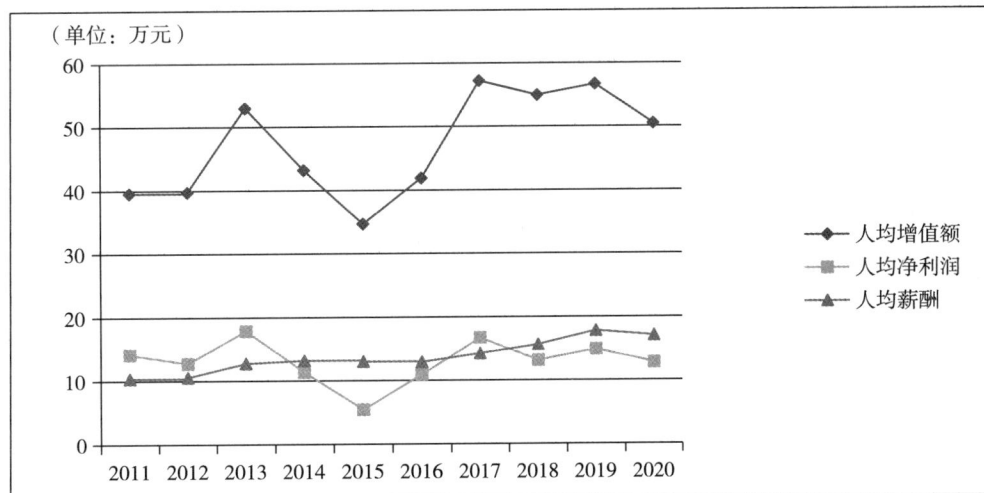

图 3-27　2011—2020 年采矿业上市公司人均价值创造趋势情况

图 3-28、图 3-29 和图 3-30 所示的是 2011—2020 年采矿业上市公司生产性指标变化情况。从图中可以看出：①2011—2020 年，增加价值综合生产性指标与经营资本生产性指标不仅变动趋势基本一致，数值也大体相似；②增加价值综合生产性指标与经营资本生产性指标波动较大，整体处于下降趋势，但在 2016—2018 年有一个反弹；③资产增加价值率与销售增加价值率呈波动的下降趋势；④2011—2020 年，设备资本生产性指标呈 W 形波动，于 2011—2014 年下降，2015 年反弹，2016—2017 年下降，2018—2019 年上升，波动较大。

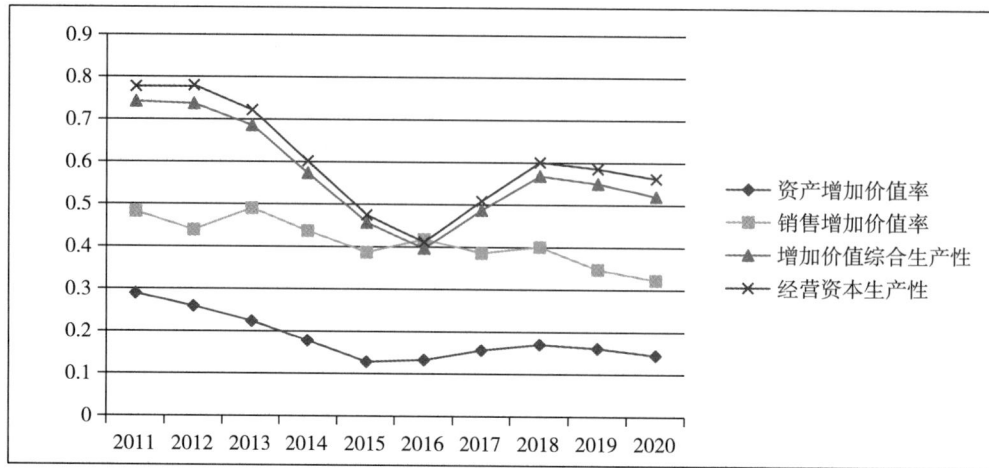

图 3-28 2011—2020 年采矿业上市公司部分生产性指标变化情况

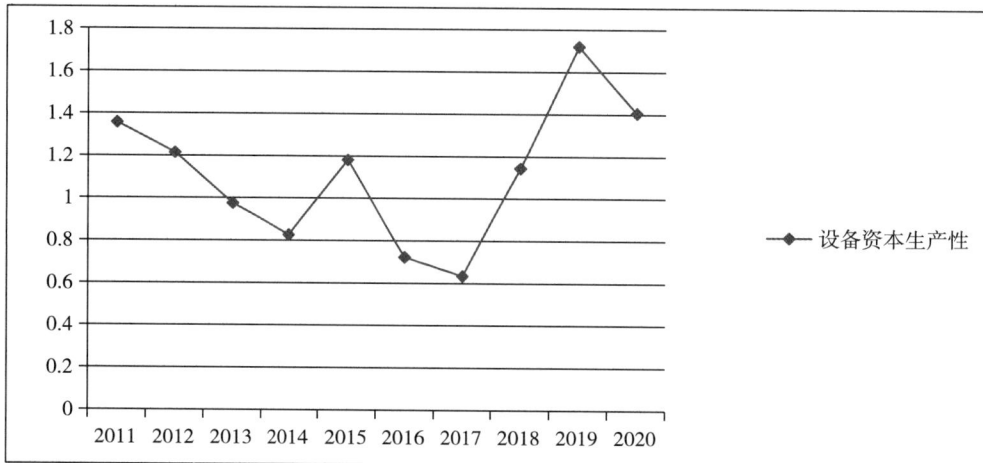

图 3-29 2011—2020 年采矿业上市公司设备资本生产性指标变化情况

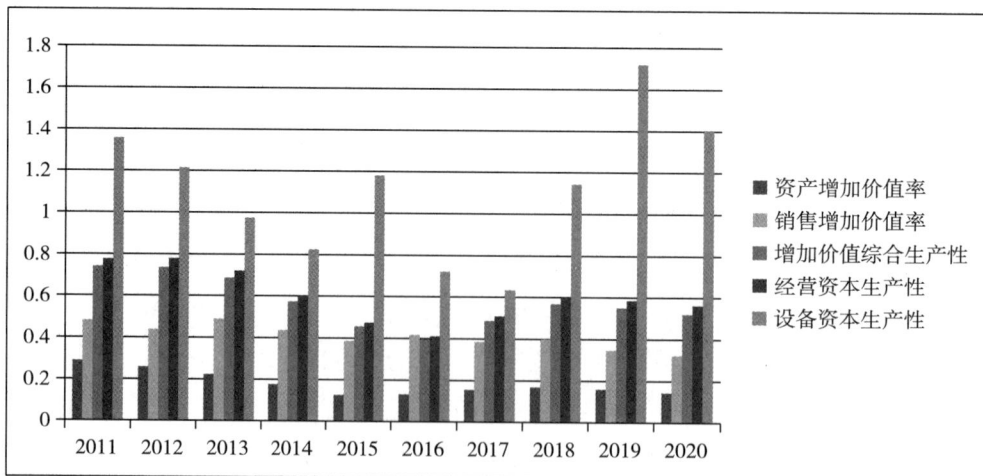

图 3-30 2011—2020 年采矿业上市公司生产性指标变化情况

3.2.3　2011—2020 年制造业上市公司增加价值创造及分配情况

表 3-4 所列的是 2011—2020 年制造业上市公司增加价值创造的描述性统计数值，图 3-31 所示的是 2011—2020 年制造业上市公司价值创造总额即增加价值总额均值的总体情况。从图表中可以看出：2011—2020 年制造业上市公司增加价值总额整体呈现波动上升趋势，我国制造业上市公司价值创造能力持续提升，制造业是国民经济最为主要的产业，我国制造业上市公司价值创造能力持续提升也与我国经济持续增长相匹配。

表 3-4　2011—2020 年制造业上市公司增加价值创造的描述性统计　　　（单位：百万元）

年份	中位数	均值	最小值	最大值	标准差	公司数
2011	281.75	942.80	2.96	82 617	3 091.84	1 300
2012	291.60	911.55	4.63	79 188	2 972.33	1 412
2013	329.96	1 034.18	2.17	75 812	3 106.69	1 472
2014	360.16	1 104.90	2.00	79 249	3 282.94	1 558
2015	389.50	1 117.09	2.28	86 975	3 533.05	1 639
2016	424.15	1 265.93	2.10	110 593	4 065.07	1 841
2017	432.04	1 386.34	0.03	119 962	4 561.18	2 106
2018	478.73	1 579.25	3.17	118 679	5 094.23	2 074
2019	485.01	1 576.44	9.75	104 535	5 008.58	2 159
2020	459.37	1 526.65	0.91	100 008	4 726.78	2 363
总体	402.26	1 290.11	0.03	119 962	4 174.09	17 924

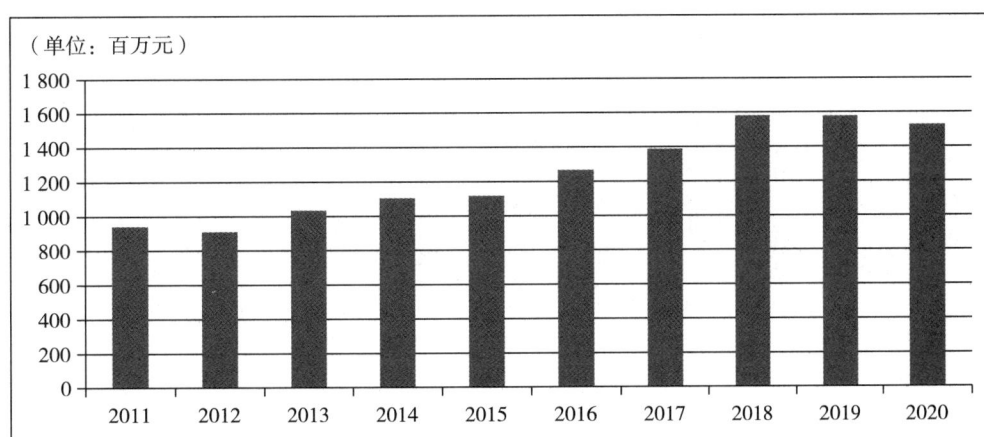

图 3-31　2011—2020 年制造业上市公司价值创造总额均值总体情况

3.2.3.1　2011—2020 年劳动密集型制造业上市公司增加价值创造及分配情况

表 3-5 所列的是 2011—2020 年劳动密集型制造业上市公司增加价值创造的描述性统计数值，图 3-32 所示的是 2011—2020 年劳动密集型制造业上市公司价值创造总额即增加价

值总额均值的总体情况。从图表中可以看出：2011—2020 年劳动密集型制造业上市公司增加价值总额整体呈现波动上升趋势，与制造业整体上市公司增加价值总额的变动趋势相同，反映我国劳动密集型制造业上市公司价值创造能力持续提升。

表 3-5 2011—2020 年劳动密集型制造业上市公司增加价值创造描述性统计 （单位：百万元）

年份	中位数	均值	最小值	最大值	标准差	公司数
2011	268.52	780.92	17.46	22 872.80	1 997.12	303
2012	295.02	703.22	14.09	15 740.10	1 441.21	316
2013	343.05	833.44	2.17	21 522.20	1 792.11	325
2014	363.28	897.46	14.23	24 543.50	1 981.97	348
2015	385.61	874.49	3.82	19 687.00	1 802.67	352
2016	406.73	996.06	9.13	22 103.40	2 168.89	400
2017	407.96	1 052.82	4.55	34 159.00	2 394.02	450
2018	450.36	1 240.15	12.41	56 976.80	3 463.02	440
2019	484.05	1 331.55	14.14	62 264.80	3 747.59	451
2020	520.87	1 456.27	4.97	63 703.50	3 931.06	476
总体	390.69	1 051.91	2.17	63 703.50	2 741.16	3 861

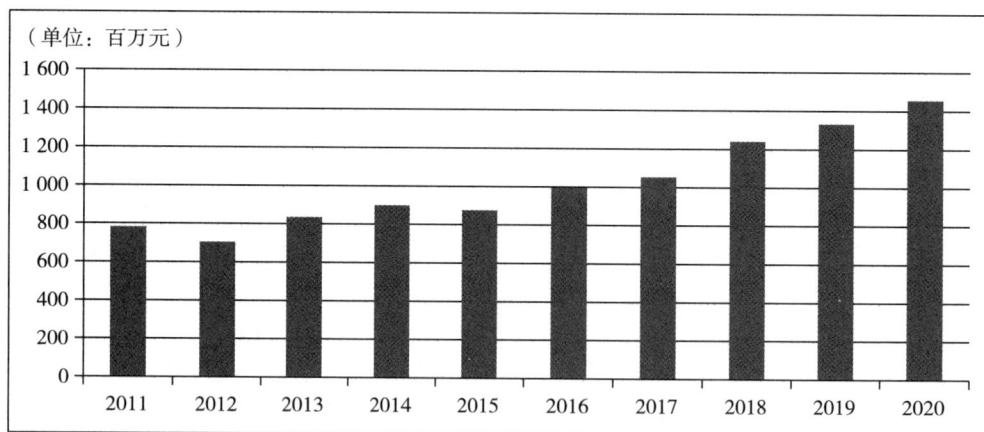

图 3-32 2011—2020 年劳动密集型制造业上市公司价值创造总额均值总体情况

图 3-33、图 3-34 所示的是 2011—2020 年劳动密集型制造业上市公司增加价值分配额的基本情况及趋势变化。从图中可以看出：①从所得额看，上市公司增加价值分配给员工、政府和企业留存占多数，债权人和股东所得额相对较少；②从趋势变化看，员工所得额、政府所得额、企业留存额和股东所得额在 2011—2020 年整体均呈现上升趋势，债权人所得额则保持稳定。

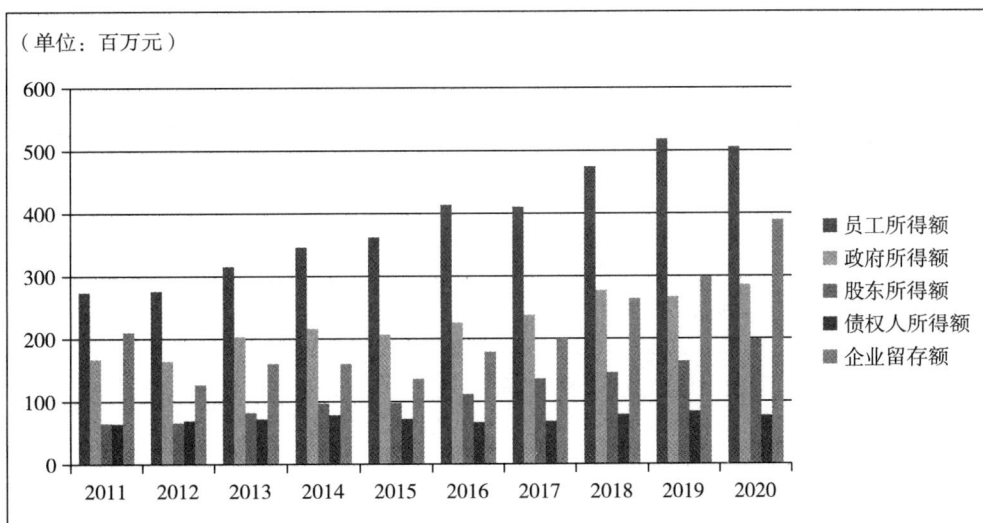

图 3-33　2011—2020 年劳动密集型制造业上市公司增加价值分配额情况

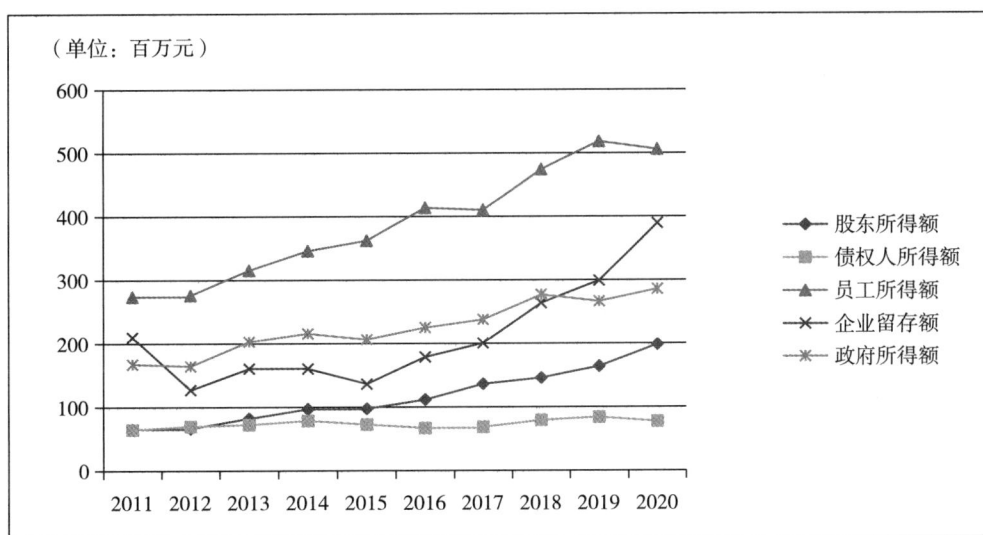

图 3-34　2011—2020 年劳动密集型制造业上市公司增加价值分配额趋势

　　图 3-35 和图 3-36 出的是劳动密集型制造业上市公司增加价值分配比例趋势和分配比例情况。员工所得率在 2011 年到 2020 年这十年间都是最高值，政府所得率和企业留存率占比较为接近，从 2019 年开始，企业留存率超越政府所得率，2020 年二者之间差距变得更大。

　　图 3-37 和图 3-38 所示的是 2011—2020 年劳动密集型制造业上市公司人均价值创造情况和趋势变化。从图中可以看出：①2011—2020 年劳动密集型制造业上市公司人均增值额与人均净利润整体呈上升趋势；②2011—2020 年劳动密集型制造业上市公司人均薪酬呈稳定增长趋势。

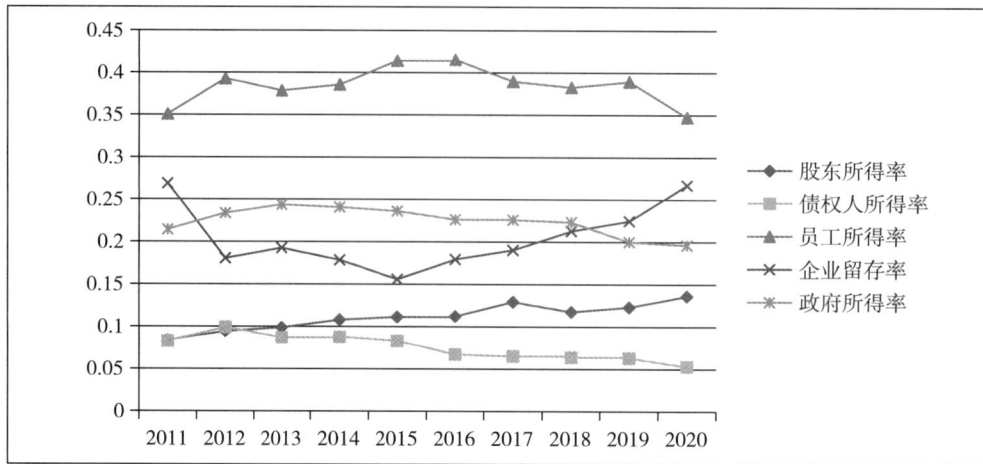

图 3 - 35　2011—2020 年劳动密集型制造业上市公司增加价值分配比例趋势

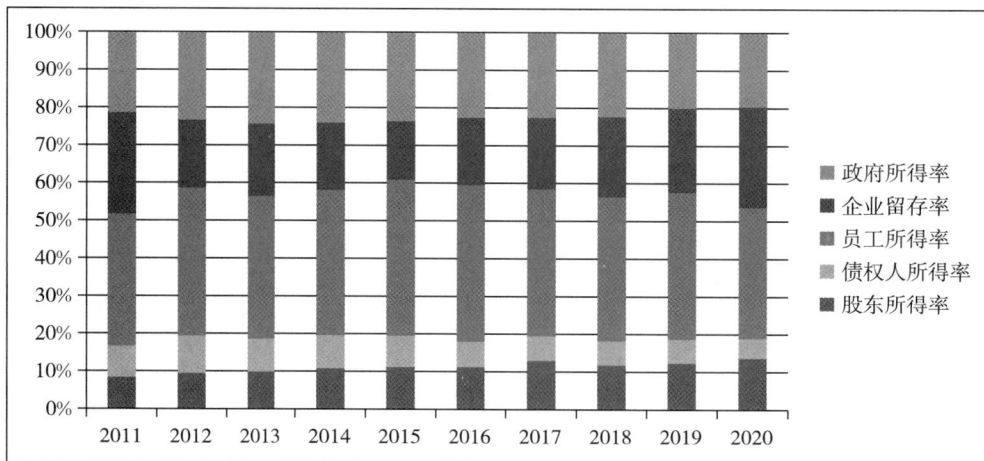

图 3 - 36　2011—2020 年劳动密集型制造业上市公司增加价值分配比例情况

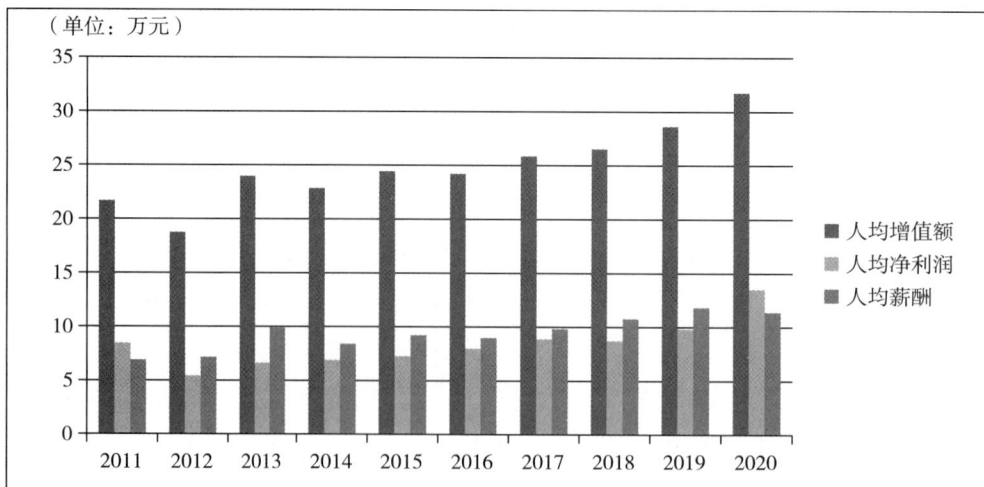

图 3 - 37　2011—2020 年劳动密集型制造业上市公司人均价值创造情况

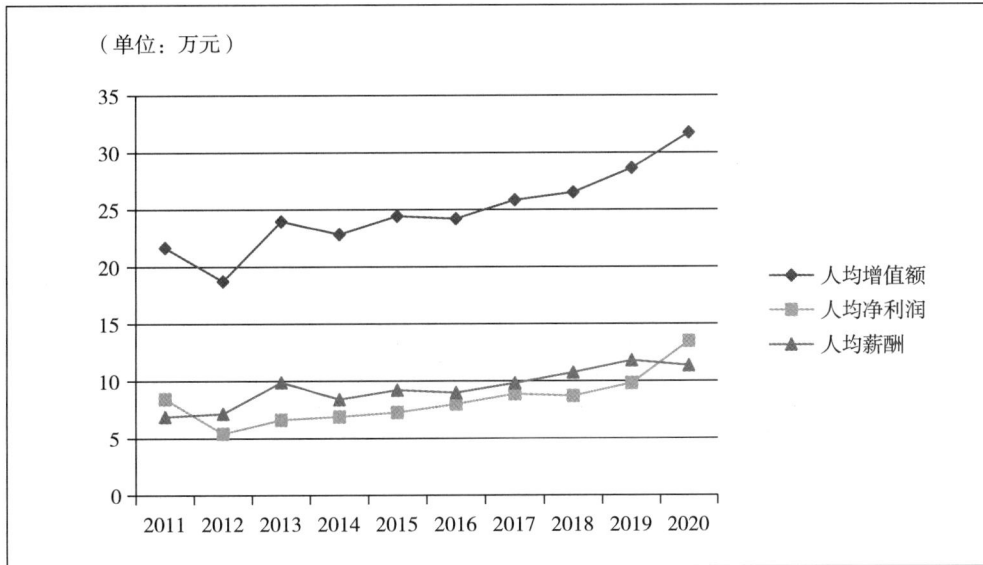

图 3 - 38　2011—2020 年劳动密集型制造业上市公司人均价值创造趋势情况

　　图 3 - 39、图 3 - 40 和图 3 - 41 所示的是 2011—2020 年劳动密集型制造业上市公司生产性指标变化情况。从图中可以看出：①2011—2020 年增加价值综合生产性指标与经营资本生产性指标不仅变动趋势基本一致，数值也大体相似；②2011—2020 年资产增加价值率、增加价值综合生产性指标、经营资本生产性指标基本保持稳定，波动较小，销售增加价值率相对波动较大；③2011—2020 年劳动密集型制造业上市公司设备资本生产性指标呈无规律变动，具体来看，2011—2013 年设备资本生产性指标缓慢下降，2014—2016 年快速上升，2017—2019 年连续下降，2020 年又有所回升。

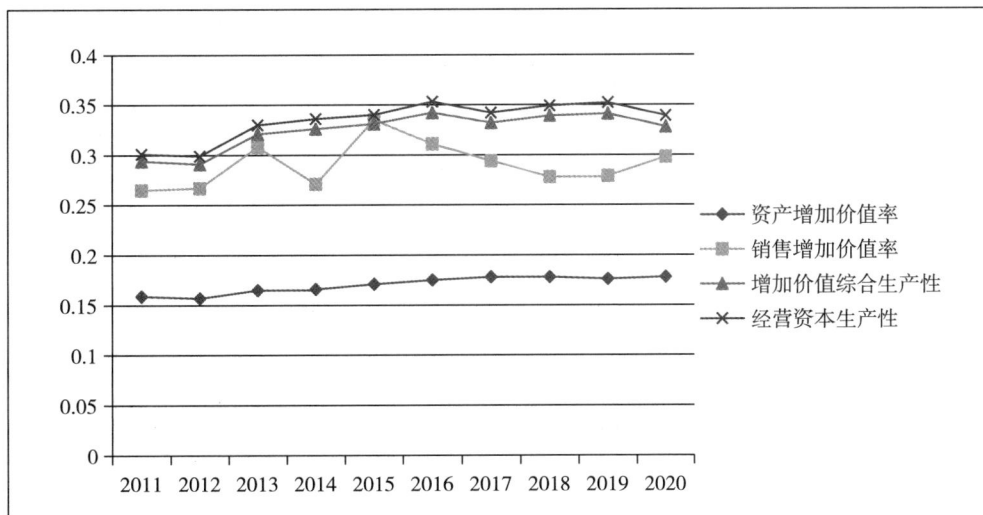

图 3 - 39　2011—2020 年劳动密集型制造业上市公司部分生产性指标变化情况

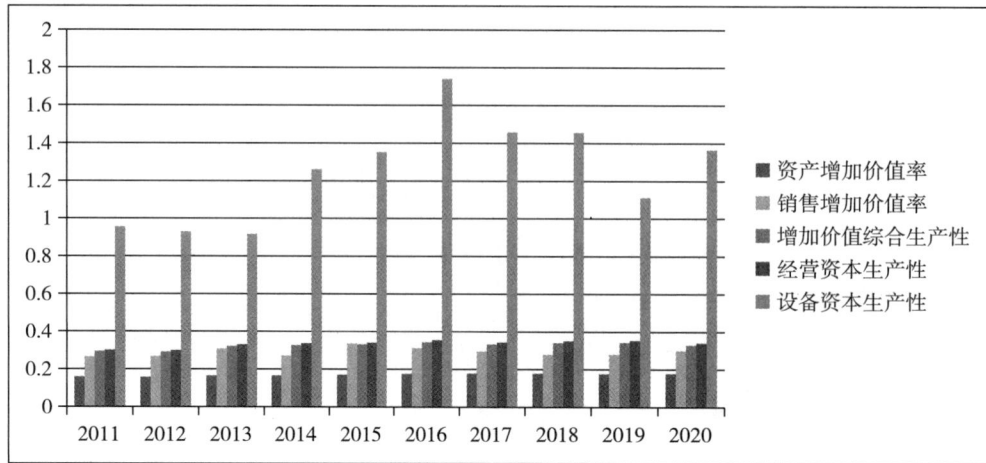

图 3-40　2011—2020 年劳动密集型制造业上市公司生产性指标变化情况

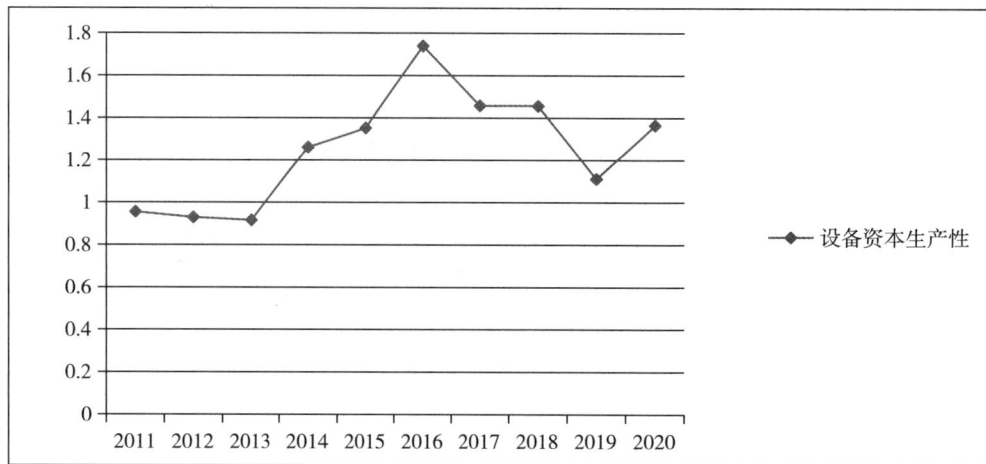

图 3-41　2011—2020 年劳动密集型制造业上市公司设备资本生产性指标变化情况

3.2.3.2　2011—2020 年资本密集型制造业上市公司增加价值创造及分配情况

表 3-6 所列的是 2011—2020 年资本密集型制造业上市公司增加价值创造的描述性统计数值，图 3-42 所示的是 2011—2020 年资本密集型制造业上市公司价值创造均值情况。从图表中可以看出：①2011—2015 年资本密集型制造业上市公司增加价值整体保持稳定，2015—2020 年资本密集型制造业上市公司增加价值总额成倒 U 形变化，并于 2018 年达到峰值，2019 年和 2020 年稍有回落；②资本密集型制造业在价值创造均值的数值上明显高于劳动密集型制造业，说明资本密集型制造业的价值创造能力明显高于劳动密集型制造业。

表 3-6　2011—2020 年资本密集型制造业上市公司增加价值创造描述性统计　（单位：百万元）

年份	中位数	均值	最小值	最大值	标准差	公司数
2011	333.34	1 134.83	4.83	23 585.00	2 464.75	361
2012	314.44	1 096.74	8.17	28 467.50	2 829.94	401

（续表）

年份	中位数	均值	最小值	最大值	标准差	公司数
2013	355.36	1 202.57	13.06	32 506.30	2 982.22	416
2014	385.86	1 197.37	5.39	33 691.40	2 800.72	427
2015	396.84	1 152.95	7.10	35 433.50	2 882.88	427
2016	408.08	1 352.14	6.72	42 562.60	3 352.04	486
2017	456.78	1 674.45	17.91	61 289.50	4 521.15	531
2018	537.59	2 018.75	3.17	79 692.70	5 418.23	524
2019	525.27	1 896.98	15.11	89 876.60	5 402.24	532
2020	484.07	1 827.73	8.30	100 008.00	5 665.26	567
总体	423.19	1 498.92	3.17	100 008.00	4 185.18	4 672

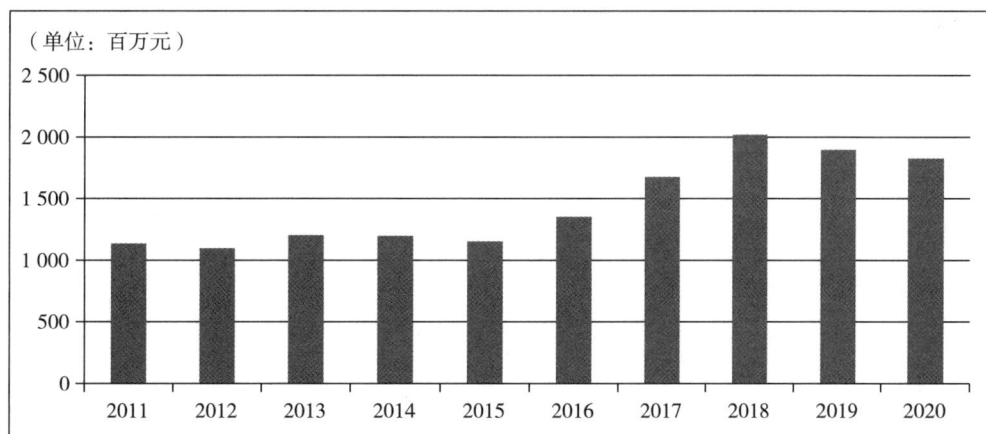

图 3-42 2011—2020 年资本密集型制造业上市公司价值创造总额均值总体情况

图 3-43 和图 3-44 所示的是 2011—2020 年资本密集型制造业上市公司增加价值分配额的基本情况及趋势变化。从图中可以看出：①从所得额看，上市公司增加价值分配给员工、政府和企业留存占多数，债权人和股东所得额相对较少，与劳动密集型制造业不同的是，资本密集型的政府所得额更高；②从趋势变化看，员工所得额整体呈上升趋势，政府所得额和企业留存额波动较大，股东所得额自 2016 年后持续增长，债权人所得额波动较小，相对稳定。

图 3-45 和图 3-46 所示的是资本密集型制造业上市公司增加价值分配比例趋势和分配比例情况。从图 3-45 和图 3-46 中可以看出：①资本密集型制造业上市公司员工所得率依旧是最高的，这与劳动密集型制造业特征相同；②政府所得率数值仅次于员工所得率数值；③2011—2015 年资本密集型制造业企业留存率较低，从 2016 年开始呈现上升趋势。

（单位：百万元）

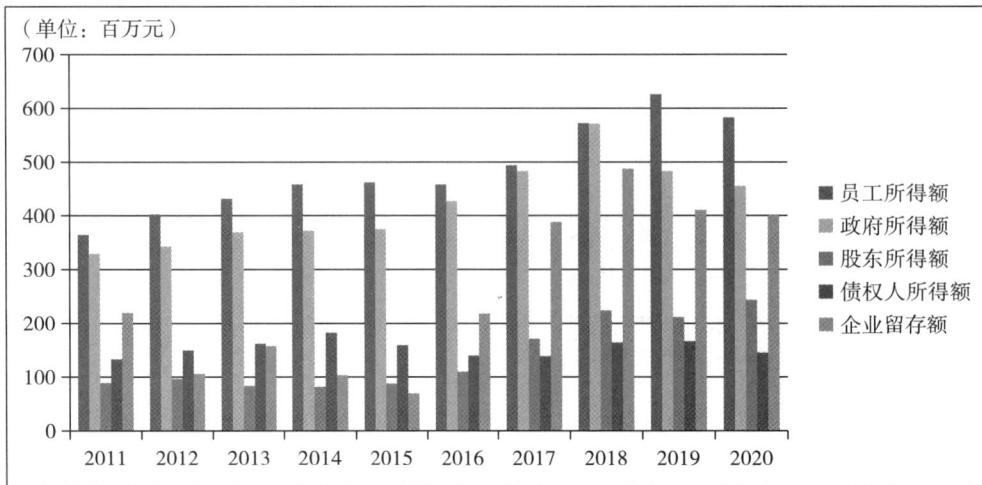

图 3-43　2011—2020 年资本密集型制造业上市公司增加价值分配额情况

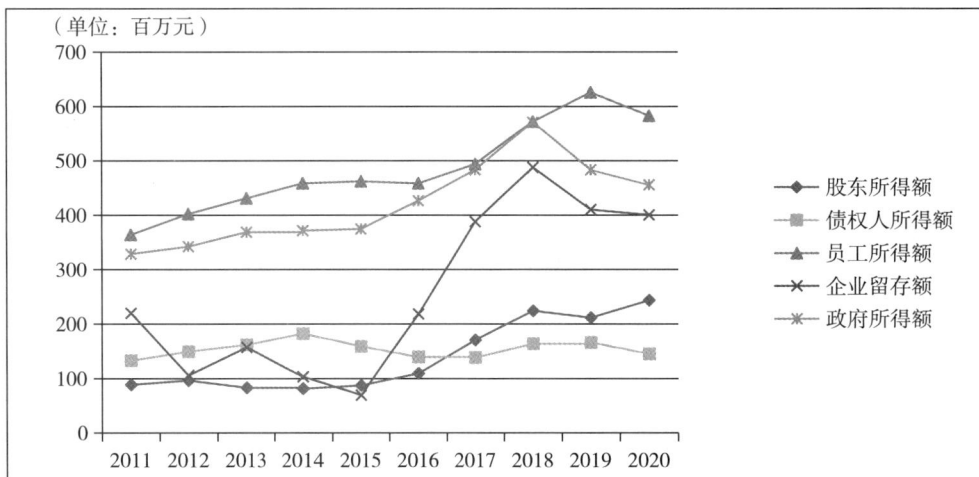

（单位：百万元）

图 3-44　2011—2020 年资本密集型制造业上市公司增加价值分配额趋势

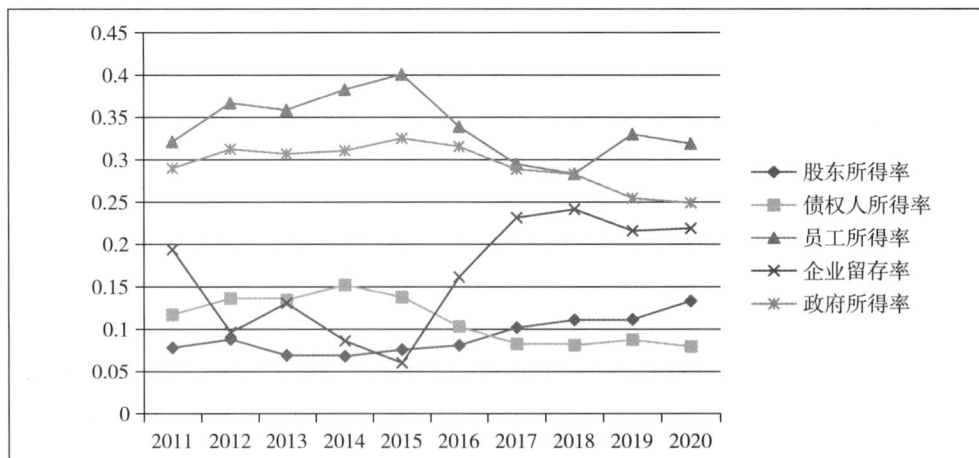

图 3-45　2011—2020 年资本密集型制造业上市公司增加价值分配比例趋势

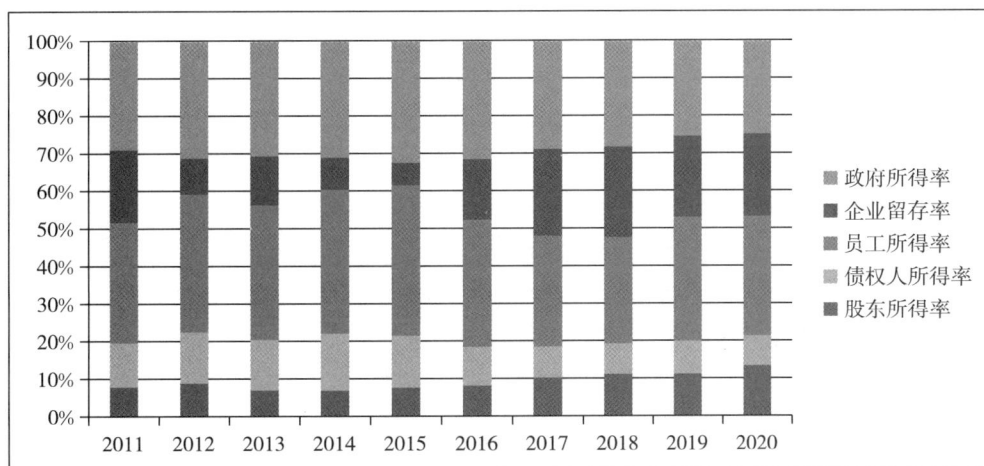

图 3-46　2011—2020 年资本密集型制造业上市公司增加价值分配比例情况

图 3-47 和图 3-48 所示的是 2011—2020 年资本密集型制造业上市公司人均价值创造情况和趋势变化。从图中可以看出：①人均增值额与人均净利润变化趋势基本一致，或者说增加价值可以反映净利润的变化情况；②人均增值额与人均净利润整体呈现上升趋势；③2011—2020 年资本密集型制造业上市公司人均薪酬呈稳定增长趋势。

图 3-49、图 3-50 和图 3-51 所示的是 2011—2020 年资本密集型制造业上市公司生产性指标变化情况。从图中可以看出：①2011—2020 年，增加价值综合生产性指标与经营资本生产性指标不仅变动趋势基本一致，数值也大体相同；②增加价值综合生产性指标与经营资本生产性指标在 0.3 附近波动，资产增加价值率稳定在 0.15 左右，销售增加价值率波动较大，整体上升；③资本密集型制造业上市公司设备资本生产性指标波动较大，2014 年之前持续下降，2015 年大幅回升，2016—2020 年维持在 1.0 左右波动。

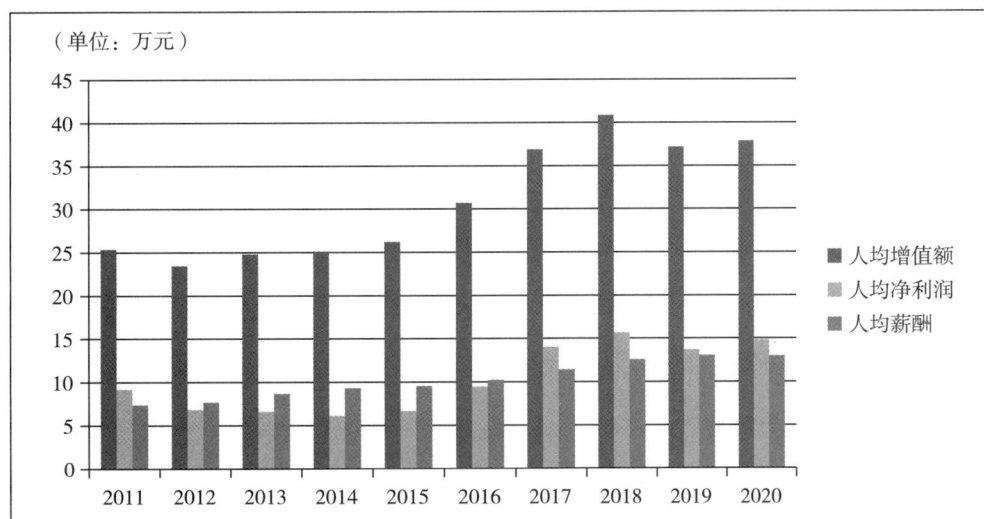

图 3-47　2011—2020 年资本密集型制造业上市公司人均价值创造情况

（单位：万元）

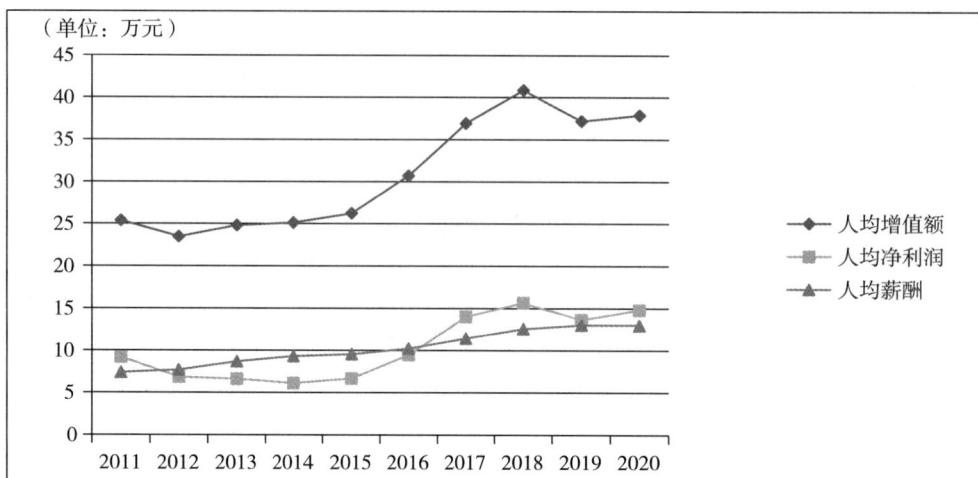

图 3-48　2011—2020 年资本密集型制造业上市公司人均价值创造趋势情况

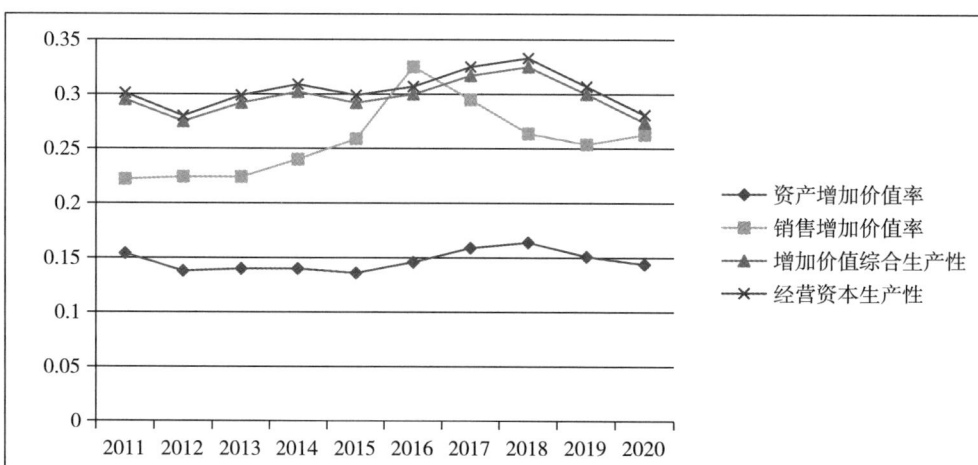

图 3-49　2011—2020 年资本密集型制造业上市公司部分生产性指标变化情况

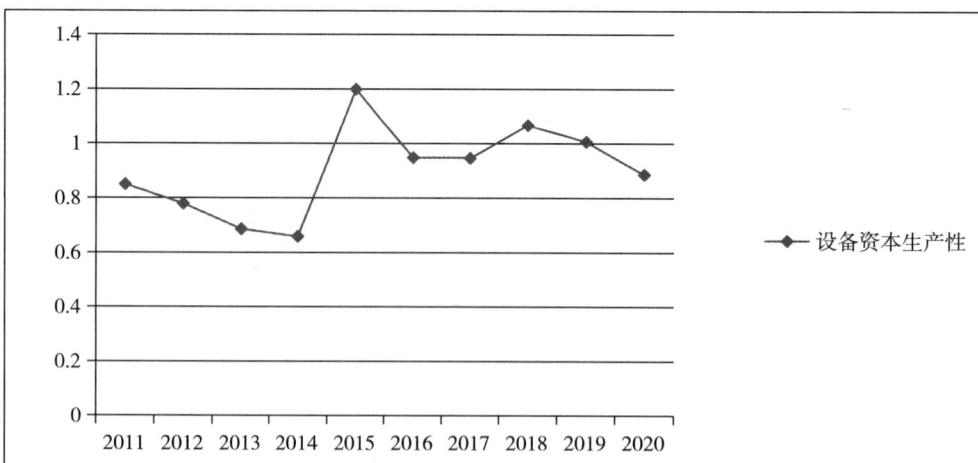

图 3-50　2011—2020 年资本密集型制造业上市公司设备资本生产性指标变化情况

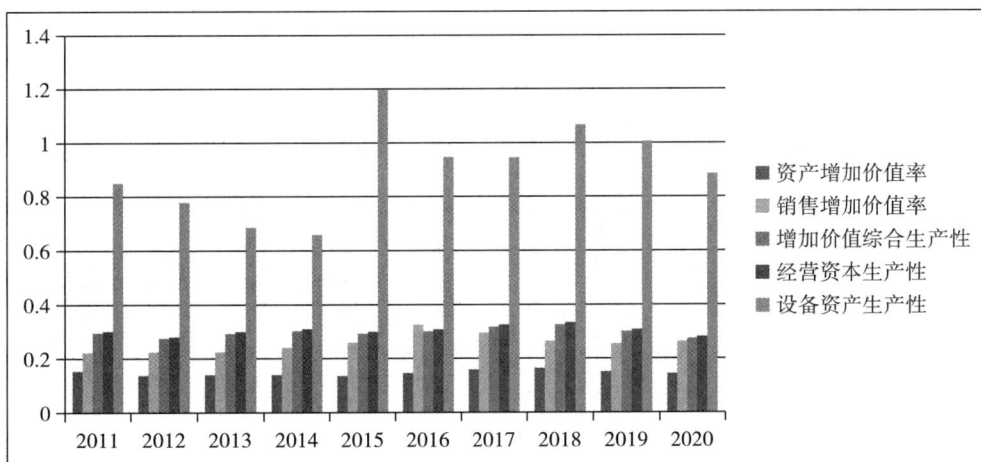

图 3-51　2011—2020 年资本密集型制造业上市公司生产性指标变化情况

3.2.3.3　2011—2020 年技术密集型制造业上市公司增加价值创造及分配情况

表 3-7 所列的是 2011—2020 年技术密集型制造业上市公司增加价值创造的描述性统计数值，图 3-52 所示的是 2011—2020 年技术密集型制造业上市公司价值创造总额即增加价值总额均值的总体情况。从图表中可以看出：2011—2020 年技术密集型制造业上市公司增加价值总额整体呈现波动上升趋势，与制造业整体上市公司增加价值总额的变动趋势相同，反映我国技术密集型制造业上市公司价值创造能力持续提升。与其他两类制造业相比，技术密集型制造业行业内企业数量最多、行业差距极为明显。

表 3-7　2011—2020 年技术密集型制造业上市公司增加价值创造的描述性统计（单位：百万元）

年份	中位数	均值	最小值	最大值	标准差	公司数
2011	269.29	910.92	2.96	82 616.60	3 765.64	636
2012	274.27	899.41	4.63	79 187.90	3 516.24	695
2013	306.09	1 027.60	2.83	75 812.30	3 596.23	731
2014	348.49	1 146.67	2.00	79 249.10	3 926.47	783
2015	393.04	1 198.59	2.28	86 974.60	4 280.36	860
2016	440.49	1 335.09	2.10	110 593.00	4 914.56	955
2017	429.90	1 383.76	0.03	119 962.00	5 191.35	1 125
2018	470.31	1 506.19	9.88	118 679.00	5 456.66	1 110
2019	478.28	1 525.34	9.75	104 535.00	5 237.65	1 176
2020	435.38	1 422.69	0.91	94 235.20	4 541.00	1 320
总体	392.71	1 284.17	0.03	119 962.00	4 626.98	9 391

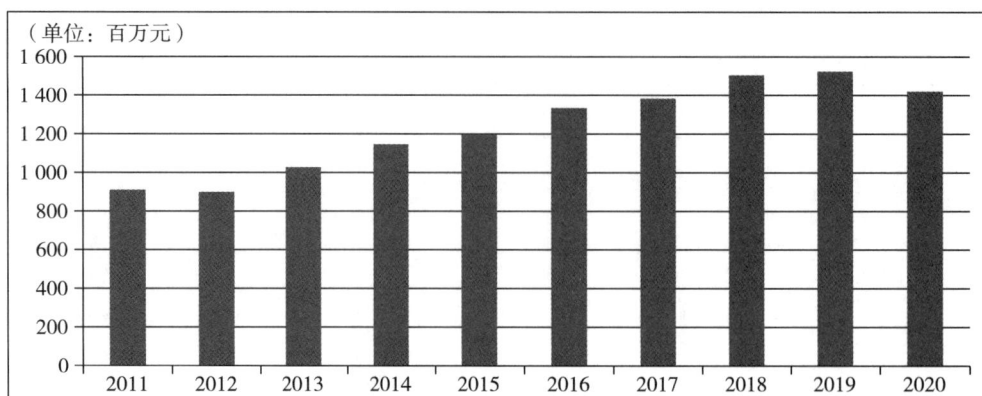

图 3-52 2011—2020 年技术密集型制造业上市公司价值创造总额均值总体情况

图 3-53 和图 3-54 所示的是 2011—2020 年技术密集型制造业上市公司增加价值分配额的基本情况及趋势变化。从图中可以看出：①从所得额看，上市公司增加价值分配给员工、企业留存和政府所得占多数，债权人和股东所得额相对较少；②从变化趋势看，员工所得额整体呈上升趋势且上升幅度较大，企业留存额、政府所得额和债权人所得额有所波动但幅度不大，股东所得额持续稳定上升，但上升幅度较小。

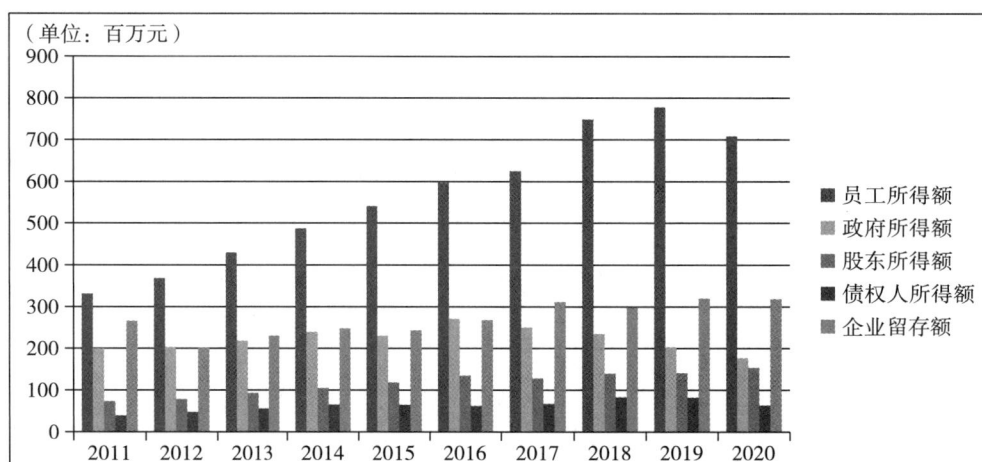

图 3-53 2011—2020 年技术密集型制造业上市公司增加价值分配额情况

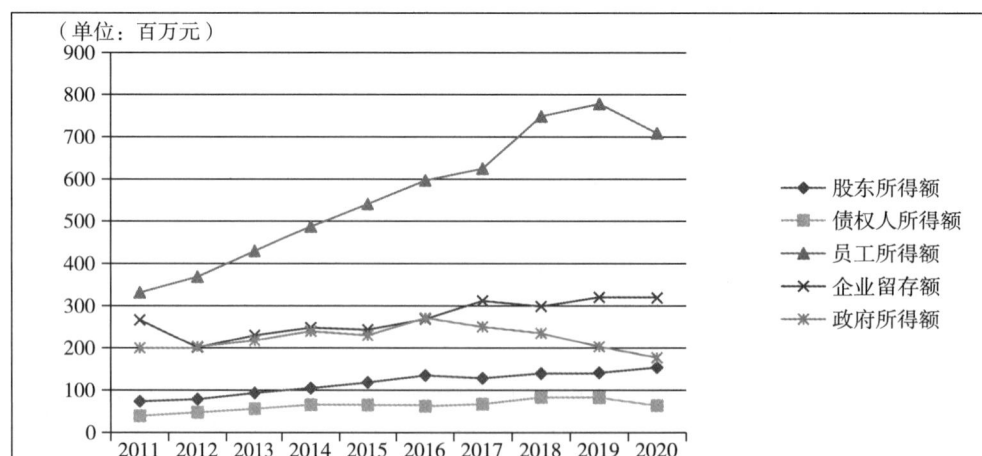

图 3-54 2011—2020 年技术密集型制造业上市公司增加价值分配额趋势

图 3-55 和图 3-56 所示的是技术密集型制造业上市公司增加价值分配比例趋势和分配比例情况。从图中可以看出，技术密集型制造业与其他两类制造业明显相同的地方就是员工所得率一直是最高的。不同之处在于，技术密集型制造业与劳动密集型制造业十年间各利益相关者分配比例变化趋势较为平缓，而资本密集型制造业变化幅度较大。

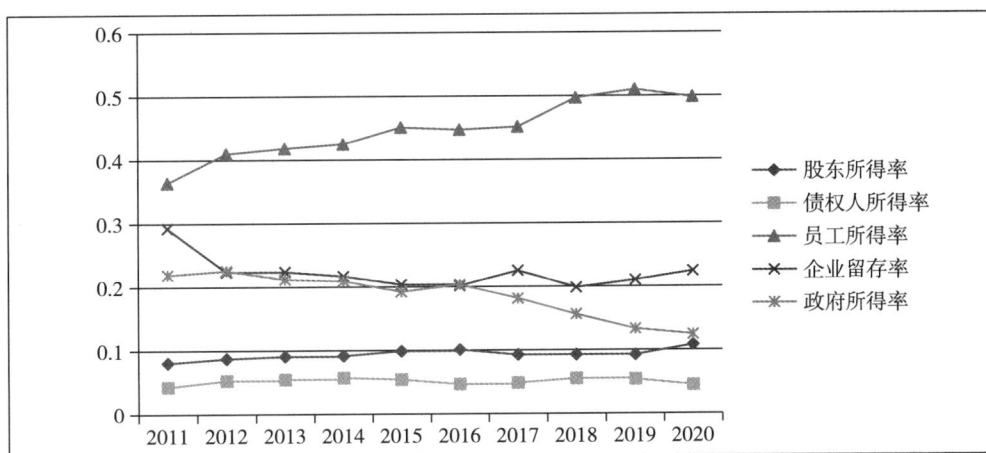

图 3-55　2011—2020 年技术密集型制造业上市公司增加价值分配比例趋势

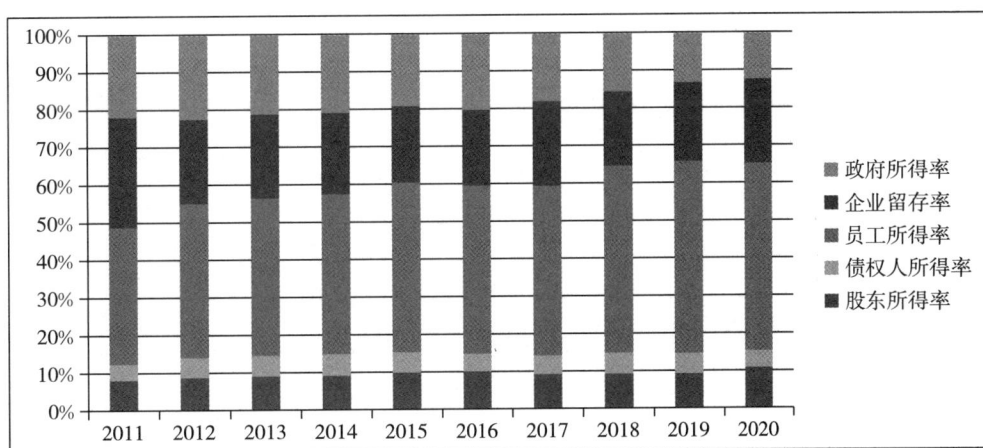

图 3-56　2011—2020 年技术密集型制造业上市公司增加价值分配比例情况

图 3-57 和图 3-58 所示的是 2011—2020 年技术密集型制造业上市公司人均价值创造情况和趋势变化。从图中可以看出：①人均增值额与人均净利润变化趋势基本一致，或者说增加价值可以反映净利润的变化情况；②人均增值额整体波动较大，除 2012 年，人均净利润波动幅度较小；③2011—2020 年技术密集型制造业上市公司人均薪酬呈波动增长趋势，基本与其他两类制造业保持一致。

图 3-59、图 3-60 和图 3-61 所示的是 2011—2020 年技术密集型制造业上市公司生产性指标变化情况。从图中可以看出：①2011—2020 年，增加价值综合生产性指标与经营资本生产性指标不仅变动趋势基本一致，数值也大体相似；②增加价值综合生产性指标、经营资本生产性指标和资产增加价值率波动较小，基本保持稳定，而销售增加价值率相对波动较

大；③2011—2013年，技术密集型制造业上市公司设备资本生产性指标连续下降，2014—2017年，持续上升，2018年小幅下降后于2019年、2020年连续大幅回升。

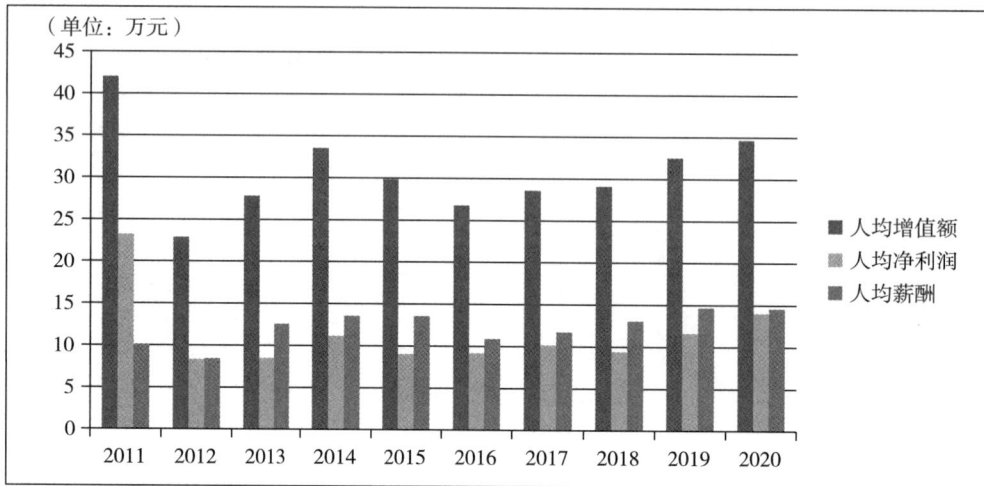

（单位：万元）

图 3-57 2011—2020年技术密集型制造业上市公司人均价值创造情况

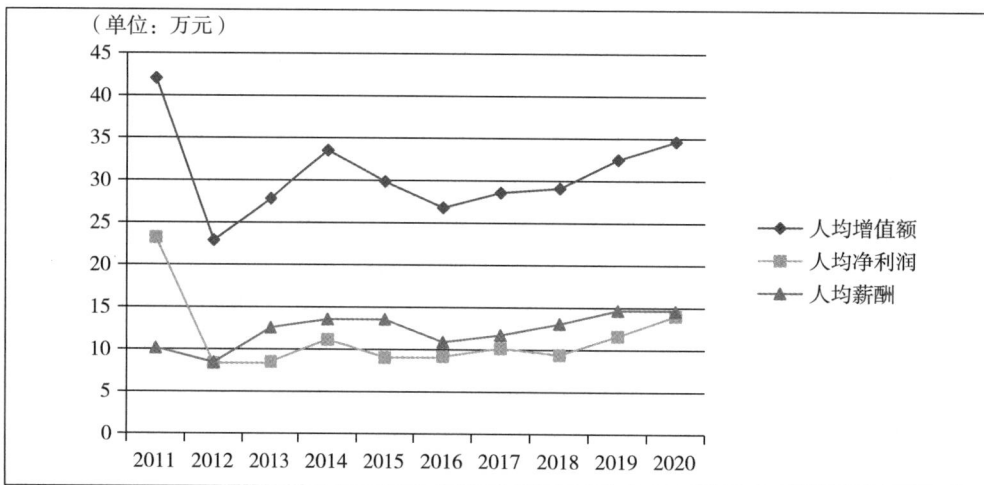

（单位：万元）

图 3-58 2011—2020年技术密集型制造业上市公司人均价值创造趋势情况

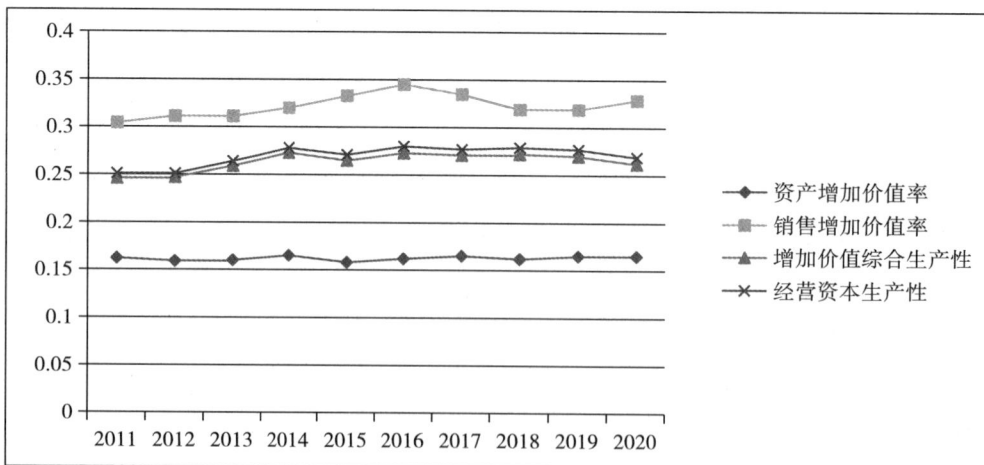

图 3-59 2011—2020年技术密集型制造业上市公司部分生产性指标变化情况

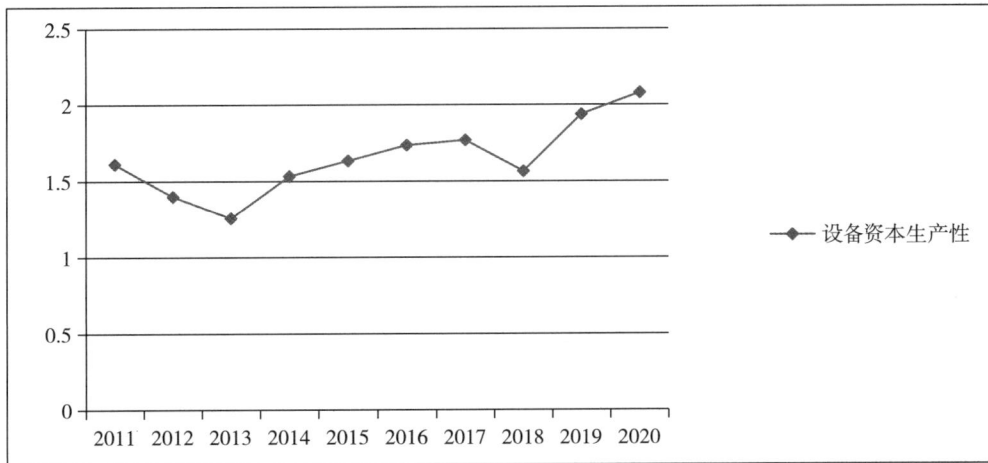

图 3-60 2011—2020 年技术密集型制造业上市公司设备资本生产性指标变化情况

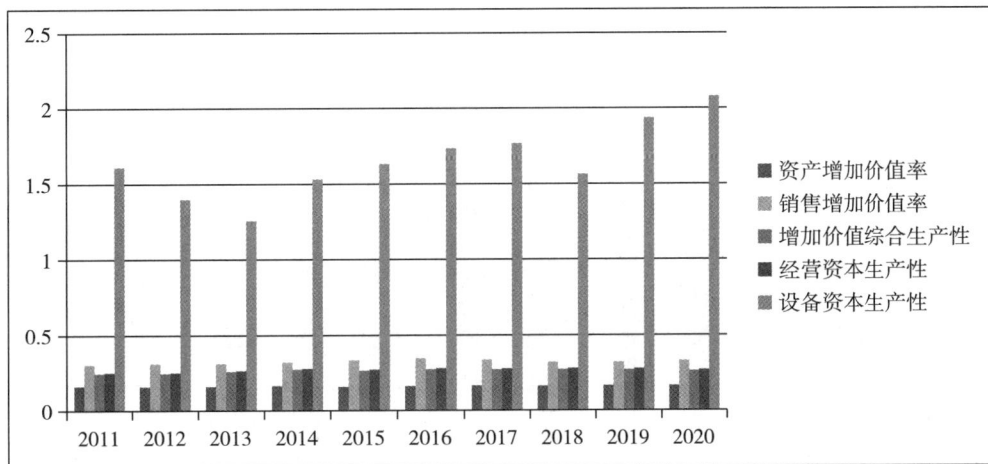

图 3-61 2011—2020 年技术密集型制造业上市公司生产性指标变化情况

3.2.4 2011—2020 年电力、热力、燃气及水生产和供应业上市公司增加价值创造及分配情况

表 3-8 所列的是 2011—2020 电力、热力、燃气及水生产和供应业上市公司增加价值创造的描述性统计数值,图 3-62 所示的是 2011 年至 2020 年电力、热力、燃气及水生产和供应业上市公司价值创造总额即增加价值总额的均值总体情况。从中可以看出:①增加价值总额整体呈增长趋势,2020 年相比于 2011 年增长了一倍左右;②在 2011—2015 年,电力、热力、燃力及水生产和供应业上市公司增加价值迅速增长,2016 年和 2017 年两个年度,增加价值总额出现下降趋势,但在 2018—2020 年再次上升。

表 3-8 2011—2020 电力、热力、燃气及水生产和供应业上市公司增加价值创造的描述性统计

(单位:百万元)

年份	中位数	均值	最小值	最大值	标准差	公司数
2011	661.97	2 178.26	62.15	19 907.70	4 229.22	66
2012	764.14	2 736.74	54.54	30 195.40	5 728.08	74

（续表）

年份	中位数	均值	最小值	最大值	标准差	公司数
2013	881.78	3 530.23	38.23	41 310.80	7 223.86	78
2014	1 079.19	3 878.64	59.18	41 065.60	7 576.19	80
2015	1 330.93	4 194.49	69.40	49 395.10	8 066.49	86
2016	1 146.19	3 696.13	150.51	41 540.00	7 592.37	94
2017	986.21	2 981.64	132.46	42 097.70	6 211.29	107
2018	1 207.46	3 609.76	121.23	42 994.10	7 023.93	100
2019	1 284.91	4 249.08	140.01	41 300.00	8 278.64	104
2020	1 432.88	4 372.30	113.99	41 411.20	8 147.15	103
整体	1 065.20	3 601.30	38.23	49 395.10	7 199.11	892

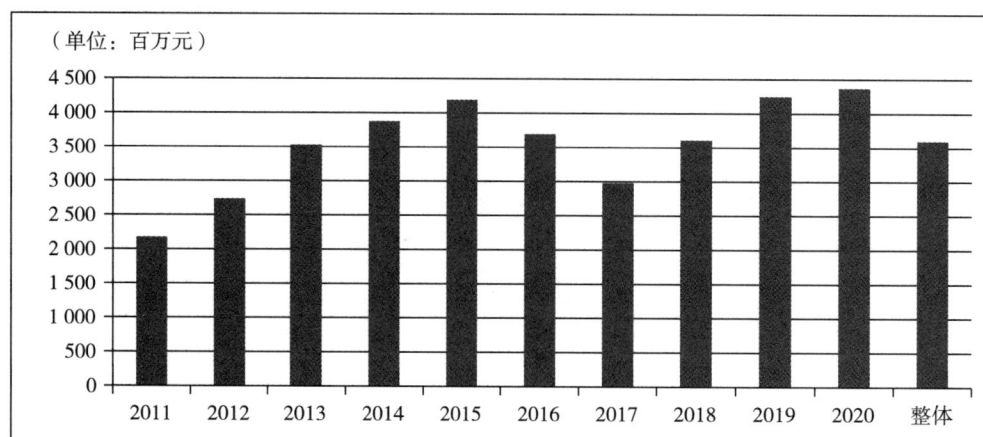

图 3-62　2011—2020 年电力、热力、燃力及水生产和供应业上市公司价值创造总额均值总体情况

图 3-63 和图 3-64 所示的是 2011—2020 年电力、热力、燃气及水生产和供应业上市公司增加价值分配额的基本情况及趋势变化。从图中可以看出：①从所得额看，上市公司分配给政府、员工和企业留存的价值额占多数，债权人和股东所得额相对较少；②看趋势变化，各利益相关者所得额基本呈增长趋势，其中政府所得和员工所得增长趋势较明显且较稳定，而分配给股东和债权人的所得相对比较稳定，变化趋势较平缓，而相对来说，企业留存额变动幅度在 2011—2020 年间相对于其他利益相关者来说波动幅度较大；③从特殊年份看，2017 年政府所得相比其他年份差异较大，各利益相关者的增加价值分配额都出现下降趋势。

图 3-65 和图 3-66 所示的是电力、热力、燃力及水生产和供应业上市公司增加价值分配比例趋势和分配比例情况。从中可以看出：①电力、热力、燃力及水生产和供应业上市公司增加价值在各利益相关者之间的分配较为平均；②2013—2019 年，政府所得占增加价值的比重都是最高的，2020 年员工所得率上升至第一位；③股东所得率在 2011 年到 2020 年间都是最低值。

（单位：百万元）

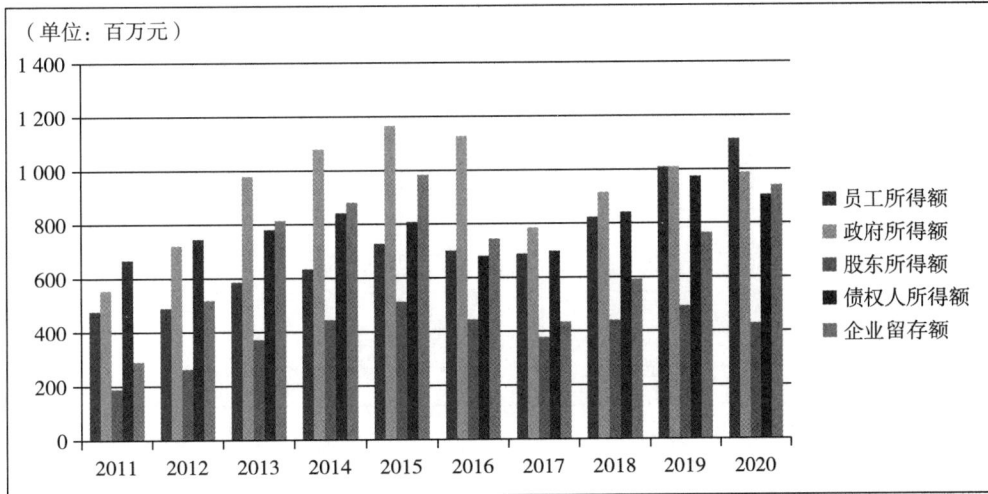

图 3-63　2011—2020 年电力、热力、燃力及水生产和供应业上市公司价值分配额情况

（单位：百万元）

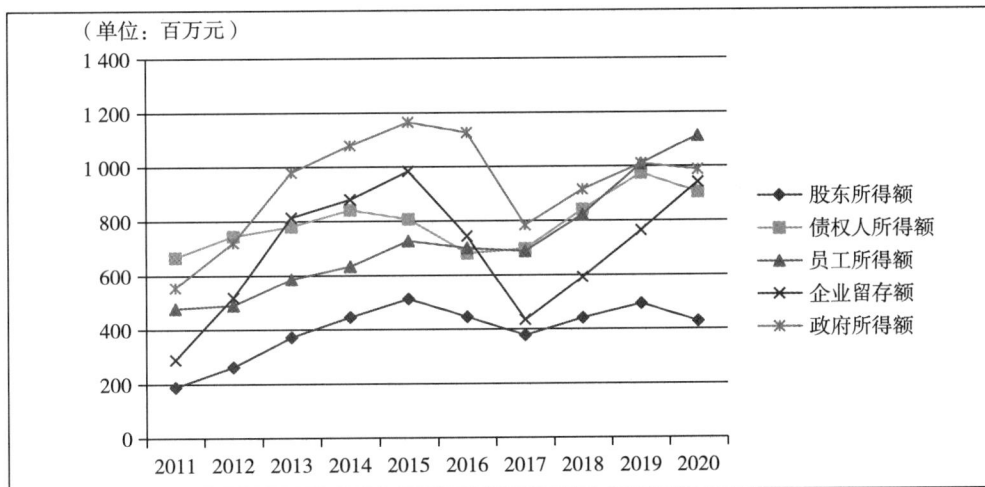

图 3-64　2011—2020 年电力、热力、燃力及水生产和供应业上市公司价值分配额趋势

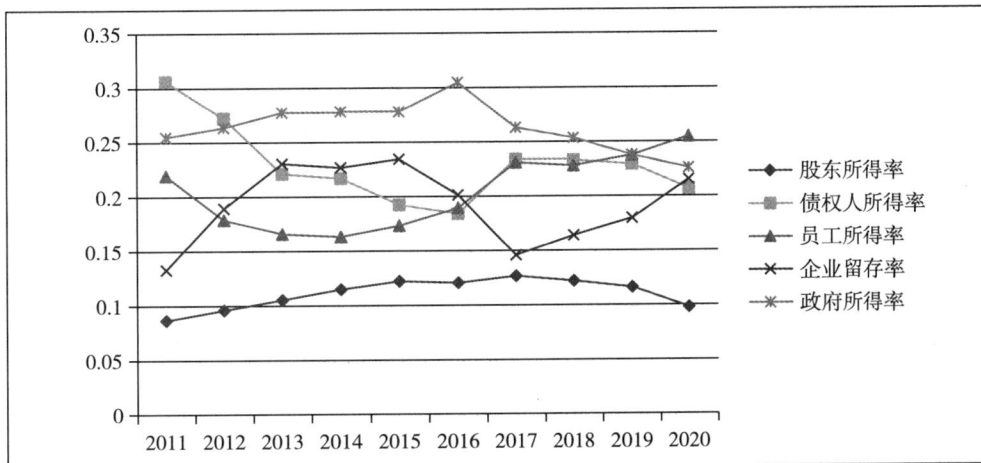

图 3-65　2011—2020 年电力、热力、燃力及水生产和供应业上市公司价值分配比例趋势

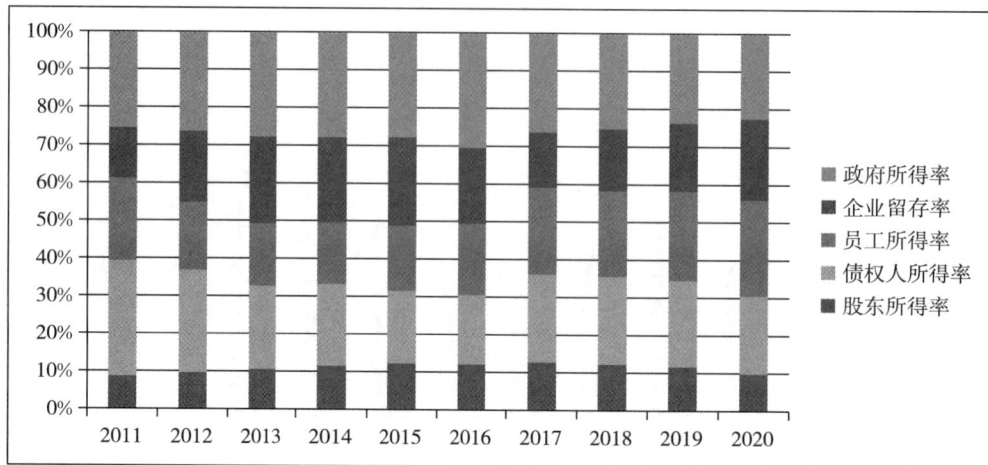

图 3-66 2011—2020 年电力、热力、燃力及水生产和供应业上市公司价值分配比例情况

图 3-67 和图 3-68 所示的是 2011—2020 年电力、热力、燃气及水生产和供应业上市公司人均价值创造情况和趋势变化。从图中可以看出：①人均增值额与人均净利润变化趋势基本一致，或者说增加价值可以反映净利润的变化情况；②2011—2017 年人均增值额先上升后下降，2018—2019 年，人均增值额持续上升，2020 年再次下降；③人均薪酬基本呈水平变化趋势，反映出了近 10 年来我国电力、热力、燃气及水生产和供应业上市公司员工平均薪酬水平缓慢增长。

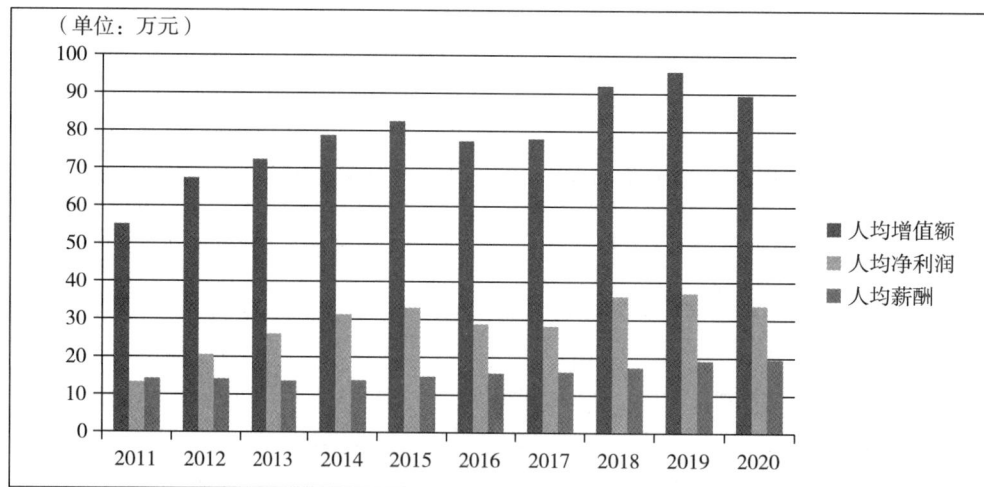

图 3-67 2011—2020 年电力、热力、燃力及水生产和供应业上市公司人均价值创造情况

图 3-69、图 3-70 和图 3-71 所示的是 2011—2020 年电力、热力、燃气及水生产和供应业上市公司生产性指标变化情况，从图中可以看出：①自 2011—2015 年，经营资本生产性指标与增加价值生产性指标在统计期间呈上升状态，下降年份表现为 2016—2020 年；②自 2011—2020 年，资产价值增值率与销售价值增值率变化趋势相似，基本呈水平变动趋势，经营资本生产性与增加价值综合生产性两项数据在相同年度不仅趋势相似，数值还高度重合；③2011—2015 年，设备资本生产性指标基本保持平稳上升状态，数值由约 0.26 上升

至 0.36 左右，2016 年和 2017 年指标数值都有所下降，但在 2019 年指标数值上升迅速，由 0.33 增长至 0.48 左右，2020 年设备资本生产性指标下降至 0.29。

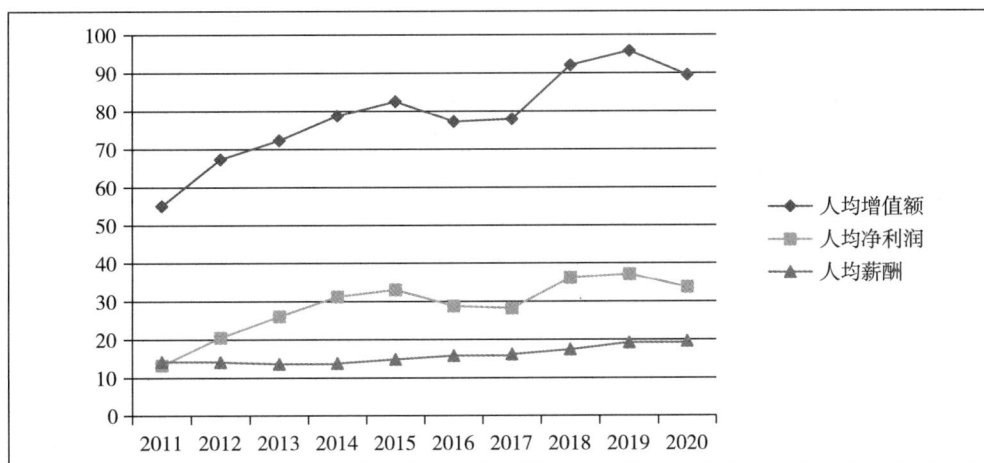

图 3-68 2011—2020 年电力、热力、燃力及水生产和供应业上市公司人均价值创造趋势情况

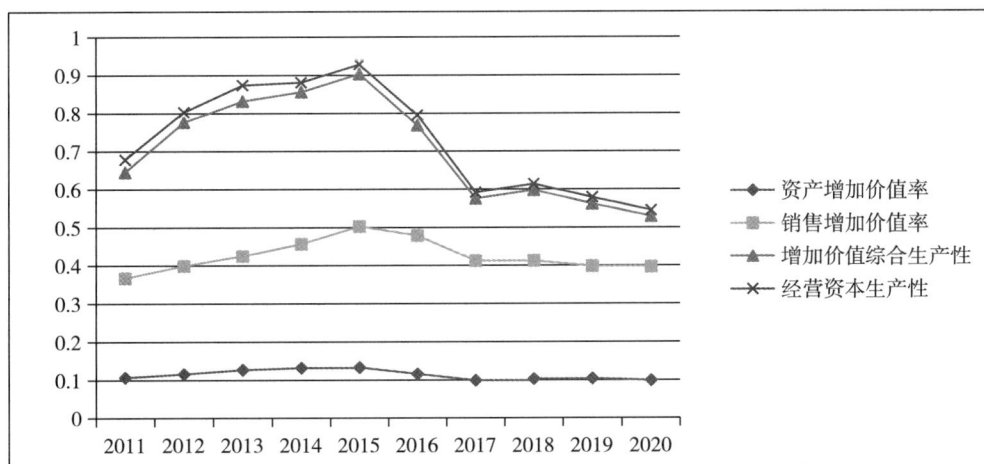

图 3-69 2011—2020 年电力、热力、燃力及水生产和供应业上市公司部分生产性指标变化情况

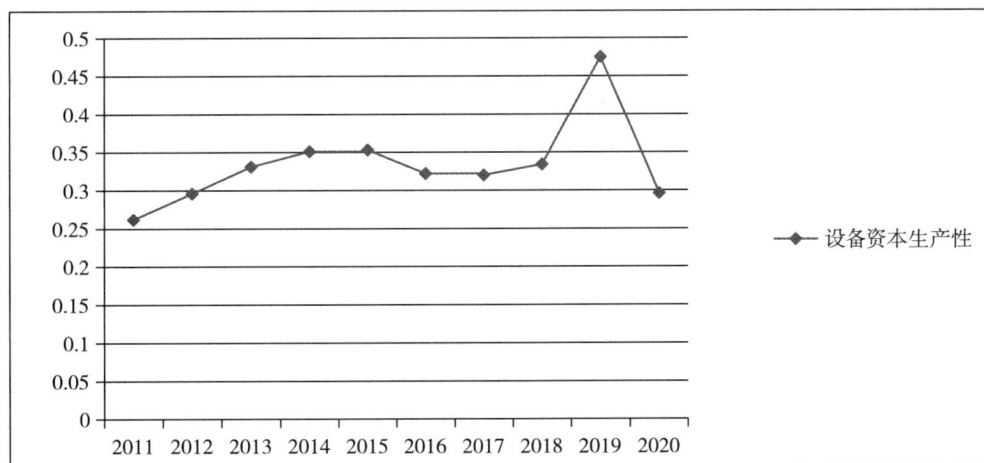

图 3-70 2011—2020 年电力、热力、燃力及水生产和供应业上市公司设备资本生产性指标变化情况

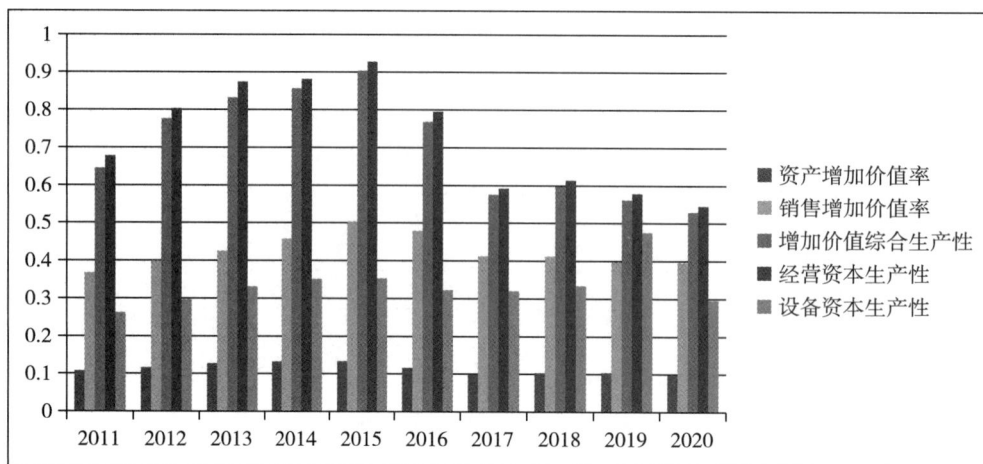

图 3-71　2011—2020 年电力、热力、燃力及水生产和供应业上市公司生产性指标变化情况

3.2.5　2011—2020 年建筑业上市公司增加价值创造及分配情况

表 3-9 所列的是建筑业上市公司 2011—2020 年增加价值创造的描述性统计数值。图 3-72 所示的是 2011—2020 年上市公司价值创造总额即增加价值总额均值的总体情况。从中可以看出：①建筑业上市公司增加价值总额整体呈增长趋势，2020 年相比 2011 年增长 1.5 倍左右；②2012 年和 2015 年两个年度，建筑业上市公司增加价值总额出现下降趋势，即在建筑业上市公司增多的情况下价值创造能力下降。

表 3-9　2011—2020 建筑业上市公司增加价值创造的描述性统计　　　　（单位：百万元）

年份	中位数	均值	最小值	最大值	标准差	公司数
2011	829.18	7 648.18	103.60	71 103.70	17 224.96	45
2012	794.56	6 795.11	47.02	81 632.20	16 870.36	56
2013	746.07	7 429.49	4.40	109 120.00	19 752.23	62
2014	955.27	8 816.63	13.06	126 926.00	23 592.75	62
2015	740.63	7 716.85	7.35	134 307.00	22 971.23	77
2016	723.81	7 306.44	7.82	143 753.00	22 649.47	85
2017	877.71	7 912.50	12.53	172 137.00	25 369.69	92
2018	892.14	9 004.92	13.36	201 864.00	29 354.34	90
2019	955.90	10 874.17	9.64	229 734.00	34 046.34	84
2020	861.15	11 601.90	12.75	243 712.00	36 416.44	82
整体	848.12	8 639.97	4.40	243 712.00	26 366.92	735

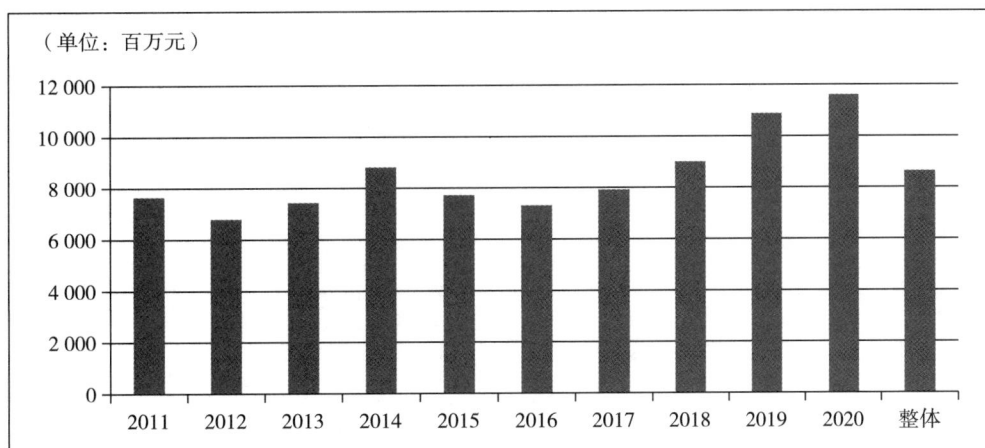

图 3-72 2011—2020 年建筑业上市公司价值创造总额均值总体情况

图 3-73 和图 3-74 所示的是 2011—2020 年建筑业上市公司增加价值分配额的基本情况及趋势变化。从图中可以看出：①从所得额看，上市公司分配给政府、员工和企业留存的价值额占多数，股东和债权人所得额相对较少；②看趋势变化，员工所得额呈逐步上升趋势，政府所得额、债权人所得额及企业留存额变化趋势相似，均为先上升后下降再上升趋势，股东所得额相对比较稳定，变化趋势平缓；③从特殊年份看，2014 年员工所得、企业留存、政府所得相比其他年份都有所增长，2019 年员工所得额增加幅度相对较大。

图 3-75 和图 3-76 所示的是上市公司增加价值分配比例趋势和分配比例情况。从中可以看出：建筑业上市公司各利益相关者所得率在 2011—2020 年变化趋势不大，分配比例从大到小依次为员工所得率、政府所得率、企业留存率、债权人所得率、股东所得率。

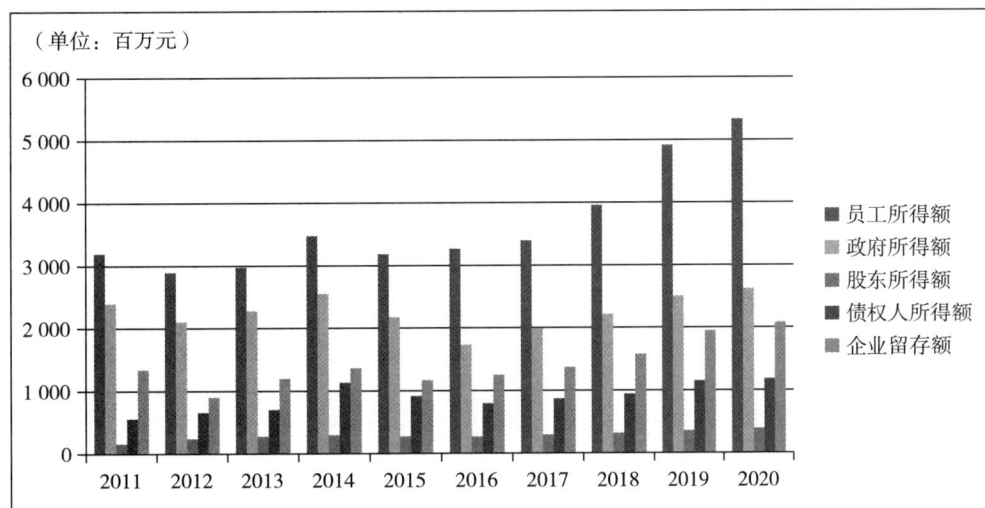

图 3-73 2011—2020 年建筑业上市公司增加价值分配额情况

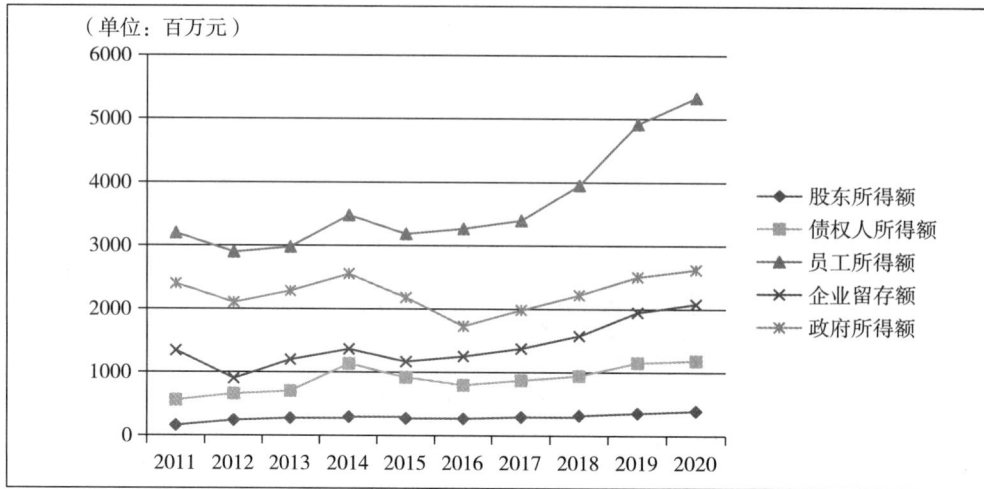

图 3-74　2011—2020 年建筑业上市公司增加价值分配额趋势

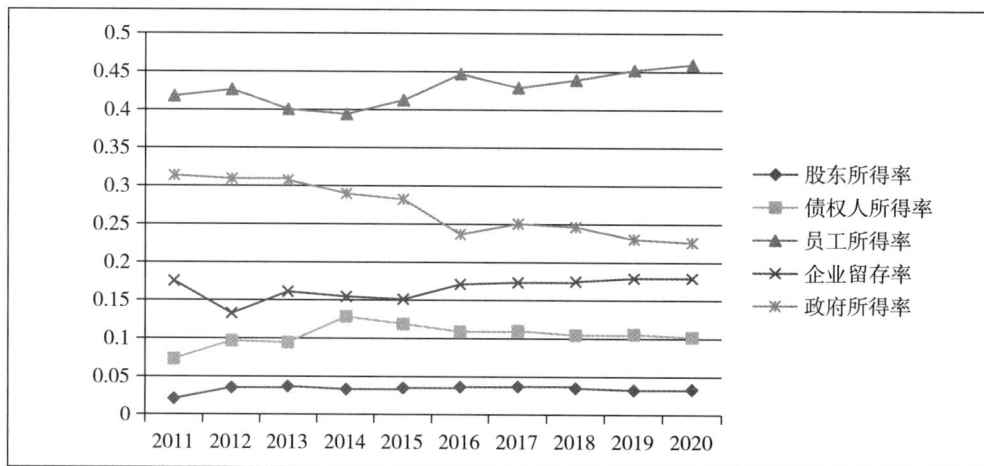

图 3-75　2011—2020 年建筑业上市公司增加价值分配比例趋势

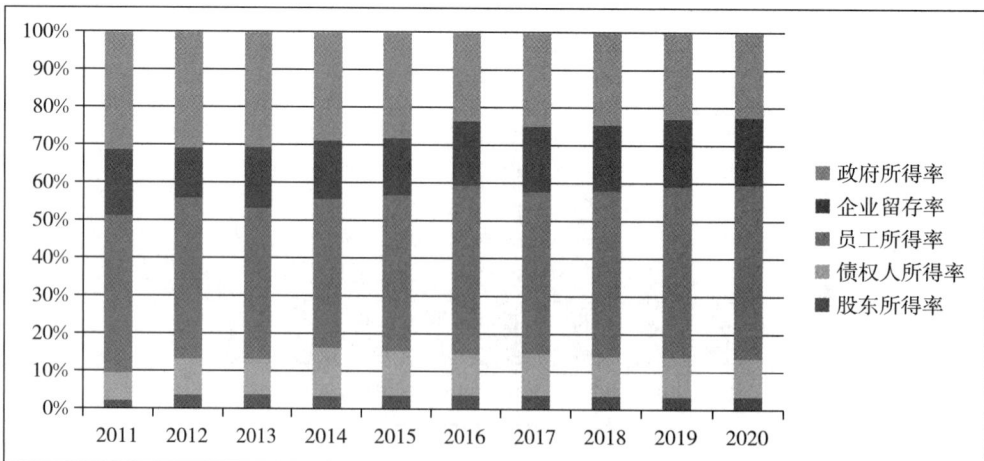

图 3-76　2011—2020 年建筑业上市公司增加价值分配比例情况

图 3-77 和图 3-78 所示的是 2011—2020 年建筑业上市公司人均价值创造情况和变化趋势。从图中可以看出：①人均增值额与人均净利润变化趋势大致一致，增加价值在一定程度上可以反映净利润的变化情况；②人均增值额在 2011—2016 年逐步缓慢下降，在 2017 年陡然上升，2016 年为人均增值最低点；③人均薪酬基本呈缓慢上升趋势，即 2020 年相对于 2011 年每年的人均薪酬差异有一定的增长，反映出了近 10 年来我国建筑业上市公司员工平均薪酬水平基本稳步上升。

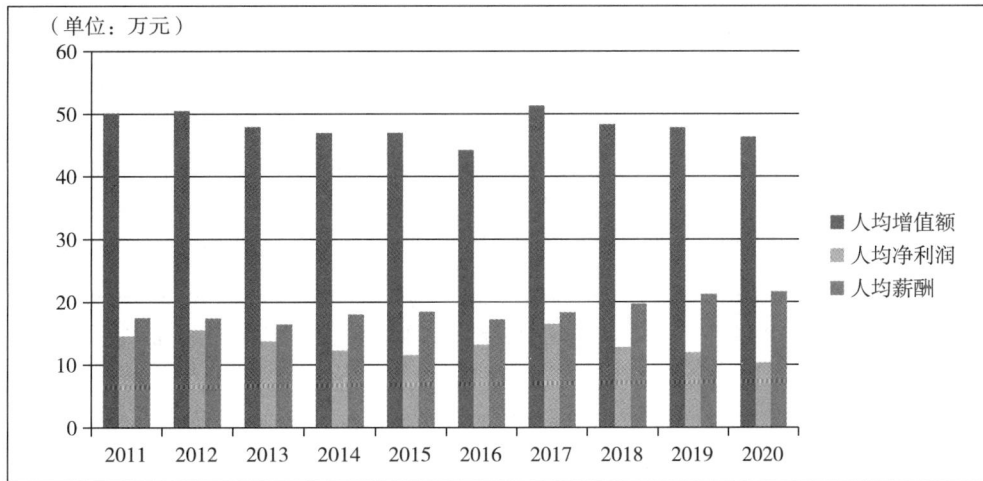

图 3-77　2011—2020 年建筑业上市公司人均价值创造情况

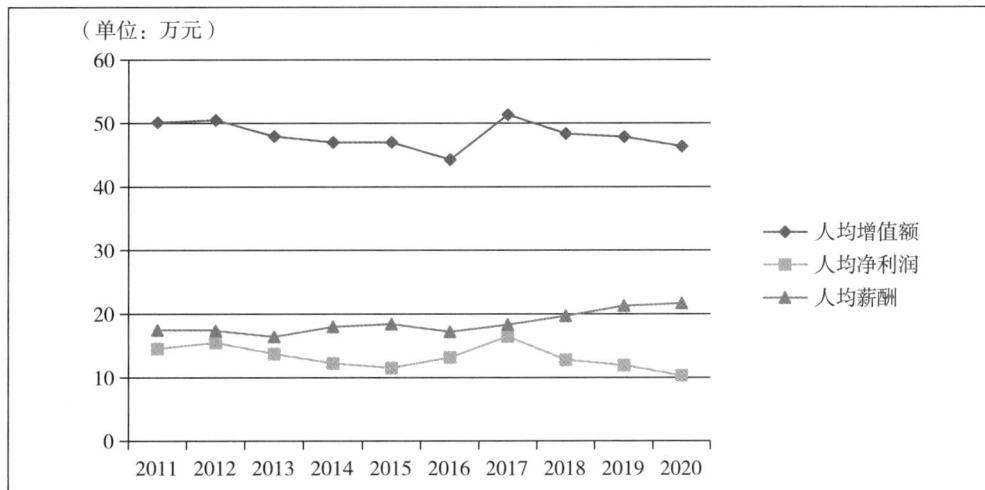

图 3-78　2011—2020 年建筑业上市公司人均价值创造趋势情况

图 3-79、图 3-80 和图 3-81 所示的是 2011—2020 年建筑业上市公司生产性指标变化情况。从图中可以看出：①建筑业上市公司自 2011—2020 年，生产性指标均呈下降趋势，且下降幅度较明显；②经营资本生产性和增加价值综合生产性变化趋势基本一致呈下降趋势，且两项数据在相同年度数值也大体相似，2011—2016 年经营资本生产性与增加价值综合生产性逐步下降，2017 年上升，此后继续下降；③建筑业上市公司的销售增加价值率在

2011—2017 小幅度上升，在 2018 年后续年度逐步下降；④2011—2015 年，设备资本生产性指标波动上升，数值由约 3.28 上升至 6.1 左右，2016 年，设备资产生产性指标下降至 4.1，之后又稳步上升，由 4.8 增长至 5.32 左右。

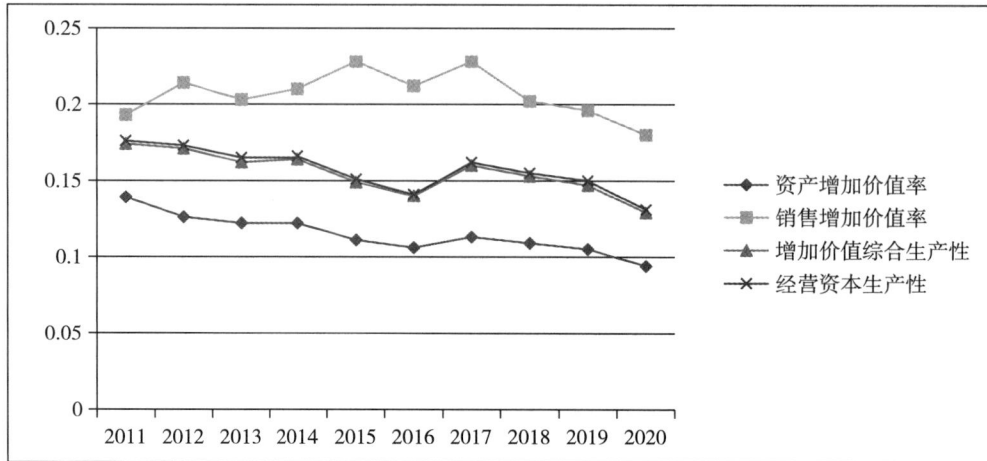

图 3-79 2011—2020 年建筑业上市公司部分生产性指标变化情况

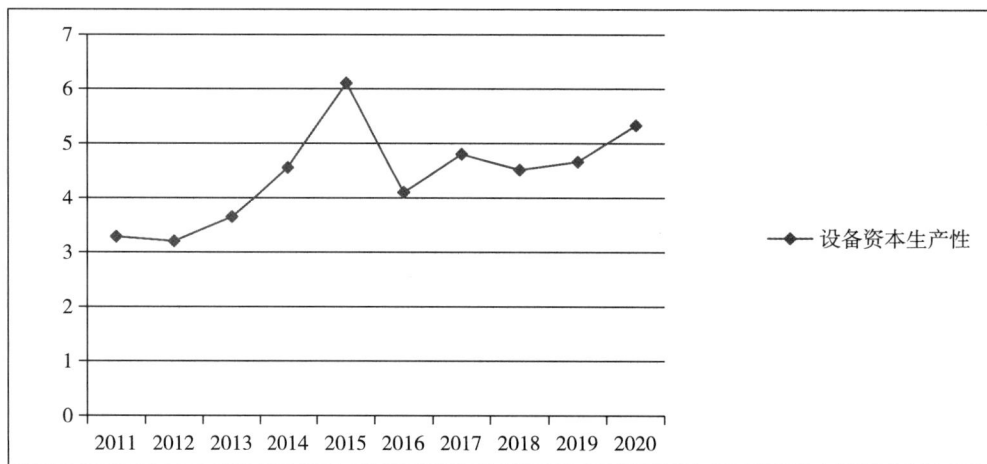

图 3-80 2011—2020 年建筑业上市公司设备资本生产性指标变化情况

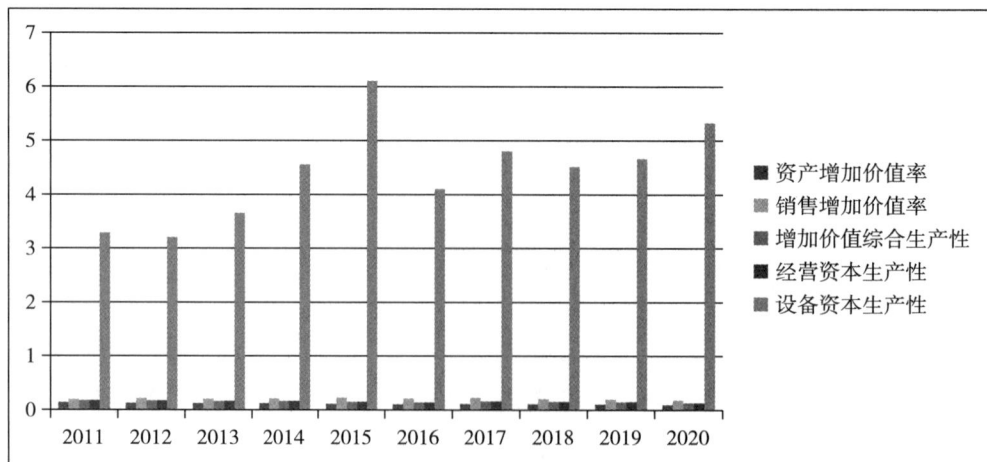

图 3-81 2011—2020 年建筑业上市公司生产性指标变化情况

3.2.6　2011—2020 年批发和零售业上市公司增加价值创造及分配情况

表 3-10 所列的是 2011—2020 年批发和零售业上市公司增加价值创造的描述性统计数值。图 3-82 所示的是 2011—2020 年批发和零售业上市公司价值创造总额即增加价值总额的均值总体情况，从中可以看出：增加价值总额整体呈增长趋势，2020 年较 2011 年增长近 1 倍左右，增长态势趋于缓和，这与我国整体的经济发展相吻合。

表 3-10　2011—2020 年批发和零售业上市公司增加价值创造的描述性统计　（单位：百万元）

年份	中位数	均值	最小值	最大值	标准差	公司数
2011	603.60	1 091.18	19.26	13 405.30	1 667.62	112
2012	576.73	1 093.23	2.68	10 102.40	1 626.03	131
2013	574.96	1 114.83	7.17	9 034.26	1 659.39	139
2014	686.43	1 244.17	2.16	10 380.00	1 825.76	137
2015	600.56	1 311.19	20.90	11 834.30	2 023.18	142
2016	739.22	1 535.58	9.38	12 660.30	2 273.04	147
2017	979.48	1 896.18	9.87	16 911.60	3 002.38	153
2018	947.85	2 321.83	6.90	31 967.90	4 254.59	150
2019	906.13	2 396.70	8.98	33 601.40	4 553.43	152
2020	920.13	2 146.23	25.64	27 496.00	3 742.43	140
整体	733.13	1 643.56	2.16	33 601.40	2 963.70	1 403

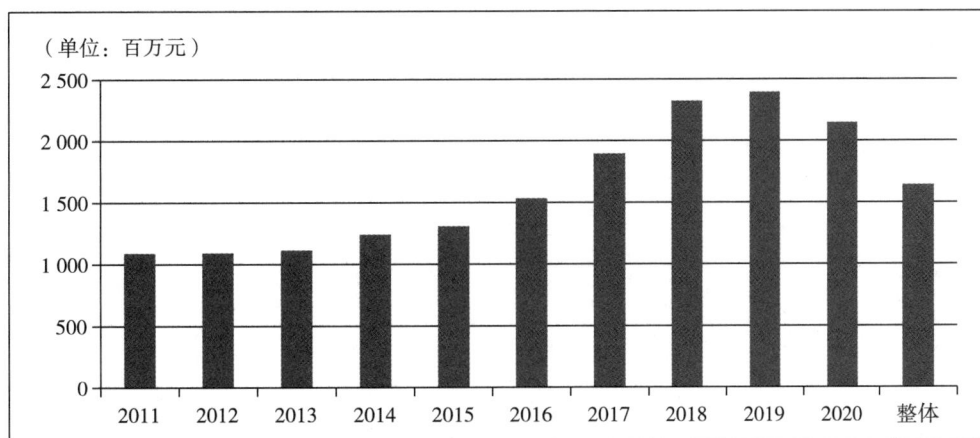

图 3-82　2011—2020 年批发和零售业上市公司价值创造总额均值总体情况

图 3-83 和图 3-84 所示的是 2011—2020 年批发和零售业上市公司增加价值分配额的基本情况及趋势变化。从图中可以看出：①从所得额看，上市公司分配给员工、政府和企业留存的价值额占多数，股东和债权人所得额相对较少；②看趋势变化，各利益相关者所得额基本呈增长趋势，其中政府所得、企业留存和员工所得增长趋势明显且较稳定，而分配给股东和债权人的所得相对比较稳定，变化趋势较缓慢；③从特殊年份看，2020 年除股东所得额及政府所得额，其余利益相关者所得均有所下降，其中企业留存额下降趋势明显。

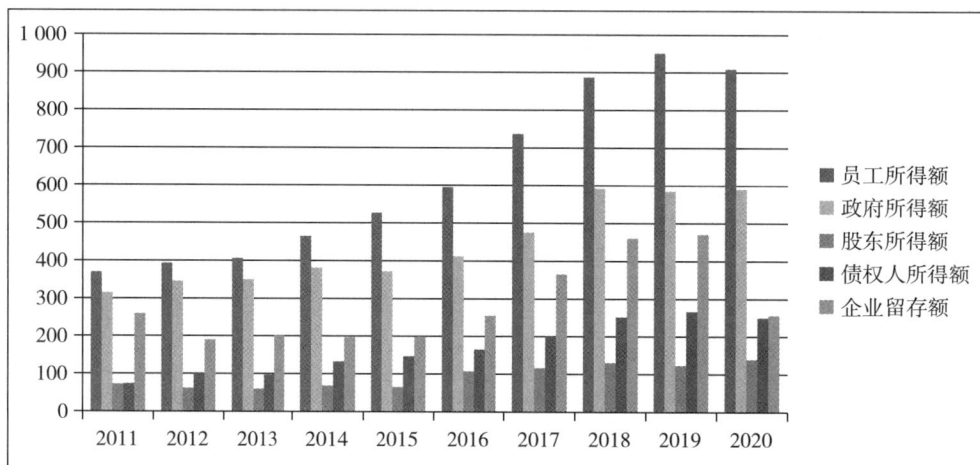

图 3-83　2011—2020 年批发和零售业上市公司增加价值分配额情况

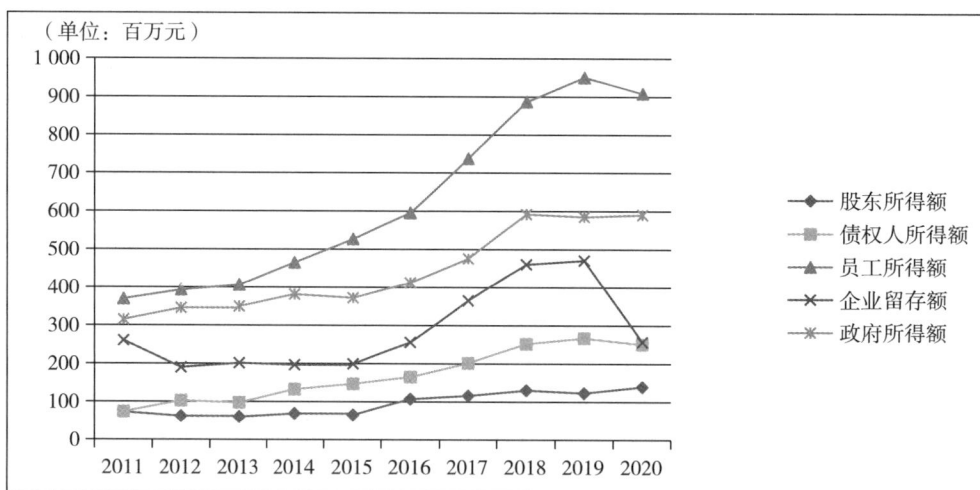

图 3-84　2011—2020 年批发和零售业上市公司增加价值分配额趋势

图 3-85 和图 3-86 所示的是批发和零售业上市公司增加价值分配比例趋势和分配比例情况。从中可以看出：①批发和零售业上市公司各利益相关者所得率在 2011—2020 年在数值上从大到小依次为，员工所得率、政府所得率、企业留存率、债权人所得率、股东所得率；②员工所得率总体上呈现上升趋势，在 2020 年，企业留存率有一个明显的下降。

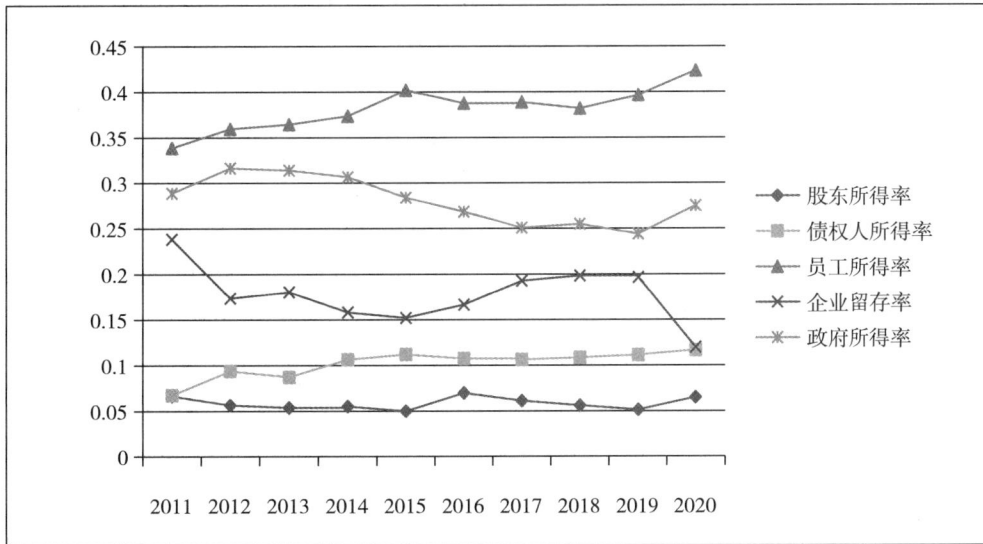

图 3-85　2011—2020 年批发和零售业上市公司增加价值分配比例趋势

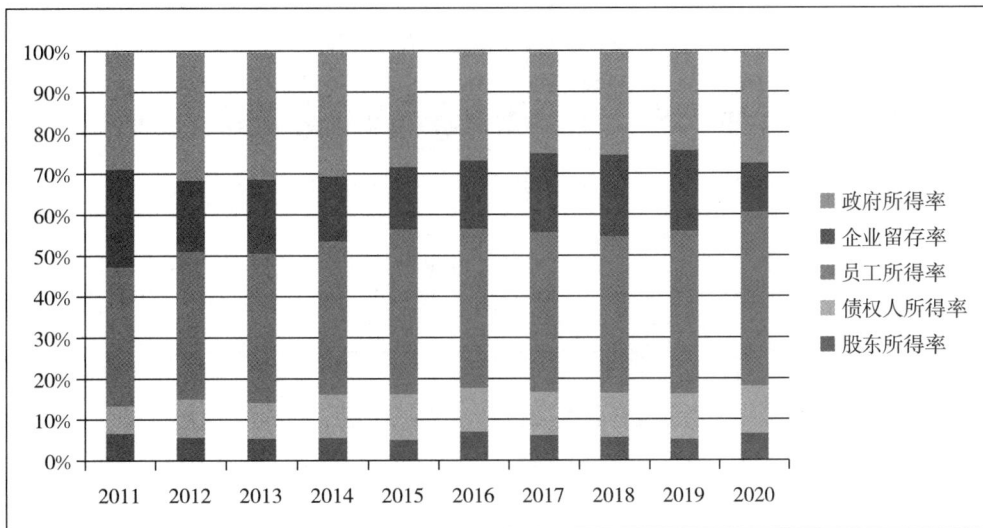

图 3-86　2011—2020 年批发和零售业上市公司增加价值分配比例情况

图 3-87 和图 3-88 所示的是 2011—2020 年批发和零售业上市公司人均价值创造情况和趋势变化。从图中可以看出：①人均增值额与人均净利润变化趋势相似，或者说增加价值在一定程度上可以反映净利润的变化情况；②人均增值额在 2011—2019 年处于上升趋势，2014 年上升迅速，达到最高点，但在 2020 年趋于下降；③人均薪酬基本呈缓慢增加趋势，即 2011—2020 年每年的人均薪酬小幅度增加。

图 3-89、图 3-90 和图 3-91 所示的是 2011—2020 年上市公司生产性指标变化情况。从图中可以看出：①经营资本生产性在统计期间的多数年度呈下降趋势且下降趋势具

有一定的波动性；②经营资本综合性和增加价值综合性变化趋势相似，且两项数据在相同年度也大体相似；③相对的，批发和零售业上市公司的销售增加价值率在 2011—2012 年下降，在 2013 年至 2014 年该数值呈上升趋势，2015—2019 年批发和零售业上市公司的销售增加价值率又呈现下降态势，但在 2020 年又缓慢回升，总体呈增长趋势；④2011—2014 年，设备资本生产性指标基本保持平稳上升状态，数值由约 2 上升至 2.98 左右，2015 年略微下降，下降至 2.88 左右，2016—2019 年设备资本生产性指标逐步上升，且上升速度迅速，该指标由 3.77 增长至 4.84 左右，2020 年，设备资本生产指标小幅度下降至 4.42。

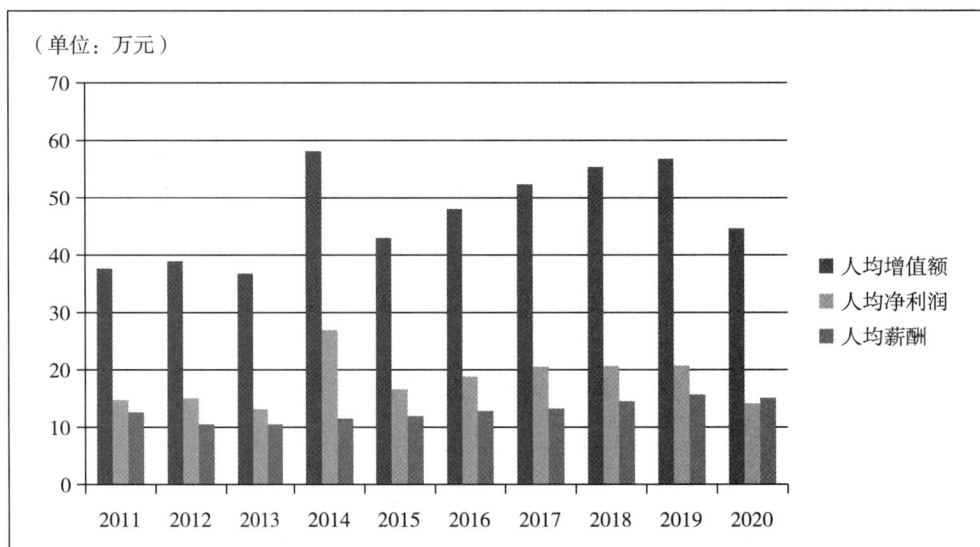

图 3 - 87　2011—2020 年批发和零售业上市公司人均价值创造情况

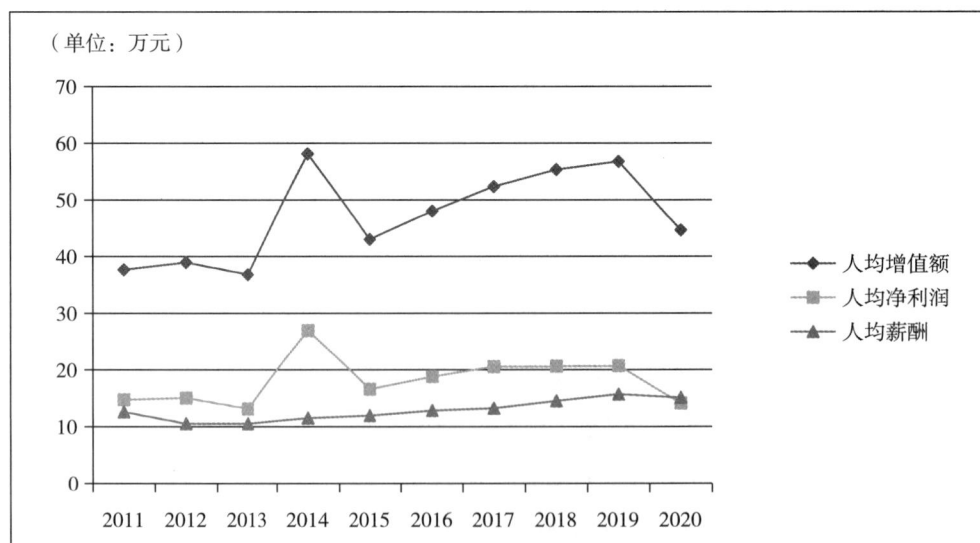

图 3 - 88　2011—2020 年批发和零售业上市公司人均价值创造趋势情况

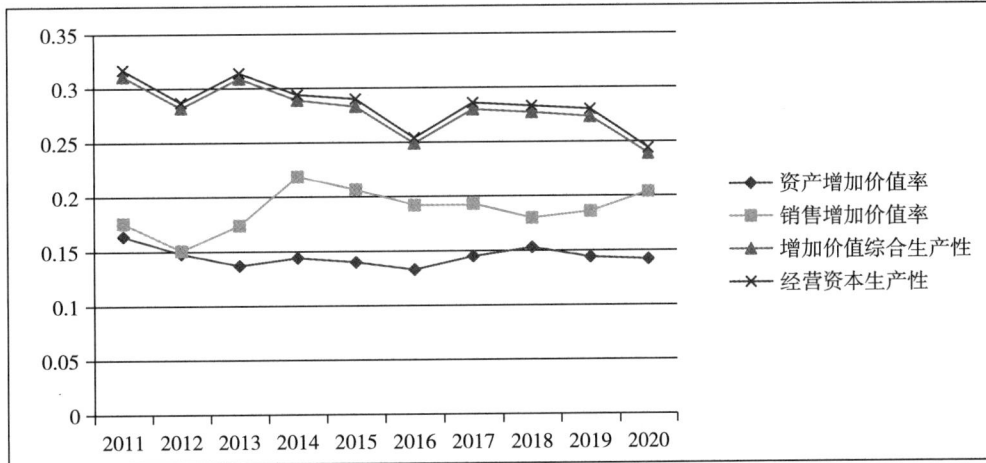

图 3 - 89　2011—2020 年批发和零售业上市公司部分生产性指标变化情况

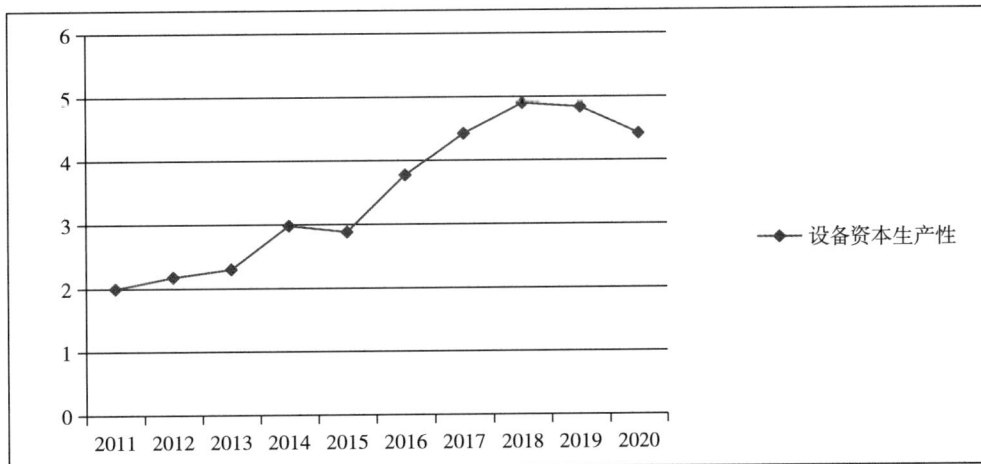

图 3 - 90　2011—2020 年批发和零售业上市公司设备资本生产性指标变化情况

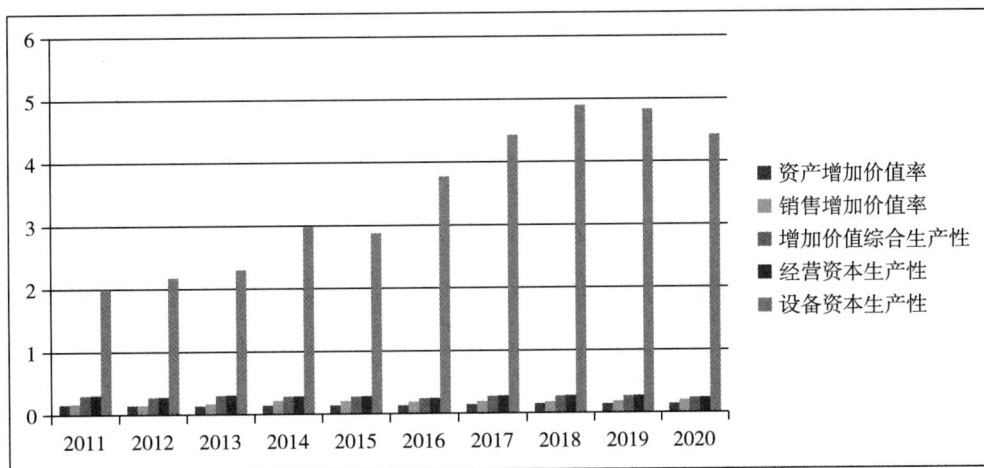

图 3 - 91　2011—2020 年批发和零售业上市公司生产性指标变化情况

3.2.7 2011—2020 年交通运输、仓储和邮政业上市公司增加价值创造及分配情况

表 3 - 11 所列的是 2011—2020 年交通运输、仓储和邮政业上市公司增加价值创造的描述性统计数值，图 3 - 92 所示的是 2011—2020 年交通运输、仓储和邮政业上市公司价值创造总额即增加价值总额均值的总体情况。从中可以看出：①增加价值总额整体呈增长趋势，但增长态势趋于缓和，这与我国整体的经济发展相吻合；②2016 年和 2020 年两个年度，增加价值总额出现小幅度下降。

表 3 - 11　2011—2020 交通运输、仓储和邮政业上市公司增加价值创造的描述性统计

（单位：百万元）

年份	中位数	均值	最小值	最大值	标准差	公司数
2011	714.53	2 840.43	69.61	27 636.30	5 891.42	68
2012	885.48	2 772.37	100.06	26 010.50	5 490.58	73
2013	902.50	2 972.34	78.98	30 071.70	5 814.07	74
2014	1 040.25	3 346.16	98.84	34 908.80	6 417.46	75
2015	965.37	3 542.09	90.48	33 588.30	7 136.32	79
2016	996.64	3 510.31	22.52	36 442.90	6 976.48	83
2017	1 546.52	4 482.26	120.29	42 138.10	8 311.52	91
2018	1 542.80	4 687.65	79.94	43 778.70	8 461.10	98
2019	1 829.92	5 236.90	86.21	43 689.10	9 357.31	97
2020	1 486.45	3 865.20	24.47	39 283.30	6 881.62	97
整体	1 140.83	3 817.73	22.52	43 778.70	7 314.96	835

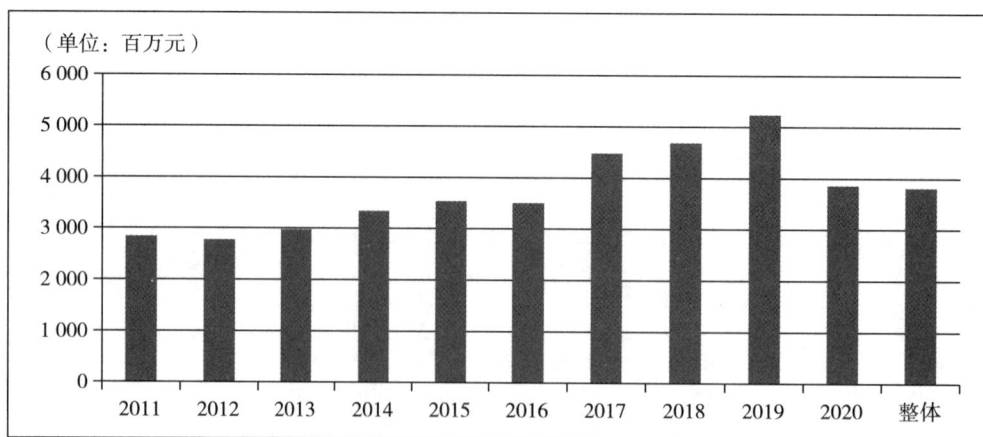

图 3 - 92　2011—2020 年交通运输、仓储和邮政业上市公司价值创造总额均值总体情况

图 3-93 和图 3-94 所示的是 2011—2020 年交通运输、仓储和邮政业上市公司增加价值分配额的基本情况及趋势变化。从图中可以看出：①从所得额看，上市公司分配给员工、政府和企业留存的价值额占多数，股东和债权人所得额相对较少；②从趋势变化看，各利益相关者所得额基本呈增长趋势，其中债权人所得和股东所得增长趋势平缓且较稳定，而分配给员工的所得变化趋势明显，而相对来说，企业留存额变动幅度在 2016—2020 年间相对于其他利益相关者来说波动幅度较大；③从特殊年份看，2017 年员工所得额增势明显，而在2020 年，各利益相关者所得额都出现了明显下降趋势。

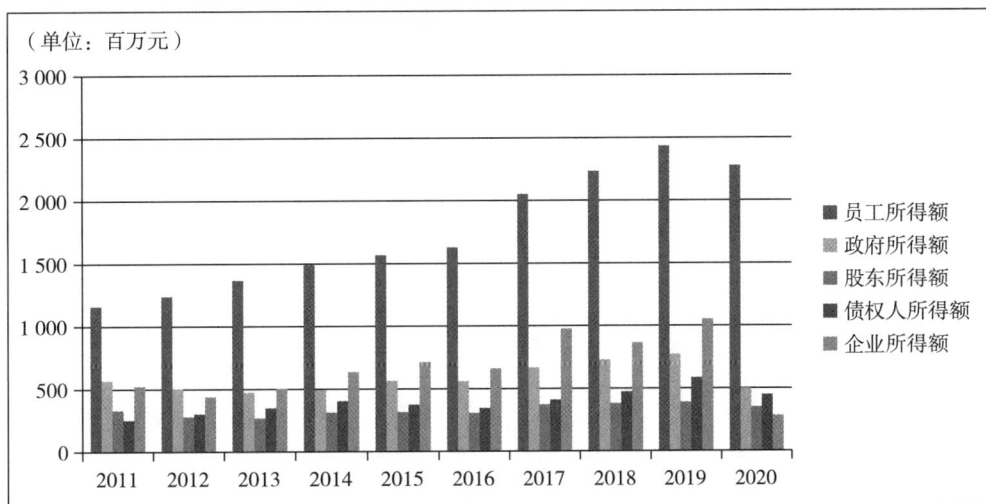

图 3-93 2011—2020 年交通运输、仓储和邮政业上市公司增加价值分配额情况

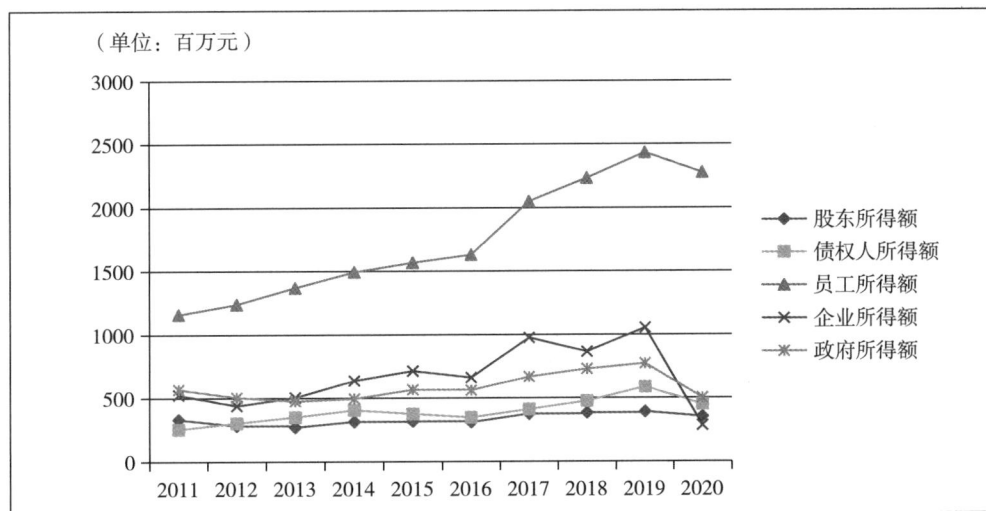

图 3-94 2011—2020 年交通运输、仓储和邮政业上市公司增加价值分配额趋势

图 3-95 和图 3-96 所示的是交通运输、仓储和邮政业上市公司增加价值分配比例趋势和分配比例情况。从中可以看出：①交通运输、仓储和邮政业上市公司员工所得率明显高于其他利益相关者所得率，在 2020 年员工所得率数值甚至超过 0.5；②企业留存率、员工所得率、债权人所得率和股东所得率数值接近；③企业留存率在 2020 年出现了明显的下降，在所有的利益相关者所得率中排名最后一位。

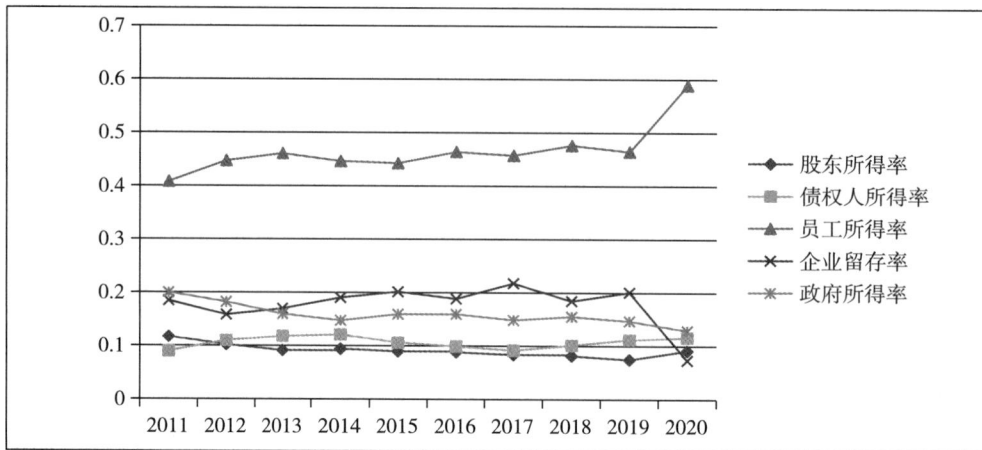

图 3-95 2011—2020 年交通运输、仓储和邮政业上市公司增加价值分配比例趋势

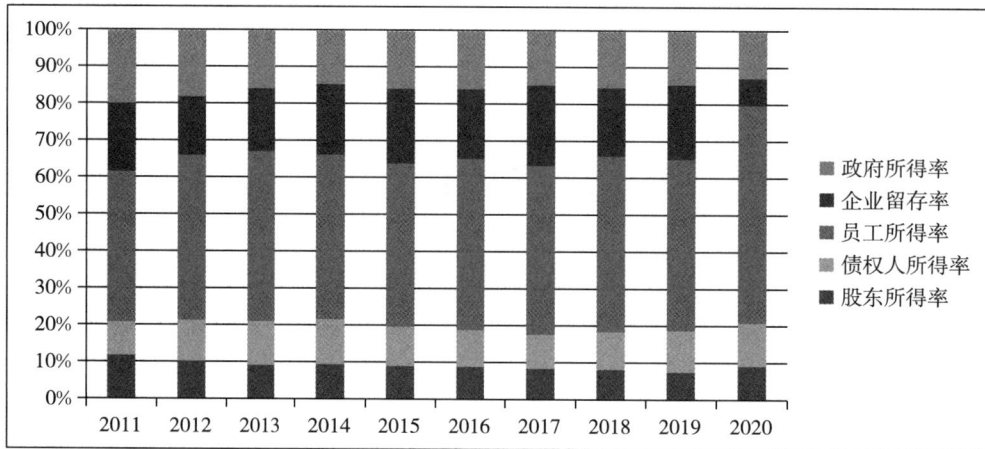

图 3-96 2011—2020 年交通运输、仓储和邮政业上市公司增加价值分配比例情况

图 3-97 和图 3-98 所示的是 2011—2020 年交通运输、仓储和邮政业上市公司人均价值创造情况和趋势变化。从图中可以看出：①人均增值额与人均净利润变化趋势相似，或者说增加价值可以在一定程度上反映净利润的变化情况；②2011—2013 年人均增值额呈下降趋势，2014—2015 年迅速上升，2015 年上升至最高点，2016—2019 年小幅度变化，2020 年有所下降；③人均薪酬基本呈轻微波动趋势，即 2017—2020 年每年的人均薪酬有所提高。

图 3-99、图 3-100 和图 3-101 所示的是 2011—2020 年交通运输、仓储和邮政业上市公司生产性指标变化情况。从图中可以看出：①经营资本综合生产性指标在 2013 年之前呈轻微下降趋势，2014 年经营资本综合生产性指标开始上升，2015—2020 年该指标又表现出波动下降态势；②2011—2020 年度，资产增加价值率、销售增加价值率变化趋势也基本呈略微下降变动，经营资本生产性与增加价值综合生产性变动趋势相似，且两项数据在相同年度数值差距不大，2020 年生产性指标均有所下降；③2011—2017 年，设备资本生产性指标基本保持平稳上升状态，2017 年数值达到 1.02，2018 年设备资本生产性指标下降，下降至

0.94，此后开始上升，于 2019 年增长至 1.24 左右，2020 年设备资本生产性指标再次下降，下降至 1.02。

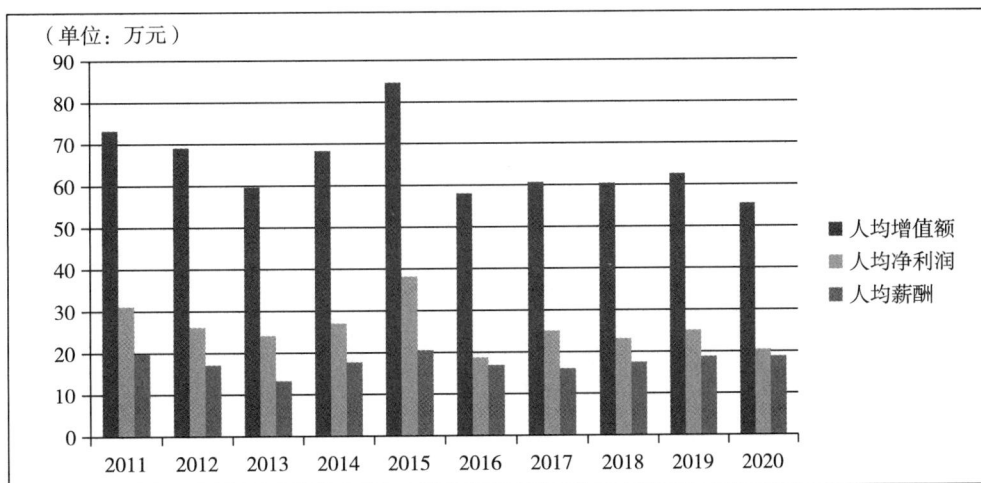

图 3-97　2011—2020 年交通运输、仓储和邮政业上市公司人均价值创造情况

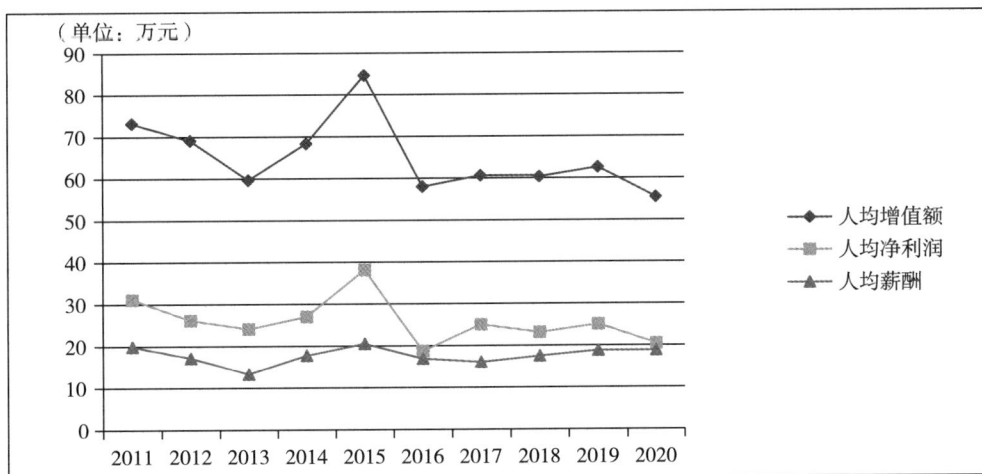

图 3-98　2011—2020 年交通运输、仓储和邮政业上市公司人均价值创造趋势情况

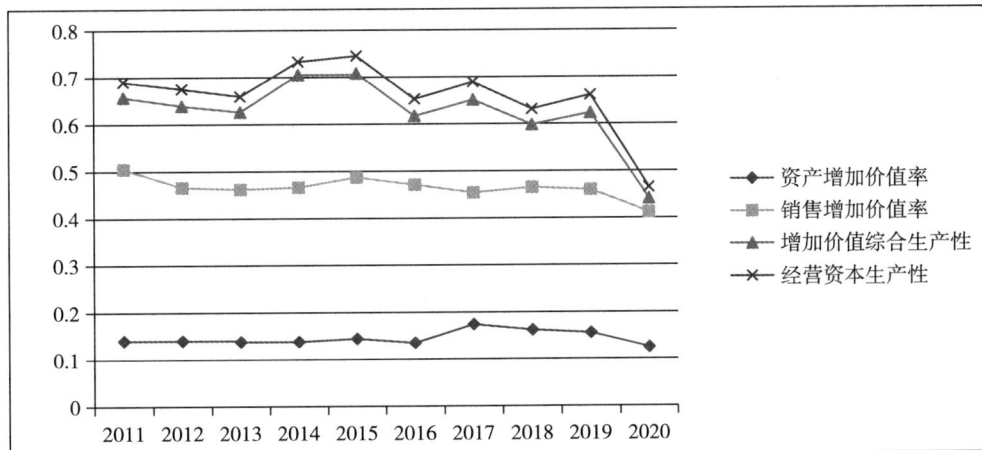

图 3-99　2011—2020 年交通运输、仓储和邮政业上市公司部分生产性指标变化情况

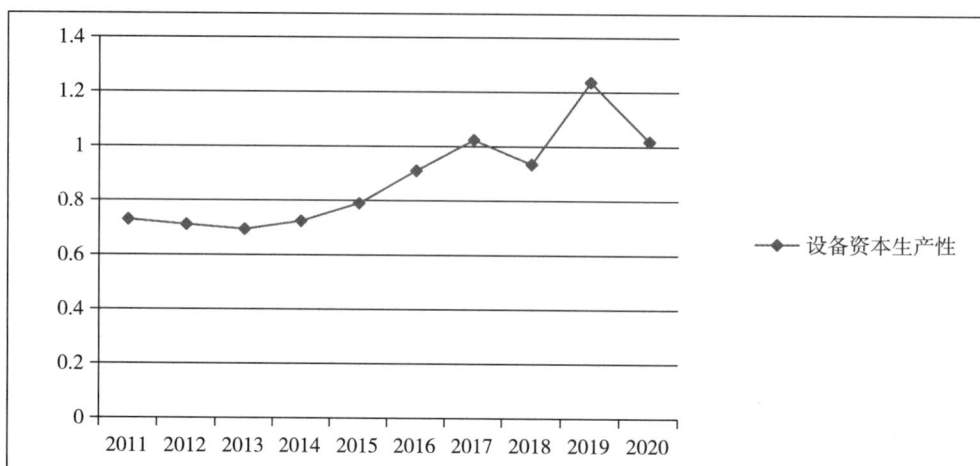

图 3-100 2011—2020 年交通运输、仓储和邮政业上市公司设备资本生产性指标变化情况

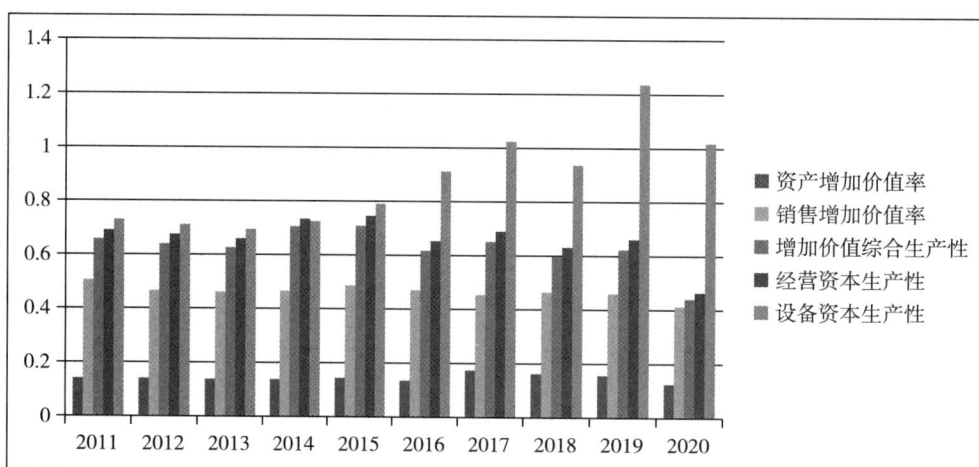

图 3-101 2011—2020 年交通运输、仓储和邮政业上市公司生产性指标变化情况

3.2.8 2011—2020 年住宿和餐饮业上市公司增加价值创造及分配情况

表 3-12 所列的是 2011—2020 住宿和餐饮业上市公司增加价值创造的描述性统计数值，图 3-102 所示的是 2011—2020 年住宿和餐饮业上市公司价值创造总额即增加价值总额均值的总体情况。从中可以看出：①增加价值总额在 2011—2018 年呈增长趋势，增长态势较为迅速；②2019 年和 2020 年两个年度，增加价值总额出现下降趋势，即在上市公司增多的情况下价值创造能力下降。

表 3-12 2011—2020 住宿和餐饮业上市公司增加价值创造的描述性统计 （单位：百万元）

年份	中位数	均值	最小值	最大值	标准差	公司数
2011	486.03	521.07	124.22	1 077.78	295.82	8
2012	323.58	472.91	64.19	1 209.82	375.23	9

（续表）

年份	中位数	均值	最小值	最大值	标准差	公司数
2013	259.50	427.28	8.35	1 468.06	451.40	10
2014	253.54	423.32	13.78	1 711.14	515.58	10
2015	431.94	721.83	2.29	3 429.68	1 006.78	10
2016	247.27	1 238.42	11.19	5 769.04	1 991.54	9
2017	979.80	1 976.81	188.59	6 807.03	2 445.12	7
2018	875.85	2 058.34	15.38	7 686.91	2 830.22	7
2019	684.83	1 883.57	14.67	7 780.87	2 688.58	8
2020	398.36	1 183.76	1.15	5 370.06	1 915.21	7
整体	449.22	1 022.30	1.15	7 780.87	1 678.09	85

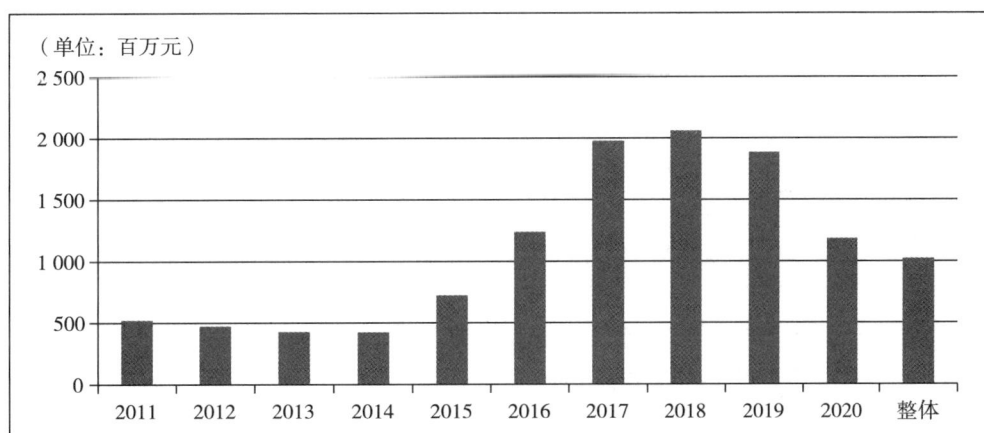

图 3-102　2011—2020 年住宿和餐饮业上市公司价值创造总额均值总体情况

图 3-103 和图 3-104 所示的是 2011—2020 年住宿和餐饮业上市公司增加价值分配额的基本情况及趋势变化。从图中可以看出：①从所得额看，上市公司分配给政府、员工和企业留存的价值额占多数，股东和债权人所得额相对较少；②从趋势变化看，各利益相关者所得额在 2011—2018 年基本呈增长趋势，其中政府所得和员工所得增长趋势明显，而分配给股东及债权人的所得相对比较稳定，变化趋势平缓；③从特殊年份看，2011—2017 年，各利益相关者所得额均有所增加，2018 年员工所得达到最高点，此后开始下降，同时自 2018 年后各利益相关者所得均出现下降趋势，且在 2020 年，企业留存额下降至负值。

图 3-105 和图 3-106 所示的是住宿和餐饮业上市公司增加价值分配比例趋势和分配比例情况。从中可以看出：①政府所得率、债权人所得率、股东所得率呈水平趋势，变化幅度不明显；②住宿和餐饮业上市公司员工所得率数值极高，从 2012 年开始数值超过 0.5，到 2020 年数值竟高达 0.86；③从 2020 企业留存率出现负值，说明住宿和餐饮行业受疫情影响出现了较为明显的企业亏损现象。

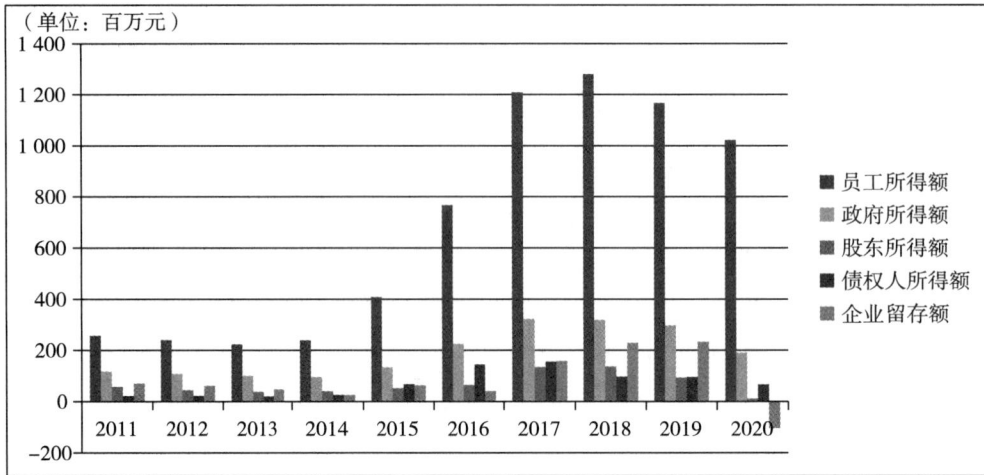

图 3 - 103　2011—2020 年住宿和餐饮业上市公司增加价值分配额情况

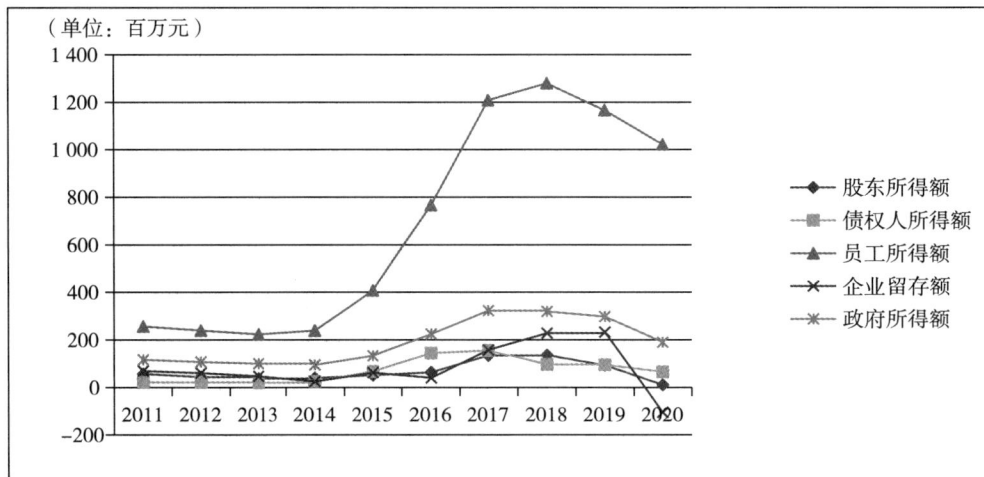

图 3 - 104　2011—2020 年住宿和餐饮业上市公司增加价值分配额趋势

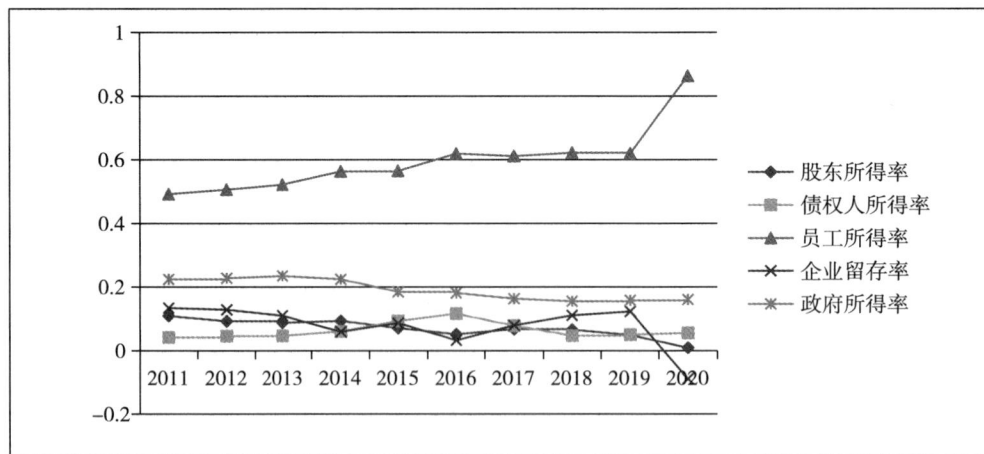

图 3 - 105　2011—2020 年住宿和餐饮业上市公司增加价值分配比例趋势

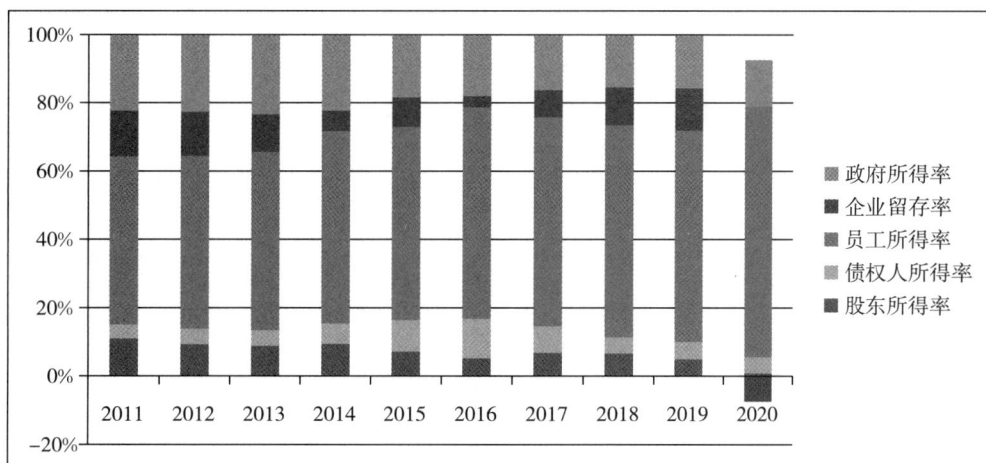

图 3 - 106　2011—2020 年住宿和餐饮业上市公司增加价值分配比例情况

图 3 - 107 和图 3 - 108 所示的是 2011—2020 年住宿和餐饮业上市公司人均价值创造情况和趋势变化。从图中可以看出：①人均增值额与人均净利润变化趋势大致相似，或者说增加价值在一定程度上可以反映净利润的变化情况；②人均增值额基本呈现先上升后下降的趋势，2020 年为人均增值额的最低点；③人均薪酬基本呈缓慢上升趋势，即 2011—2020 年每年的人均薪酬缓慢增加。

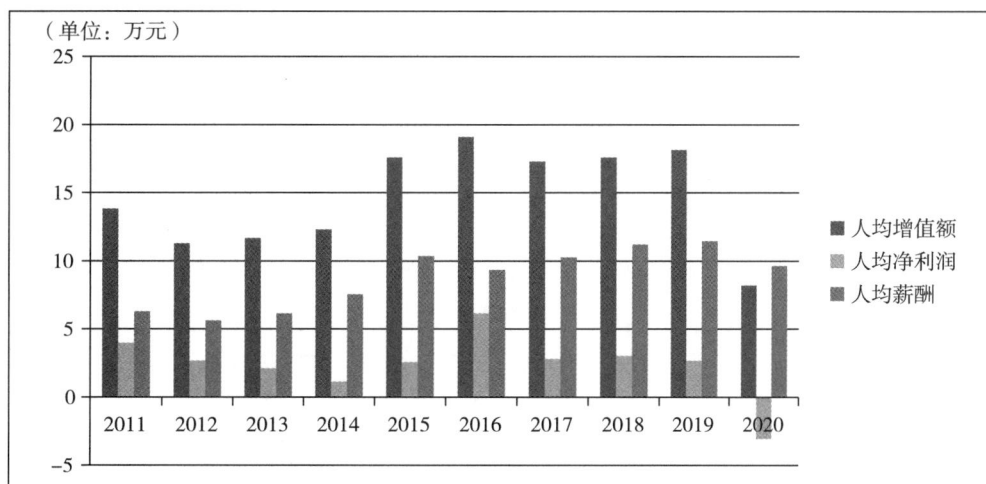

图 3 - 107　2011—2020 年住宿和餐饮业上市公司人均价值创造情况

图 3 - 109、图 3 - 110 和图 3 - 111 所示的是 2011—2020 年住宿和餐饮业上市公司生产性指标变化情况。从图中可以看出：①2011—2019 年经营资本生产性指标在统计期间先下降后上升，2020 年大幅度下降；②资产增加价值率在 2011—2020 年期间稳步下降，而销售增加价值率呈现先上升后下降趋势；③经营资本生产性与增加价值综合生产性两项数据在相同年度变化趋势大体相似；④2011—2014 年，设备资本生产性指标基本保持平稳缓慢下降状态，数值由约 0.94 下降至 0.69 左右，2015—2018 年设备资本生产性指标上升迅速，增长至 1.13 左右，在 2019 年再次下降并于 2020 年下降至 0.75。

（单位：万元）

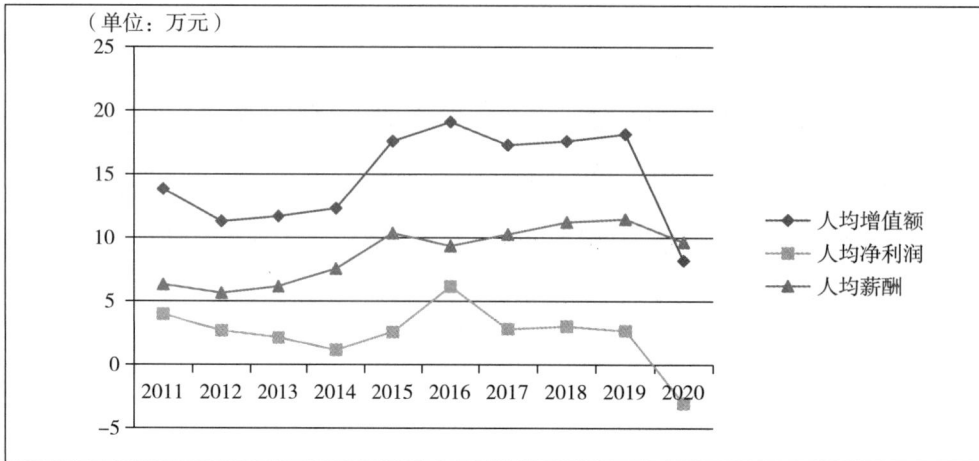

图 3-108　2011—2020 年住宿和餐饮业上市公司人均价值创造趋势情况

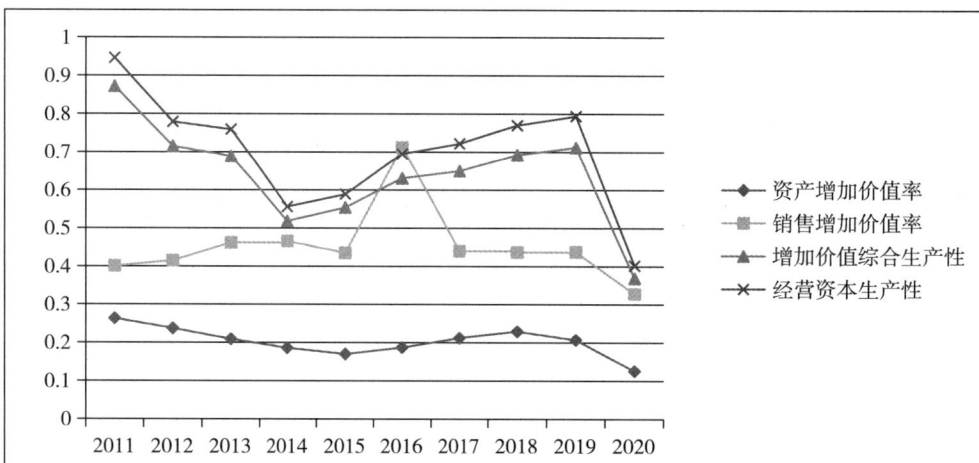

图 3-109　2011—2020 年住宿和餐饮业上市公司部分生产性指标变化情况

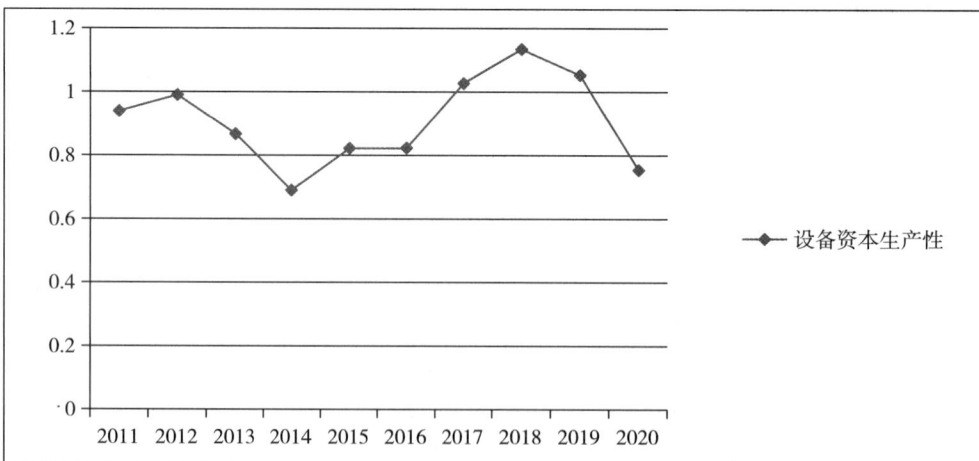

图 3-110　2011—2020 年住宿和餐饮业上市公司设备资本生产性指标变化情况

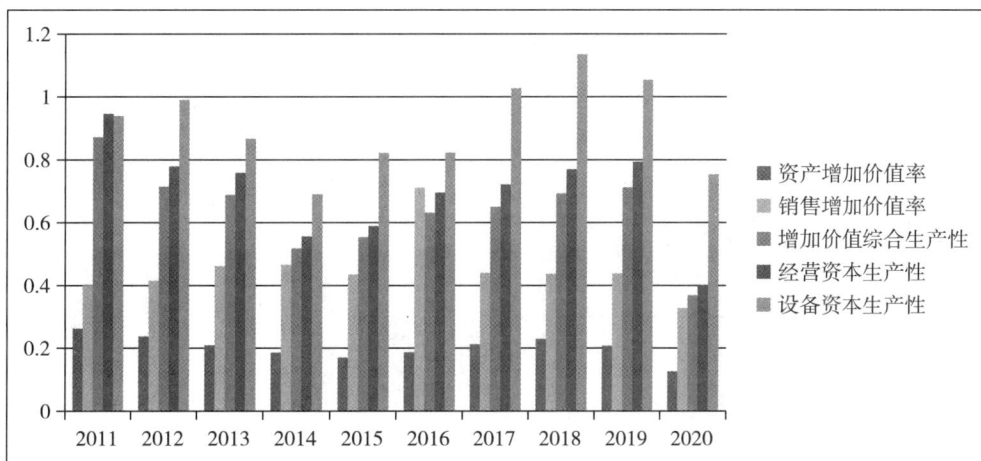

图 3-111 2011—2020 年住宿和餐饮业上市公司生产性指标变化情况

3.2.9 2011—2020 年信息传输、软件和信息技术服务业上市公司增加价值创造及分配情况

表 3-13 所列的是 2011—2020 信息传输、软件和信息技术服务业上市公司增加价值创造的描述性统计数值，图 3-112 所示的是 2011—2020 年信息传输、软件和信息技术服务业上市公司价值创造总额即增加价值总额均值的总体情况。从中可以看出：①增加价值总额整体呈增长趋势，但增长态势趋于缓和，这与我国整体的经济发展相吻合；②2016年和 2020 年两个年度，增加价值总额出现下降趋势，即在上市公司增多的情况下价值创造能力下降。

表 3-13 2011—2020 信息传输、软件和信息技术服务业上市公司增加价值创造的描述性统计

（单位：百万元）

年份	中位数	均值	最小值	最大值	标准差	公司数
2011	184.89	737.53	25.46	42 331.30	3 966.15	114
2012	202.22	846.51	41.03	50 928.30	4 764.03	114
2013	247.56	949.45	4.30	61 076.50	5 478.10	124
2014	364.13	1 009.34	46.47	65 278.50	5 606.69	135
2015	421.88	1 085.90	9.19	63 603.60	5 219.81	149
2016	428.28	951.91	24.22	48 876.80	3 485.68	203
2017	442.31	1 038.04	2.86	57 698.60	3 875.12	232
2018	524.25	1 188.31	12.81	65 405.50	4 489.18	221
2019	515.86	1 183.64	14.72	67 064.60	4 354.51	252
2020	489.93	1 129.18	8.78	78 081.80	4 745.72	282
整体	399.01	1 045.87	2.86	78 081.80	4 548.24	1 826

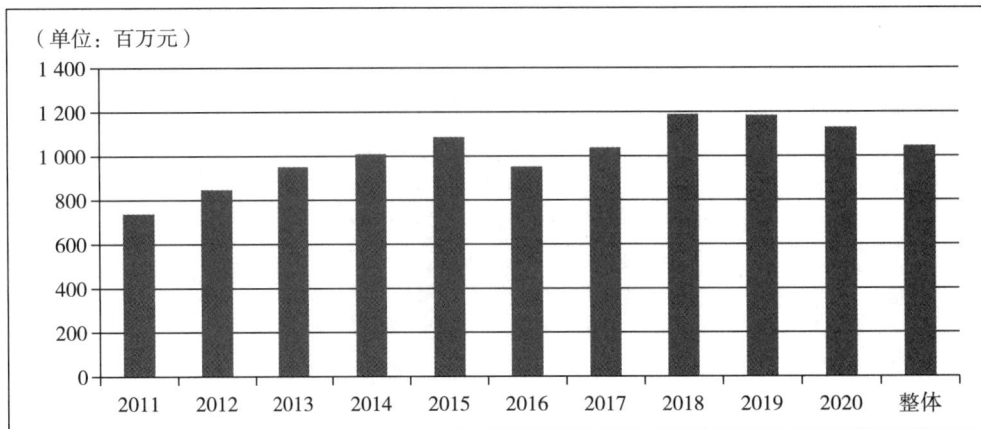

图 3-112　2011—2020 年信息传输、软件和信息技术服务业上市公司价值创造总额均值总体情况

图 3-113 和图 3-114 所示的是 2011—2020 年信息传输、软件和信息技术服务业上市公司增加价值分配额的基本情况及趋势变化。从图中可以看出：①从所得额看，上市公司分配给员工、政府和企业留存的价值额占多数，股东和债权人所得额相对较少；②从趋势变化看，各利益相关者所得额基本呈增长趋势，其中员工所得额大幅增长，政府所得额和企业留存额增长趋势明显且较稳定，而分配给股东及债权人的所得额相对比较稳定，变化趋势平缓；③从特殊年份看，2016 年各利益相关者分配额均有所下降，但在次年又有所回升，2020 年再次小幅度下降。

图 3-115 和图 3-116 所示的是信息传输、软件和信息技术服务业上市公司增加价值分配比例趋势和分配比例情况。从中可以看出：①信息传输、软件和信息技术服务业上市公司员工所得率远远高于其他利益相关者所得率；②企业留存率呈水平趋势，从 2011—2020 年变化不大；③政府所得额和与员工所得额呈相对变化趋势，即在 2011—2020 年企业留存率上升或下降的同时，员工的分配率出现下降或上升趋势。

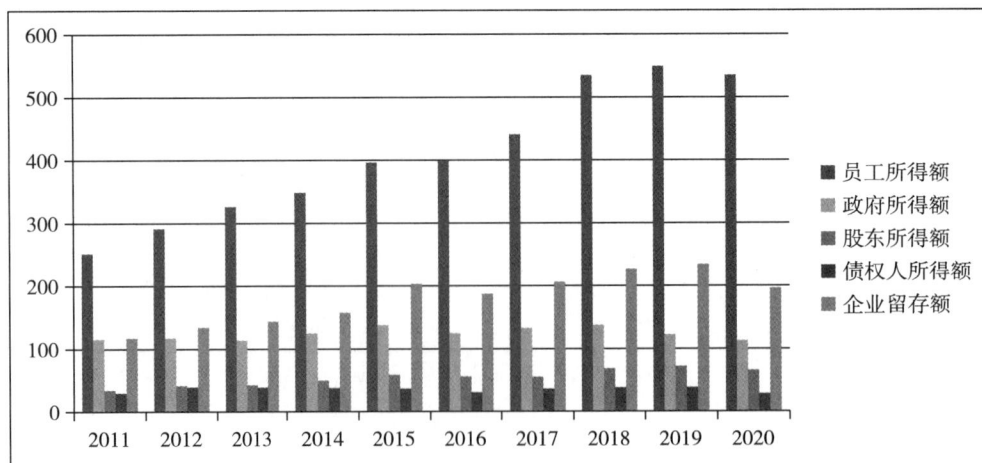

图 3-113　2011—2020 年信息传输、软件和信息技术服务业上市公司增加价值分配额情况

（单位：百万元）

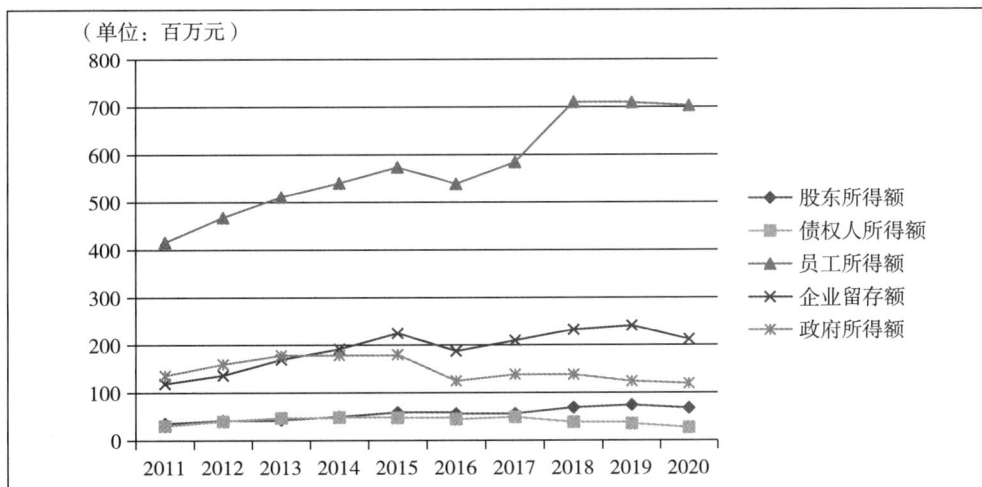

图 3-114 2011—2020 年信息传输、软件和信息技术服务业上市公司增加价值分配额趋势

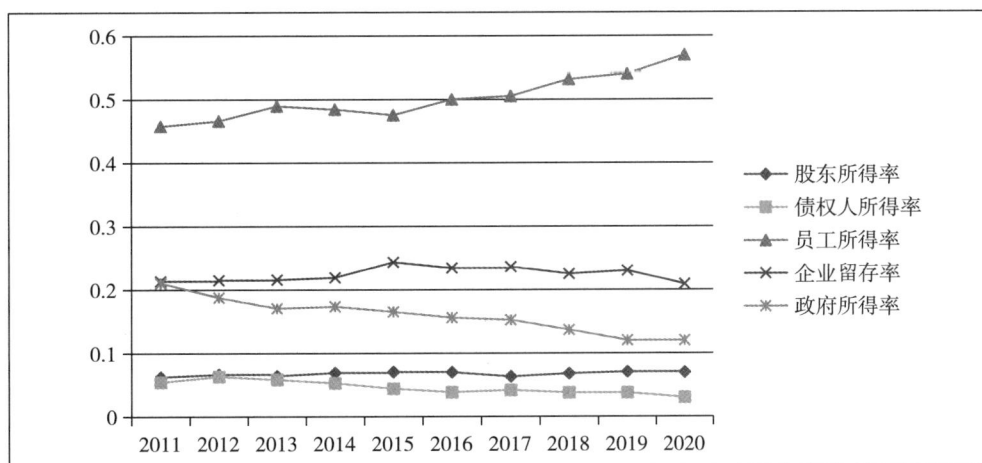

图 3-115 2011—2020 年信息传输、软件和信息技术服务业上市公司增加价值分配比例趋势

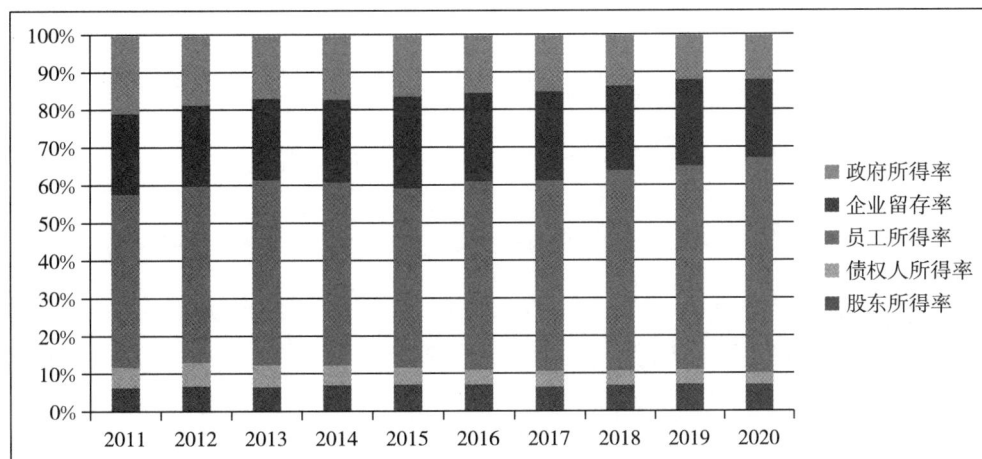

图 3-116 2011—2020 年信息传输、软件和信息技术服务业上市公司增加价值分配比例情况

图 3－117 和图 3－118 所示的是 2011—2020 年信息传输、软件和信息技术服务业上市公司人均价值创造情况和趋势变化。从图中可以看出：①人均增值额与人均净利润变化趋势大致一致，或者说增加价值可以反映净利润的变化情况；②人均增值额基本呈上升趋势，在 2018 年轻微下降，2019 年继续上升；③人均薪酬基本呈上升趋势，从 2011—2020 年，上升了一倍左右，这反映出了近 10 年来我国信息传输、软件和信息技术服务业上市公司员工平均薪酬水平有所提高。

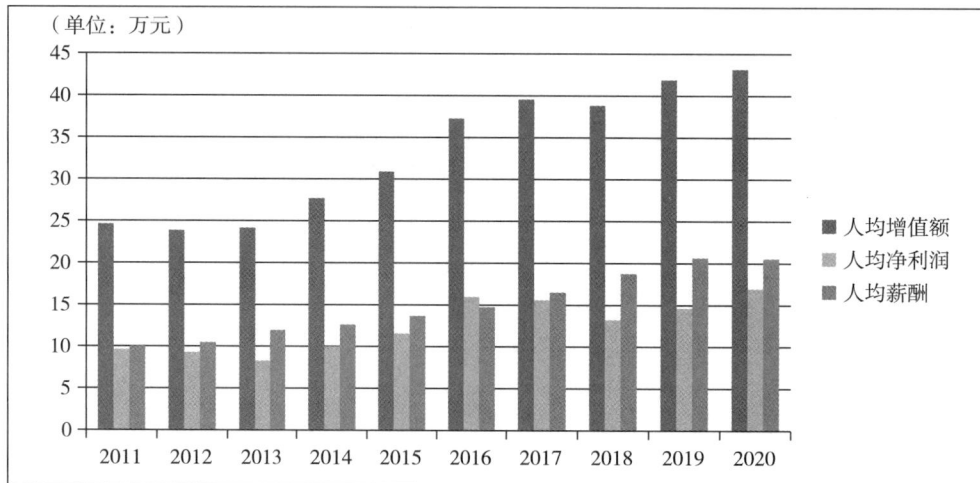

图 3－117　2011—2020 年信息传输、软件和信息技术服务业上市公司人均价值创造情况

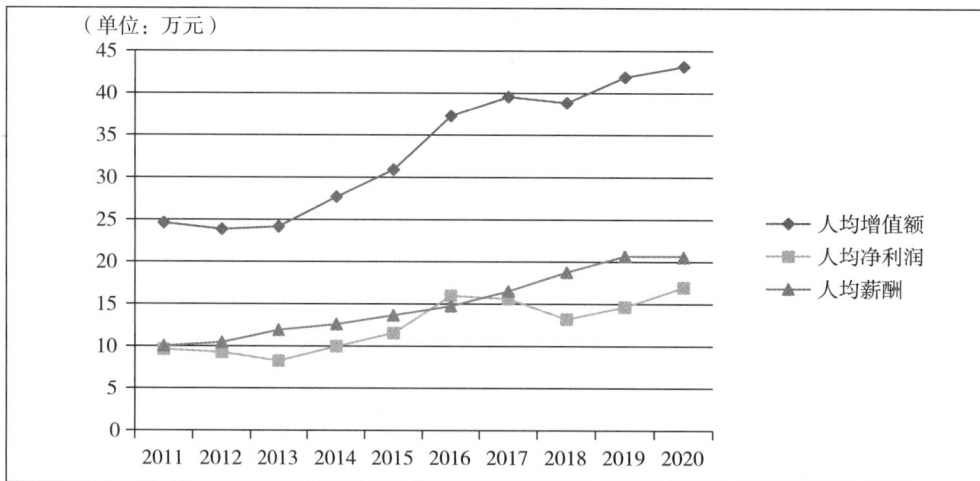

图 3－118　2011—2020 年信息传输、软件和信息技术服务业上市公司人均价值创造趋势情况

图 3－119、图 3－120 和图 3－121 所示的是 2011—2020 年信息传输、软件和信息技术服务业上市公司生产性指标变化情况。从图中可以看出：①信息传输、软件和信息技术服务业上市公司经营资本生产性数值在 2011—2020 年的多数年间基本呈现水平变动趋势，但在 2013 年度表现为上升趋势；②经营资本生产性和增加价值综合生产性的变化趋势基本保持一致，且数值相似；③销售增加价值率与资产增加价值率在 2011—2020 年均趋于平稳；

④2011—2017 年，设备资本生产性指标基本保持平稳上升状态，数值由约 5.08 上升至 13.18 左右，2018—2019 年指标数值有所下降，下降至 10.38，2020 年设备资本生产性指标再次上升，增长至 13.84。

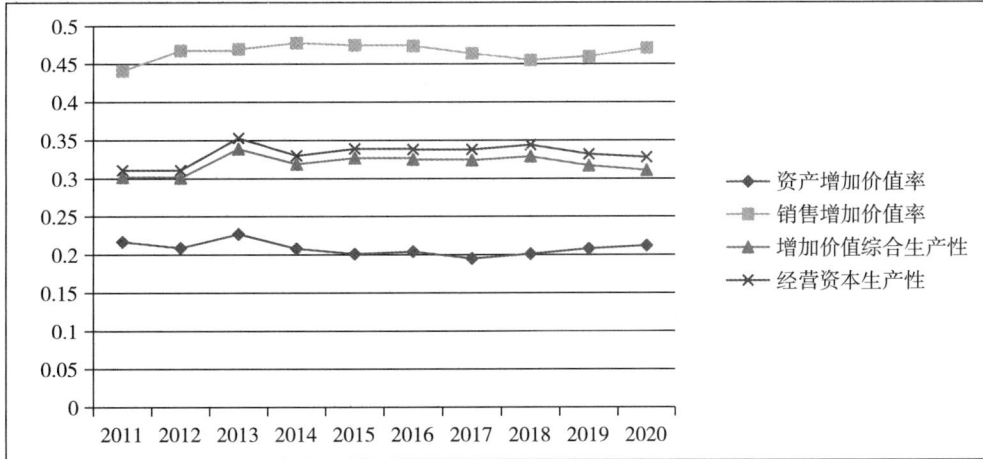

图 3-119　2011—2020 年信息传输、软件和信息技术服务业上市公司部分生产性指标变化情况

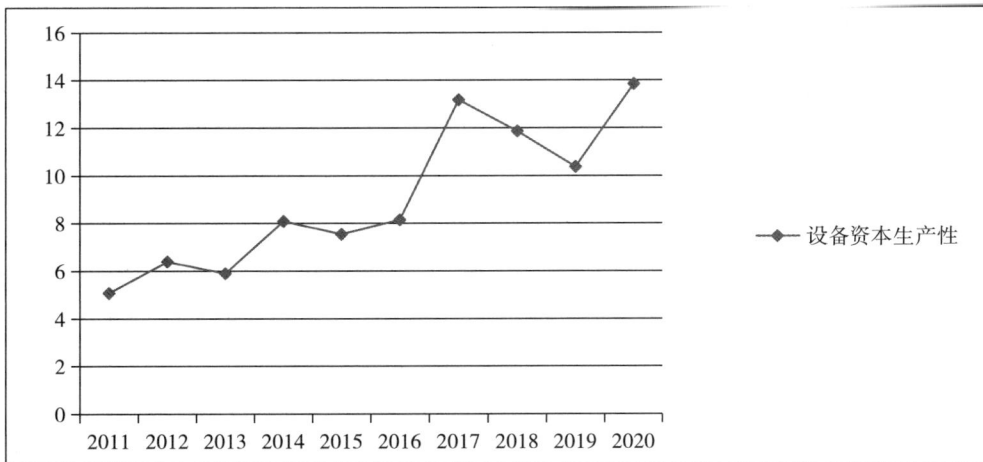

图 3-120　2011—2020 年信息传输、软件和信息技术服务业上市公司设备资本生产性指标变化情况

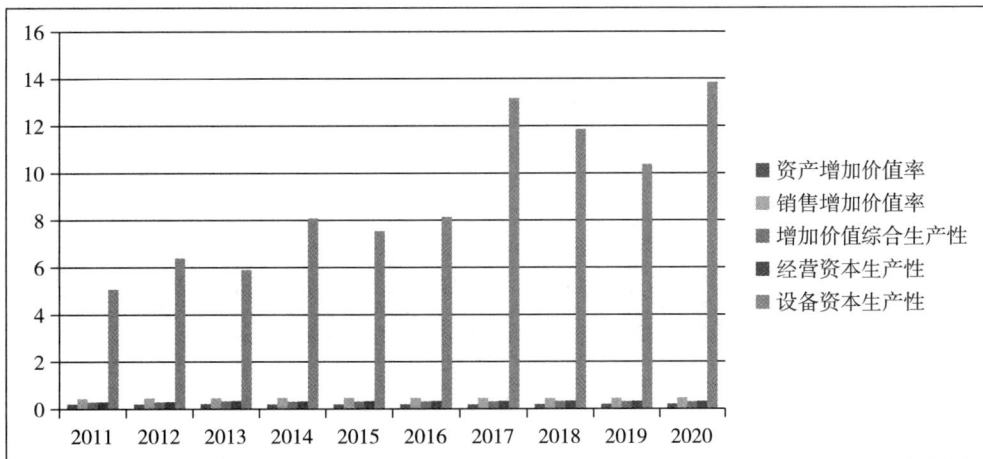

图 3-121　2011—2020 年信息传输、软件和信息技术服务业上市公司生产性指标变化情况

3.2.10 2011—2020 年金融业上市公司增加价值创造及分配情况

表 3-14 所列的是 2011—2020 年金融业上市公司增加价值创造的描述性统计数值。图 3-122 所示的是 2011—2020 年金融业上市公司增加价值创造总额均值情况。从中可以看出：①2011—2015 年增加价值总额呈增长趋势，2016—2018 年增加价值总额先增后减，2019—2020 年增加价值总额呈小幅下降趋势，这 10 年中 2019 年增加价值达到最高峰；②从数值上看，2011—2020 年总体的均值为 34.49 亿元，2011—2014 年、2016 年和 2018 年金融业上市公司的增加价值创造额处于均值以下，2019—2020 年和 2015 年金融业上市公司增加价值平均值均在 2011—2020 年度增加价值均值以上。

表 3-14 2011—2020 年金融业上市公司增加价值创造的描述性统计 （单位：百万元）

年份	中位数	均值	最小值	最大值	标准差	公司数
2011	335.95	335.95	265.74	406.17	99.30	2
2012	570.53	494.17	309.33	602.67	160.89	3
2013	779.37	1 460.66	656.26	3 627.65	1 447.68	4
2014	1 226.01	2 085.29	691.88	5 197.27	2 092.94	4
2015	2 134.63	4 009.04	175.09	12 079.90	4 559.92	6
2016	1 224.73	2 159.93	99.56	6 624.70	2 385.07	10
2017	1 672.88	3 530.26	70.08	18 320.80	4 935.89	14
2018	794.84	3 072.62	65.77	20 313.60	5 029.57	18
2019	2 545.58	4 457.37	71.78	21 991.30	5 263.41	22
2020	2 586.57	4 273.42	8.79	21 444.90	5 213.95	26
总体	1 456.19	3 448.57	8.79	21 991.30	4 627.64	109

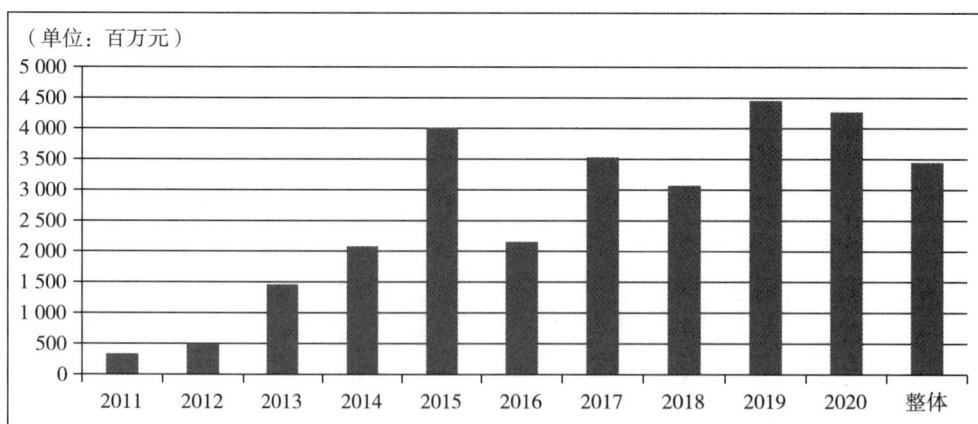

图 3-122 2011—2020 年金融业上市公司价值创造总额均值总体情况

图 3-123 和图 3-124 所示的是 2011—2020 年金融业上市公司增加价值分配额的基本情况及趋势变化。从中可以看出：①从所得额看，金融业上市公司分配给企业、员工和政府的所得额占多数，股东和债权人所得额相对较少；②从金融业上市公司价值分配的趋势来看，各利益相关者所得额在 2011—2020 年呈波动增长趋势，其中企业、员工和政府所得在 2014—2016 年增幅剧烈，股东和债权人所得波动相较于平缓，另外，企业留存在 2015—2019 年呈明显的 W 形。

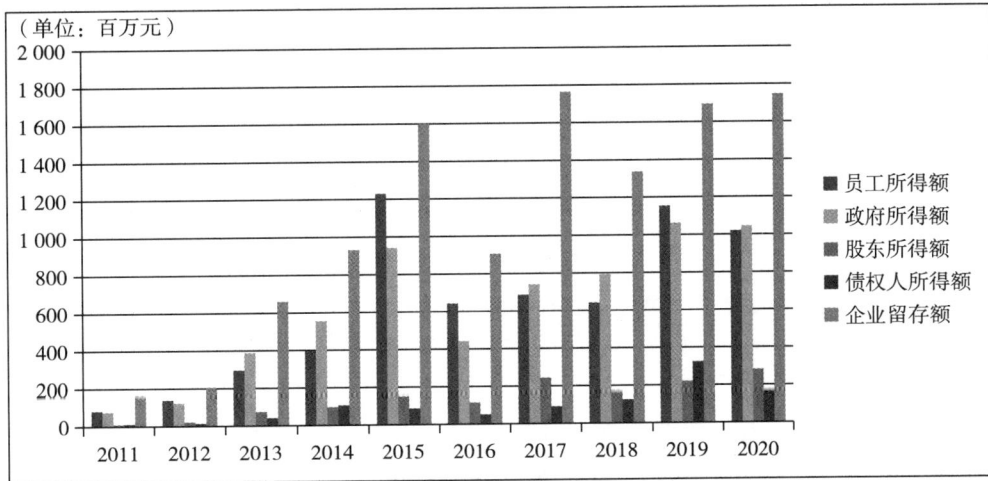

图 3-123 2011—2020 年金融业上市公司增加价值分配额情况

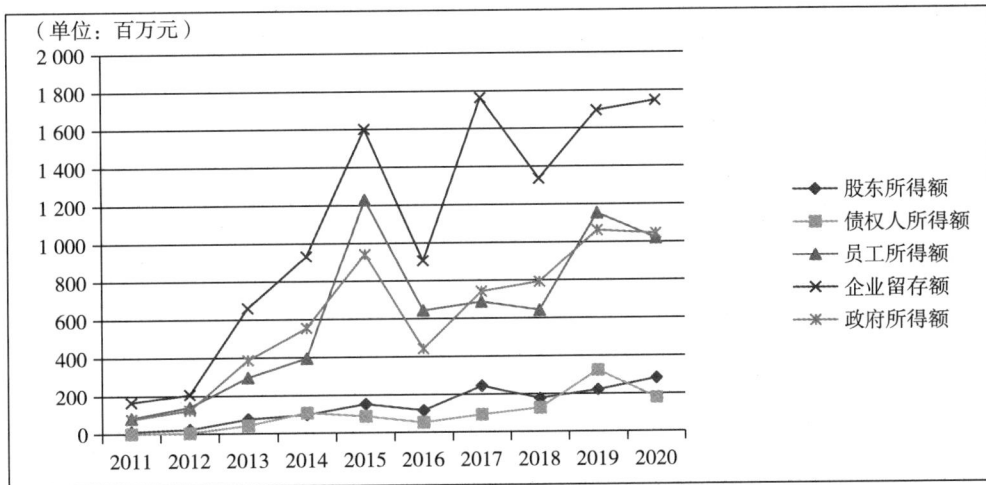

图 3-124 2011—2020 年金融业上市公司增加价值分配额趋势

图 3-125 和图 3-126 所示的是金融业上市公司增加价值分配比例趋势和分配比例情况。从中可以看出：①企业留存率和员工所得率呈现反向变动趋势，在企业留存比例大幅上升的同时，员工所得呈现大幅下降态势；②政府所得率变化确实不明显，且政府所得率在数值上与员工所得率相近；③股东所得率和债权人所得率数值极低，且在 2011—2020 年变动极小。

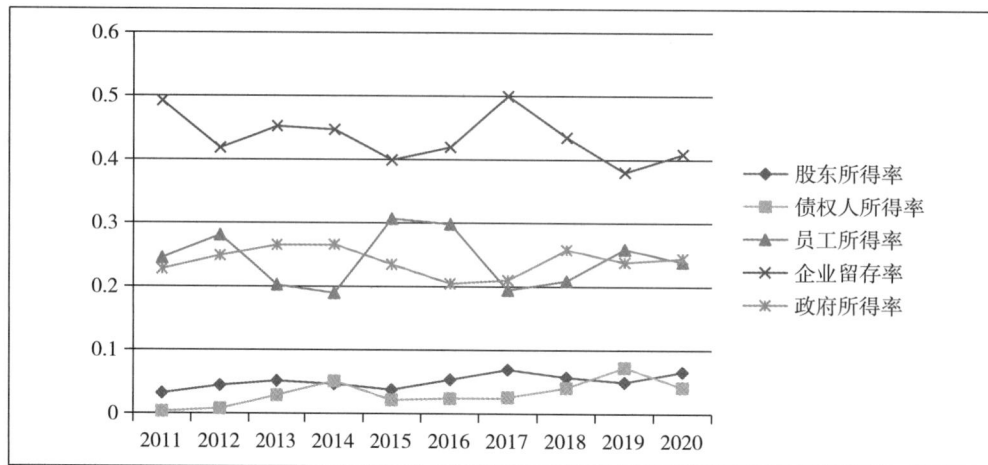

图 3-125 2011—2020 年金融业上市公司价值分配比例趋势

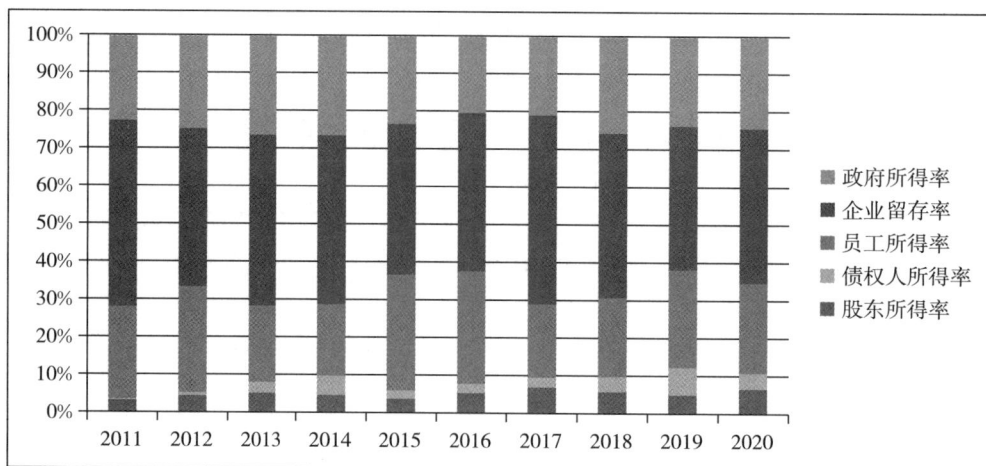

图 3-126 2011—2020 年金融业上市公司价值分配比例情况

图 3-127 和图 3-128 所列的是 2011—2020 年金融业上市公司人均价值创造情况和趋势变化。从图中可以看出：①人均增值额与人均净利润变化趋势基本一致，同时说明增加价值可以反映净利润的变化情况；②人均增值额先阶梯式下降后缓慢上升，2016 年为人均增值额的最低点，究其原因在于 2011—2016 年员工人数的增长率远高于增加价值的增长率；③人均薪酬变化较大，即 2011—2020 年每年的人均薪酬先大幅下降，然后小幅小升。

图 3-129、图 3-130 和图 3-131 所示的是 2011—2020 年金融业上市公司生产性指标变化情况。从图中可以看出：①经营资本生产性、资产增加价值率和增加价值综合生产性的变化趋势基本一致，2011—2020 年波动幅度不大；②销售增加价值率变化趋势与经营资本生产性、资产增加价值率和增加价值综合生产性不同，在 2011—2020 年基本呈现先上升后下降的趋势；③金融业上市公司设备资本生产性指标在 2011—2020 年变化幅度较大，其中 2012—2015 年和 2016—2018 年这两个时间段的设备资本生产性指标持续上升，2011 年、2015 年和 2018 年金融业上市公司设备资本生产性指标下降。

（单位：万元）

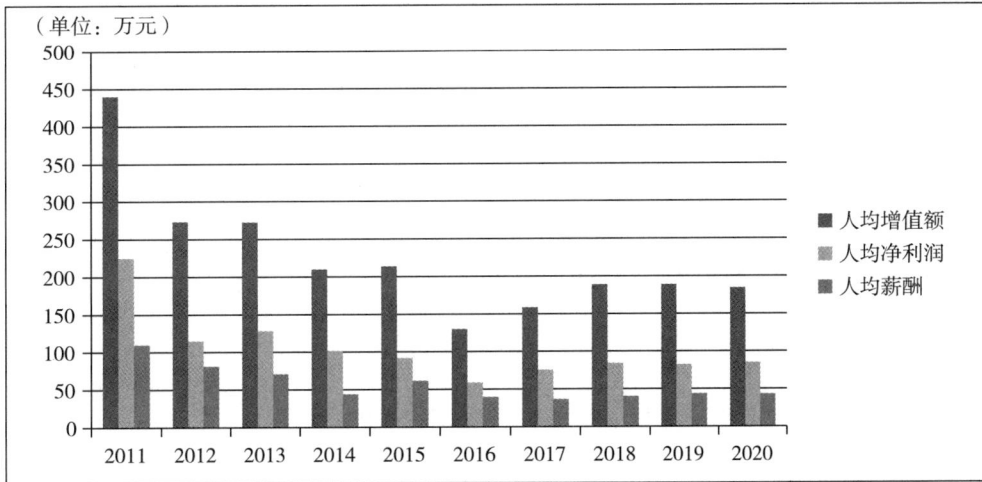

图 3-127　2011—2020 年金融业上市公司人均价值创造情况

（单位：万元）

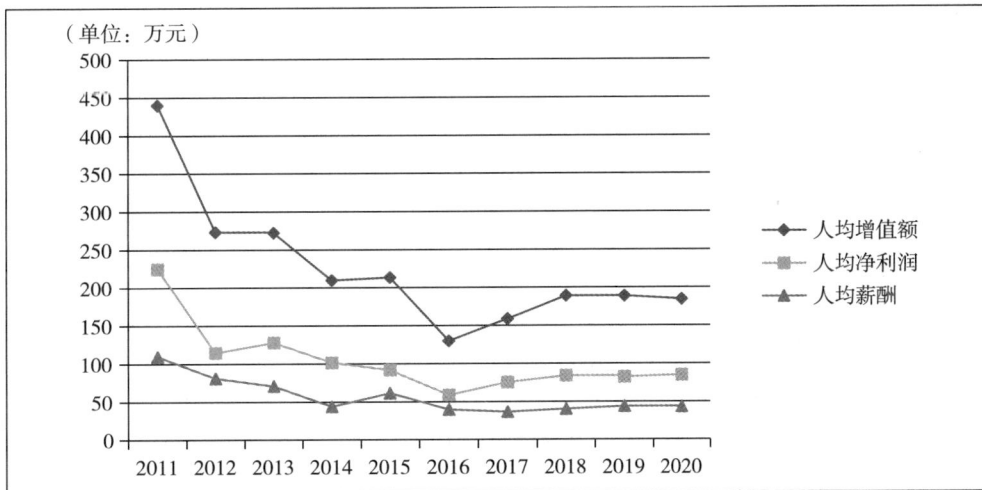

图 3-128　2011—2020 年金融业上市公司人均价值创造趋势情况

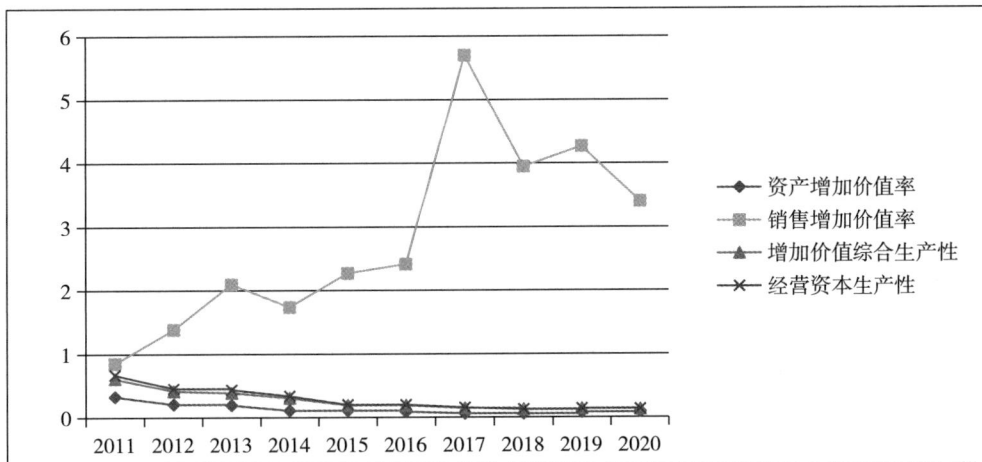

图 3-129　2011—2020 年金融业上市公司部分生产性指标变化情况

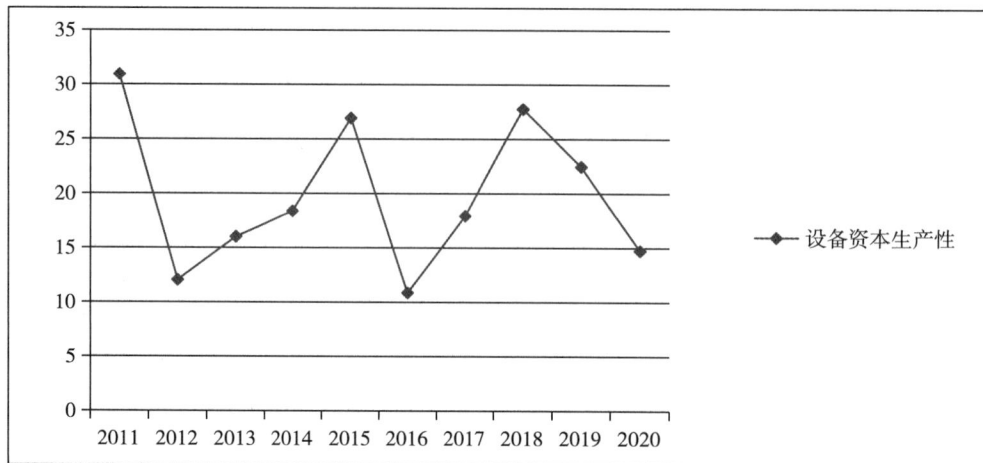

图 3 - 130　2011—2020 年金融业上市公司设备资本生产性指标变化情况

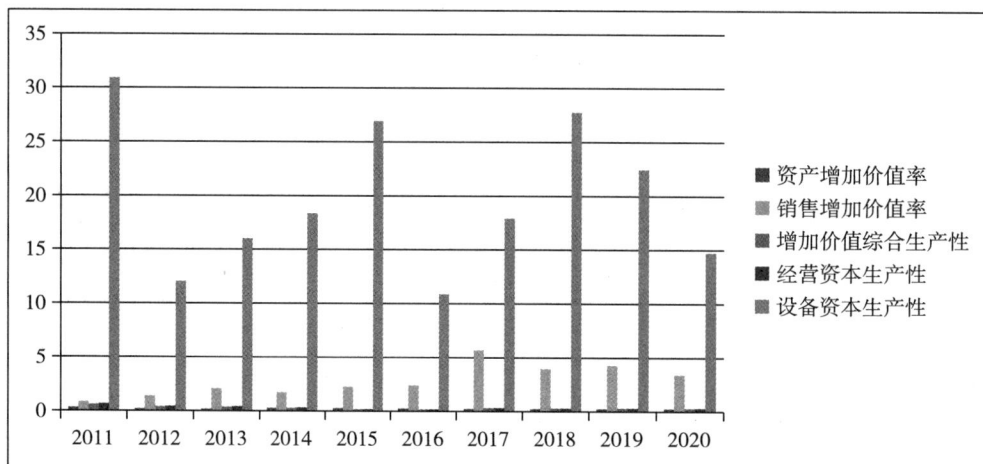

图 3 - 131　2011—2020 年金融业上市公司生产性指标变化情况

3.2.11　2011—2020 年房地产业上市公司增加价值创造及分配情况

表 3 - 15 所列的是 2011—2020 年房地产业上市公司增加价值创造的描述性统计数值，图 3 - 132所示的是 2011—2020 年房地产业上市公司增加价值创造总额均值情况。从中可以看出：①2011—2020 年增加价值总额呈稳步增长趋势，这与我国整体的经济发展相吻合；②从数值上看，2011—2020 年总体的均值为 46.04 亿元，2011—2016 年房地产业上市公司的增加价值创造额处于均值以下，2017—2020 年房地产业上市公司的增加价值创造额处于均值以上。

表 3 - 15　2011—2020 房地产业增加价值创造的描述性统计　　　（单位：百万元）

年份	中位数	均值	最小值	最大值	标准差	公司数
2011	623.34	1 438.30	16.50	31 218.70	3 556.66	107
2012	709.36	1 672.14	0.24	39 316.80	4 398.60	120
2013	770.45	1 947.45	2.19	44 816.20	5 146.93	117
2014	759.94	2 287.06	1.15	54 220.10	6 169.63	118
2015	851.79	3 332.37	0.24	60 876.40	7 899.41	113

（续表）

年份	中位数	均值	最小值	最大值	标准差	公司数
2016	1 310.21	4 542.18	27.64	74 486.30	10 127.09	113
2017	1 729.34	5 506.33	1.74	96 732.10	12 437.09	116
2018	1 938.85	7 985.89	20.05	140 356.00	17 821.07	111
2019	2 164.29	8 810.79	6.41	155 286.00	20 472.10	112
2020	2 377.65	9 756.65	14.67	155 960.00	22 973.07	92
总体	1 095.32	4 603.84	0.24	155 960.00	12 914.00	1 119

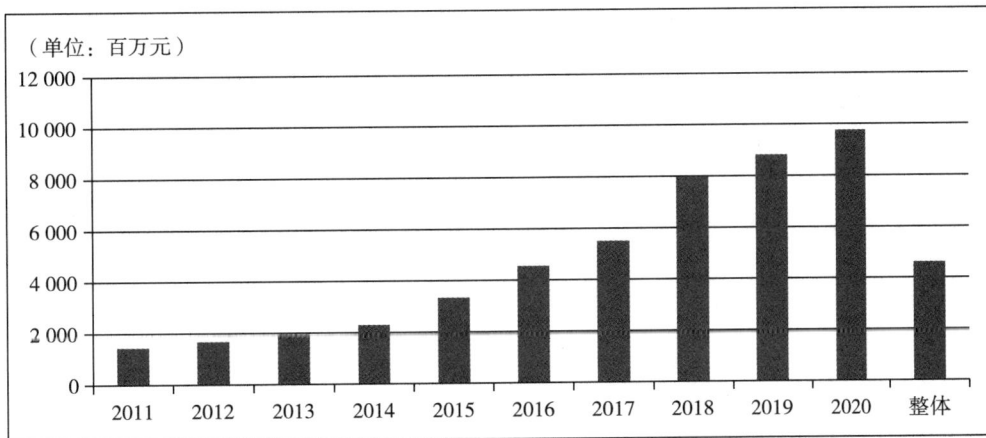

图 3-132 2011—2020 年房地产业上市公司价值创造总额均值总体情况

图 3-133 和图 3-134 所示的是 2011—2020 年房地产业上市公司增加价值分配额的基本情况及趋势变化。从中可以看出：①从所得额看，房地产业上市公司分配给政府的所得额占多数，员工、股东和债权人所得额相对较少；②从房地产业上市公司价值分配的趋势来看，各利益相关者所得额在 2011—2020 年基本呈增长趋势，但在 2011—2014 年增幅缓慢，在 2014 年之后政府所得额增加幅度较大，员工、股东和债权人所得额波动相对稳定。

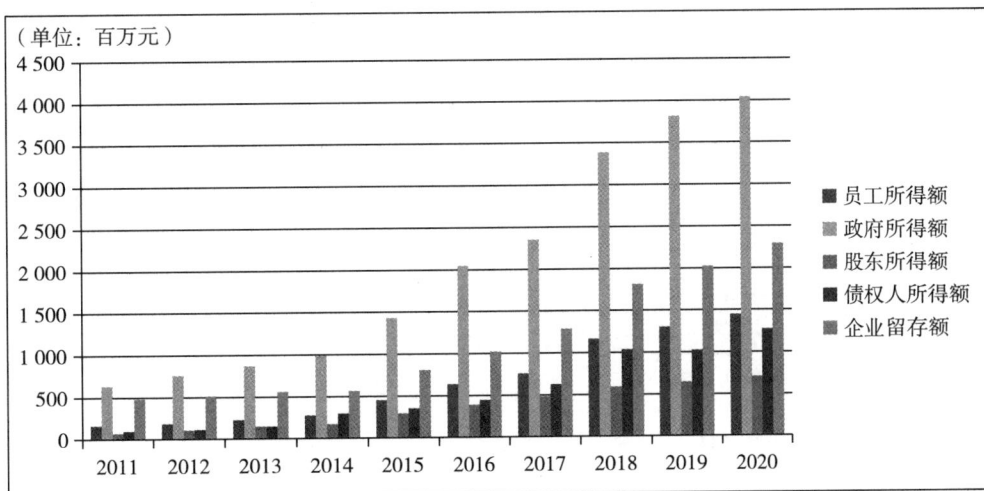

图 3-133 2011—2020 年房地产业上市公司增加价值分配额情况

（单位：百万元）

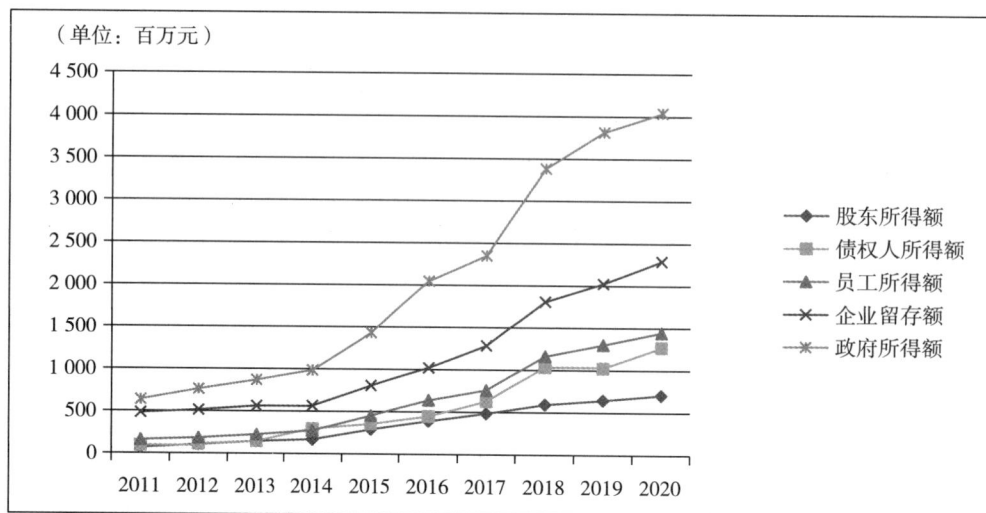

图 3 - 134　2011—2020 年房地产业上市公司增加价值分配额趋势

图 3-135 和图 3-136 所示的是房地产业上市公司增加价值分配比例趋势变化和分配比例情况。从中可以看出：①相较于其他行业，房地产行业中政府所得率极高，数值一直保持在 0.45 左右；②企业留存率在数值上仅次于政府所得率，但在 2016 年后，企业留存率呈现逐年下降的趋势，随后趋于平稳。

图 3-137 和图 3-138 所示的是 2011—2020 年房地产业上市公司人均价值创造情况和趋势变化。从图中可以看出：①人均增值额与人均净利润变化趋势大致相同，同时说明增加价值可以反映净利润的变化情况；②人均增值额在 2011—2016 年类似于 U 型，在 2016—2020 年先增加后减少，2015 年为人均增值额的低点，原因在于 2011—2014 年员工人数的增长率远高于增加价值的增长率；③人均薪酬波动较为轻缓，即 2011—2020 年每年的人均薪酬差异不大，这基本取决于员工所得额和员工人数基本呈同步增长趋势。

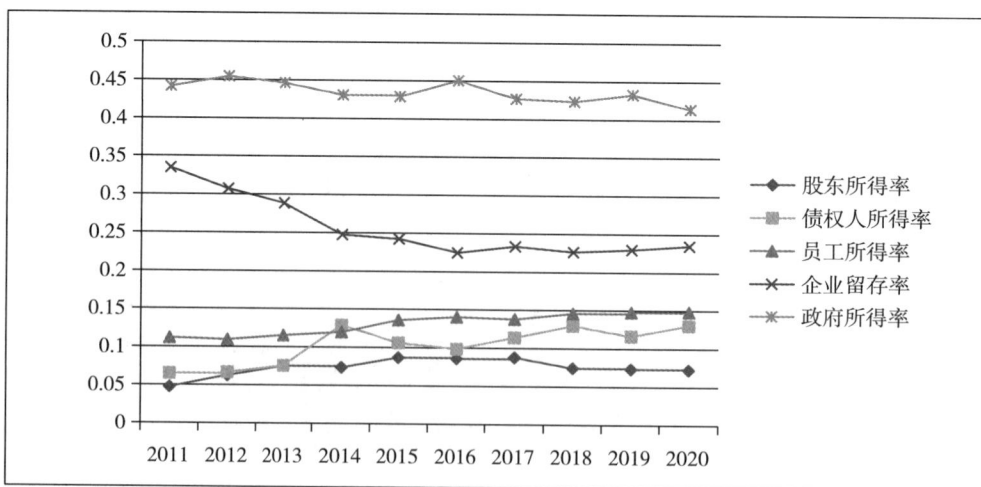

图 3 - 135　2011—2020 年房地产业上市公司增加价值分配比例趋势

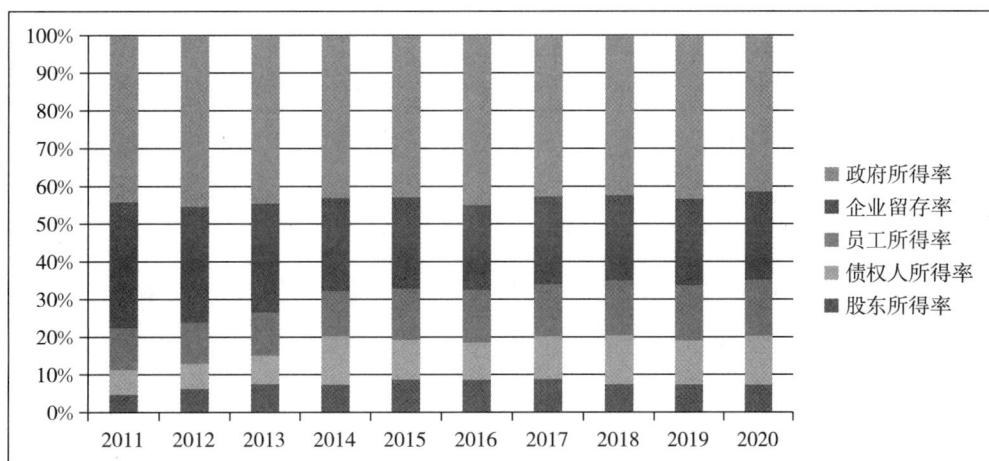

图 3-136　2011—2020 年房地产业上市公司增加价值分配比例情况

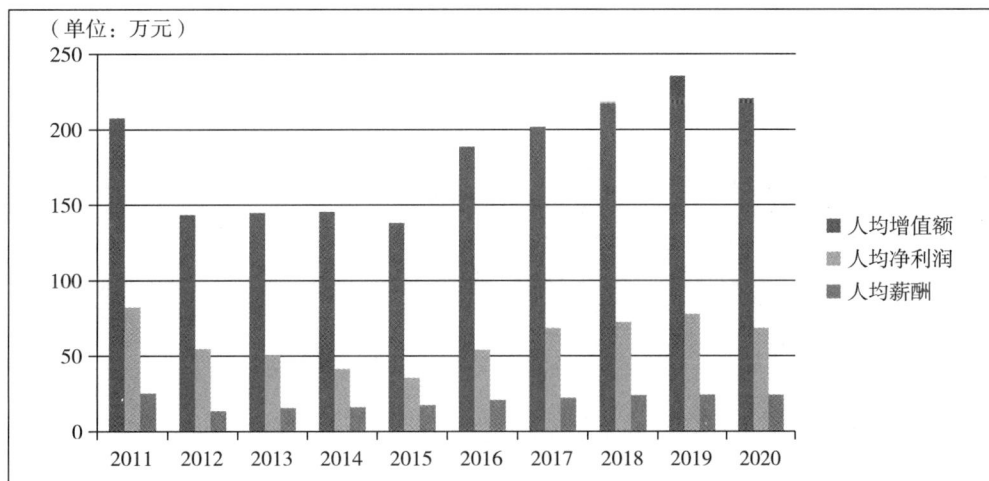

图 3-137　2011—2020 年房地产业上市公司人均价值创造情况

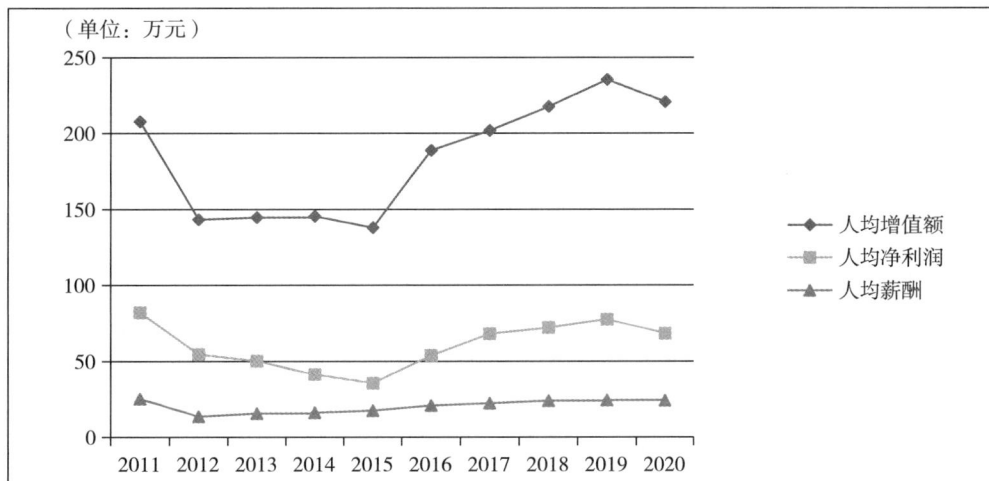

图 3-138　2011—2020 年房地产业上市公司人均价值创造趋势情况

　　图 3-139、图 3-140 和图 3-141 所示的是 2011—2020 年房地产业上市公司生产性指标变化情况。从图中可以看出：①经营资本生产性、资产增加价值率和增加价值综合生产性的变化趋势基本一致，整体上呈缓慢波动态势；②销售增加价值率变化趋势与经营资本生产性、资产增加价值率和增加价值综合生产性不同，在 2011—2020 年先稳步上升再下降；③房地产业上市公司设备资本生产性指标在 2011—2018 年大致呈 M 形，其中 2011—2013 年和 2014—2016 年这两个时间段的设备资本生产性指标持续上升，2018—2020 年，设备资本生产性指标先增后减，2016 年，房地产业上市公司设备资本生产性指标达到这 10 年中的最高值，突破了 30。

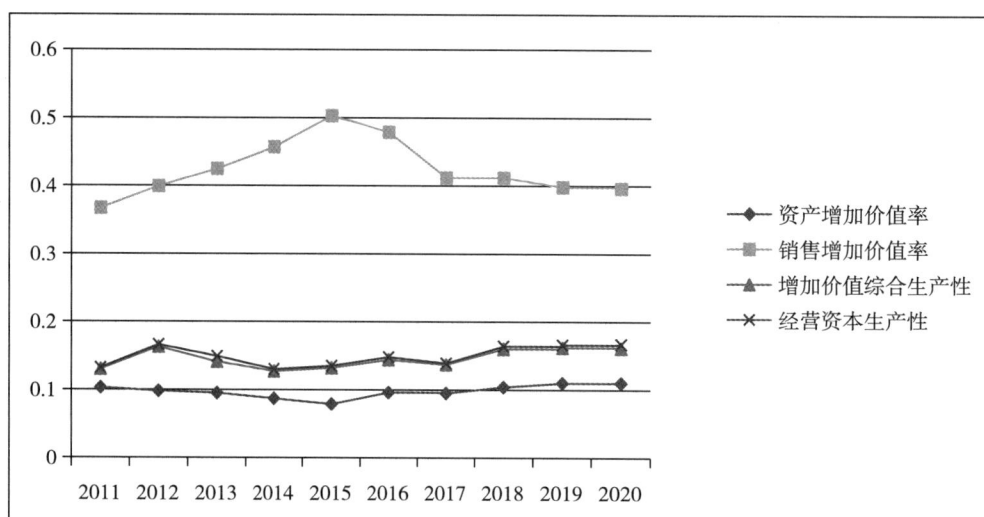

图 3-139　2011—2020 年房地产业上市公司部分生产性指标变化情况

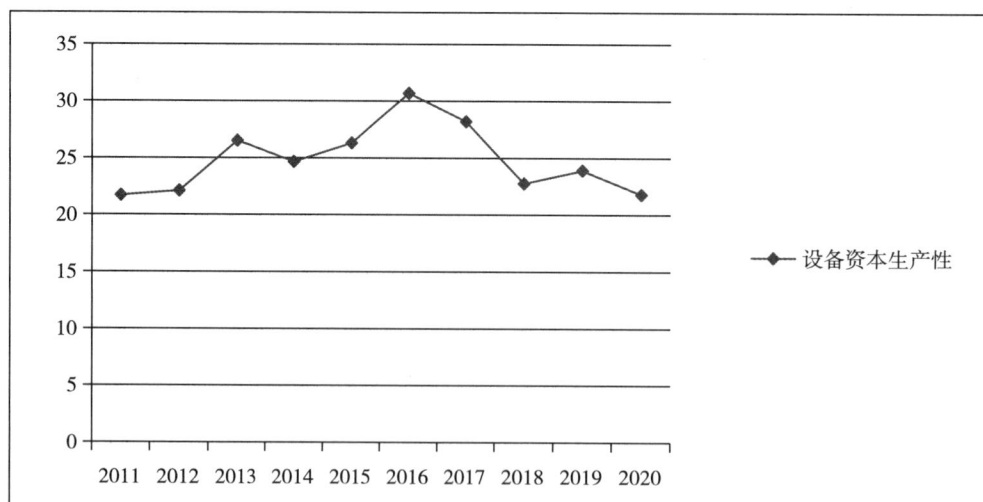

图 3-140　2011—2020 年房地产业上市公司设备资本生产性指标变化情况

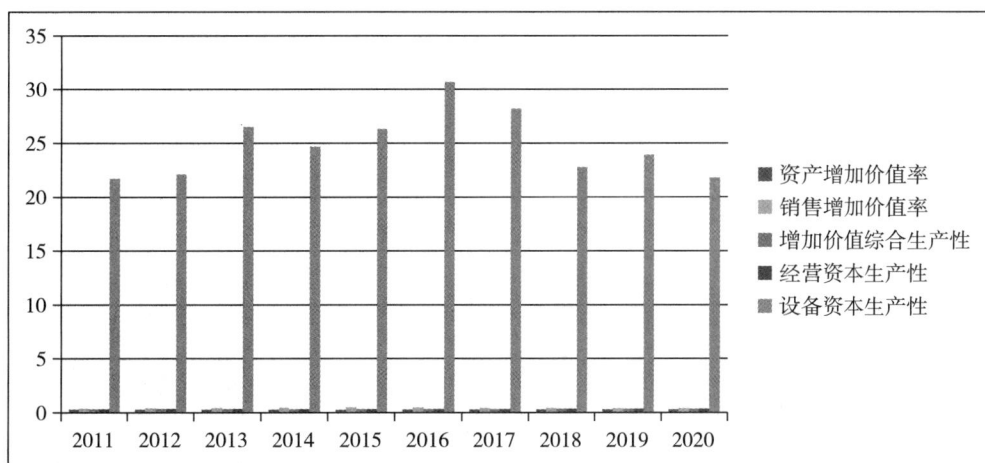

图 3-141 2011—2020 年房地产业上市公司生产性指标变化情况

3.2.12 2011—2020 年租赁和商务服务业上市公司增加价值创造及分配情况

表 3-16 所列的是 2011—2020 年租赁和商务服务业上市公司增加价值创造的描述性统计数值，图 3-142 所示的是 2011—2020 年租赁和商务服务业上市公司增加价值创造总额均值情况。从中可以看出：①2011—2020 年增加价值总额呈波动增长趋势，这 10 年中 2018 年增加价值达到最高峰；②从数值上看，2011—2020 年的总体均值为 15.14 亿元，2011—2016 年租赁和商务服务业上市公司的增加价值创造额处于均值以下，2017—2020 年租赁和商务服务业上市公司的增加价值创造额处于均值以上。

表 3-16 2011—2020 年租赁和商务服务业增加价值创造的描述性统计 （单位：百万元）

年份	中位数	均值	最小值	最大值	标准差	公司数
2011	314.49	706.12	40.42	8 188.68	1 592.82	26
2012	717.54	979.42	93.92	4 401.03	1 002.20	21
2013	887.15	1 202.60	205.70	4 385.58	1 100.59	22
2014	964.91	1 296.24	145.87	4 605.51	1 172.32	22
2015	758.63	1 268.68	81.51	6 066.32	1 474.79	27
2016	783.34	1 424.12	82.29	8 375.84	1 813.20	39
2017	737.66	1 703.52	109.36	14 126.50	2 873.09	46
2018	938.93	2 121.27	91.61	13 693.70	3 224.17	40
2019	685.94	1 863.38	8.59	13 897.90	3 075.28	48
2020	509.08	1 613.57	5.36	15 982.40	3 096.13	41
总体	689.21	1 513.58	5.36	15 982.40	2 442.61	332

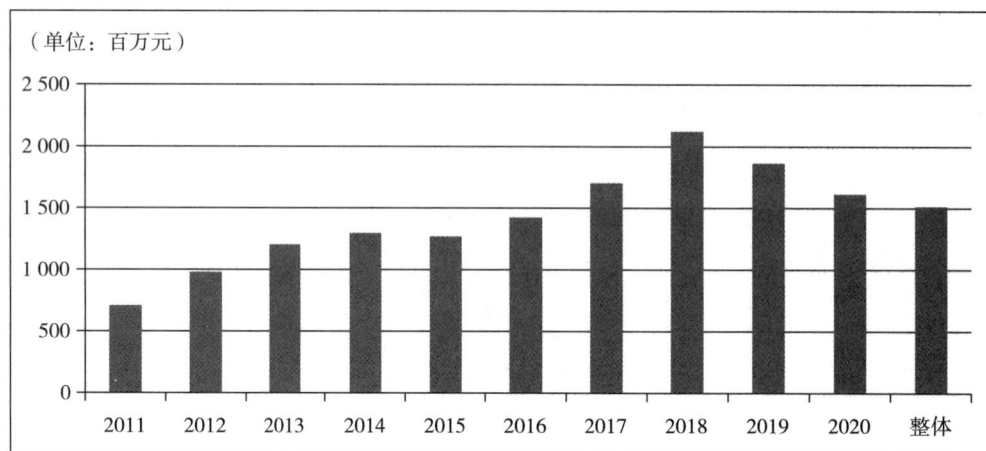

图 3－142　2011—2020 年租赁和商务服务业上市公司价值创造总额均值总体情况

图 3－143 和图 3－144 所示的是 2011—2020 年租赁和商务服务业上市公司增加价值分配额的基本情况及趋势变化。从中可以看出：①租赁和商务服务业上市公司的各利益相关者所得在每年的结构构成上不太相同；②从所得额看，租赁和商务服务业上市公司分配给员工、政府和企业的所得额占多数，股东和债权人所得额相对较少，但是债权人所得额在 2017—2019 年增加；③从租赁和商务服务业上市公司价值分配的趋势来看，各利益相关者所得额在 2011—2020 年波动较大，其中员工、政府和债权人所得额在 2011—2014 年增幅情况基本保持一致，员工、企业和债权人所得额在 2016—2020 年波幅较大，呈先增后减的情形，政府所得在 2011—2016 年呈倒 U 形，在 2015—2020 年呈 W 形，股东所得在 2011—2020 年波动幅度较小；④从特殊年份看，2018 年企业、员工和债权人所得额达到 10 年中最高值，并且从这一年份开始所得额开始下降。

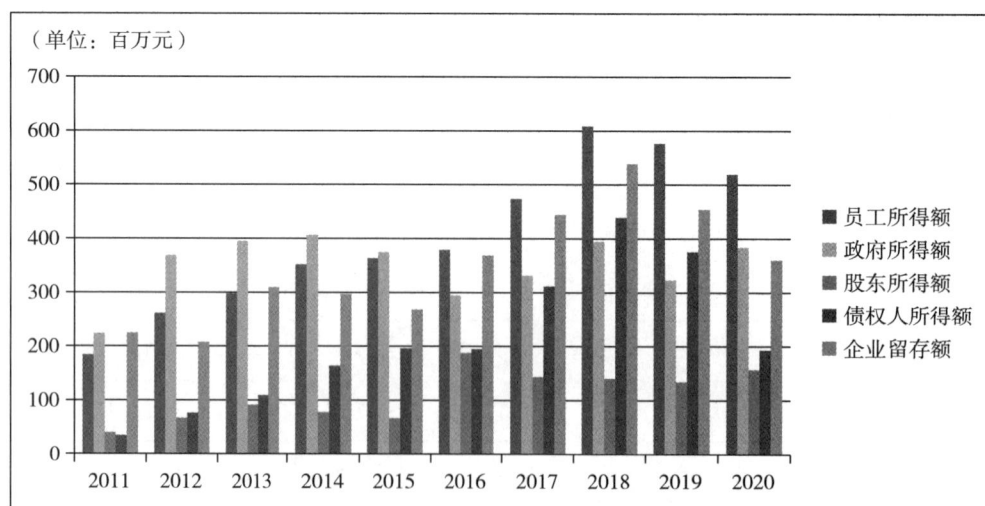

图 3－143　2011—2020 年租赁和商务服务业上市公司增加价值分配额情况

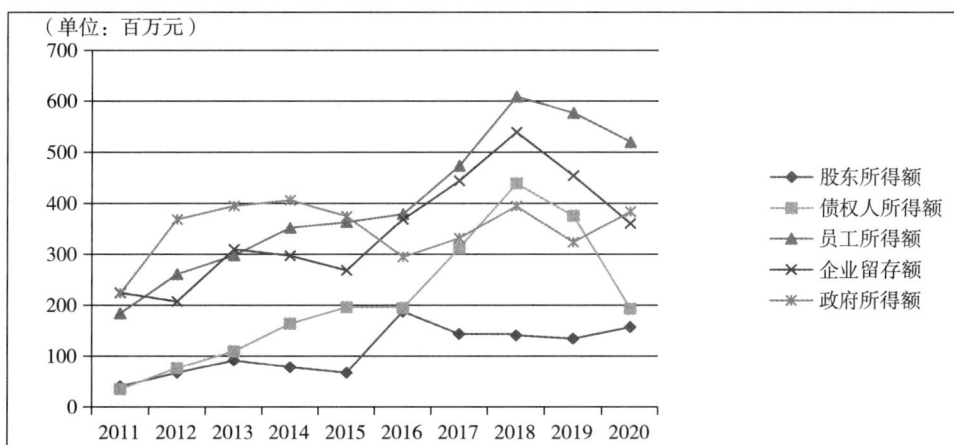

图 3-144　2011—2020 年租赁和商务服务业上市公司增加价值分配额趋势

图 3-145 和图 3-146 所示的是租赁和商务服务业上市公司增加价值分配比例趋势和分配比例情况。从中可以看出：①租赁和商务服务业各利益相关者所得率在 2011—2020 年变化十分明显，2016 年增加价值在各利益相关者之间分配的较为平均；②2011—2020 年员工所得率变化相对缓慢，且呈现逐年上升的趋势；③政府所得率数值从 2011—2015 年都是最高的，但从 2012 年开始都呈现逐年下降的趋势，仅在 2020 年出现了回升。

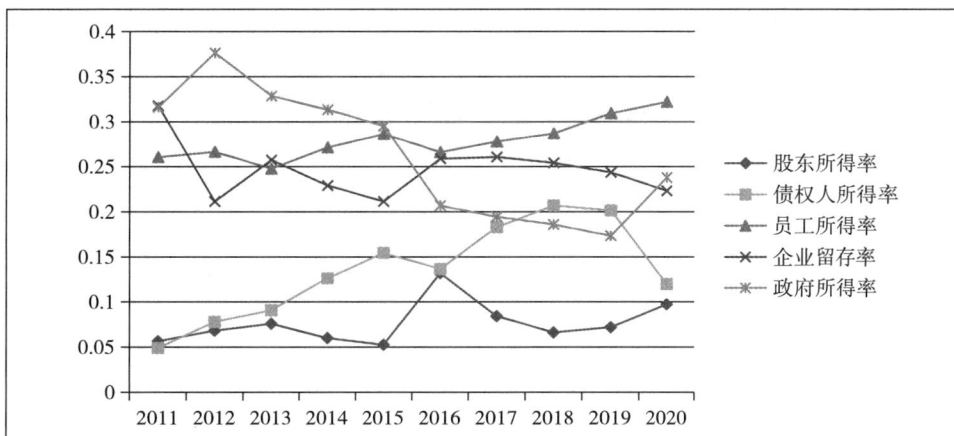

图 3-145　2011—2020 年租赁和商务服务业上市公司价值分配比例趋势

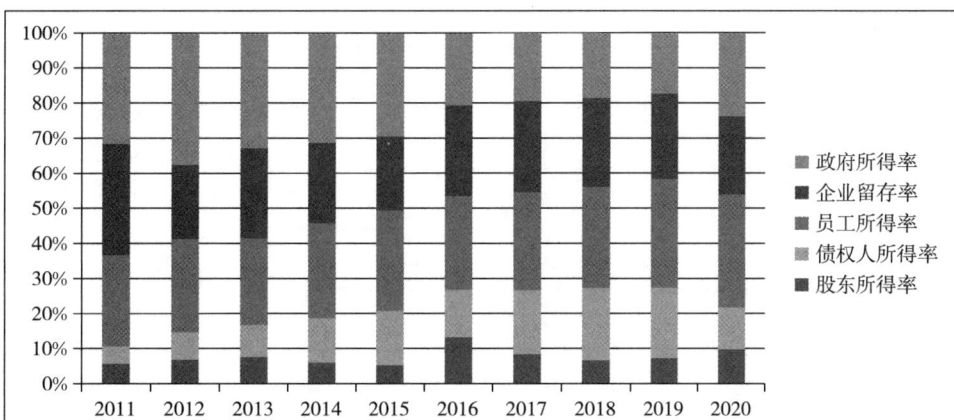

图 3-146　2011—2020 年租赁和商务服务业上市公司价值分配比例情况

图 3-147 和图 3-148 所示的是 2011—2020 年租赁和商务服务业上市公司人均价值创造情况和趋势变化。从图中可以看出：①人均增值额与人均净利润变化趋势整体相似，基本可以说明增加价值可以反映净利润的变化情况；②人均增值额在 2011—2015 年小幅波动上升，2015 年增加较为迅速，2016—2019 年波动较小，2019 年开始极速下降，并且 2020 年为人均增值额的最低点，究其原因在于 2011—2020 年员工人数的增长率远高于增加价值的增长率；③人均薪酬基本呈水平变化趋势，即 2011—2020 年每年的人均薪酬变化幅度较小，反映出了这 10 年来我国租赁和商务服务业上市公司员工平均薪酬水平基本变化不大。

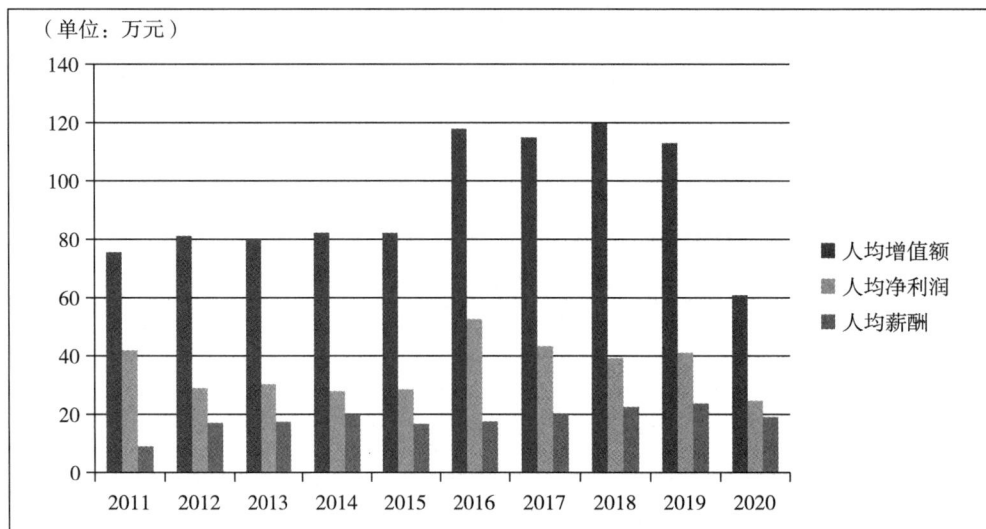

图 3-147　2011—2020 年租赁和商务服务业上市公司人均价值创造情况

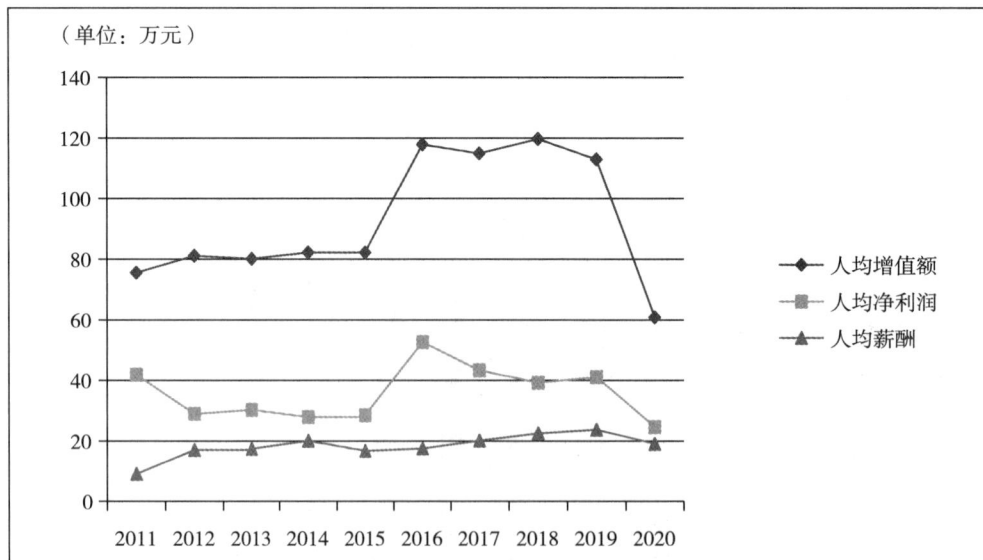

图 3-148　2011—2020 年租赁和商务服务业上市公司人均价值创造趋势情况

图 3-149、图 3-150 和图 3-151 所示的是 2011—2020 年租赁和商务服务业上市公司生产性指标变化情况。从图中可以看出：①经营资本生产性和增加价值综合生产性的变化趋势基本一致，整体呈下降—上升—下降—上升—下降的趋势，其中 2014—2019 年基本呈现 W 形；②销售增加价值率在 2011—2020 年先下降后缓慢上升；③资产增加价值率在 2011—2013 年呈上升趋势，自 2013 年以后呈 V 形，变化幅度并不强烈；④租赁和商务服务业上市公司设备资本生产性指标在 2011—2020 年变化幅度较大，其中 2011—2012 年和 2018—2020 年这两个时间段的设备资本生产性指标下降，2012—2018 年的设备资本生产性指标稳步上升；⑤从特殊年份看，2012 年和 2018 年租赁和商务服务业上市公司设备资本生产性指标分别达到了这十年中的最低值和最高值。

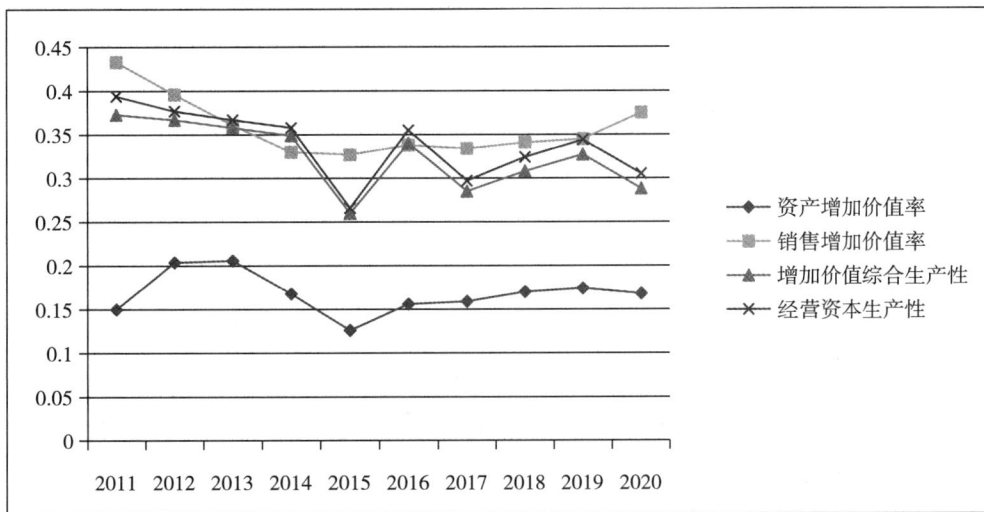

图 3-149 2011—2020 年租赁和商务服务业上市公司部分生产性指标变化情况

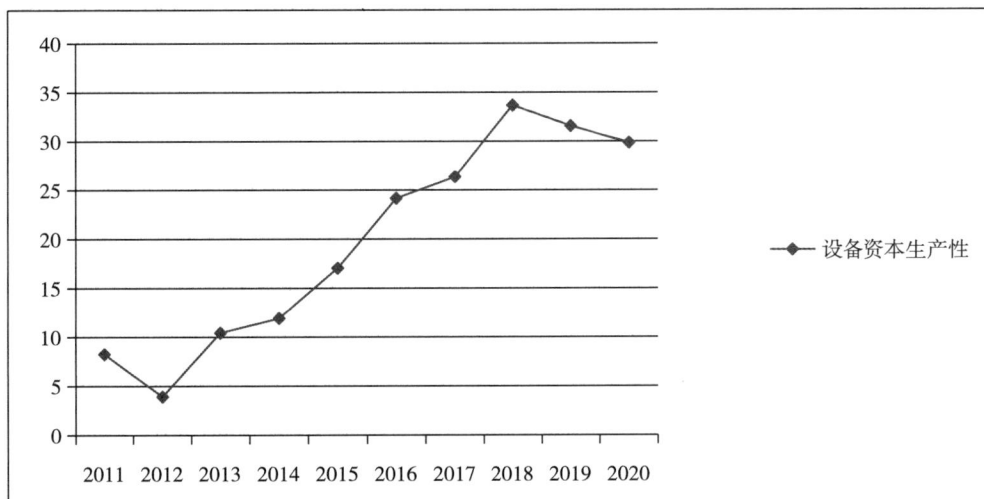

图 3-150 2011—2020 年租赁和商务服务业上市公司设备资本生产性指标变化情况

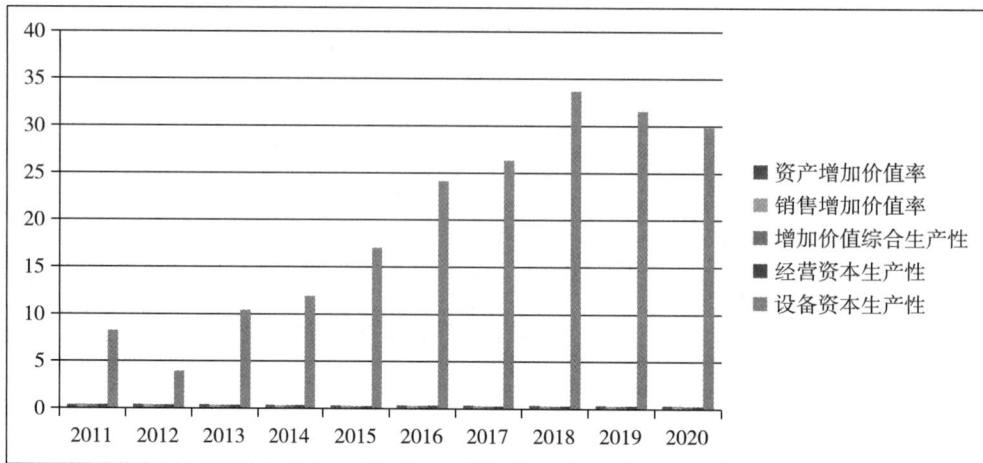

图 3-151　2011—2020 年租赁和商务服务业上市公司生产性指标变化情况

3.2.13　2011—2020 年科学研究和技术服务业上市公司增加价值创造及分配情况

表 3-17 所列的是 2011—2020 年科学研究和技术服务业上市公司增加价值创造的描述性统计数值，图 3-152 所示的是 2011—2020 年科学研究和技术服务业上市公司增加价值创造总额均值情况。从中可以看出：①2011—2020 年增加价值总额基本呈波动增长趋势，总体上先平稳增长到小幅减少再到平稳增长；②从数值上看，2011—2020 年总体的均值为 6.93 亿元，2011—2017 年科学研究和技术服务业上市公司的增加价值创造额处于均值以下，2018—2020 年科学研究和技术服务业上市公司的增加价值创造额处于均值以上。

表 3-17　2011—2020 年科学研究和技术服务业增加价值创造的描述性统计　（单位：百万元）

年份	中位数	均值	最小值	最大值	标准差	公司数
2011	189.06	309.43	58.68	946.80	299.99	9
2012	197.60	329.63	75.30	1 194.39	315.69	12
2013	249.94	383.34	54.50	1 275.14	348.52	12
2014	329.64	484.02	53.12	1 353.42	376.06	18
2015	288.68	545.38	73.27	2 246.75	534.06	22
2016	314.57	495.61	10.35	2 379.56	575.87	27
2017	372.90	581.73	29.60	3 151.80	656.53	41
2018	423.61	769.44	21.15	5 423.65	984.02	48
2019	553.00	863.35	68.93	6 754.71	1 084.74	54
2020	490.48	956.84	34.96	8 729.67	1 406.16	57
总体	393.46	692.53	10.35	8 729.67	949.16	300

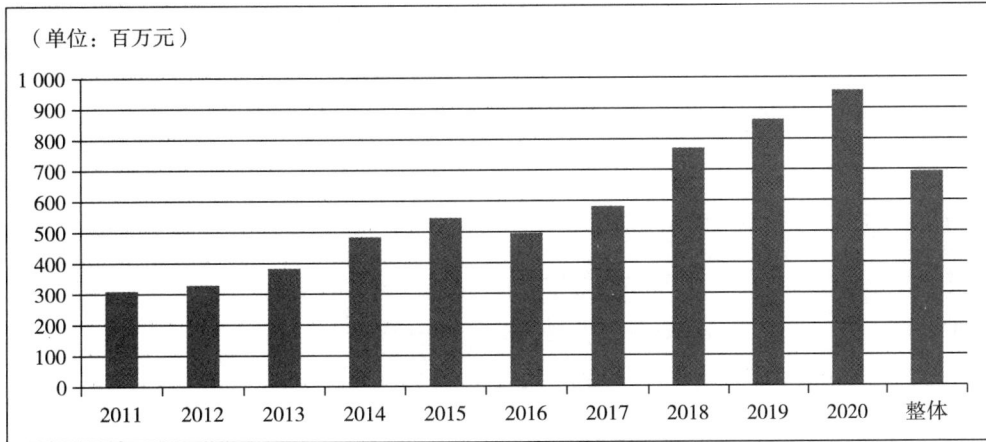

图 3-152　2011—2020 年科学研究和技术服务业上市公司增加价值创造总额均值总体情况

图 3-153 和图 3-154 所示的是 2011—2020 年科学研究和技术服务业上市公司增加价值分配额的基本情况及趋势变化。从中可以看出：①从所得额看，科学研究和技术服务业上市公司分配给员工的所得额占多数，股东和债权人所得额相对较少；②从科学研究和技术服务业上市公司价值分配的趋势来看，各利益相关者所得额在 2011—2020 年增长趋势不一致，其中企业留存额和政府所得额在 2011—2020 年增幅情况基本相似，股东所得额和债权人所得额在 2011—2020 年呈小幅波动增长趋势，员工所得额增幅趋势较大。

图 3-155 和图 3-156 所示的是科学和技术服务业上市公司增加价值分配比例趋势和分配比例情况。从中可以看出：①科学和技术服务业上市公司员工所得率明显高于其他利益相关者所得率；②政府所得率和企业留存率数值相近，但总体上科学和技术服务业上市公司中企业留存率高于政府所得率。

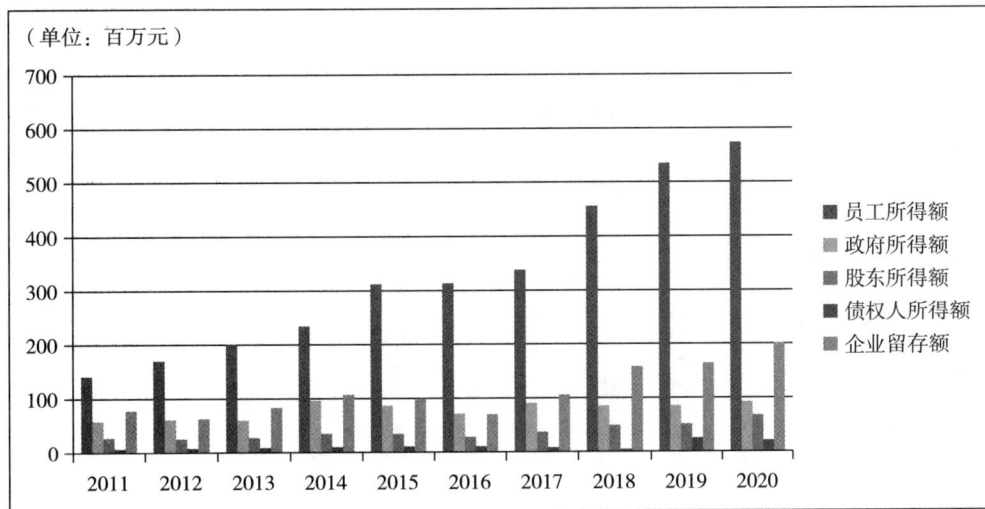

图 3-153　2011—2020 年科学研究和技术服务业上市公司增加价值分配额情况

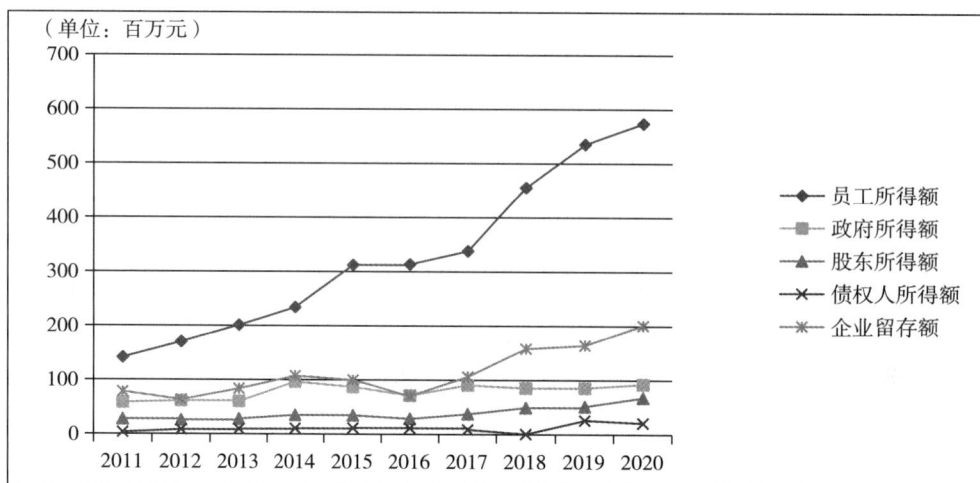

图 3-154　2011—2020 年科学研究和技术服务业上市公司增加价值分配额趋势

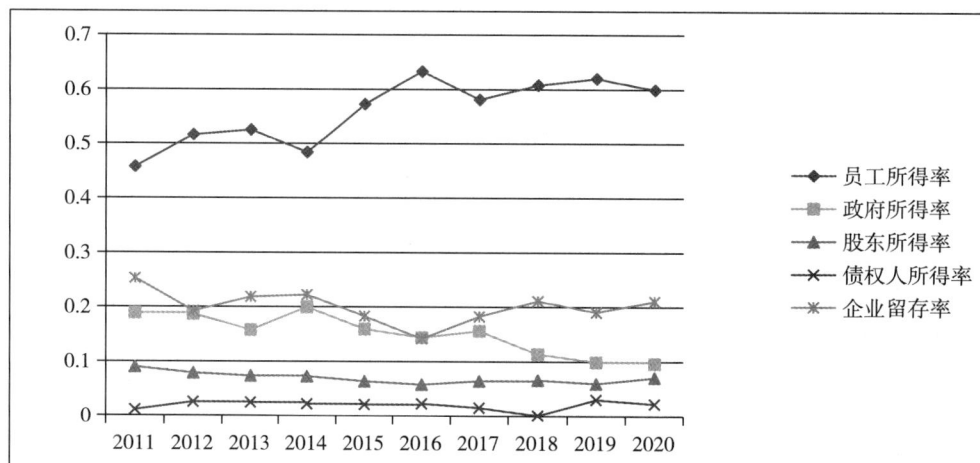

图 3-155　2011—2020 年科学研究和技术服务业上市公司增加价值分配比例趋势

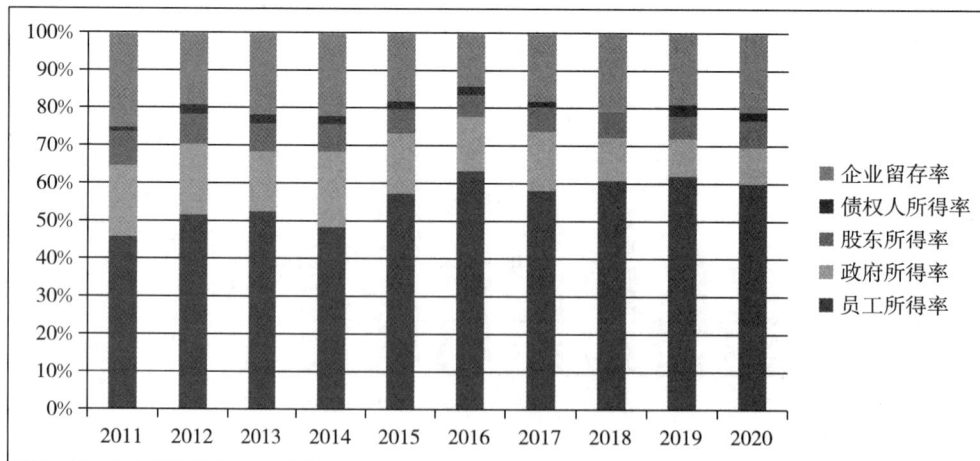

图 3-156　2011—2020 年科学研究和技术服务业上市公司增加价值分配比例情况

图 3 - 157 和图 3 - 158 所示的是 2011—2020 年科学研究和技术服务业上市公司人均价值创造情况和变化趋势。从图中可以看出：①人均增值额与人均净利润变化趋势大体一致，同时说明增加价值可以反映净利润的变化情况；②人均增值额呈下降—上升—下降—上升的趋势；③人均薪酬基本呈缓慢上升趋势，即 2011—2020 年每年的人均薪酬也逐步提高，这反映出了这 10 年来我国科学研究和技术服务业上市公司员工平均薪酬水平有所提高。

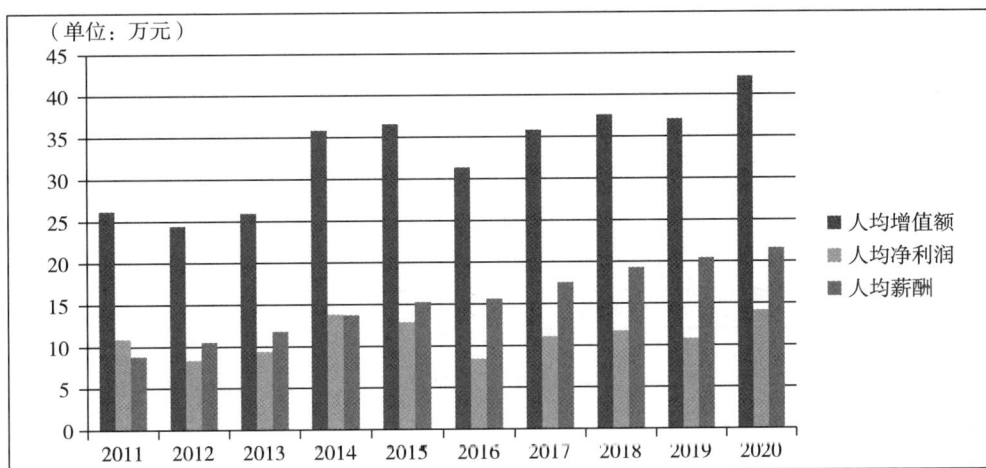

图 3 - 157　2011—2020 年科学研究和技术服务业上市公司人均价值创造情况

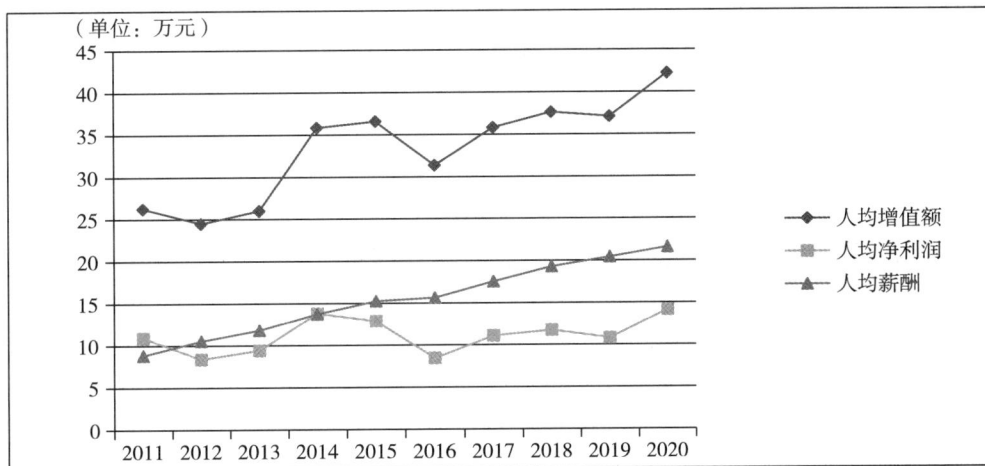

图 3 - 158　2011—2020 年科学研究和技术服务业上市公司人均价值创造趋势情况

图 3 - 159、图 3 - 160 和图 3 - 161 所示的是 2011—2020 年科学研究和技术服务业上市公司生产性指标变化情况。从图中可以看出：①经营资本生产性、资产增加价值率和增加价值综合生产性的变化趋势基本一致，2011—2016 年大致呈 M 形，2016—2020 年呈上升趋势，但是资产增加价值率波动幅度相对较小；②销售增加价值率变化趋势与经营资本生产性、资产增加价值率和增加价值综合生产性不同，在 2011—2020 年呈波动上升状态；③科学研究和技术服务业上市公司设备资本生产性指标在 2011—2020 年变化幅度较大，其中 2011—2012 年、2013—2014 年和 2017—2018 年这三个时间段的设备资本生产性指标呈下降

趋势，其他年份呈上升趋势；④从特殊年份看，2011 年、2013 年和 2017 年科学研究和技术服务业上市公司设备资本生产性指标开始下降迅速，下降幅度接近一点多，2019 年科学研究和技术服务业上市公司设备资本生产性指标上升较快，从 2.653 上升到 5.1。

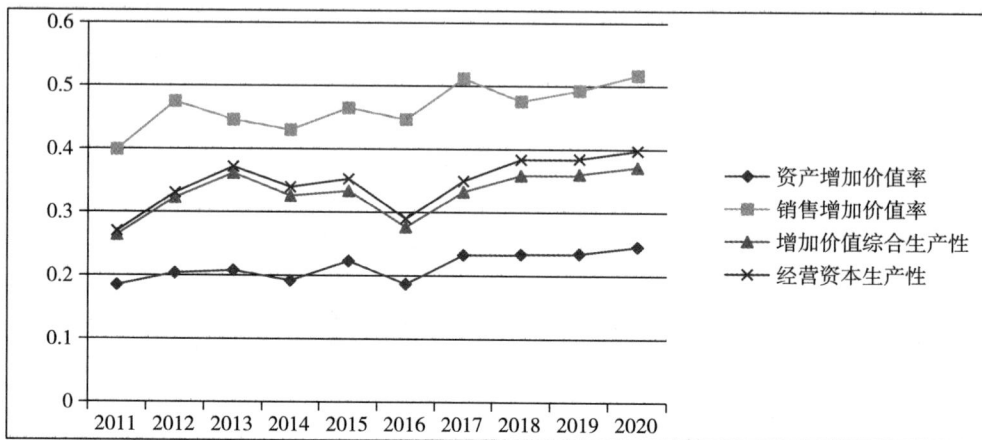

图 3-159　2011—2020 年科学研究和技术服务业上市公司部分生产性指标变化情况

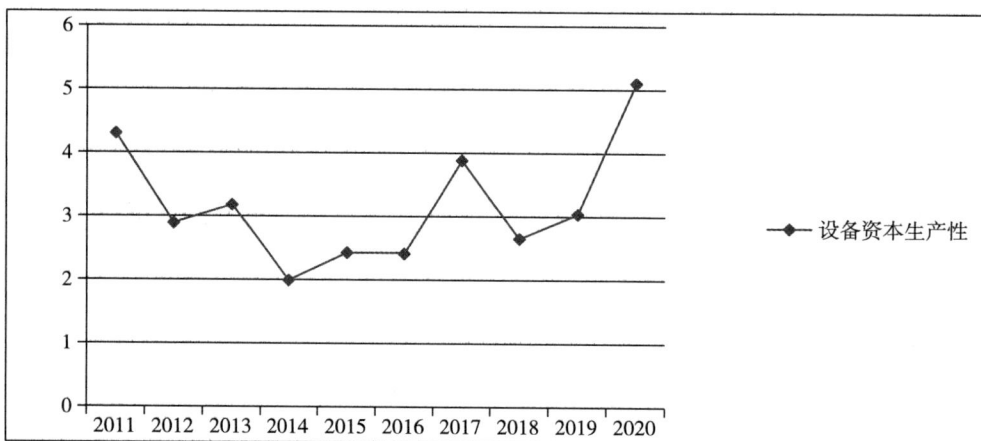

图 3-160　2011—2020 年科学研究和技术服务业上市公司设备资本生产性指标变化情况

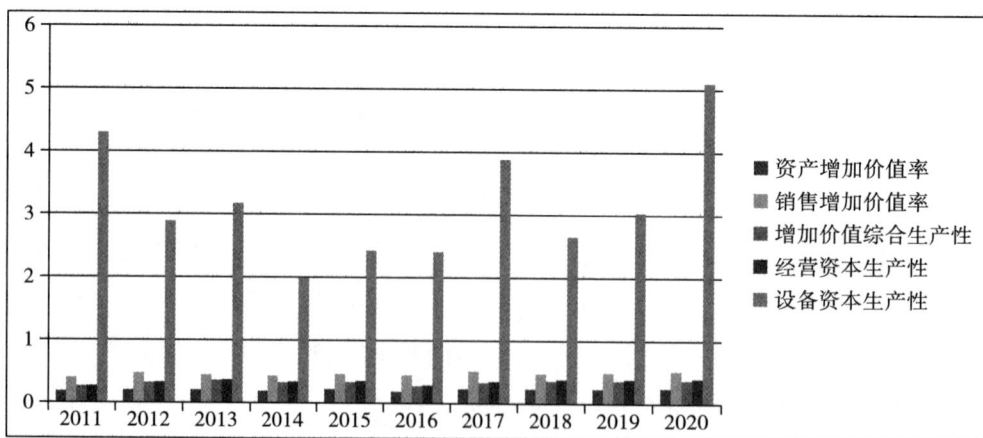

图 3-161　2011—2020 年科学研究和技术服务业上市公司生产性指标变化情况

3.2.14　2011—2020 年水利、环境和公共设施管理业上市公司增加价值创造及分配情况

表 3-18 所列的是 2011—2020 年水利、环境和公共设施管理业上市公司增加价值创造的描述性统计数值，图 3-162 所示的是 2011—2020 年水利、环境和公共设施管理业上市公司增加价值创造总额均值情况。从中可以看出：①2011—2020 年增加价值总额呈波动增长趋势，其中 2018 年和 2020 年有所下降；②从数值上看，2011—2020 年总体的均值为 9.73 亿元，2011—2014 年、2018 年和 2020 年水利、环境和公共设施管理业上市公司的增加价值创造额处于均值以下，2015—2017 年和 2019 年水利、环境和公共设施管理业上市公司的增加价值创造额处于均值以上。

表 3-18　2011—2020 年水利、环境和公共设施管理业增加价值创造的描述性统计

（单位：百万元）

年份	中位数	均值	最小值	最大值	标准差	公司数
2011	536.64	707.65	96.88	1 566.96	637.26	7
2012	234.07	798.09	68.91	10 895.20	2 268.45	22
2013	288.20	941.05	67.88	13 187.00	2 691.35	23
2014	267.97	937.99	31.55	15 985.60	2 919.20	29
2015	332.99	995.10	9.09	15 152.10	2 725.33	30
2016	420.95	1 277.30	80.88	20 444.40	3 689.39	30
2017	453.91	1 313.52	70.36	25 433.80	3 961.89	41
2018	527.14	821.92	32.17	4 798.65	888.71	46
2019	517.29	1 042.66	7.32	12 480.90	1 802.45	55
2020	339.67	783.03	2.92	4 005.82	910.46	69
总体	382.74	973.20	2.92	25 433.80	2 402.74	352

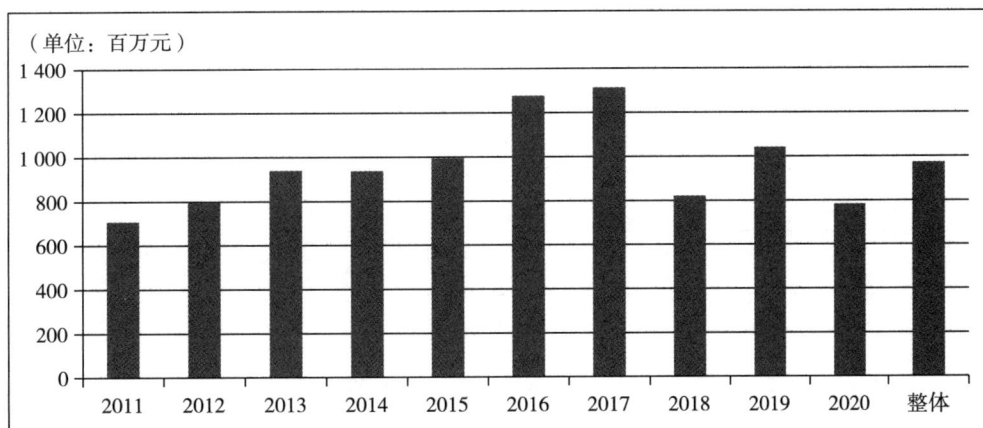

图 3-162　2011—2020 年水利、环境和公共设施管理业上市公司价值创造总额均值总体情况

　　图 3-163 和图 3-164 所示的是 2011—2020 年水利、环境和公共设施管理业上市公司增加价值分配额的基本情况及趋势变化。从图中可以看出：①水利、环境和公共设施管理业上市公司的各利益相关者所得在每年的结构构成上不太相同；②从所得额看，水利、环境和公共设施管理业上市公司在 2011—2020 年分配给员工、政府和企业较多，股东和债权人所得整体分配较少；③从水利、环境和公共设施管理业上市公司价值分配的趋势来看，各利益相关者所得额在 2011—2020 年增长趋势不太一致，其中员工所得在 2011—2020 年后期变化比前期变化明显，在 2018—2020 年呈倒 V 形，企业留存在 2011—2020 年基本呈 M 形，政府所得在 2015—2020 年波动起伏较大，股东和债权人所得在 2011—2020 年波动较小，但是在 2016—2019 年股东所得有明显波幅；④从特殊年份看，从 2017 年开始政府所得额出现明显的下滑，2019 年员工所得额达到 10 年中最高峰，并且增速很快。

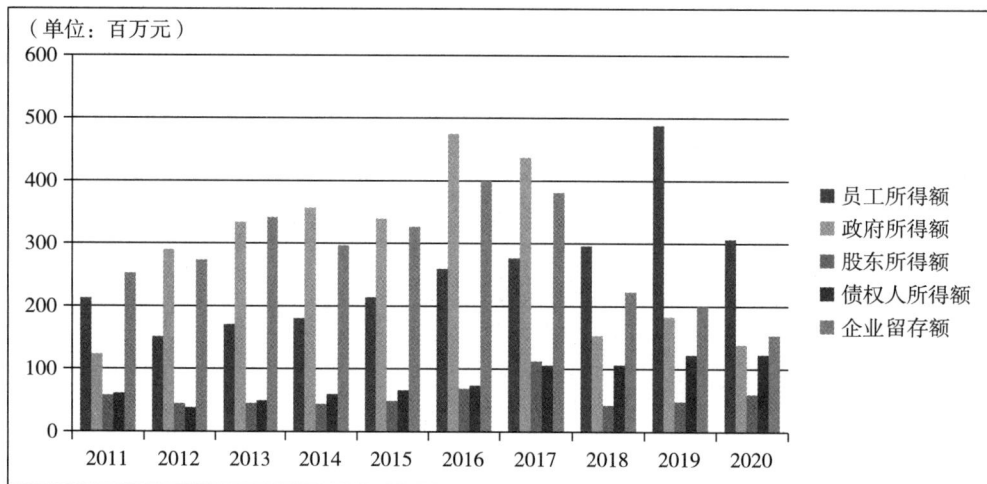

图 3-163　2011—2020 年水利、环境和公共设施管理业上市公司增加价值分配额情况

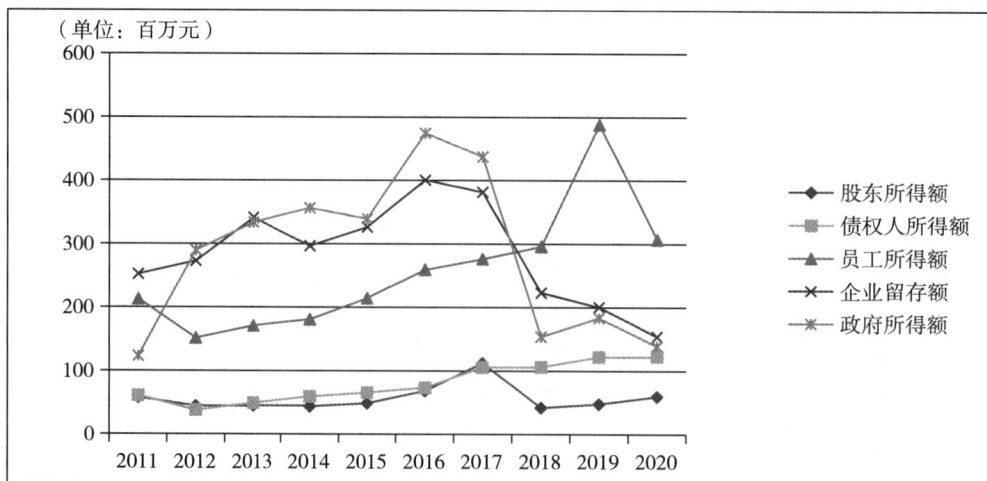

图 3-164　2011—2020 年水利、环境和公共设施管理业上市公司增加价值分配额趋势

　　图 3-165 和图 3-166 所示的是水利、环境和公共设施管理业上市公司增加价值分配比例趋势变化和分配比例情况。从中可以看出：2012—2017 年，所有利益相关者增加价值占比变化趋势很小，但 2018 年发生了明显变化，员工所得率大幅上升，成为所有利益相关者中占比最高。2019 年员工所得率占比继续上升，在 2020 年数值回落至 0.39。

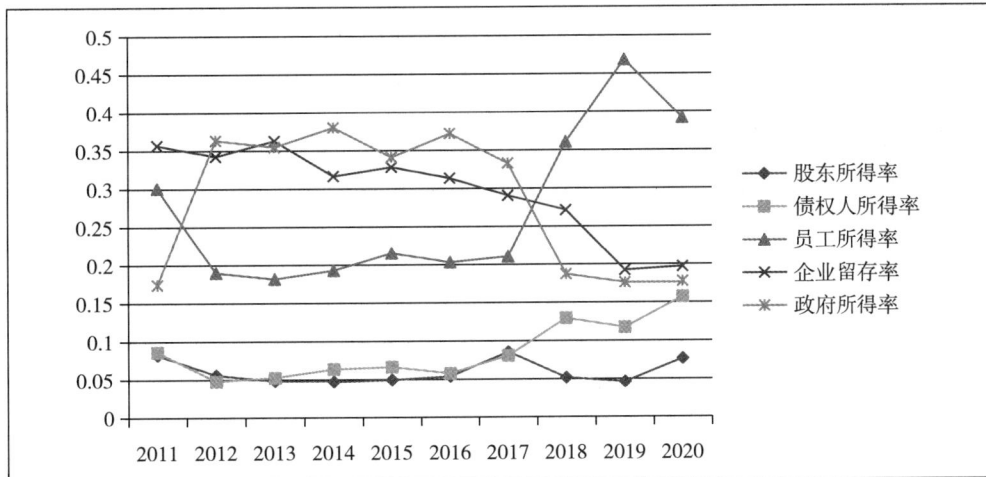

图 3-165　2011—2020 年水利、环境和公共设施管理业上市公司增加价值分配比例趋势

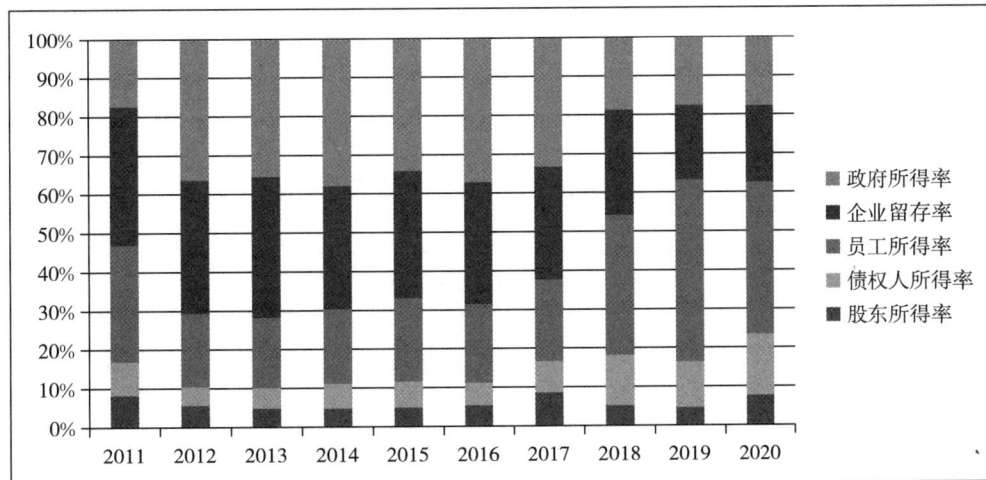

图 3-166　2011—2020 年水利、环境和公共设施管理业上市公司增加价值分配比例情况

　　图 3-167 和图 3-168 所示的是 2011—2020 年水利、环境和公共设施管理业上市公司人均价值创造情况和趋势变化。从图中可以看出：①人均增值额与人均净利润变化趋势基本一致，同时说明增加价值可以反映净利润的变化情况，2013 年有明显的异常，其余年份基本保持平缓趋势；②人均薪酬在 2011—2020 年基本呈缓慢上升的趋势，即 2011—2020 年每年的人均薪酬差别不大，反映出了这 10 年来我国水利、环境和公共设施管理业上市公司员工平均薪酬水平基本变化不大。

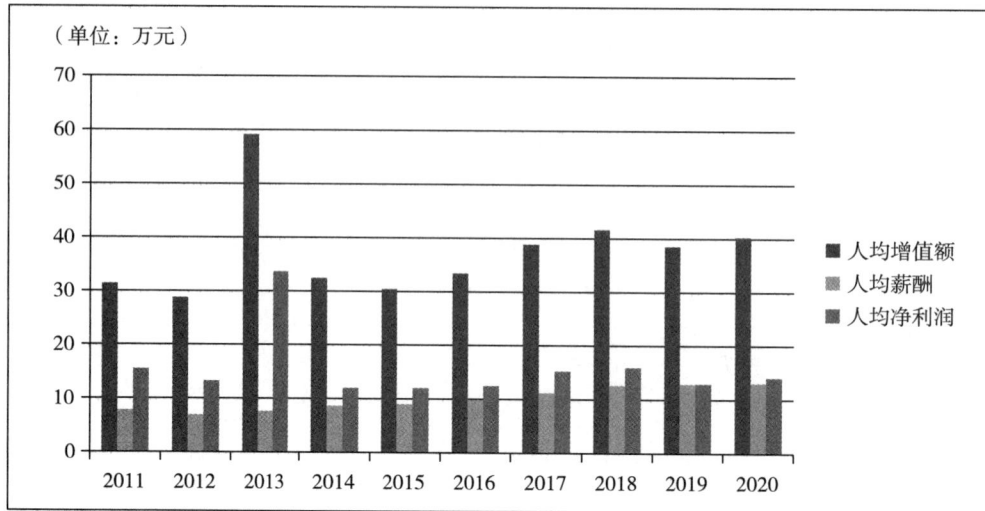

图 3-167　2011—2020 年水利、环境和公共设施管理业上市公司人均价值创造情况

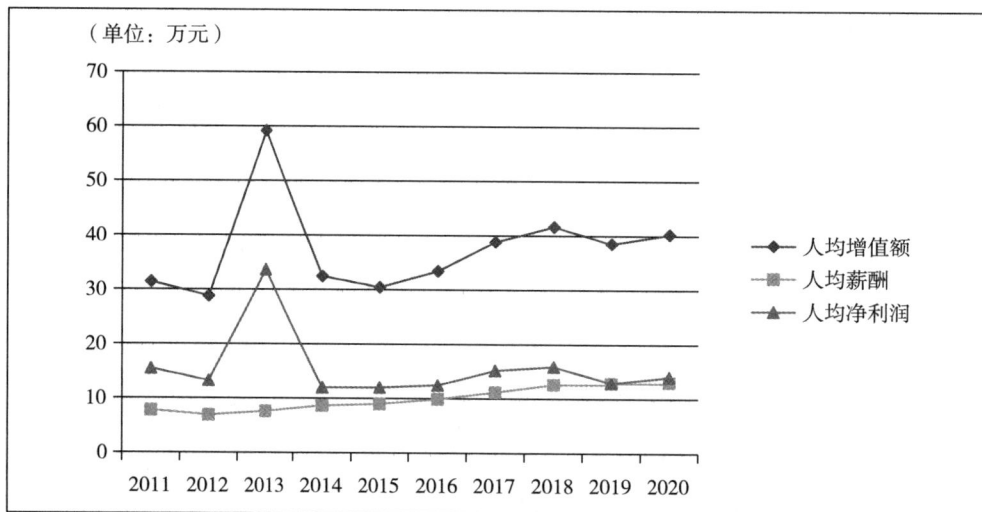

图 3-168　2011—2020 年水利、环境和公共设施管理业上市公司人均价值创造趋势情况

　　图 3-169、图 3-170 和图 3-171 所示的是 2011—2020 年水利、环境和公共设施管理业上市公司生产性指标变化情况。从图中可以看出：①经营资本生产性和资产增加价值率综合生产性的变化趋势基本一致，其中 2012 年、2014 年和 2019 年下降幅度较大，2011—2016 年呈 M 形，但是从整体上看，资产增加价值率的变化幅度较轻；②销售增加价值率变化趋势与经营资本生产性、资产增加价值率和增加价值综合生产性不同，2011—2020 年先小幅波动再上升再下降；③水利、环境和公共设施管理业上市公司设备资本生产性指标在 2014—2018 年变化幅度较大，2011—2014 年和 2018—2020 年这两个时间段的设备资本生产性指标变化幅度较缓慢；④从特殊年份看，2016 年开始水利、环境和公共设施管理业上市公司设备资本生产性指标上升迅速，并且在 2017 年到这十年中的最高值。

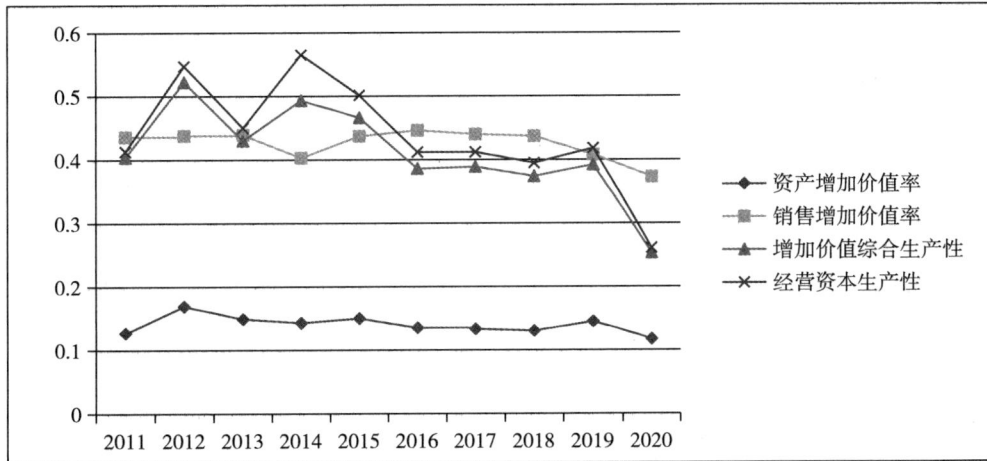

图 3 - 169　2011—2020 年水利、环境和公共设施管理业上市公司部分生产性指标变化情况

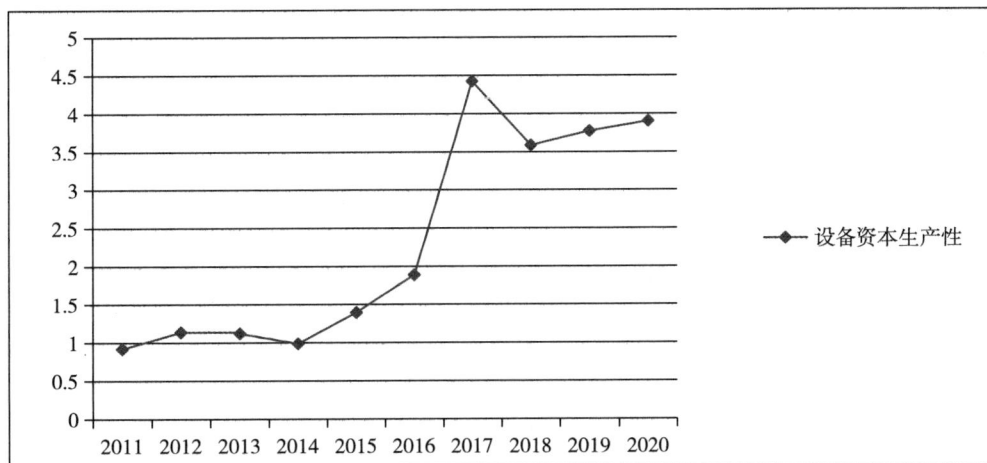

图 3 - 170　2011—2020 年水利、环境和公共设施管理业上市公司设备资本生产性指标变化情况

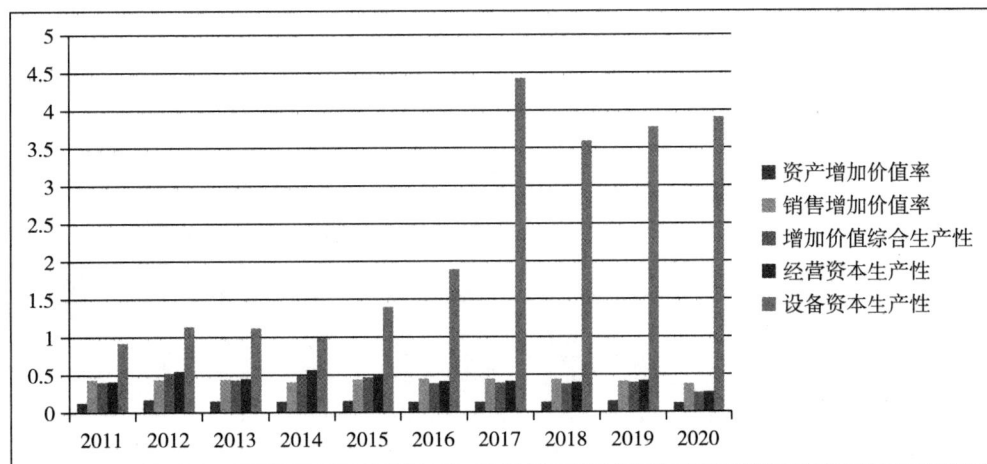

图 3 - 171　2011—2020 年水利、环境和公共设施管理业上市公司生产性指标变化情况

3.2.15 2011—2020 年卫生和社会工作行业上市公司增加价值创造及分配情况

表 3-19 所列的是 2011—2020 年卫生和社会工作行业上市公司增加价值创造的描述性统计数值。图 3-172 所示的是 2011—2020 年卫生和社会工作行业上市公司增加价值创造总额均值情况。从中可以看出：①2011—2020 年卫生和社会工作行业上市公司增加价值总额呈先稳步增长后下降趋势；②从数值上看，2011—2020 年总体的均值为 15.17 亿元，2011—2016 年卫生和社会工作行业上市公司的增加价值创造额处于均值以下，2016—2020年卫生和社会工作行业上市公司的增加价值创造额处于均值以上。

表 3-19 2011—2020 年卫生和社会工作行业增加价值创造的描述性统计 （单位：百万元）

年份	中位数	均值	最小值	最大值	标准差	公司数
2011	214.87	305.73	153.72	548.60	212.54	3
2012	269.91	391.79	223.34	682.11	252.51	3
2013	332.72	496.25	311.25	844.78	302.03	3
2014	429.07	567.53	363.96	1 048.00	321.87	4
2015	650.63	852.69	459.40	1 395.73	399.74	5
2016	1 436.68	1 290.55	546.00	1 824.18	560.98	6
2017	1 204.89	1 565.62	504.89	3 350.24	983.19	8
2018	1 529.70	2 211.28	460.54	4 810.37	1 436.65	9
2019	2 074.03	2 115.90	258.81	4 799.72	1 516.11	8
2020	1 479.17	2 163.93	50.43	5 575.30	1 941.93	11
总体	1 107.90	1 516.92	50.43	5 575.30	1 360.95	60

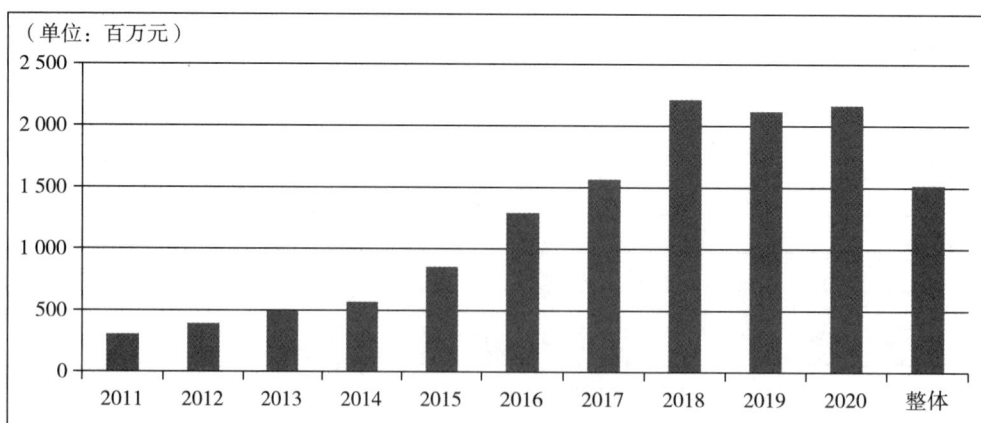

图 3-172 2011—2020 年卫生和社会工作行业上市公司价值创造总额均值总体情况

图 3-173 和图 3-174 所示的是 2011—2020 年卫生和社会工作行业上市公司增加价值分配额的基本情况及趋势变化。从中可以看出：①从所得额看，卫生和社会工作行业上市公司分配给员工的所得额占多数，分配给其他利益相关者所得额相对较少；②从卫生和社会工作行业上市公司价值分配的趋势来看，各利益相关者所得额在 2011—2015 年增长趋势基本一致，而政府和股东所得额在 2015—2020 年呈小幅波动趋势，企业留存在 2015—2020 年呈 W 形，员工所得自 2015 年来极速增加，2019 年出现下降趋势，债权人所得在 2011—2020 增幅较缓。

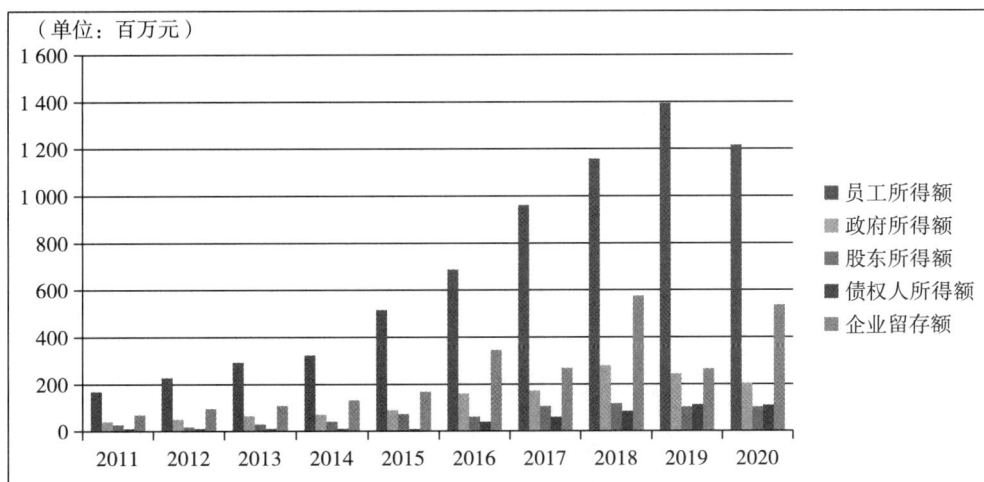

图 3-173　2011—2020 年卫生和社会工作行业上市公司增加价值分配额情况

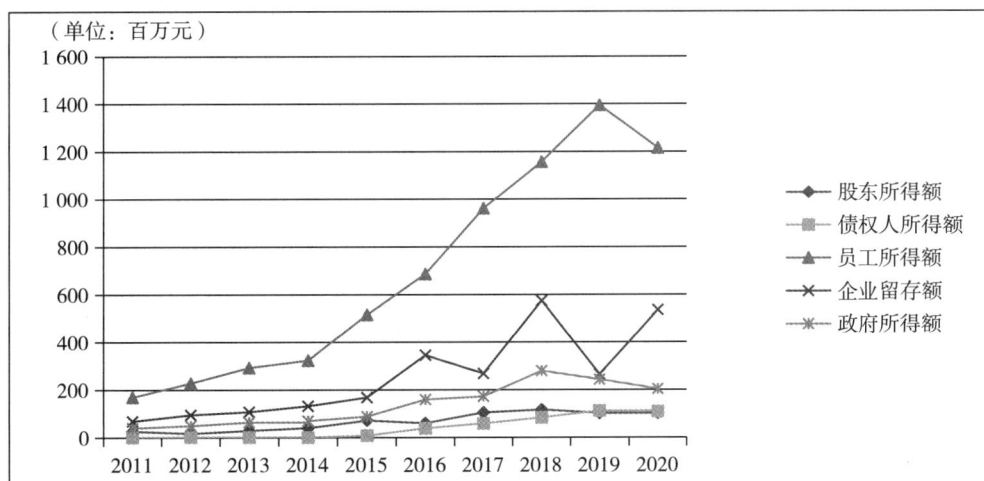

图 3-174　2011—2020 年卫生和社会工作行业上市公司增加价值分配额趋势

图 3-175 和图 3-176 所示的是卫生和社会工作行业上市公司增加价值分配比例趋势和分配比例情况。从中可以看出：①员工所得占全行业增加价值的比重较高，常年保持在半数以上；②2011—2014 年，员工所得率和企业留存率的变化都比较平缓，从 2015 年开始，员工所得率和企业留存率开始呈现明显的反向变动趋势。

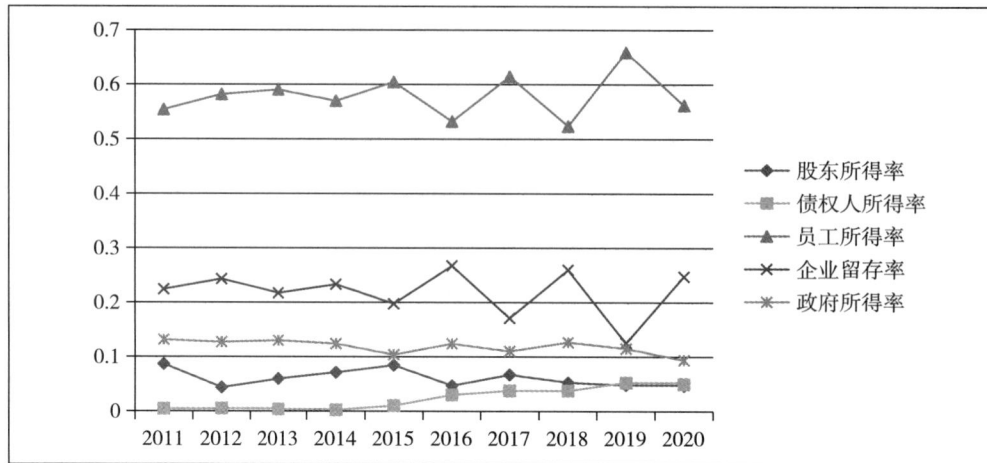

图 3-175　2011—2020 年卫生和社会工作行业上市公司增加价值分配比例趋势

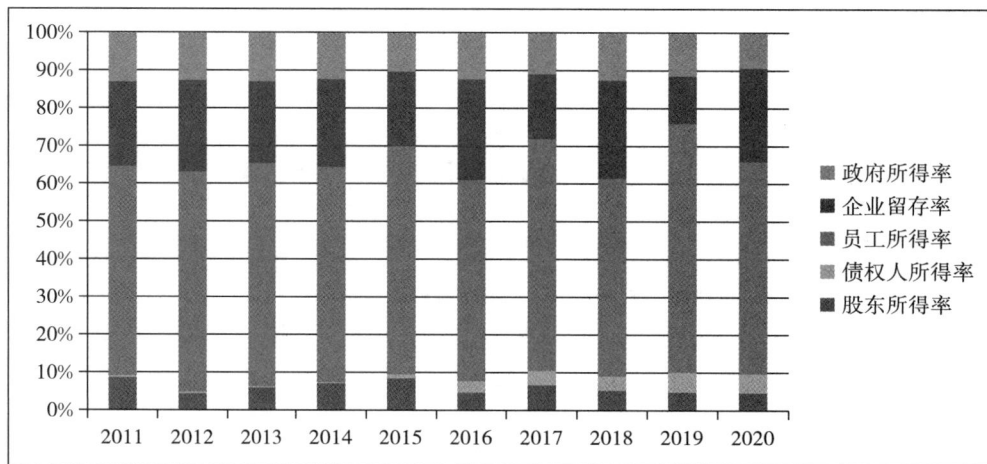

图 3-176　2011—2020 年卫生和社会工作行业上市公司增加价值分配比例情况

图 3-177 和图 3-178 所示的是 2011—2020 年卫生和社会工作行业上市公司人均价值创造情况和趋势变化。从图中可以看出：①人均增值额与人均净利润变化趋势基本一致，同时说明增加价值可以反映净利润的变化情况；②人均增值额在 2011—2017 年呈小幅度增长，自 2017 年开始，先迅速上升再极速下降，2018 年为人均增值额的最高点，究其原因在于 2011—2018 年员工人数的增长率远低于增加价值的增长率；③人均薪酬基本增幅变化不大，即 2011—2020 年每年的人均薪酬年增长率不大，反映出了这 10 年来我国上市公司员工平均薪酬水平有小幅度上升趋势。

图 3-179、图 3-180 和图 3-181 所示的是 2011—2020 年卫生和社会工作行业上市公司生产性指标变化情况。从图中可以看出：①经营资本生产性和增加价值综合生产性的变化趋势基本一致，2012—2016 年变化幅度较小，其他年份波动幅度较大；②销售增加价值率在 2011—2015 年和 2019—2020 年增幅较小，2015—2019 年呈 M 形，其中 2016 年和 2018 年数值较高；③资产增加价值率在 2011—2020 年有小幅度变化，基本呈上升—下降—上

升—下降趋势；④卫生和社会工作行业上市公司设备资本生产性指标在 2011—2020 年变化幅度不是太大，数值基本在 2—3.3 之间波动，整体呈上升—下降—上升—下降，2017 年卫生和社会工作行业上市公司设备资本生产性指标上升明显，数值从 2 上升到 2.5。

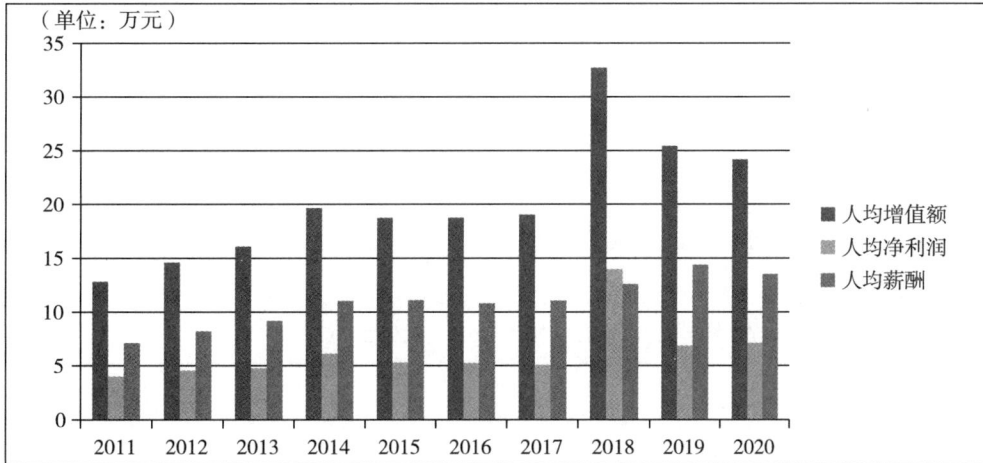

图 3-177　2011—2020 年卫生和社会工作行业上市公司人均价值创造情况

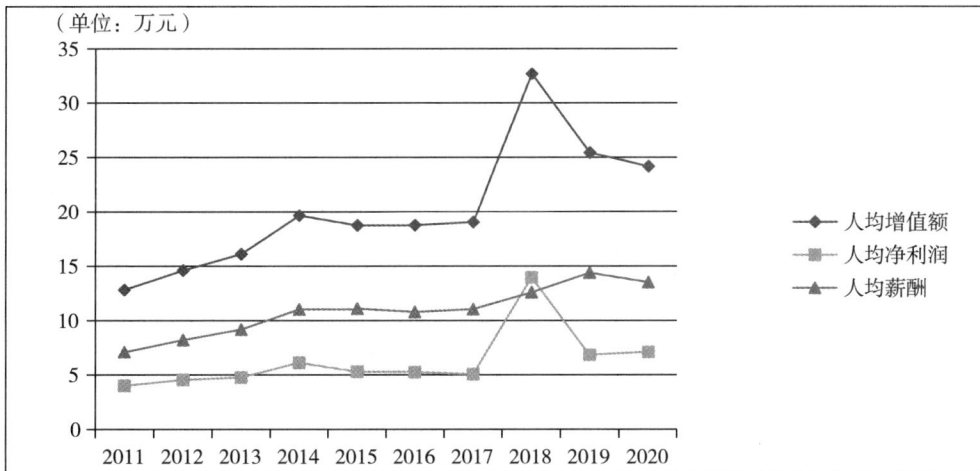

图 3-178　2011—2020 年卫生和社会工作行业上市公司人均价值创造趋势情况

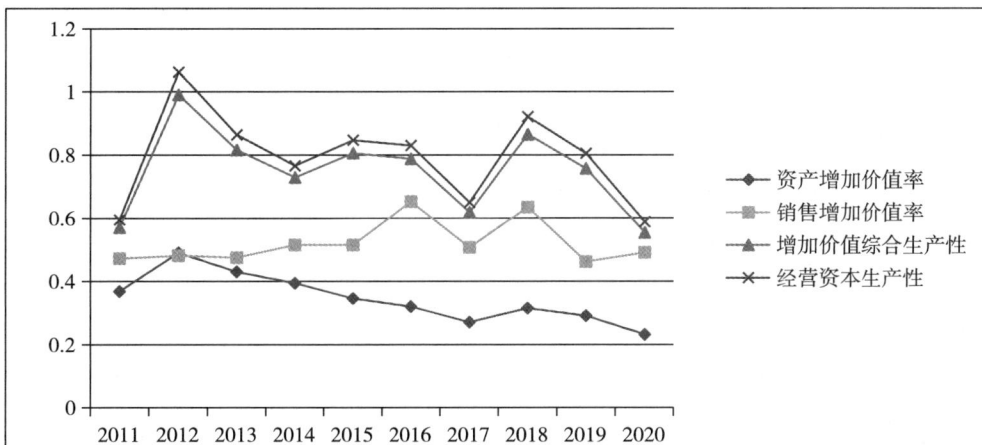

图 3-179　2011—2020 年卫生和社会工作行业上市公司部分生产性指标变化情况

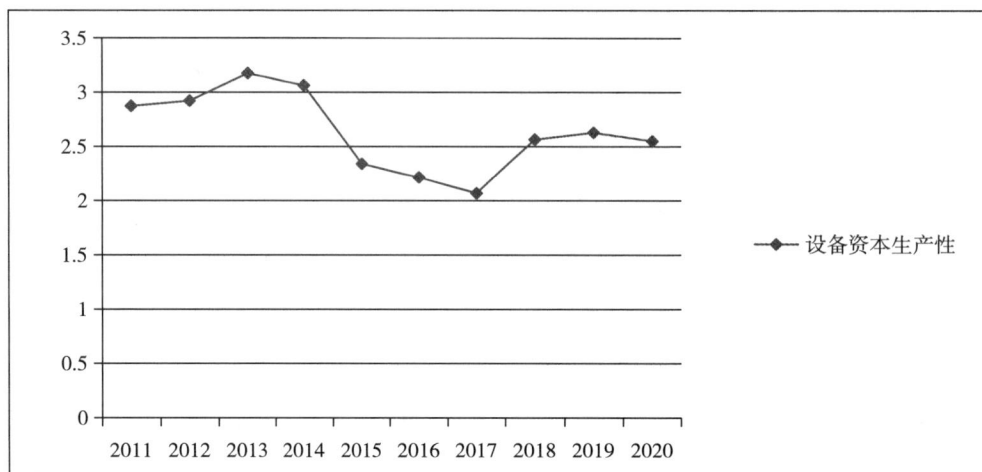

图 3-180　2011—2020 年卫生和社会工作行业上市公司设备资本生产性指标变化情况

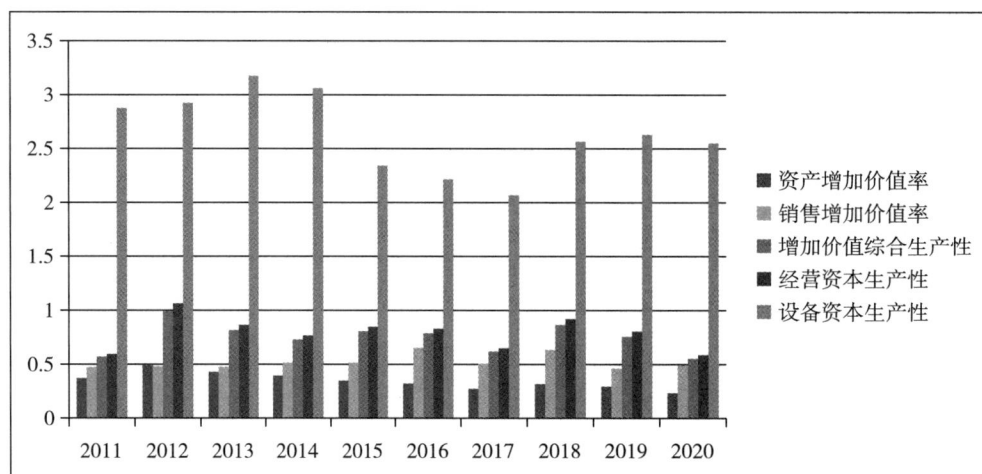

图 3-181　2011—2020 年卫生和社会工作行业上市公司生产性指标变化情况

3.2.16　2011—2020 年文化、体育和娱乐业上市公司增加价值创造及分配情况

表 3-20 所列的是 2011—2020 文化、体育和娱乐业上市公司增加价值创造的描述性统计数值，图 3-182 所示的是 2011—2020 年文化、体育和娱乐业上市公司增加价值创造总额均值情况。从图表中可以看出增加价值创造整体呈现出平稳增长的趋势，2020 年相比 2011 年增长 1.5 倍左右，但每年间的增减不定，某些年度呈现增长趋势，如 2011—2014 年；而有些年度呈现出波动状态，如 2014—2017 年；有些年度甚至出现下降趋势，如 2018—2020 年。另外，从数值上看，2011—2020 年总体的均值为 10.48 亿元，除去 2015 年，2014—2020 年文化、体育和娱乐业上市公司的增加价值创造额处于均值以上，其他年度的增加价值创造平均值均处于 2011—2020 年度增加价值均值以下。

表 3-20　2011—2020 文化、体育和娱乐业增加价值创造的描述性统计　（单位：百万元）

年份	中位数	均值	最小值	最大值	标准差	公司数
2011	462.20	682.56	75.25	1 990.57	600.31	17
2012	599.41	719.88	71.71	2 184.60	586.22	22
2013	660.56	851.65	7.39	2 685.00	743.20	23
2014	863.74	1 064.32	7.35	3 142.61	881.81	26
2015	624.40	1 024.22	136.23	3 470.14	938.13	36
2016	649.37	1 113.63	59.98	3 995.42	994.87	44
2017	622.15	1 069.39	24.65	4 889.01	1 030.73	56
2018	754.95	1 247.12	16.13	4 806.50	1 173.69	44
2019	692.93	1 129.64	22.40	3 768.64	1 059.41	45
2020	540.20	1 101.72	2.94	3 708.55	1 245.51	35
总体	634.41	1 048.06	2.94	4 889.01	998.05	348

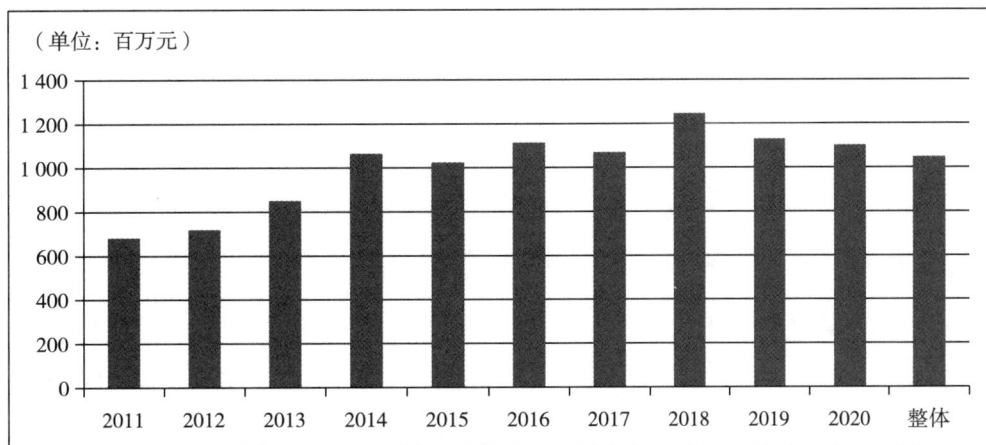

图 3-182　2011—2020 年文化、体育和娱乐业上市公司增加价值创造总额均值总体情况

图 3-183 和图 3-184 所示的是 2011—2020 年文化、体育和娱乐业上市公司增加价值分配额的基本情况及趋势变化。从中可以看出：①从所得额看，上市公司分配给员工、政府和企业留存的价值额占多数，股东和债权人所得额相对较少；②从趋势变化看，各利益相关者中，员工和股东的所得额呈现出较为明显的增加趋势，政府和企业的所得额在这 10 年间出现了先增长后下降的态势，债权人所得额的波动幅度较为稳定，员工所得额在 2017—2020 年相对于其他利益相关者来说持续保持增长趋势并且增长幅度较大。

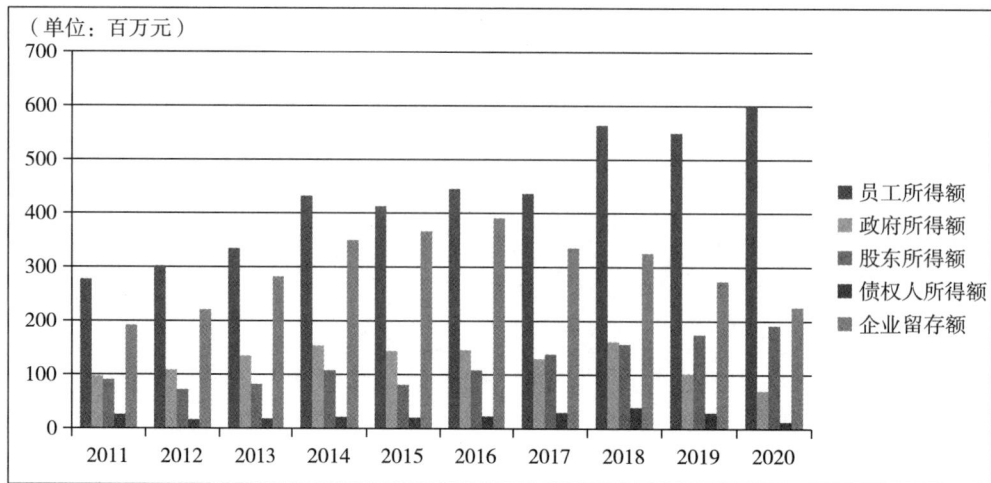

图 3-183　2011—2020 年文化、体育和娱乐业上市公司增加价值分配额情况

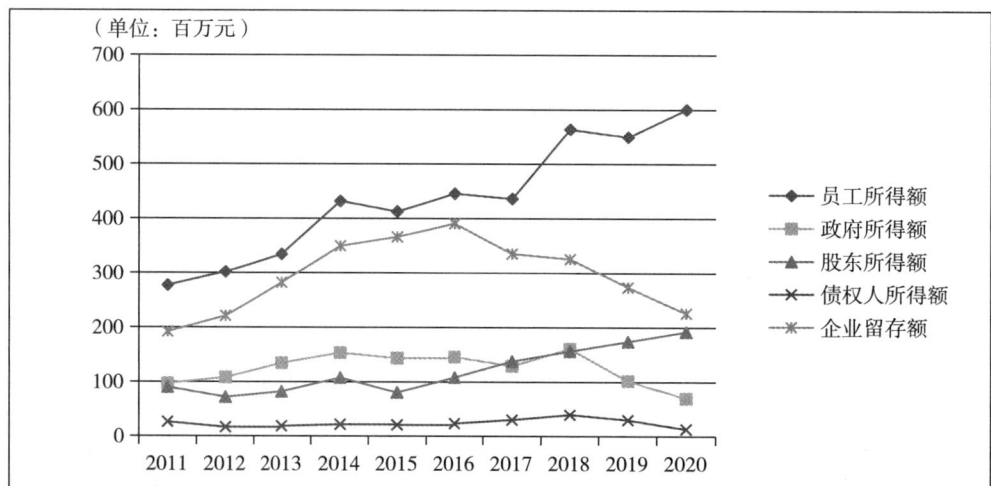

图 3-184　2011—2020 年文化、体育和娱乐业上市公司增加价值分配额趋势

图 3-185 所示的是文化、体育和娱乐业上市公司增加价值分配比例趋势变化。从中可以看出：文化、体育和娱乐业上市公司员工所得增加价值占比在所有利益相关者中最高，自 2017 年开始出现逐年上升趋势，企业留存率次于员工所得率，但 2017 年开始企业留存率出现了明显的逐年下降趋势。

图 3-186 所示的是 2011—2020 年文化、体育和娱乐业上市公司增加价值分配比例情况，是上市公司利益相关者所得率的平均，即先计算出各上市公司各利益相关者所得率后再求平均，极端值的影响依然存在。从中可以看出：①图 3-186 反映了各上市公司各利益相关者价值分配的集中趋势，但个别年份受到了极端值的影响，剔除极端年份影响后，2011—2017 年价值分配率的排序和平均比例依次为员工（39.08%）、企业留存（31.66%）、政府（16.69%）、股东（10.00%）、债权人（2.59%）。②从极端值出现的年份看，2020 年文化、体育和娱乐业上市公司企业留存率急速下降；上市公司使用公司增加价值对员工、债权人、

政府进行分配，导致 2020 年企业留存率急剧下降的同时，员工、股东的分配率出现上升趋势；同时，2020 年上市公司的员工所得和企业留存出现反向变动趋势，在员工所得比例大幅上升的同时，企业留存呈现大幅下降态势。

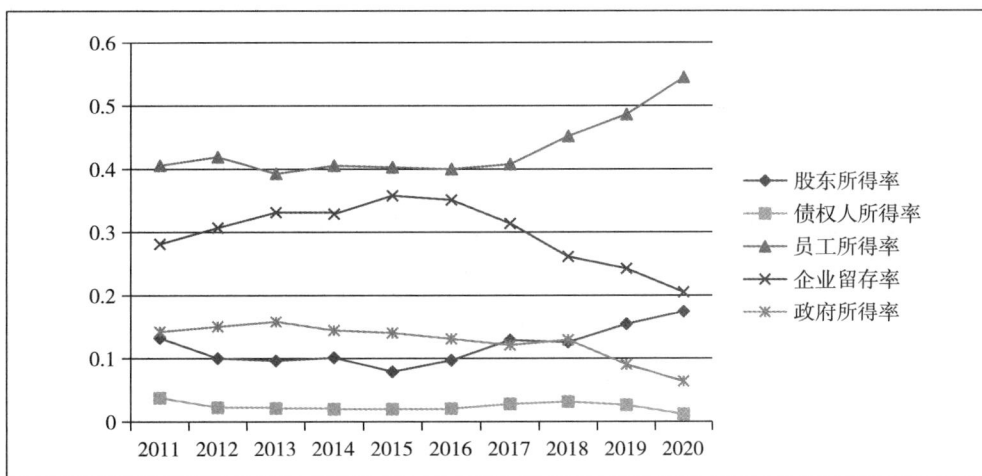

图 3 - 185 2011—2020 年文化、体育和娱乐业上市公司增加价值分配比例趋势

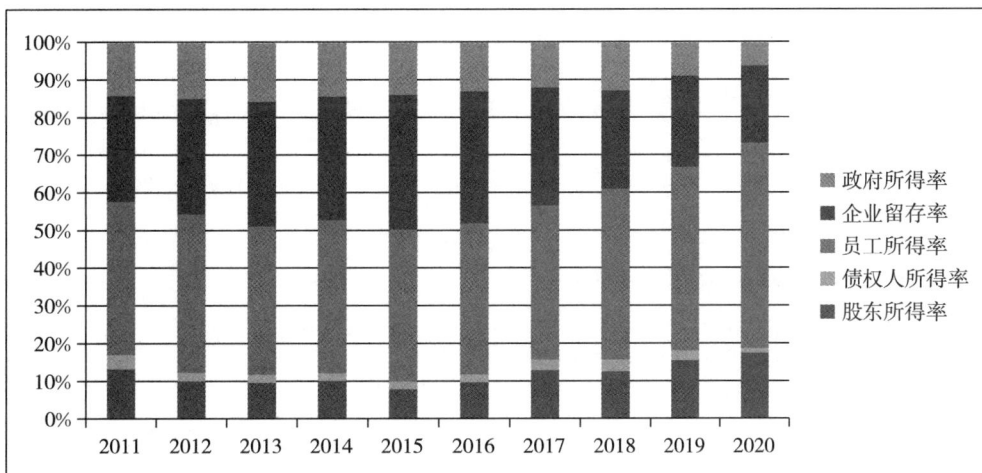

图 3 - 186 2011—2020 年文化、体育和娱乐业上市公司增加价值分配比例情况

图 3 - 187 和图 3 - 188 所示的是 2011—2020 年文化、体育和娱乐业上市公司人均价值创造情况和趋势变化。从图中可以看出：①人均增值额与人均净利润变化趋势基本一致，或者说增加价值可以反映净利润的变化情况；②人均增值额和人均净利润于 2011—2014 年总体下降趋势明显，在 2014—2020 年间人均增值额和人均净利润均呈现倒 U 形，其中，人均增值额在 2015 大幅上涨后，先在 2015—2018 平稳下降，而后至 2020 年出现明显下降，人均净利润在 2015—2016 年出现较大幅度上涨后，2016—2020 年呈现出较为稳定的下降趋势；③人均薪酬在 2011—2020 年基本处于平稳上升状态，从 2011 年的人均 10 万元左右增长到 2020 年的人均 20 万元左右。

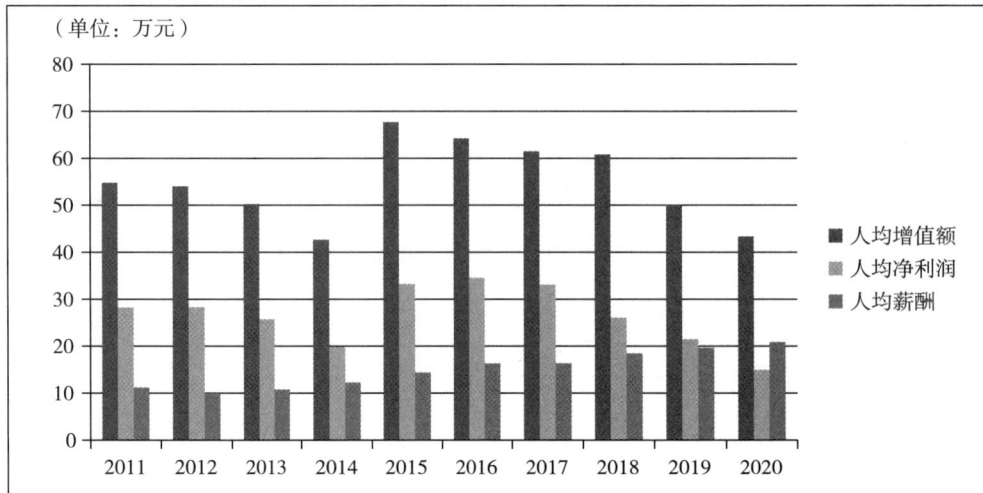

图 3-187　2011—2020 年文化、体育和娱乐业上市公司人均价值创造情况

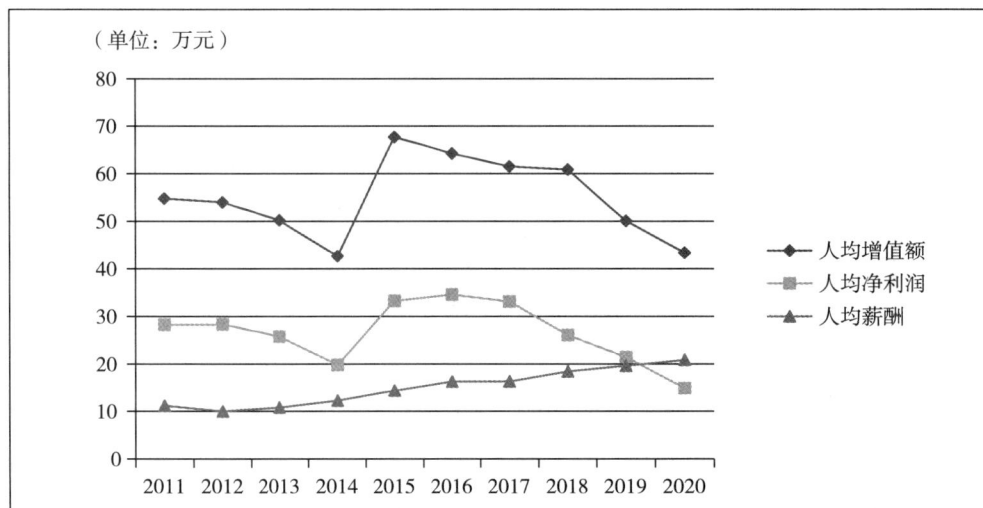

图 3-188　2011—2020 年文化、体育和娱乐业上市公司人均价值创造趋势情况

图 3-189、图 3-190 和图 3-191 所示的是 2011—2020 年文化、体育和娱乐业上市公司生产性指标变化情况。从中可以看出：①从文化、体育和娱乐业上市公司生产性指标来看，资产增加价值率在统计期间呈现平稳下降趋势；②增加价值综合生产性和经营资本生产性的变化趋势基本保持一致，2011—2014 年均保持上升趋势，同时在 2014 年达到 2011—2020 年的最高值，而后开始逐年下降；③2012 年销售增加价值率与 2011 年持平，在 2012—2014 年出现小幅增长后，直至 2020 年出现了较为稳定的下降趋势；④设备资本生产性的变化起伏不定，整体呈现上升状态，2012 年、2015 年和 2017—2019 年呈现出明显的上升趋势，其中 2015 年的上升趋势最为明显，统计期间出现的下降年份为 2012—2014 年、2015—2017 年和 2020 年，其中 2020 年的下降幅度最为明显，其他年份较为平缓。

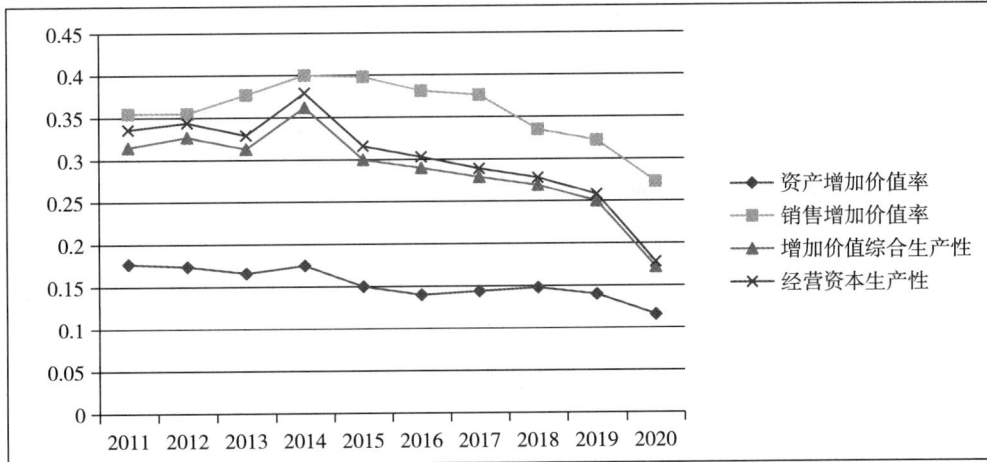

图 3-189　2011—2020 年文化、体育和娱乐业上市公司部分生产性指标变化情况

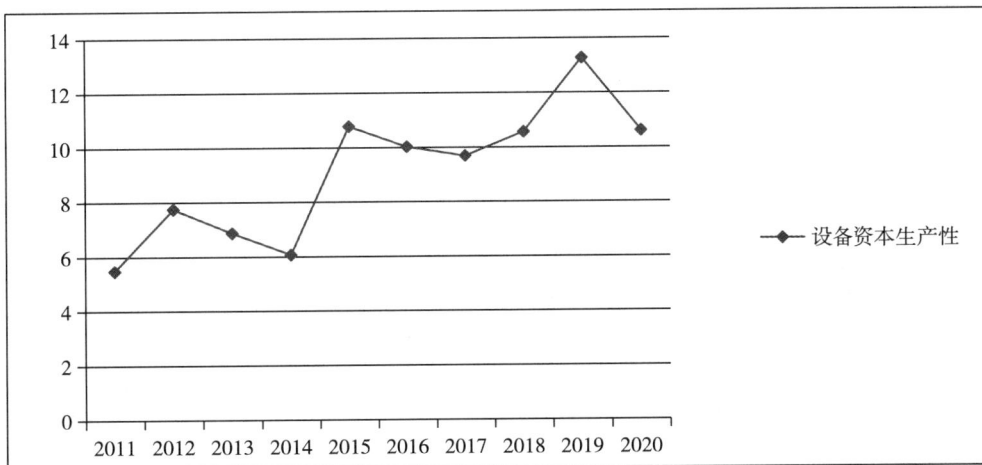

图 3-190　2011—2020 年文化、体育和娱乐业上市公司设备资本生产性指标变化情况

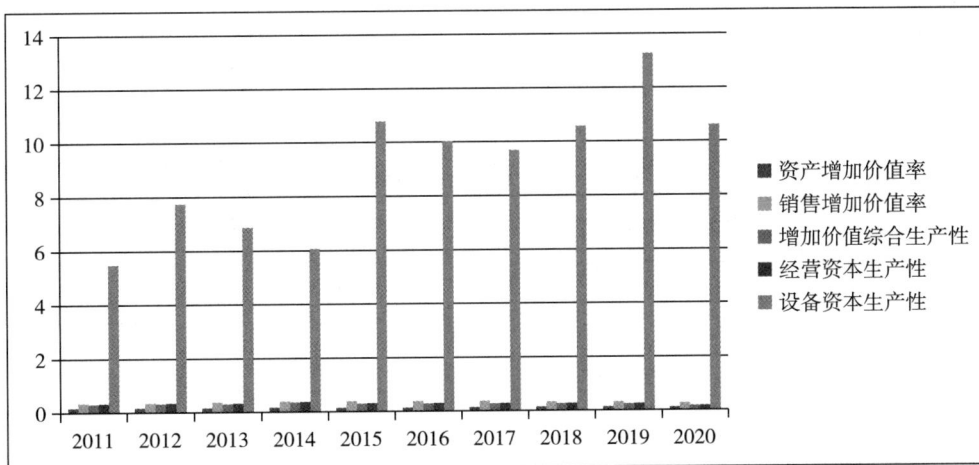

图 3-191　2011—2020 年文化、体育和娱乐业上市公司生产性指标变化情况

3.2.17 2011—2020 年综合上市公司增加价值创造及分配情况

表 3 - 21 所列的是 2011—2020 综合上市公司增加价值创造的描述性统计数值，图 3 - 192所示的是 2011—2020 年综合上市公司增加价值创造总额均值情况。从图中可以看出整体呈 U 形变动趋势，自 2011—2015 年呈现平稳的下降趋势，而后在随后的 5 年间呈现较为明显的上升趋势，2020 年相比 2011 年增长了近两倍。另外，从数值上看，2011—2020 年总体的均值为 6.95 亿元，除去 2012—2017 年上市公司的增加价值创造额处于均值以下，其他年度的增加价值创造平均值均处于增加价值均值以上。

表 3 - 21　2011—2020 综合上市公司增加价值创造的描述性统计　　（单位：百万元）

年份	中位数	均值	最小值	最大值	标准差	公司数
2011	425.04	737.71	17.47	4 055.89	834.80	40
2012	347.17	671.48	8.53	2 780.44	828.50	16
2013	432.25	669.70	83.63	2 415.58	725.12	18
2014	366.69	502.44	16.85	1 761.49	497.04	20
2015	280.51	478.13	36.72	2 600.13	625.58	18
2016	417.86	543.14	13.37	2 191.66	540.43	18
2017	345.91	524.46	69.85	2 503.95	557.58	22
2018	454.34	753.46	81.80	3 921.85	959.48	15
2019	512.91	1 142.05	97.18	5 794.37	1 570.80	16
2020	605.14	1 288.47	119.57	3 793.76	1 409.45	9
总体	408.30	695.04	8.53	5 794.37	868.90	192

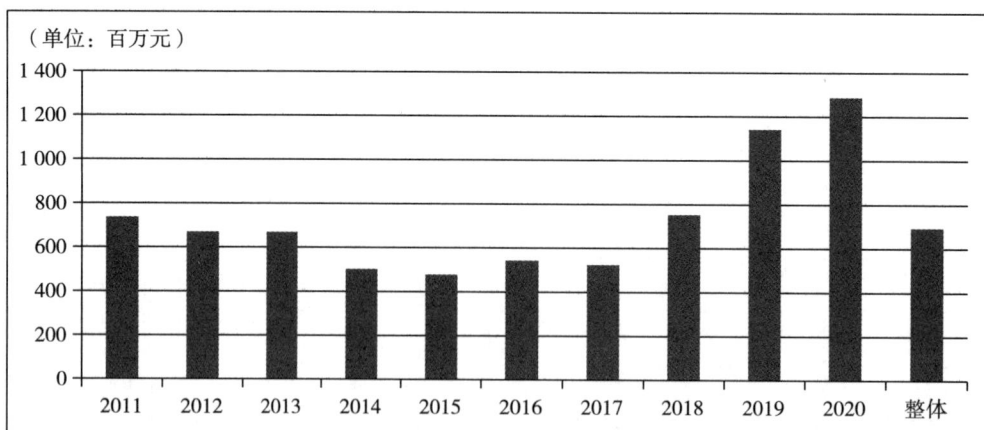

图 3 - 192　2011—2020 年综合上市公司增加价值创造总额均值总体情况

图 3 - 193 和图 3 - 194 所示的是 2011—2020 年综合上市公司增加价值分配额的基本情况及趋势变化。①从所得额看，综合上市公司分配给员工、企业和政府留存的价值额占多数，股东和债权人所得额相对较少；②从趋势变化看，各利益相关者中，员工所得额呈现出

较为明显的增长趋势，企业和政府的所得额在这十年统计期间呈 U 形变动趋势，它们先下降后增长，债权人和股东所得额的波动幅度较为稳定，员工所得额在 2015—2020 年相对于其他利益相关者来说持续保持增长趋势并且增长幅度较大。

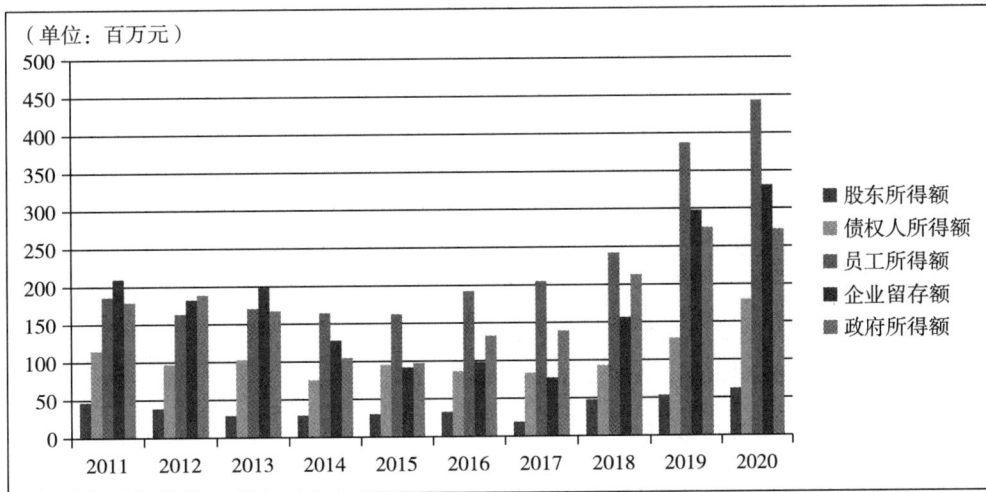

图 3 - 193　2011—2020 年综合上市公司增加价值分配额情况

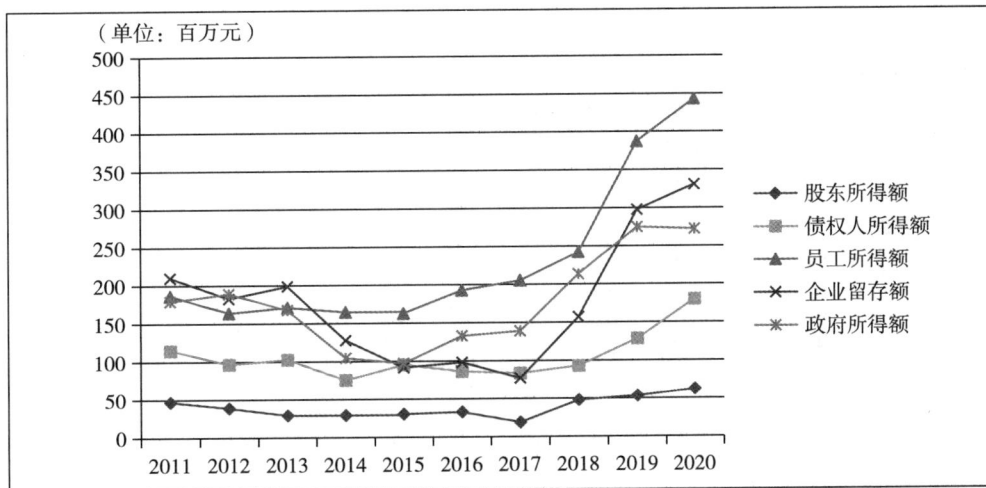

图 3 - 194　2011—2020 年综合上市公司增加价值分配额趋势

图 3 - 195 所示的是综合上市公司增加价值分配比例趋势变化。从中可以看出：2011—2013 年，各利益相关者增加价值所占比例变化都不明显，2014 年开始，除股东所得之外的其他利益相关者发生较大变动，2014 年员工所得率开始上升为第一位，并且在之后都保持较高水平。

图 3 - 196 所示的是综合上市公司增加价值的分配比例情况，是上市公司利益相关者所得率的平均，即先计算出各上市公司各利益相关者所得率后再求平均，极端值的影响依然存在。从中可以看出：①图 3 - 196 反映了各上市公司各利益相关者价值分配的集中趋势，但个别年份受到了极端值的影响，从极端值出现的年份看，2013 年综合上市公司企业留存率

急速下降。②上市公司使用公司增加价值对员工、债权人、政府进行分配，使 2015 年企业留存率急剧下降的同时，员工、政府的分配率出现上升趋势；同时，2015 年上市公司的员工所得和企业留存出现反向变动趋势，在员工所得比例大幅上升的同时，企业留存呈现大幅下降态势。

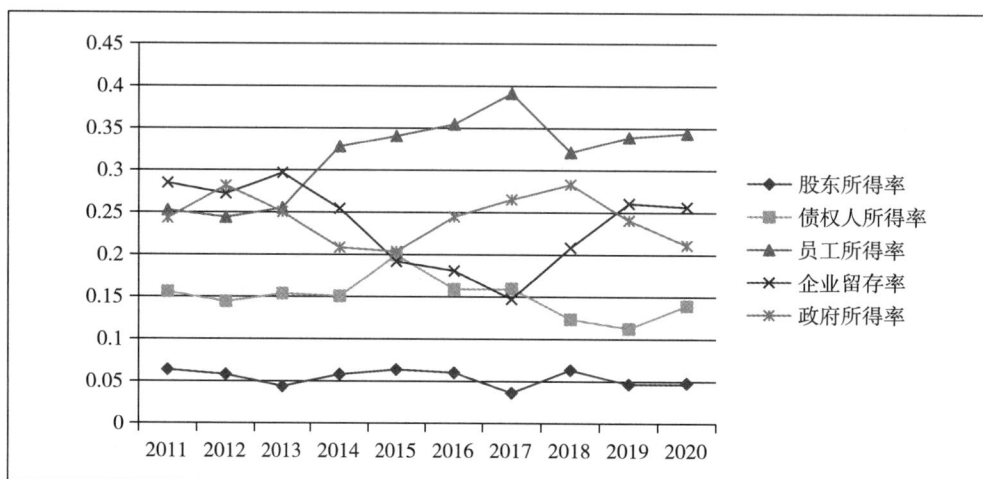

图 3-195　2011—2020 年综合上市公司增加价值分配比例趋势

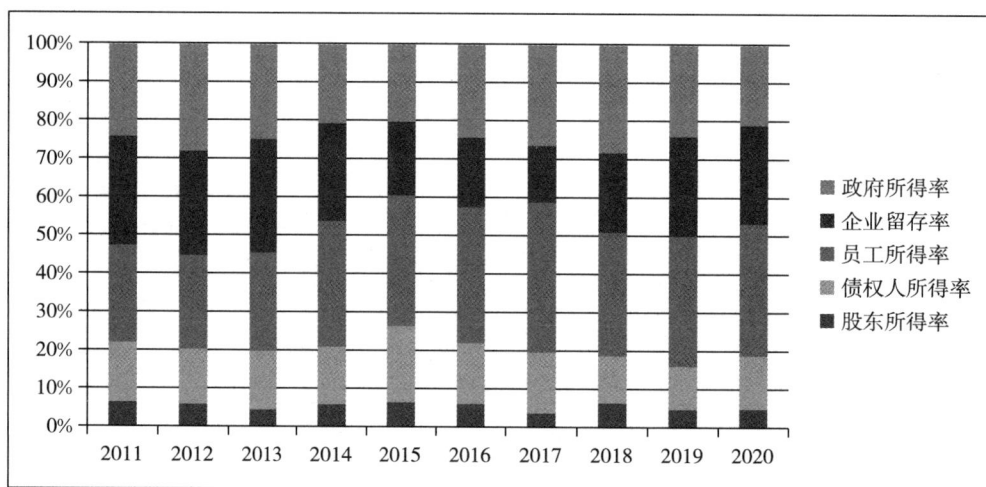

图 3-196　2011—2020 年综合上市公司增加价值分配比例情况

图 3-197 和图 3-198 所列的是 2011—2020 年综合上市公司人均价值创造情况和趋势变化。从图中可以看出：①人均增值额与人均净利润变化趋势基本一致，二者在 2015—2018 年均呈现上升趋势，除去人均增加额在 2012—2014 年出现小幅上升外，二者在其他年度表现为下降，其中人均增加值的下降幅度大于人均净利润的下降幅度；②人均增值额和人均净利润于 2011—2015 年总体下降趋势明显，在 2015 年同时达到最低值，之后人均增加额在 2015—2018 年度出现明显的上升态势，而后至 2020 年又出现明显的下降趋势；③人均薪酬在 2011—2020 年，基本处于小幅波动上升状态，变化幅度较小。

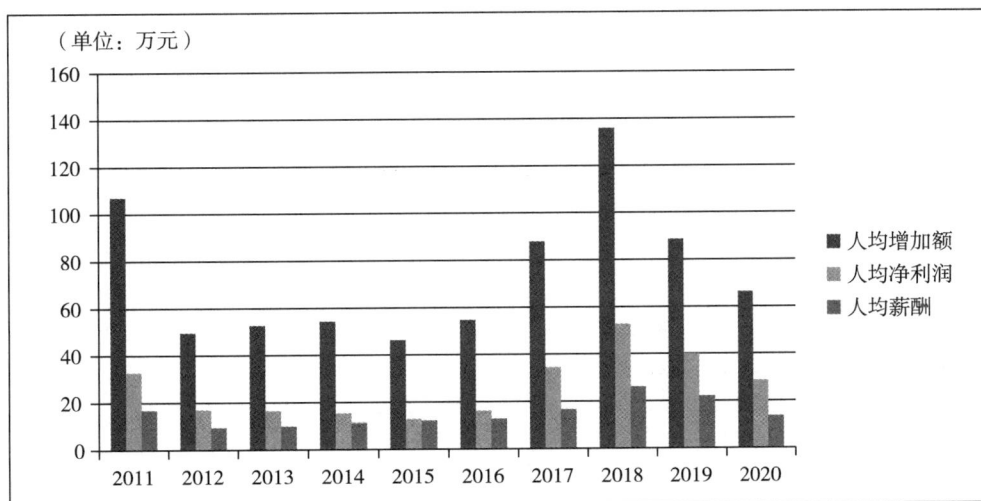

图 3 - 197　2011—2020 年综合上市公司人均价值创造情况

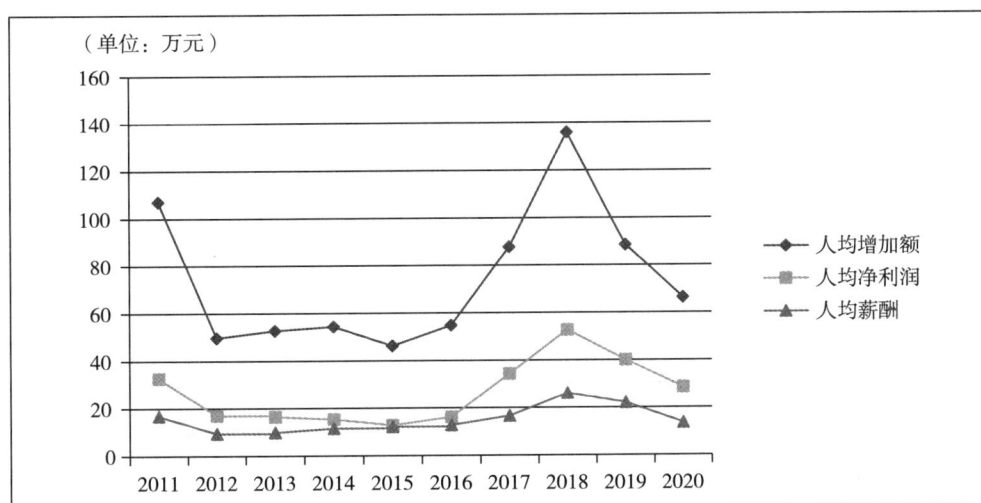

图 3 - 198　2011—2020 年综合上市公司人均价值创造情况

　　图 3 - 199、图 3 - 200 和图 3 - 201 所示的是 2011—2020 年综合上市公司生产性指标变化情况。从图中可以看出：①从综合上市公司生产性指标来看，资产增加价值率在统计期间的变化较为稳定，几乎围绕在 0.1 上下波动；②增加价值综合生产性和经营资本生产性的变化趋势基本保持一致，2011—2013 年均保持上升趋势，同时在 2013 年达到统计年间的最高值，2013—2014 年的下降趋势较为明显，而后的变化基本呈现出平稳的波动；③销售增加价值率在统计年间的趋势波动性较大，几乎每年的增减幅度大不相同，但是整体呈现出增长的趋势；④设备资本生产性在 2011—2015 年间的变化较为平稳，其中仅 2013 年出现小幅增长，其他年度均为下降趋势，设备资本生产性在 2015—2020 年间的变化较为明显、波动也较大，其中，2017 年和 2019 年为下降趋势，其余年份均为明显的上升趋势。

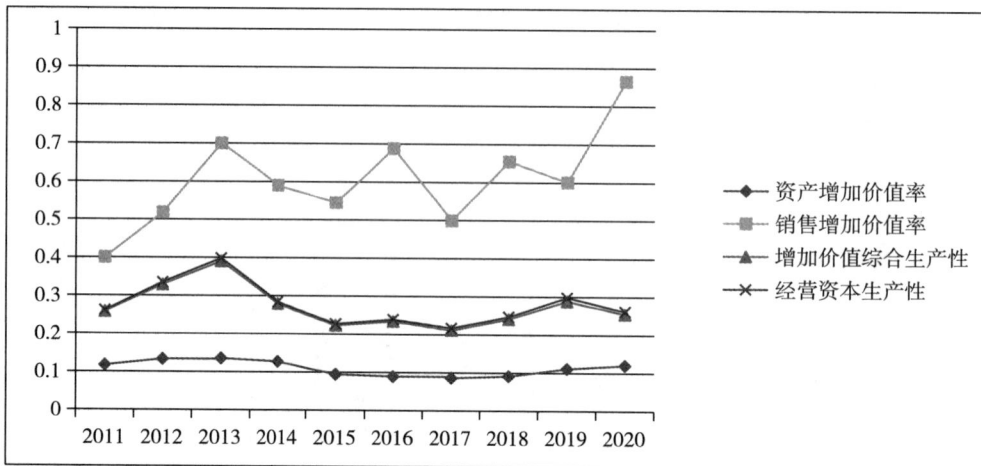

图 3 - 199　2011—2020 年综合上市公司部分生产性指标变化情况

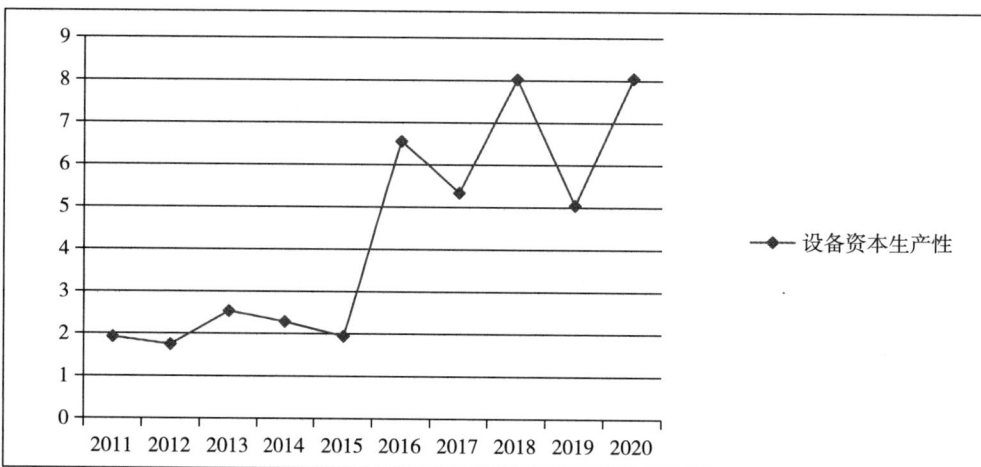

图 3 - 200　2011—2020 年综合上市公司设备资本生产性指标变化情况

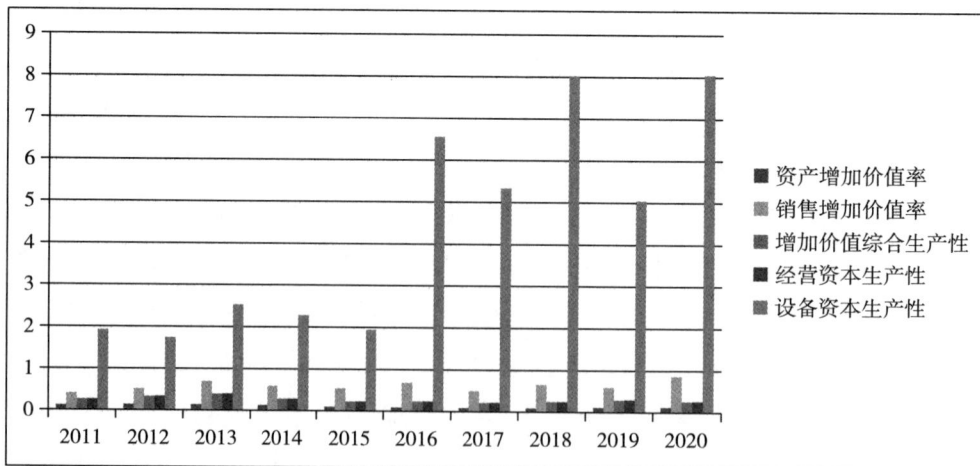

图 3 - 201　2011—2020 年综合上市公司生产性指标变化情况

3.3　各地区上市公司增加价值创造及分配情况

3.3.1　各地区上市公司增加价值创造情况

表 3-22、表 3-23 和表 3-24 所列的是 2011—2020 年各地区上市公司价值创造总额情况，图 3-202 和图 3-203 所示的是东、中、西部三个地区上市公司增加价值创造额均值的总体情况和变化趋势。从图表中可以看出：①从价值创造总额均值上看，东部地区上市公司在统计年间远远大于中部和西部地区的上市公司，中部和西部地区的上市公司价值创造总额均值相差不大，但是西部地区价值创造总额均值在 2013 年开始超过中部地区价值创造总额，并持续至 2020 年；②从增长趋势看，东、中、西三个地区增加价值总额均值变化趋势基本一致，整体呈增长趋势但是东部的增加幅度较为平缓，中部和西部的增长幅度在 2015 年之后明显高于东部，其中，中部地区上市公司的增加价值总额均值在 2019 年与东部几乎持平，西部地区上市公司的增加价值总额均值在 2017 年与东部几乎持平。

表 3-22　2011—2020 年东部地区上市公司增加价值创造的描述性统计　　（单位：百万元）

年份	中位数	均值	最小值	最大值	标准差	公司数
2011	310.08	1 918.97	2.96	657 625	18 609.75	1 374
2012	315.67	1 881.62	0.24	636 742	17 478.15	1 492
2013	355.63	2 073.91	2.17	671 168	18 166.70	1 561
2014	401.52	2 148.02	1.15	638 103	17 141.15	1 654
2015	451.92	2 157.29	2.28	501 272	13 831.96	1 773
2016	477.91	2 168.19	2.10	450 972	12 376.45	2 010
2017	491.52	2 482.27	0.03	495 666	16 395.43	2 331
2018	547.38	2 863.65	3.76	581 037	18 533.17	2 291
2019	553.52	2 914.25	6.41	579 391	17 939.09	2 420
2020	509.29	2 632.17	0.91	475 961	15 677.90	2 585
总体	454.31	2 391.90	0.03	671 168	16 656.44	19 491

表 3-23　2011—2020 年中部地区上市公司增加价值的创造描述性统计　　（单位：百万元）

年份	中位数	均值	最小值	最大值	标准差	公司数
2011	377.39	1 237.27	4.37	25 829.70	2 872.05	354
2012	403.81	1 207.03	7.17	26 010.50	2 572.54	377
2013	486.25	1 231.84	4.40	30 071.70	2 558.09	389
2014	470.75	1 236.49	4.72	34 908.80	2 631.92	409

（续表）

年份	中位数	均值	最小值	最大值	标准差	公司数
2015	536.65	1 154.18	0.24	33 588.30	2 364.24	423
2016	579.89	1 291.33	6.82	26 533.10	2 452.96	462
2017	633.09	1 584.51	2.60	34 867.90	3 228.52	495
2018	695.19	1 917.94	13.36	56 976.80	4 322.00	482
2019	676.10	2 030.88	7.81	62 264.80	4 604.07	489
2020	597.00	1 905.10	8.30	63 703.50	4 632.28	520
总体	377.39	1 237.27	4.37	25 829.70	2 872.05	354

表 3-24　2011—2020 年西部地区上市公司增加价值创造的描述性统计　　（单位：百万元）

年份	中位数	均值	最小值	最大值	标准差	公司数
2011	411.92	1 043.91	16.50	19 907.60	2 036.98	294
2012	420.57	1 096.23	4.63	28 467.50	2 469.20	311
2013	455.55	1 218.26	5.95	32 506.30	2 815.72	330
2014	471.99	1 320.98	0.12	33 691.40	2 964.57	335
2015	469.61	1 219.43	4.50	35 433.50	2 803.69	349
2016	578.37	1 388.65	2.11	42 562.60	3 133.26	381
2017	536.84	1 716.13	1.74	61 289.50	4 229.40	413
2018	710.70	2 036.44	3.17	79 692.70	5 227.47	405
2019	648.11	2 051.58	0.25	89 876.60	5 768.40	422
2020	635.85	2 058.00	2.92	100 008.00	6 136.61	414
总体	524.53	1 559.48	0.12	100 008.00	4 174.14	3 654

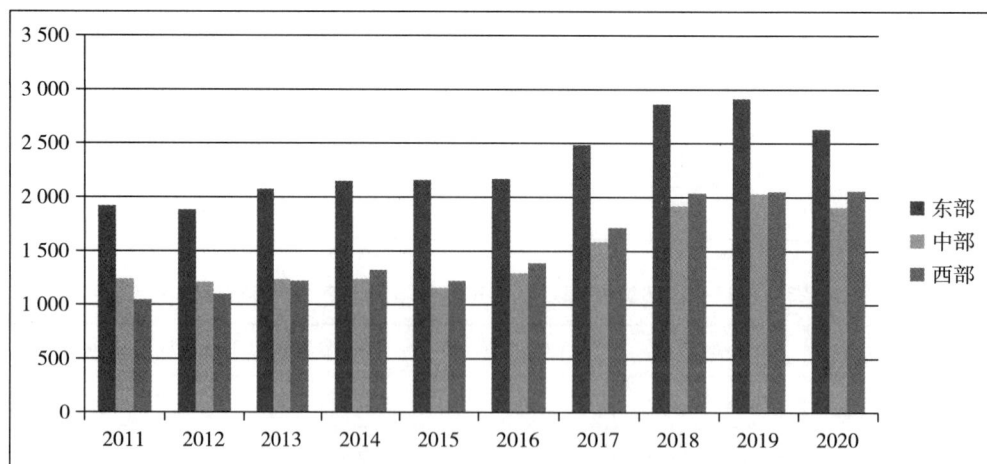

图 3-202　2011—2020 年各地区上市公司增加价值创造额均值总体情况

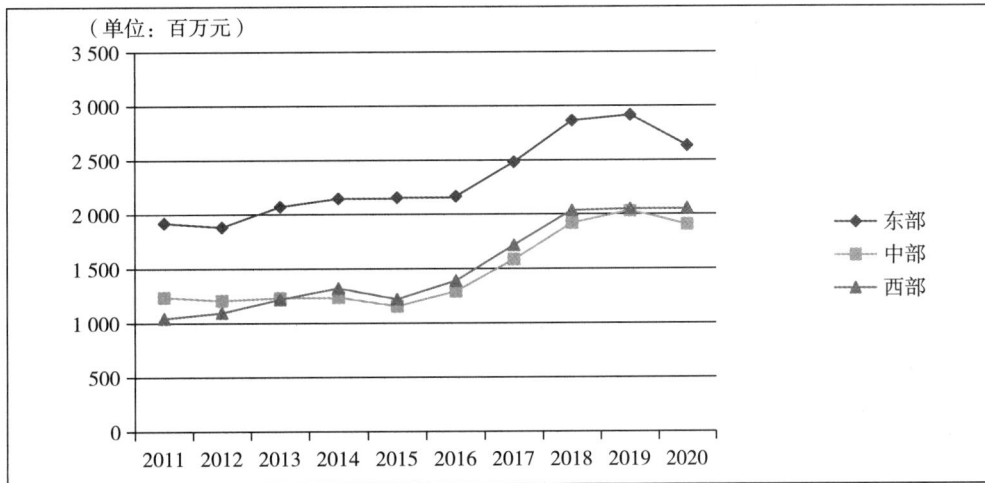

图 3 - 203　2011—2020 年各地区上市公司增加价值创造额均值趋势

3.3.2　各地区上市公司增加价值分配情况

图 3 - 204 所示的是 2011—2020 年东部地区上市公司增加价值分配均值的趋势变化。从图中可以看出：①员工所得、债权人所得、政府所得和企业留存基本呈增长趋势，其中员工所得增长趋势明显，而分配给债权人和股东的所得相对比较稳定，变化趋势平缓；②政府所得在 2011—2016 年整体保持稳定，变化幅度不大，而在 2016—2020 年出现明显变化，其中 2016—2018 年明显增长，2018—2020 年间又迅速回落。

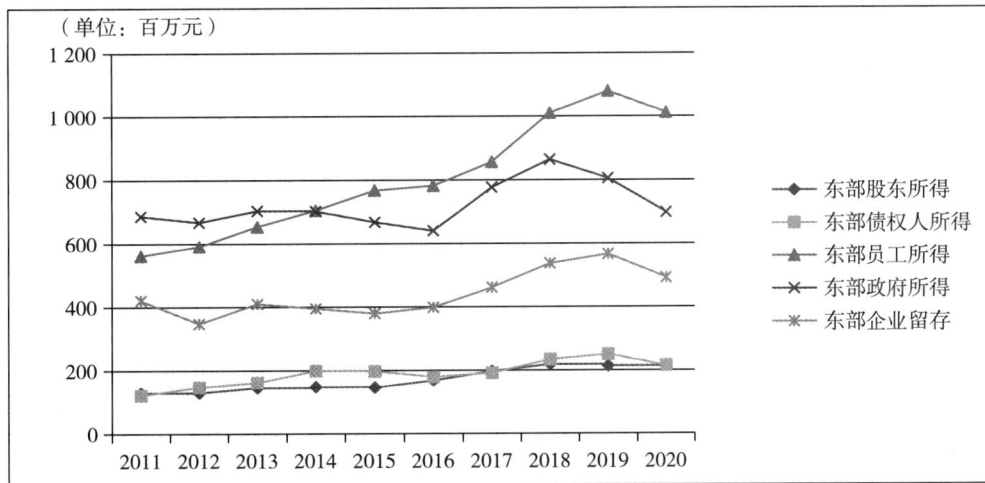

图 3 - 204　2011—2020 年东部地区上市公司增加价值分配均值趋势

图 3 - 205 所示的是 2011—2020 年中部地区上市公司增加价值分配均值的趋势变化。从图中可以看出：①员工所得、政府所得和股东所得基本呈增长趋势，其中员工所得增长趋势明显，而分配给债权人和股东的所得相对比较稳定，变化趋势平缓；②企业留存在统计年间增长总额不大，但变化幅度明显，整体呈 U 形，2011—2015 年呈下降趋势，于 2015 年降到最低值，2015—2018 年几乎呈直线上涨，2018—2020 年几乎保持稳定，仅 2020 年略有下降。

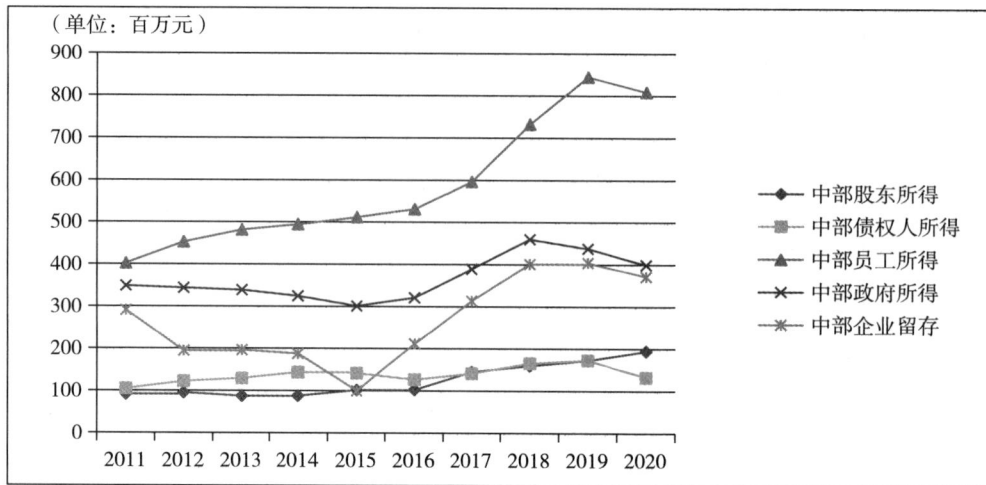

图 3-205　2011—2020 年中部地区上市公司增加价值分配均值趋势

图 3-206 所示的是 2011—2020 年西部地区上市公司增加价值分配均值的趋势变化。从图中可以看出：①员工所得、政府所得和股东所得基本呈增长趋势，其中员工所得的增长趋势明显，而分配给债权人的所得相对比较稳定，变化趋势平缓；②政府所得在 2011—2018 年保持增长状态，其中，2015—2018 年的增长幅度大于 2011—2015 年的增长幅度，2018—2020 年出现小幅回落；③股东所得在统计年间呈现增长趋势，其中 2015—2020 年的增长速度大于 2011—2015 年的增长速度；④企业留存在统计年间增长总额不大，但变化幅度明显，整体呈 U 形，2011—2015 年呈下降趋势，于 2015 年降到最低值，2015—2018 年几乎呈直线上涨，2018—2020 年保持稳定。

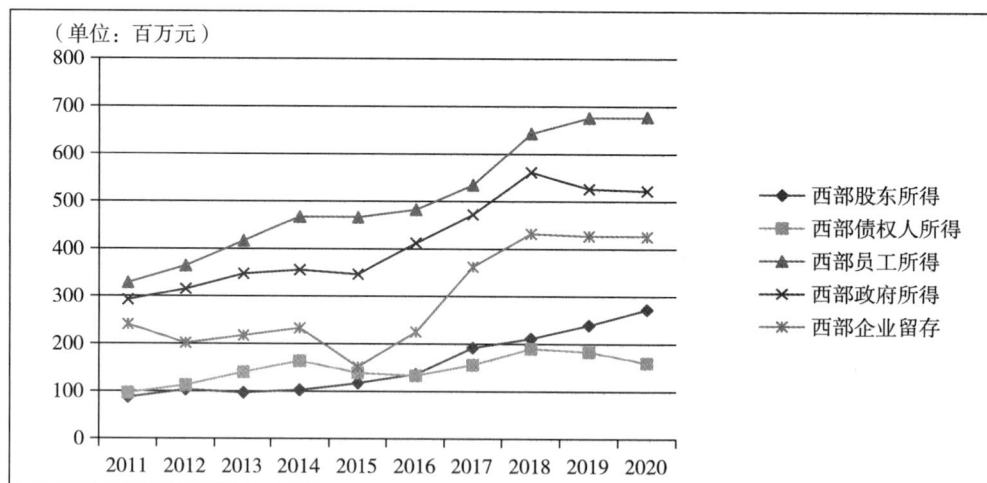

图 3-206　2011—2020 年西部地区上市公司价值分配均值趋势

图 3-207 所示的是 2011—2020 年东、中、西部地区上市公司股东所得均值的趋势变化。从图中可以看出：①东部地区上市公司股东所得额数值相对于中部和西部地区较高，在统计期间，东部地区上市公司股东所得额基本保持上升状态，上升幅度较为稳定，2019 年

出现小幅度的下降趋势；②中部地区上市公司在统计年的变化基本呈现增长状态，其中，2011—2016 年间的变化较为稳定，2016—2020 年呈现明显的增长趋势；③西部地区上市公司股东所得额基本呈现较为稳定的上升状态，并且变动幅度强于东部地区上市公司股东所得额变动比率，除去 2013 年有小幅下降外，中部地区在统计年间年呈现明显的增长趋势，其中 2016—2020 年的增长速度大于 2011—2016 年的增长速度。

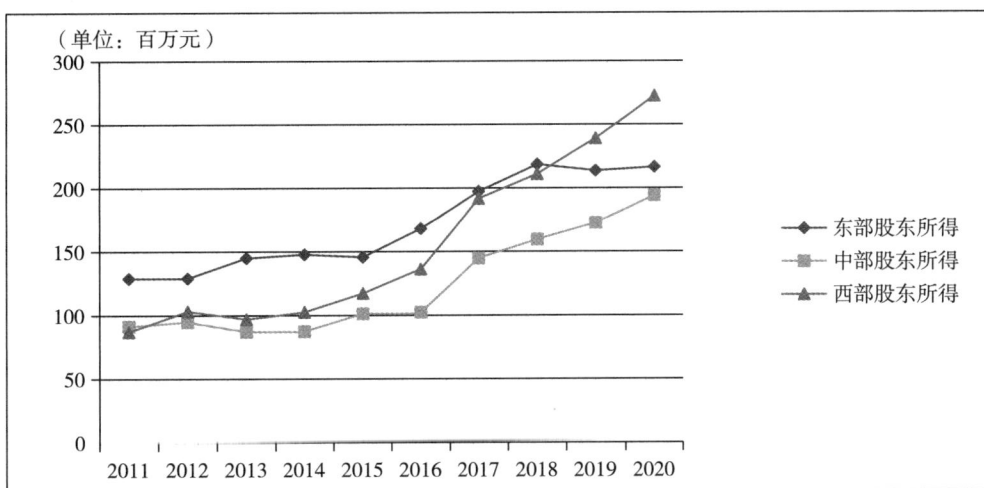

图 3-207　2011—2020 年东、中、西部地区上市公司股东所得额均值趋势

　　图 3-208 所示的是 2011—2020 年东、中、西部地区上市公司债权人所得额均值趋势变化。从图中可以看出：①东部地区上市公司的债权人所得额数值明显高于中部和西部地区，三个地区债权人所得的变化趋势大致相同，其中东部和西部债权人所得的增长幅度更为明显。②三个地区上市公司的债权人所得额在 2011—2014 年均处于增长状态，东、西部地区的增长幅度大于中部地区的；在 2014—2016 年处于下降状态，西部地区的下降幅度最为明显；东、中部地区的在 2016—2019 年呈现上升趋势，在 2020 年出现下降，而西部地区的只从 2016 年增长到 2018 年，之后两年呈下降状态。

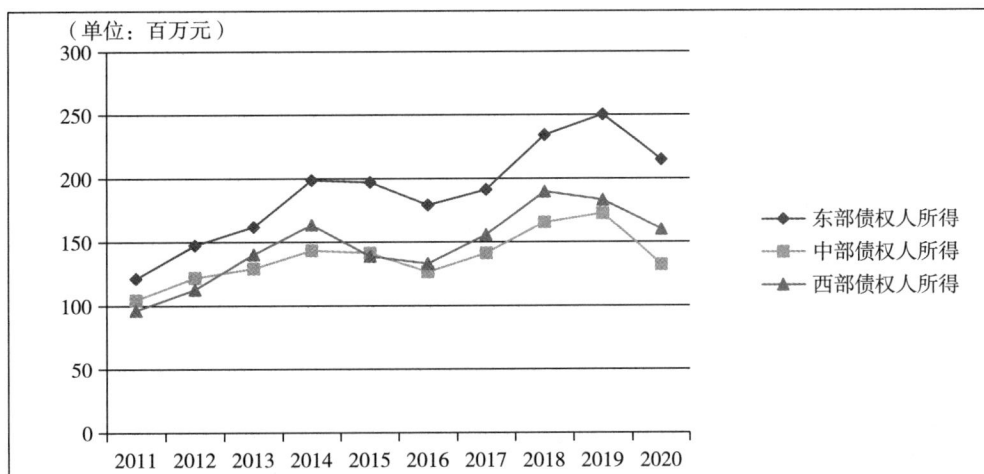

图 3-208　2011—2020 年东、中、西部地区上市公司债权人所得额均值趋势

图 3-209 所示的是 2011—2020 年东、中、西部地区上市公司员工所得额均值趋势变化。从图中可以看出：①东部地区上市公司的员工所得额数值明显高于中部和西部地区的，三个地区上市公司的员工所得额在统计年间基本呈现较为明显的增长趋势；②东、中部地区上市公司的员工所得额在 2011—2019 年保持持续增长状态，其中，2016—2019 年的增长速度大于 2011—2016 年的增长速度，二者均在 2020 年出现小幅下降；③西部地区上市公司的员工所得在统计年间保持持续的增长趋势，就变化幅度而言，2014—2016 年和 2018—2020 年的增长幅度较小。

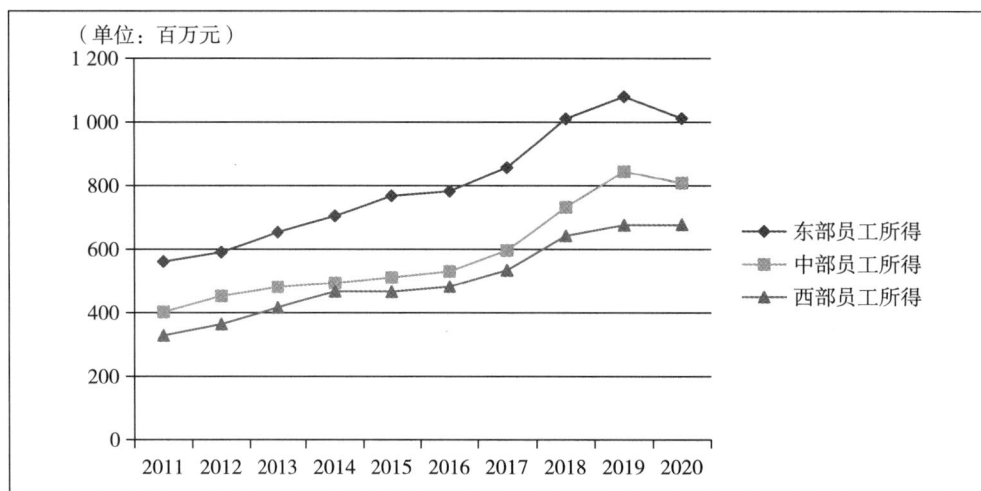

图 3-209 2011—2020 年东、中、西部地区上市公司员工所得额均值趋势

图 3-210 所示的是 2011—2020 年东、中、西部地区上市公司政府所得额均值趋势变化。从图中可以看出：①东、西部地区的政府所得额从 2012 年到 2018 年基本保持相同的增长趋势，2019 年东部地区保持增长，而西部地区出现下降；②中部地区从 2011—2015 年一直保持下降趋势，2016 年开始增长，但 2019 年开始和西部地区一样出现下降趋势，并且从 2013 年开始，中部地区的政府所得额数值低于东、西部地区；③2020 年东、中、西部三个地区的政府所得额都呈现下降趋势。

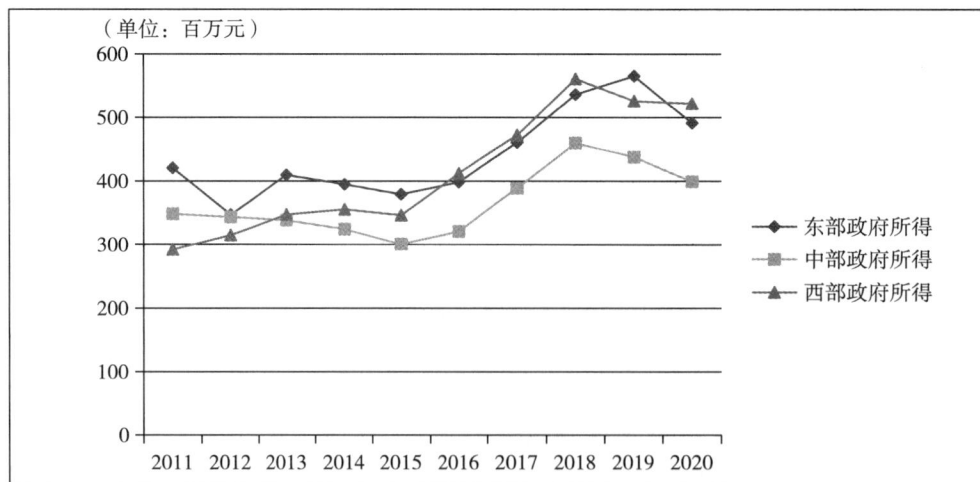

图 3-210 2011—2020 年东、中、西部地区上市公司政府所得额均值趋势

　　图 3 - 211 所示的是 2011—2020 年东、中、西部地区上市公司企业留存额均值趋势变化。从图中可以看出：①东部地区上市公司企业留存额数值整体高于中部和西部地区的，东部地区的企业留存额在 2011—2016 年基本保持稳定，变化幅度较小，相比较而言，2016—2018 年的增长幅度略大于 2018—2020 年的下降幅度。②中、西部地区上市公司企业留存额的变化幅度基本一致，其中，在 2011 年，中部地区上市公司的企业留存额高于西部地区的，但是其在 2012 年出现大幅下降，第一次出现小于西区上市公司企业留存额地区的情况；中部地区上市公司企业留存额的增长速度小于西部地区的，下降幅度又大于西部地区的，使得其一直处于西部地区上市公司企业留存额变化趋势线的下方。

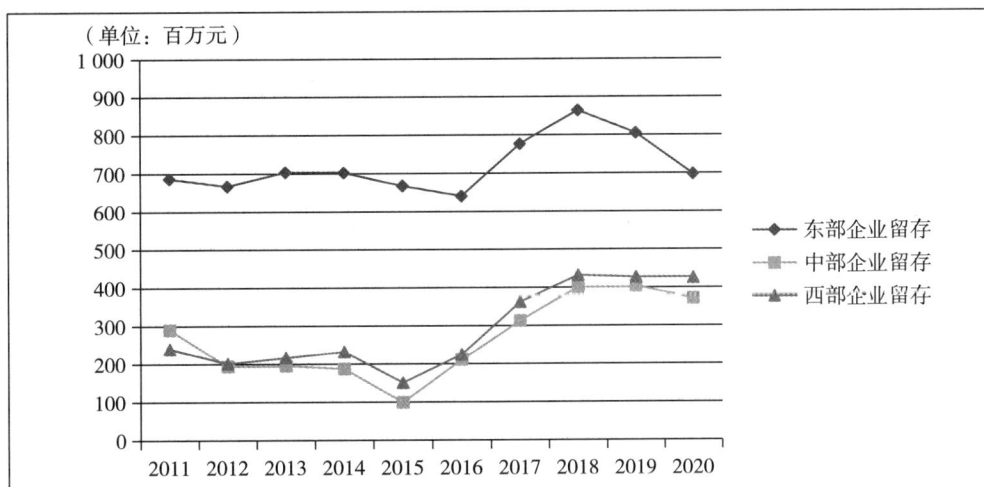

图 3 - 211　2011—2020 年东、中、西部上市公司企业留存额均值趋势

3.3.3　各地区人均价值创造情况

　　图 3 - 212 所示的是 2011—2020 年各地区上市公司人均增值额情况。从图中可以看出：①从量的角度看，2016 年之前，三个地区上市公司的人均年增加额之间没有明显的高低规律，而 2016 年之后基本呈现的状况为：西部地区≥东部地区＞中部地区，究其原因在于东部地区上市公司在增加价值总额上明显高于其他两个地区，但在员工人数上，东部地区上市公司吸纳力明确高于中部地区和西部地区；②从变化趋势看，2012 年三个地区上市公司的人均增加额均出现明显的下降，之后，东部地区的变化较为稳定，中部地区在 2012—2016 年呈倒 U 形变化，之后的变化较为平稳，西部地区在 2012—1015 年出现两年直线增长后迅速下降，之后至 2020 年呈现出倒 U 形变化。

　　图 3 - 213 所示的是 2011—2020 年各地区上市公司人均薪酬均值情况。从中可以看出：①东部地区上市公司人均薪酬基本高于中部和西部地区，主要原因在于东部地区上市公司的职工生活成本远高于中部和西部地区；②东部和西部地区上市公司的人均薪酬在统计年间的增减变化较为平稳，而中部地区 2013 年数值突然变大，很有可能是当年新就业人口的减少或员工失业率增加造成的；③与中部和西部不同，东部地区上市公司的人均薪酬基本呈增长趋势，一方面是由于员工所得额快速增长，高工资吸引更多的人去东部就业，另一方面可能

在于东部地区整体新增就业人口较少，即员工增长率低于员工所得率；④2012—2019年，东、中、西三个地区上市公司的人均薪酬整体是在上升的，一方面得益于员工所得额的增长，另一方面也从侧面反映了我国部分上市公司新增就业率速度放缓。

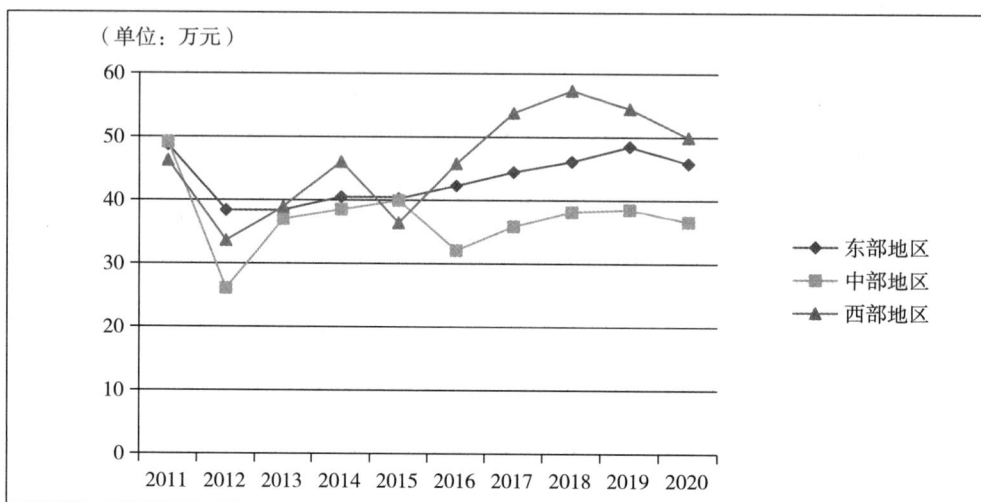

图3-212　2011—2020年各地区上市公司人均增值额均值情况

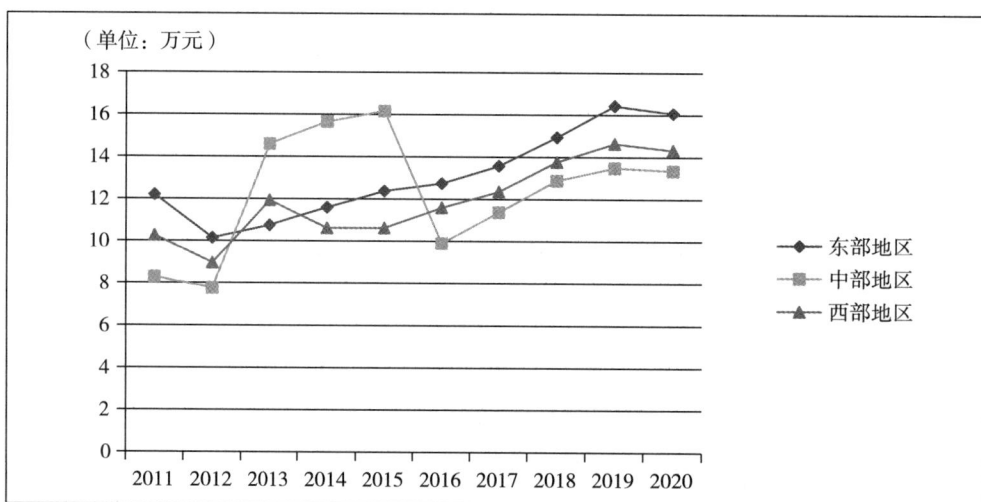

图3-213　2011—2020年各地区上市公司人均薪酬均值情况

图3-214所示的是2011—2020年各地区上市公司人均净利润均值情况。从图中可以看出：①人均净利润的变化趋势与人均增值额变化趋势相一致；②从数值上看，人均增值额大于人均净利润；③东部和中部地区上市公司人均净利润在2012年出现明显下降之后，两个地区人均净利润的增长趋势较为稳定，相对而言，西部地区的变化起伏不定，增减较为明显；④2011年，中部地区上市公司的均净利润高出东部地区近两倍，原因在于东部地区上市公司受到2008年国际经济危机的波及更大，其净利润创造能力相对被削弱较大，而增值额中不仅包含净利润的影响，而且还要受到员工、政府等其他利益相关者的影响，即反映的信息比净利润要多。

（单位：万元）

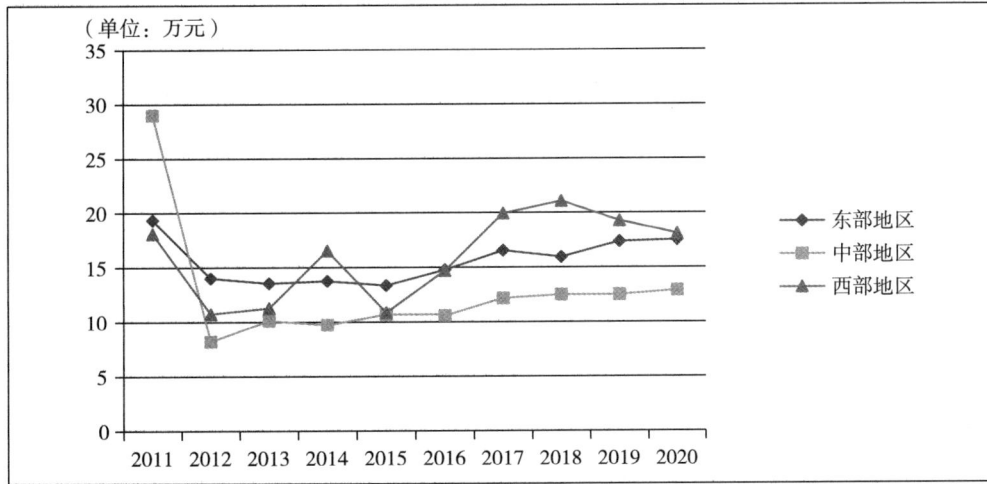

图 3-214　2011—2020 年各地区上市公司人均净利润均值情况

3.3.4　各地区生产性指标

图 3-215 所示的是 2011—2020 年各地区上市公司资产增加价值率均值情况。资产增加价值率反映的是总资产的增加价值创造效率，即每年每单位资产创造的增加价值情况，该指标消除了规模效应对增加价值创造的影响。从图中可以看出：①从绝对值上看，2011—2012年资产增加价值率平均值从大到小排序为中部地区、西部地区、东部地区，而 2012 年之后资产增加价值率平均值从大到小排序为东部地区、中部地区、西部地区；②从内部变化差异看，即资产增加价值率的方差值从大到小排序为东部地区、西部地区、中部地区，可见中部地区总资产价值创造效率相对比较稳定，差异性较小；③从变化趋势看，三个地区资产的价值创造效率趋势基本一致，东部地区略有不同，东部地区的增减变化较为平缓，而中、西部地区的变化较为明显，二者在 2011—2015 年的下降幅度较大，在 2015—2018 年呈现明显的上升趋势，之后又开始下降。

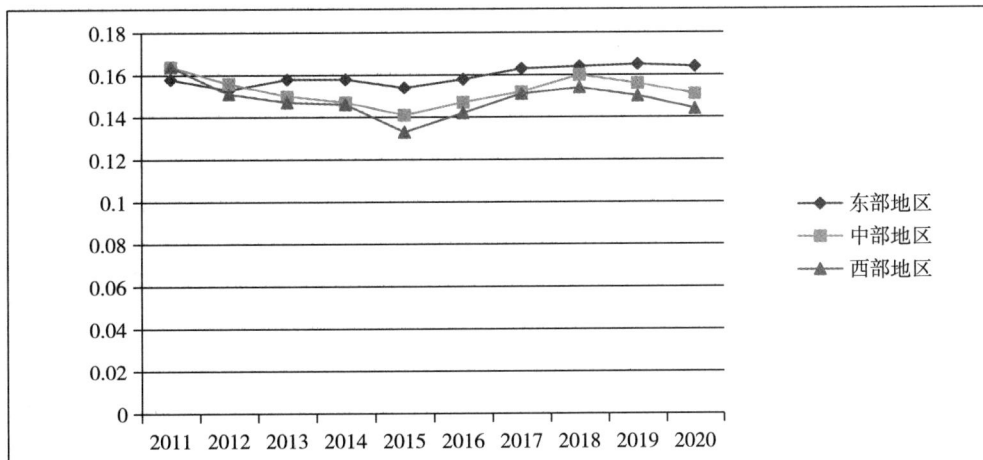

图 3-215　2011—2020 年各地区上市公司资产增加价值率均值情况

图 3-216 所示的是 2011—2020 年各地区上市公司销售增加价值率均值情况。销售增加价值率反映的是每年每单位销售收入创造的增加价值情况，可以被看作企业与消费者共创价值效率均值情况。从图中可以看：①从数值看，西部地区销售增加价值率略高于东部地区和中部地区，说明西部地区通过销售商品创造的价值率更高；②从趋势看，东部和中部地区的销售增加价值率均呈较为平缓的变化趋势，西部地区的变化起伏不定，但整体呈上升状态，反映出上市公司与消费者能够创造出更多的价值。

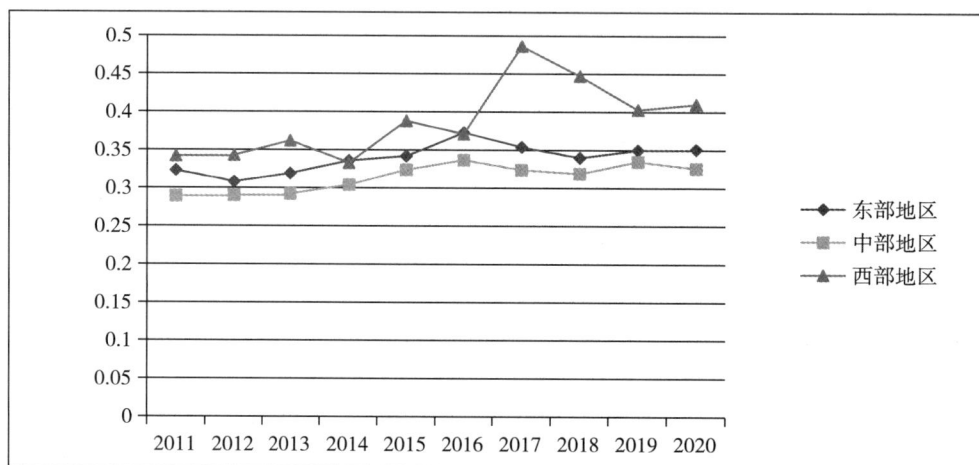

图 3-216　2011—2020 年各地区上市公司销售增加价值率均值情况

图 3-217 所示的是 2011—2020 年各地区上市公司增加价值综合生产性均值情况。从图中可以看出：①在数值上，增加价值综合生产性数值从大到小排序为西部地区、中部地区、东部地区，反映出西部地区上市公司每年每单位劳动和资本的投入可以创造出更多的增加价值，全要素价值创造效率西部地区更好，究其原因在于西部地区和中部地区产业和上市公司发展相比东部地区劳动成本低；②从变化趋势看，东、中部地区的变化较为平稳，但是中部地区的变化幅度较东部地区更为明显，西部地区在 2011—2015 年和 2018—2020 年呈下降趋势，2015—2018 年呈较为稳定的增长趋势。

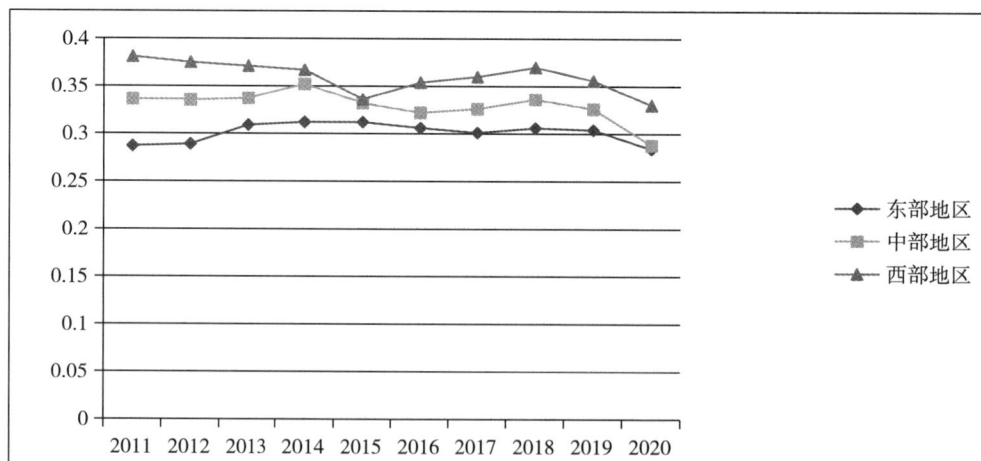

图 3-217　2011—2020 年各地区上市公司增加价值综合生产性均值情况

图 3-218 所示的是 2011—2020 年各地区上市公司经营资本生产性均值情况，而经营资本生产性反映的是经营资本（流动资产）创造增加价值的效率，即每年每单位流动资产创造增加价值的情况。从图中可以看出：①从数值看，西部地区上市公司每年每单位经营资本创造增加价值的效率普遍高于中部地区，而中部地区上市公司每年每单位经营资本价值创造率均高于东部地区；②从变化趋势看，东、中部地区上市公司经营资本生产性的变化较为平稳，但是中部地区的变化幅度较东部更为明显，西部地区在 2011—2015 年和 2018—2020 年呈下降趋势，2015—2018 年呈较为稳定的增长趋势。

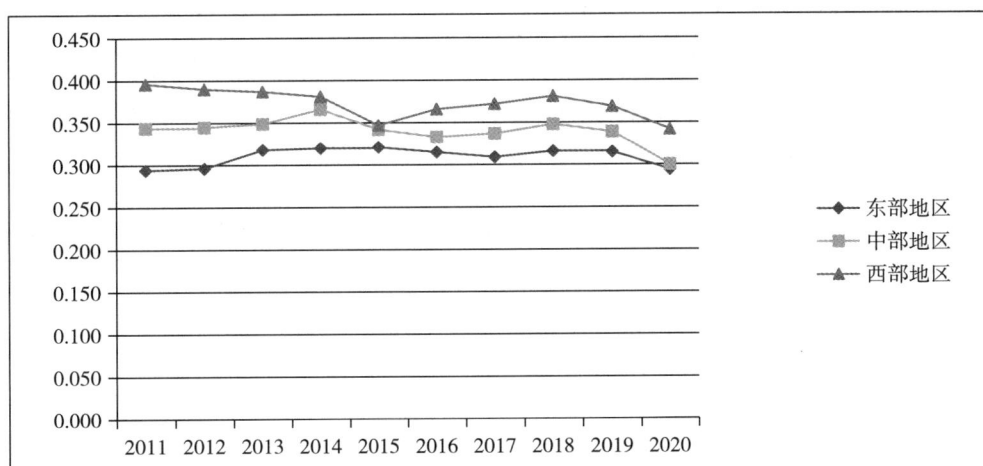

图 3-218　2011—2020 年各地区上市公司经营资本生产性均值情况

图 3-219 所示的是 2011—2020 年各地区上市公司设备资本生产性均值情况。设备资本生产性反映的是固定资产（设备资产）创造增加价值的效率，即每年每单位固定资产（设备资产）创造增加价值的情况。从图中可以看出：①从数值看，东部地区上市公司每年每单位设备资本创造增加价值的效率普遍高于中部地区和西部地区，中部地区与西部地区较为接近；②从变化趋势看，东部地区在统计年间基本表现为明显的增长趋势，中部地区在 2014—2018 年呈较为明显的增长趋势，其余年间均为下降状态，其中 2011—2014 年的下降趋势相对于 2018—2020 年降幅较小。

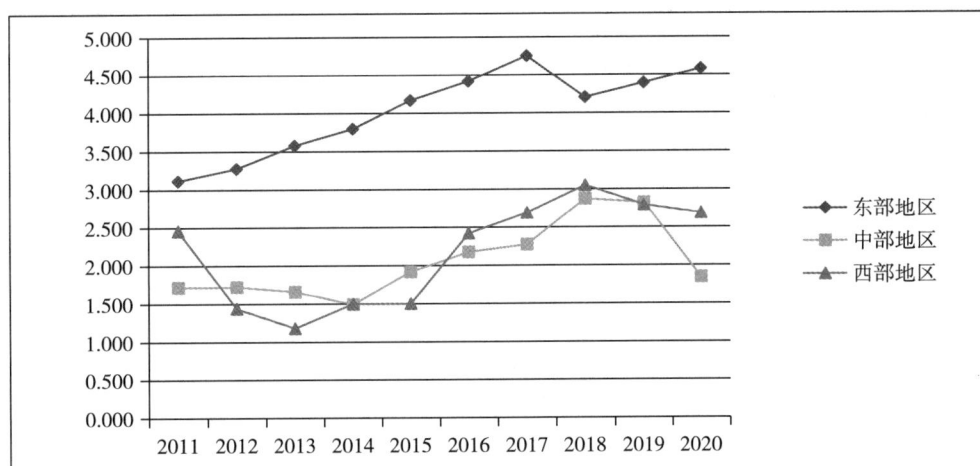

图 3-219　2011—2020 年各地区上市公司设备资本生产性均值情况

3.4 不同企业性质上市公司增加价值创造及分配现状

3.4.1 不同企业性质上市公司增加价值创造情况

表 3-25、表 3-26、和表 3-27 分别为民营企业、国有企业和央企增加价值描述性统计结果，图 3-220 所示的是 2011—2020 年不同性质上市公司价值创造总额均值情况。从图表中可以看出：①从上市公司价值创造总量上看，央企远远大于国企和民营企业，同时国企增加价值创造总量大于民营且差距在不断扩大；②从增长趋势看，三个性质增加价值总额变化趋势基本一致，整体呈增长趋势，但央企波动幅度要明显高于国企和民企。

表 3-25　2011—2020 年民营企业上市公司增加价值创造的描述性统计　　（单位：百万元）

年份	中位数	均值	最小值	最大值	标准差	公司数
2011	225.47	519.58	4.37	18 320.60	1 173.68	1 144
2012	233.79	538.84	0.24	15 213.80	1 124.71	1 283
2013	265.56	620.42	2.17	20 429.70	1 368.94	1 362
2014	310.89	706.37	1.15	29 543.30	1 590.84	1 471
2015	338.91	776.85	0.24	27 129.80	1 721.35	1 637
2016	383.04	905.26	2.10	33 267.90	2 054.99	1 901
2017	407.76	1 011.96	0.03	51 254.70	2 423.31	2 253
2018	436.69	1 183.52	3.76	55 969.60	3 072.12	2 178
2019	442.41	1 246.71	6.41	63 503.80	3 400.22	2 280
2020	417.61	1 171.79	0.91	60 385.60	3 116.10	2 463
总体	356.15	931.93	0.03	63 503.80	2 446.06	17 972

表 3-26　2011—2020 年国有企业上市公司增加价值创造的描述性统计　　（单位：百万元）

年份	中位数	均值	最小值	最大值	标准差	公司数
2011	601.68	1 880.32	2.96	82 616.60	4 774.12	675
2012	601.55	1 922.02	8.53	79 187.90	4 758.87	690
2013	674.49	2 017.46	2.83	75 812.30	4 792.78	704
2014	745.45	2 145.09	0.12	79 249.10	5 225.59	701
2015	740.94	2 193.11	4.50	86 974.60	5 574.32	672
2016	832.31	2 483.01	2.11	110 593.00	6 737.64	697
2017	957.24	3 056.49	7.75	119 962.00	8 242.30	720

（续表）

年份	中位数	均值	最小值	最大值	标准差	公司数
2018	1 140.38	3 609.00	3.17	140 356.00	9 785.36	733
2019	1 138.37	3 611.71	0.25	155 286.00	9 970.52	785
2020	954.44	3 381.01	2.92	155 960.00	9 725.52	803
总体	816.07	2 662.96	0.12	155 960.00	7 415.21	7 180

表 3 - 27 2011—2020 年央企上市公司增加价值创造的描述性统计 （单位：百万元）

年份	中位数	均值	最小值	最大值	标准差	公司数
2011	792.81	7 477.62	18.83	657 625	47 437.73	203
2012	844.75	7 661.00	30.41	636 742	45 887.54	207
2013	1 001.62	8 660.17	7.69	671 168	47 946.01	214
2014	1 107.89	8 665.03	12.67	638 103	45 044.32	226
2015	1 219.14	8 445.84	20.65	501 272	36 126.31	236
2016	1 389.33	7 969.28	9.87	450 972	32 209.99	255
2017	1 437.62	10 521.21	54.66	495 666	45 768.87	266
2018	1 612.63	11 560.70	21.86	581 037	50 927.86	267
2019	1 802.62	12 156.59	43.30	579 391	50 273.89	266
2020	1 785.96	12 180.54	5.29	475 961	46 307.93	250
总体	1 325.83	9 667.31	5.29	671 168	45 109.12	2 390

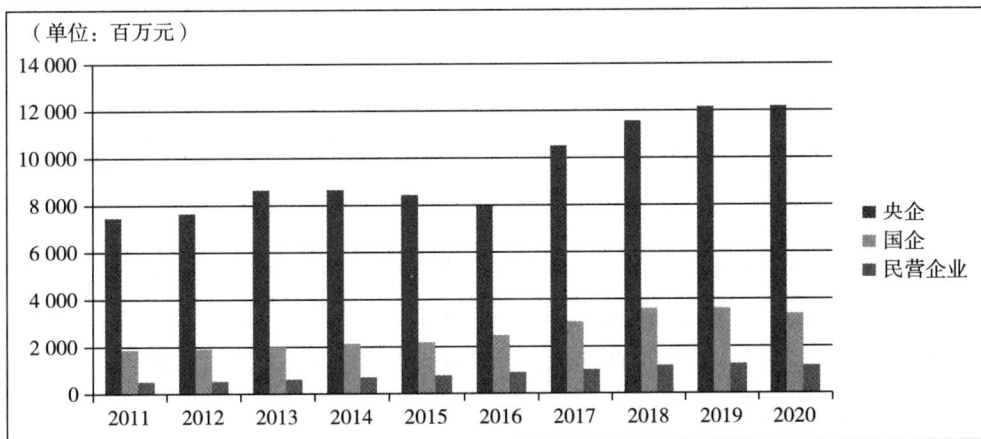

图 3 - 220 2011—2020 年不同企业性质上市公司价值创造总额均值情况

　　图 3 - 221 所示的是 2011—2020 年各企业性质上市公司员工所得总额均值情况。从图中可以看出：①从员工所得绝对额上看，每年均表现为央企＞国企＞民营企业；②从趋势看，三个企业性质的员工所得基本呈线性增长趋势，但也有个别年份出现了下降趋势。

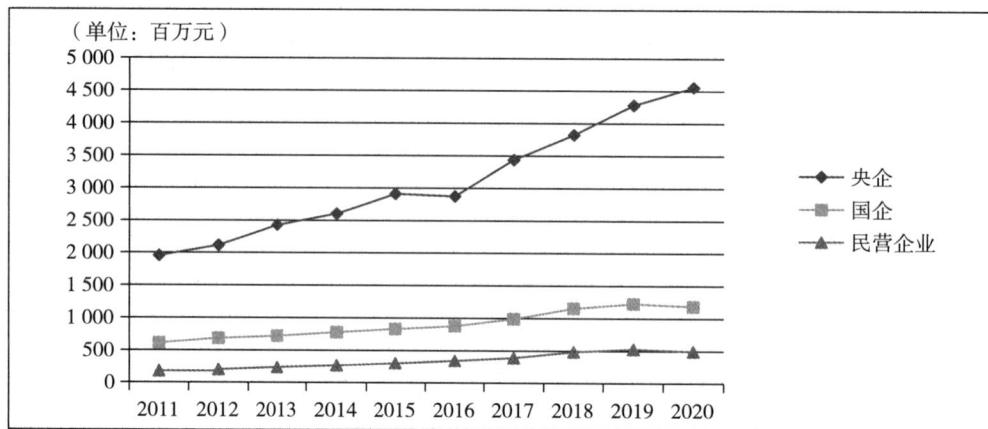

图 3-221　2011—2020 年各企业性质上市公司员工所得总额均值情况

3.4.2　不同企业性质上市公司增加价值分配情况

图 3-222 所示的是 2011—2020 年各企业性质上市公司股东所得总额均值情况。从图中可以看出：①从数值上看，央企上市公司股东所得明显较高，而国企上市公司股东所得也明显高于民营企业上市公司股东所得；②从趋势看，三个企业性质上市公司的股东所得基本呈增长趋势，但在个别年份也会出现回落，这与上市公司股东分红政策不同有关；③相对于国企和民营企业性质上市公司，央企性质上市公司的波动性相对较大。

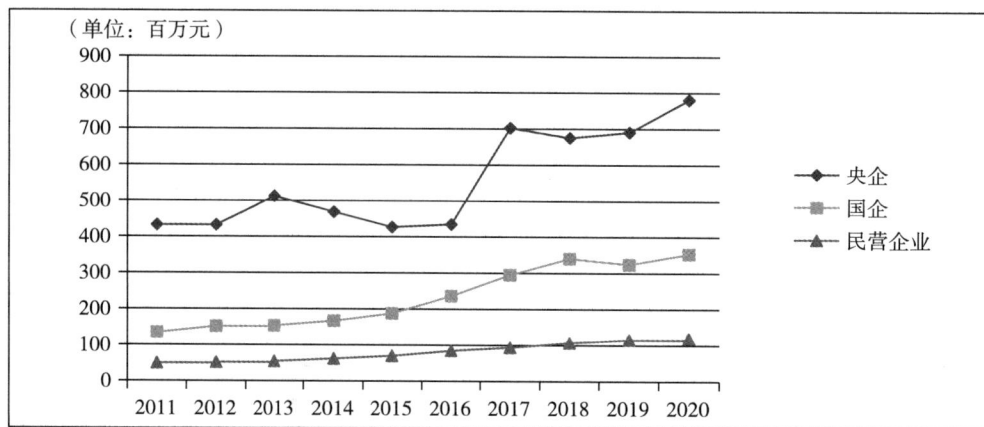

图 3-222　2011—2020 年各企业性质上市公司股东所得总额均值情况

图 3-223 所示的是 2011—2020 年各企业性质上市公司债权人所得总额均值情况。从图中可以看出：①从数值上看，央企性质上市公司债权人所得明显高于国企和民营企业性质上市公司，而国企性质上市公司普遍略高于民营企业性质上市公司；②从趋势看，三个企业性质上市公司的债权人所得基本呈增长趋势。

图 3-224 所示的是 2011—2020 年各企业性质上市公司企业留存总额均值情况。从图中可以看出：①从数值上看，央企性质上市公司留存高于国企性质上市公司和民营企业性质上市公司，而国企性质上市公司普遍略高于民营企业性质上市公司；②从趋势看，央企性质上市公司的企业留存基本呈波浪式上升趋势，即在个别年份也出现了回落，这与当年的整体宏观经济环境有关，国企性质上市公司的企业留存波动幅度相对较小，民营企业性质上市公司的企业留存稳步增长。

（单位：百万元）

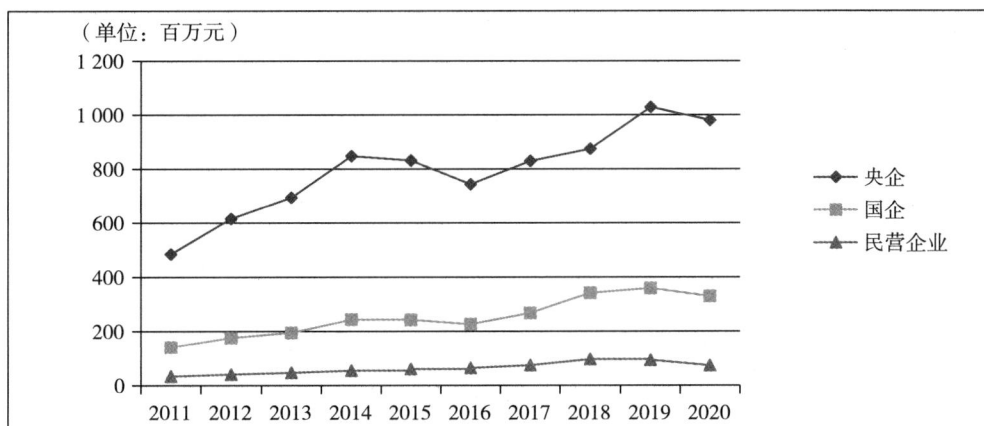

图 3 - 223　2011—2020 各企业性质上市公司债权人所得总额均值情况

（单位：百万元）

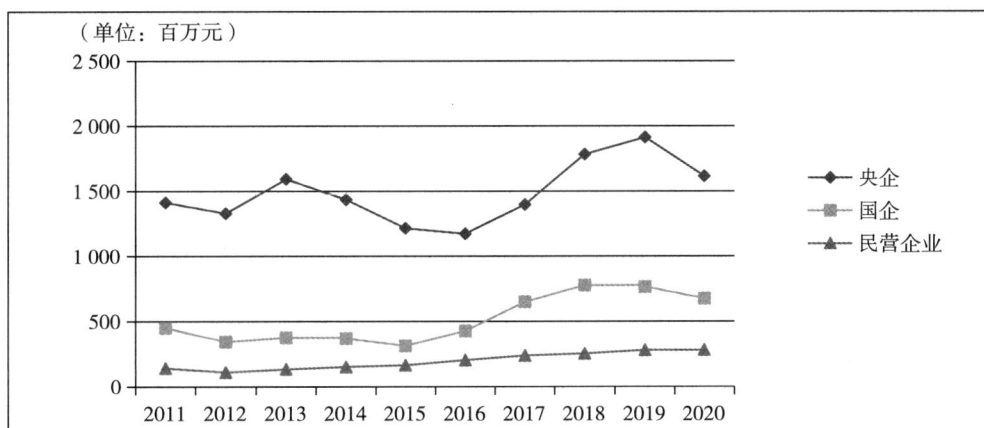

图 3 - 224　2011—2020 年各企业性质上市公司企业留存总额均值情况

图 3 - 225 所示的是 2011—2020 年各企业性质上市公司政府所得总额均值情况。从图中可以看出：①从数值上看，央企性质上市公司政府所得高于国企性质上市公司和民营企业性质上市公司，而国企性质上市公司普遍高于民营企业性质上市公司，可见国家控股企业性质的上市公司在纳税绝对额上占较大比例；②从趋势看，三个企业性质上市公司的政府所得基本呈增长趋势，但在个别年份也会出现回落，这与经济波动后政府税收返还有关。

（单位：百万元）

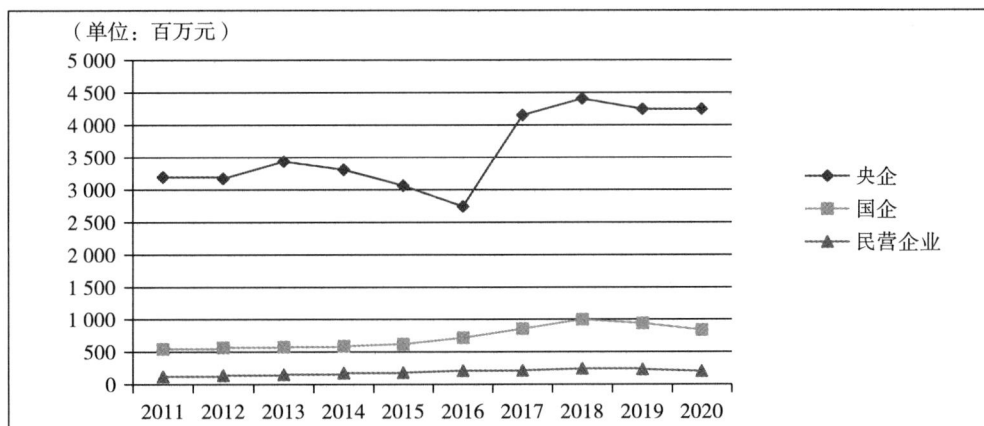

图 3 - 225　2011—2020 年各企业性质上市公司政府所得总额均值情况

3.4.3 不同企业性质上市公司人均增加价值创造情况

图 3 - 226 所示的是 2011—2020 年各企业性质上市公司人均增值额均值情况。从图中可以看出：①从量的角度看，除 2013—2015 年，央企性质上市公司的人均增值额高于国企性质上市公司，其余年份各企业性质上市公司的人均增值额从大到小排序为国企、央企、民企，究其原因在于央企性质上市公司在增加价值总额上明显高于其他两类性质企业的，在员工人数上，央企性质上市公司吸纳力明确高于国企性质上市公司和民企性质上市公司；②从变化趋势看，央企性质上市公司的波动性最大，国企及民营企业性质上市公司的人均增值额变化趋势基本一致，基本呈现先下降再上升的趋势。

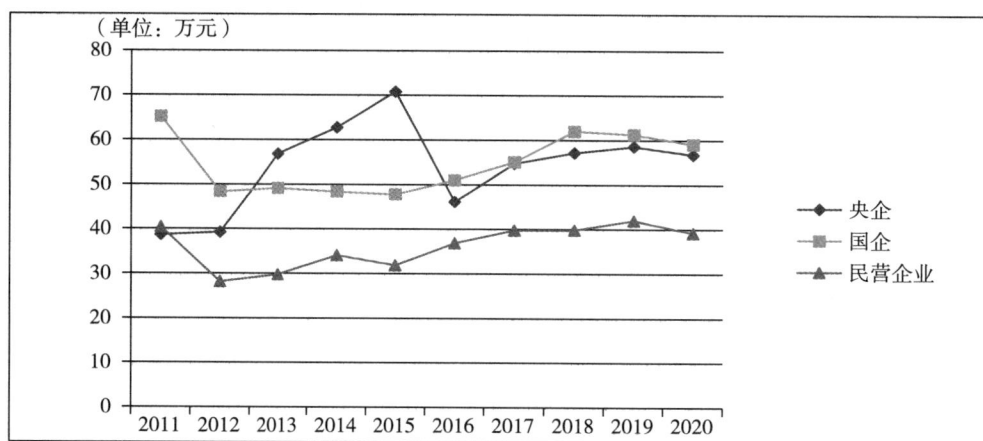

图 3 - 226　2011—2020 年各企业性质上市公司人均增值额均值情况

图 3 - 227 所示的是 2011—2020 年各企业性质上市公司人均薪酬均值情况。从图中可以看出：①央企性质上市公司和国企性质上市公司的人均薪酬整体要高于民营企业性质上市公司的；②除 2011 年外，央企性质上市公司的人均薪酬要高于国企性质上市公司；③国企性质上市公司和民营企业性质上市公司的人均薪酬的变化趋势基本一致，央企性质上市公司的变化趋势最大；④2012 年之后，国企性质上市公司和民营企业性质上市公司的人均薪酬整体是在上升的，一方面得益于员工所得额的增长，另一方面也从侧面反映了部分上市公司新增就业速度放缓，2016 年，央企性质上市公司人均薪酬迅速下降，但在 2017 年又有所回升。

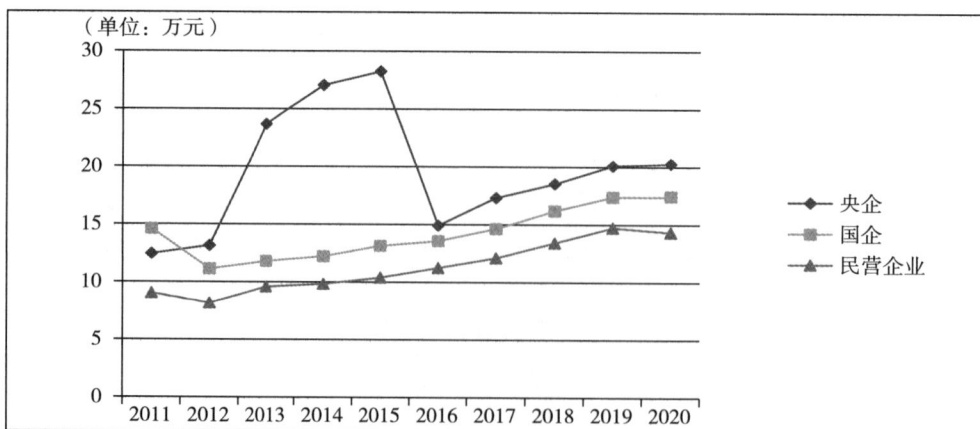

图 3 - 227　2011—2020 年各企业性质上市公司人均薪酬均值情况

图 3-228 所示的是 2011—2020 年各企业性质上市公司人均净利润均值情况。从图中可以看出：①人均净利润的变化趋势与人均增值额变化趋势较为相似；②从数值上看，人均增值额大于人均净利润。

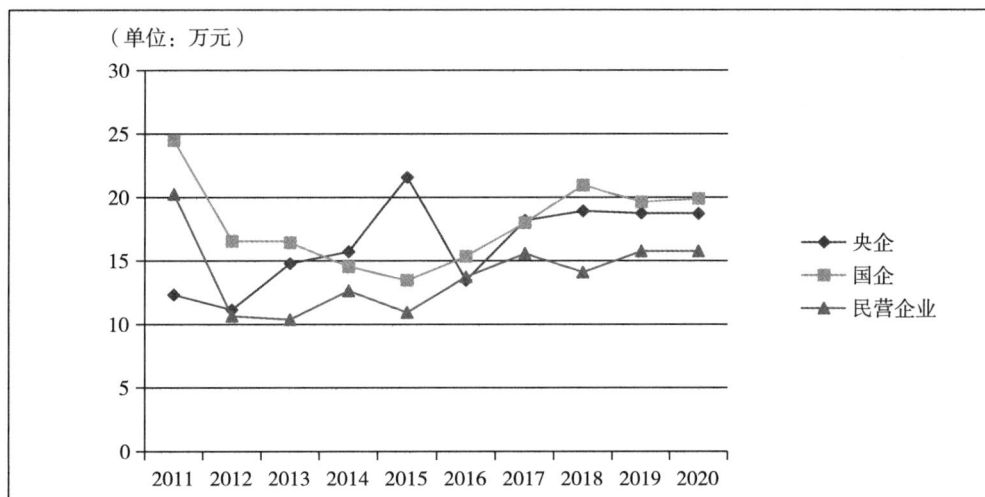

图 3-228　2011—2020 年各企业性质上市公司人均净利润均值情况

3.4.4　不同企业性质上市公司生产性指标

图 3-229 所示的是 2011—2020 年各企业性质上市公司资产增加价值率均值情况。从图中可以看出：①从绝对值上看，2011 年资产增加价值率从大到小排序为国企性质上市公司、民企性质上市公司、央企性质上市公司，2012—2013 年资产增加价值率从大到小排序为民企性质上市公司、国企性质上市公司、央企性质上市公司，2013—2020 年资产增加价值率从大到小排序为民企性质上市公司、央企性质上市公司、国企性质上市公司；②从内部变化差异看，即资产增加价值率的方差值从大到小排序为国企性质上市公司、央企性质上市公司、民企性质上市公司，可见民企性质上市公司总资产价值创造效率相对比较稳定，差异性较小；③从变化趋势看，三个企业性质上市公司资产的价值创造效率趋势基本一致，民营企业性质上市公司略有不同。

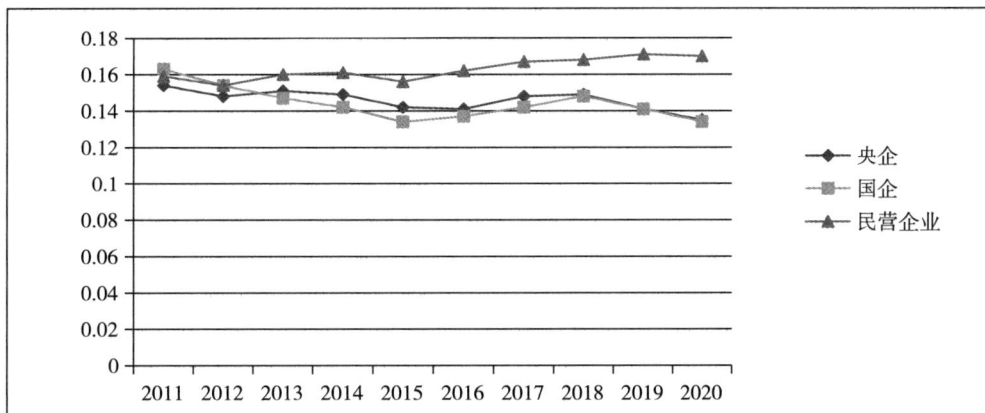

图 3-229　2011—2020 年各企业性质上市公司资产增加价值率均值情况

图 3-230 所示的是 2011—2020 年各企业性质上市公司销售增加价值率均值情况。从图中可以看出：①2011—2015 年，民企性质上市公司销售增加价值率略高于国企性质上市公司，而国企性质上市公司基本均位于央企性质上市公司之上，说明在这些年份民企性质上市公司通过销售商品创造的价值率更高；②2016—2020 年，央企性质上市公司的增值率远高于国企性质上市公司和民营企业性质上市公司；③从趋势看，三个企业性质上市公司的销售增加价值率整体呈增长趋势，反映出上市公司与消费者能够创造出更多的价值，但中间年份也出现了不同幅度的波动。

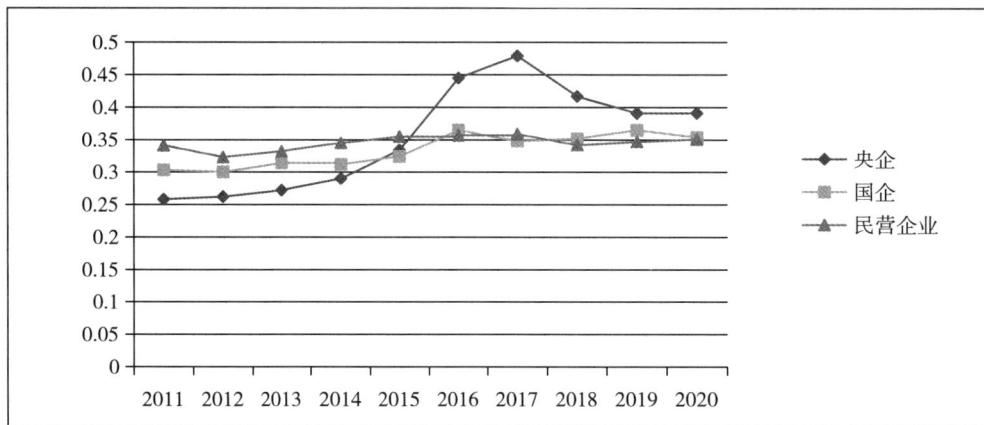

图 3-230　2011—2020 年各企业性质上市公司销售增加价值率均值情况

图 3-231 所示的是 2011—2020 年各企业性质上市公司增加价值综合生产性均值情况。从图中可以看出：央企性质上市公司和国企性质上市公司增加价值综合生产性自 2011—2020 年基本呈现轻微下降趋势，而民营企业在这期间呈现小幅度上升态势。

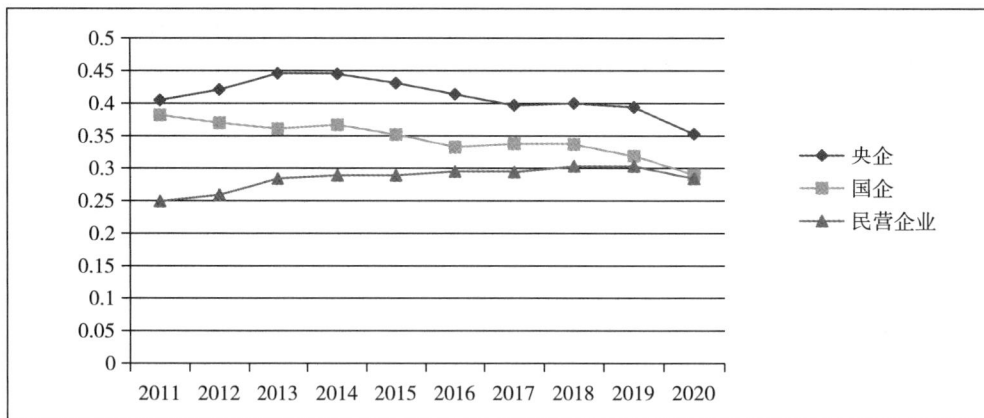

图 3-231　2011—2020 年各企业性质上市公司增加价值综合生产性均值情况

图 3-232 所示的是 2011—2020 年各企业性质上市公司经营资本生产性均值情况。从图中可以看出：①从数值看，央企性质上市公司每年每单位经营资本创造增加价值的效率高于国企性质上市公司，而央企性质上市公司和国企性质上市公司每年每单位经营资本价值创造率均高于民企性质上市公司；②从变化趋势看，2011—2020 年，央企性质上市公司和国企性质上市公司基本呈现缓慢下降趋势，民企性质上市公司呈现缓慢上升趋势。

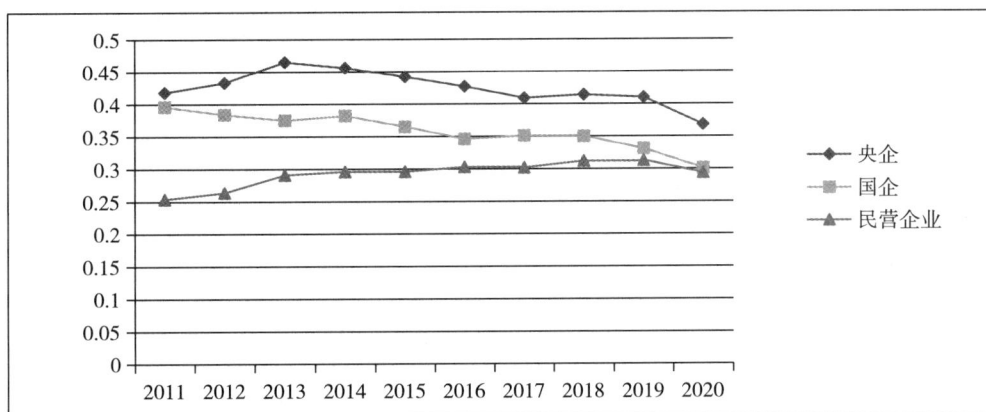

图 3 - 232　2011—2020 年各企业性质上市公司经营资本生产性均值情况

图 3 - 233 所示的是 2011—2020 年各企业性质上市公司设备资本生产性均值情况。从图中可以看出：①从数值看，央企性质上市公司每年每单位设备资本创造增加价值的效率普遍低于国企性质上市公司和民营性质上市公司；②从变化趋势看，民营企业性质上市公司呈上升趋势，央企性质上市公司及国企性质上市公司设备资产生产性波动性强。

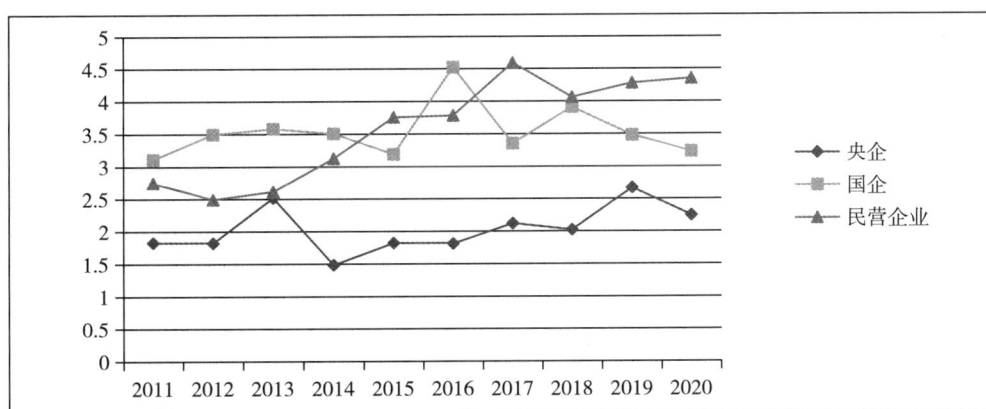

图 3 - 233　2011—2020 年各企业性质上市公司设备资本生产性情况

3.5　创业板上市公司增加价值创造及分配现状

3.5.1　创业板上市公司增加价值创造情况

表 3 - 28 所列的是 2011—2020 年创业板上市公司增加价值创造的描述性统计数值。图 3 - 234所列的是 2011—2020 年创业板上市公司价值创造总额均值情况，从图中可以看出：①2011—2020 年，创业板上市公司增加价值总额呈上升趋势，由 2011 的约 17 亿元，上升到 2020 年的约 63 亿元，年均长约 27%；②2017—2020 年，创业板上市公司的增加价值创造额处于均值以上，其他年度的增加价值创造平均值均处于统计年间增加价值均值以下。

表 3 - 28 2011—2020 创业板上市公司增加价值创造的描述性统计 　　　　（单位：百万元）

年份	中位数	均值	最小值	最大值	标准差	公司数
2011	128.77	167.20	25.45	806.23	124.90	272
2012	138.54	186.33	5.38	959.29	153.53	330
2013	150.87	216.28	5.95	1 369.67	202.83	356
2014	189.28	273.19	2.00	1 996.80	266.81	397
2015	213.50	355.51	10.44	11 010.60	646.49	474
2016	242.23	415.77	2.67	18 161.30	870.81	585
2017	262.16	450.12	4.55	12 763.50	713.57	694
2018	290.90	531.94	11.30	10 361.70	836.16	674
2019	327.95	588.99	20.84	21 686.60	1 187.18	710
2020	311.03	631.78	0.91	18 145.40	1 368.21	837
总体	232.82	435.74	0.91	21 686.60	888.84	5 329

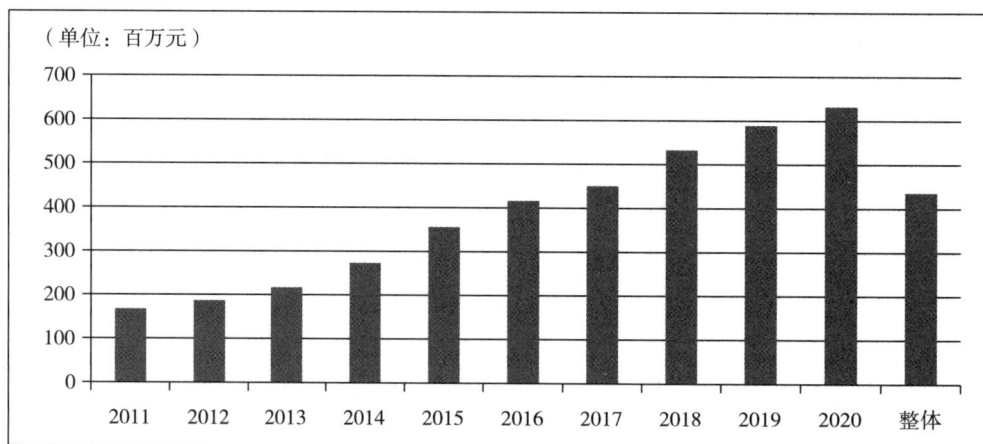

图 3 - 234　2011—2020 年创业板上市公司价值创造总额情况

3.5.2　创业板上市公司增加价值分配情况

图 3 - 235、图 3 - 236 所示的是 2011—2020 年创业板上市公司增加价值分配均值情况。从图中可以看出：①各利益相关者所得在每年的结构构成基本相同；②从所得额看，创业板上市公司分配给员工、企业留存和政府的价值额占多数，股东和债权人所得额相对较少；③从创业板上市公司增加价值的趋势上看，员工所得不仅在增加价

值分配比率中占比最大，上升幅度也最明显；④企业留存的上升幅度也较为迅速，政府所得和债权人所得在近几年占比也有所上升，相比较而言，股东所得的变化较为平稳。

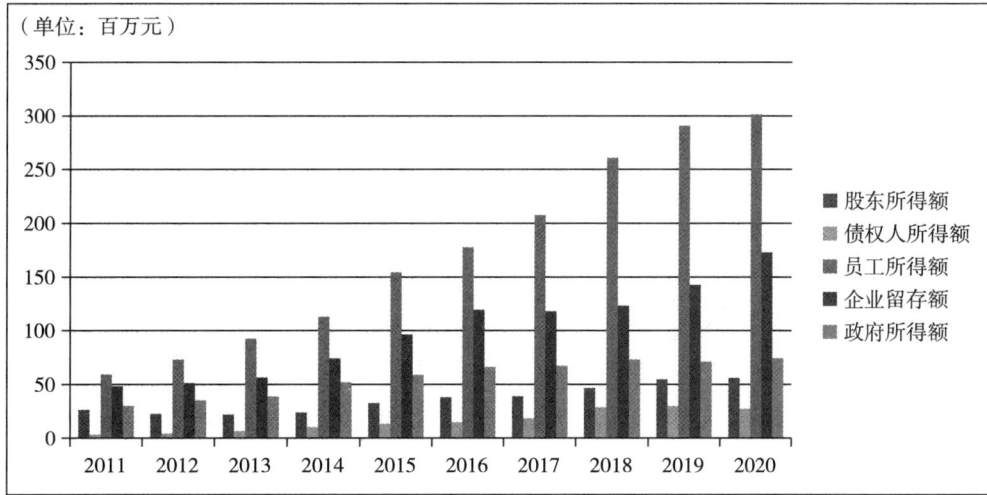

图 3 - 235　2011—2020 年创业板上市公司增加价值分配均值情况

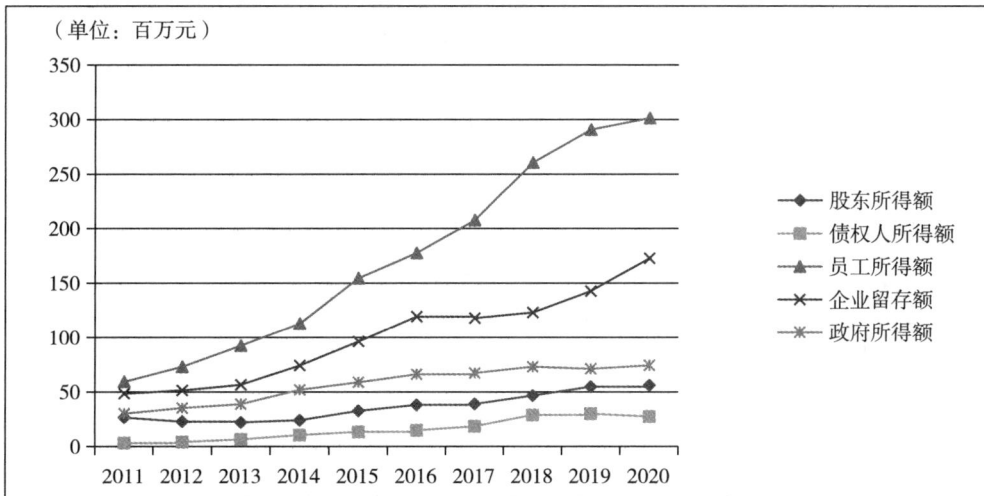

图 3 - 236　2011—2020 年创业板上市公司增加价值分配均值情况

图 3 - 237 所示的是创业板上市公司增加价值分配均值趋势，图 3 - 238 所示的是创业板上市公司增加价值分配均值比例情况。从图中可以看出：①2011—2020 年，创业板企业各利益相关者增加价值分配比例变化并不明显，与大多数行业相似的是，员工所得率占比在所有利益相关者中最高，并且呈现逐年上升的趋势；②企业留存率仅次于员工所得率，数值上变动较小，常年徘徊于 0.2 到 0.3 之间；③政府所得率和股东所得率都呈现缓慢的下降趋势，债权人所得率最低。

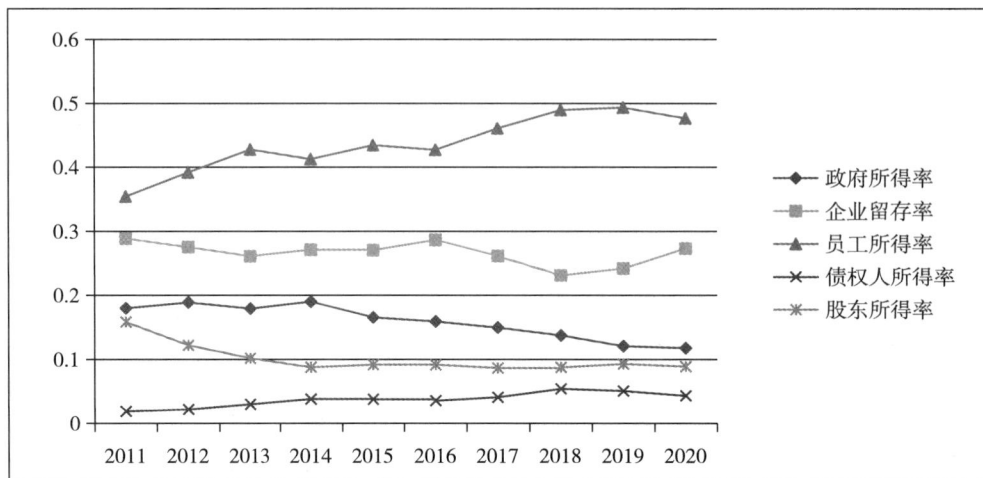

图 3-237 2011—2020 年创业板上市公司增加价值分配趋势

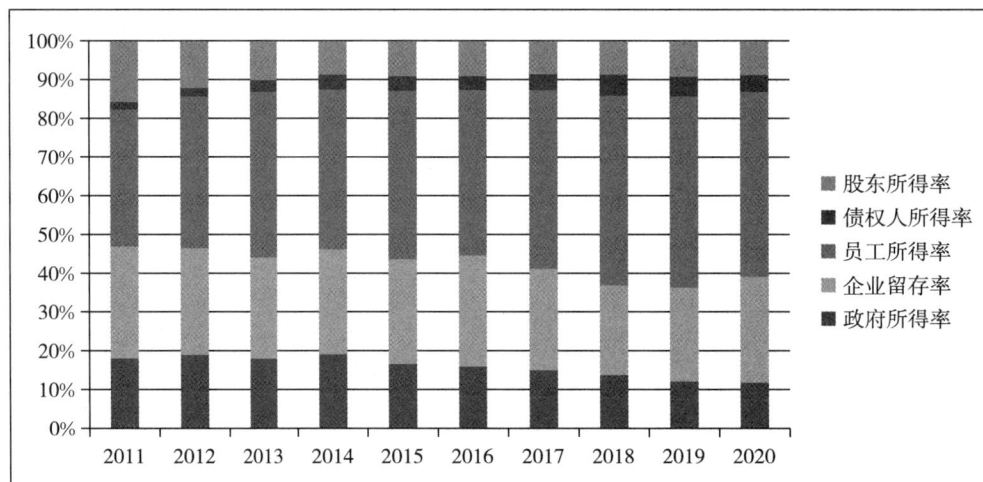

图 3-238 2011—2020 年创业板上市公司增加价值分配比例情况

3.5.3 创业板上市公司人均分配情况

图 3-239、图 3-240 所示的是 2011—2020 年创业板上市公司人均价值创造均值情况和趋势变化。从图中可以看出：①从创业板上市公司人均价值创造的变化趋势来说，创业板上市公司人均净利润在统计期间呈波动变化，人均增加额呈较明显的上升趋势，相比较而言，人均薪酬的增长幅度较小；②人均增值额在创业板上市公司人均价值创造额中处于绝对优势，数值一直保持在 30 万元左右浮动，而人均净利润在 2011—2013 年数值由 13 万元降低至约 10 万元，相对的，人均薪酬自 2011 年 7 万元左右增加至约 15 万元。

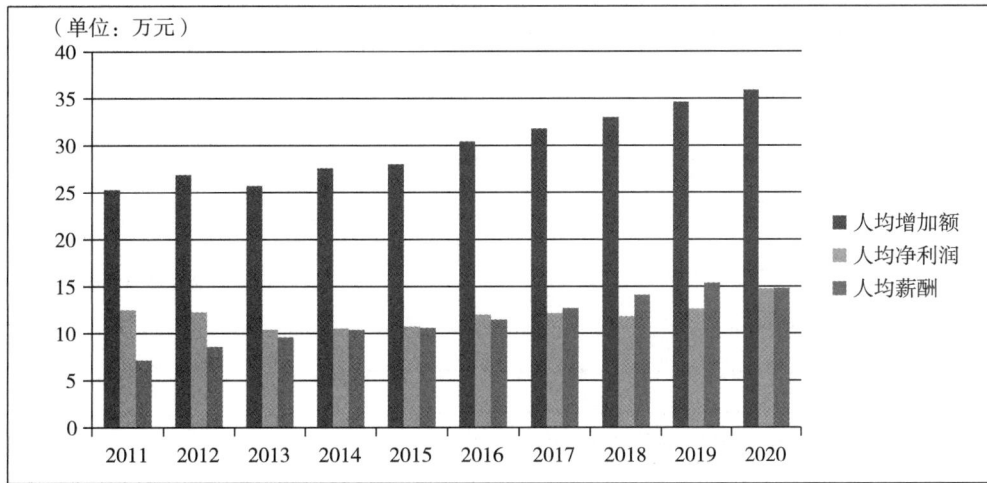

图 3-239　2011—2020 年创业板上市公司人均价值创造均值

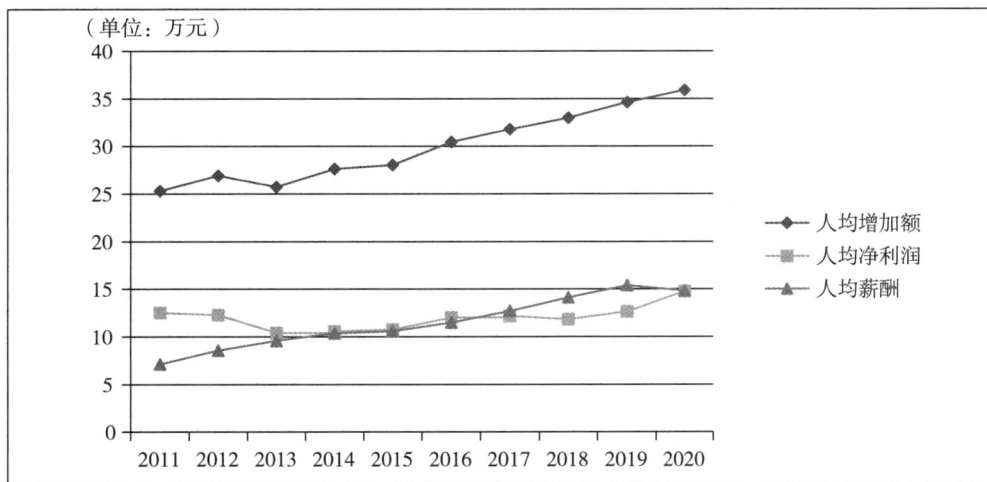

图 3-240　2011—2020 年创业板上市公司人均价值创造均值趋势

3.5.4　创业板上市公司生产性指标

图 3-241、图 3-242 和图 3-243 所示的是 2011—2020 年创业板上市公司生产性指标均值变化情况。从图中可以看出：①从创业板上市公司生产性指标变化趋势来说，销售增加价值率呈平稳下降趋势，经营资本生产性和增加价值综合生产性变化趋势基本一致，在统计年间基本呈上升趋势，相对而言，资产增加价值率的变化较为稳定；②从创业板上市公司生产性指标数值来说，在 2011—2020 年，增加价值率数值最大的指标为经营资本生产性，由 0.2 左右上升至约 0.3，其次是增加价值综合生产性，有 0.2 左右上升至约 0.28，而资产增加价值率基本保持在 0.15～0.18，销售增加价值率基本保持在 0.37～0.4；③创业板上市公司设备资本生产性指标基本保持波动上升的趋势，在 2011—2017 年呈 U 形变化，2018 年下降一次后，至 2020 年保持上升趋势。

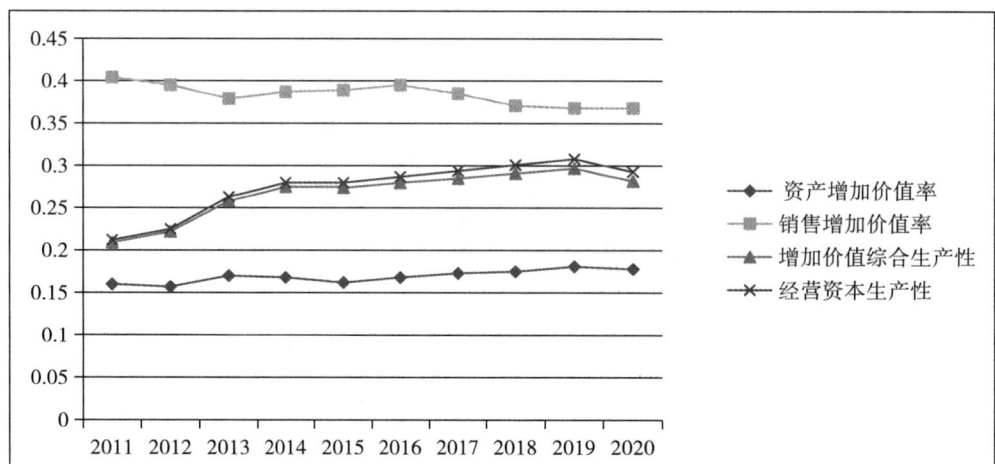

图 3-241　2011—2020 年创业板上市公司生产性部分指标均值变化情况

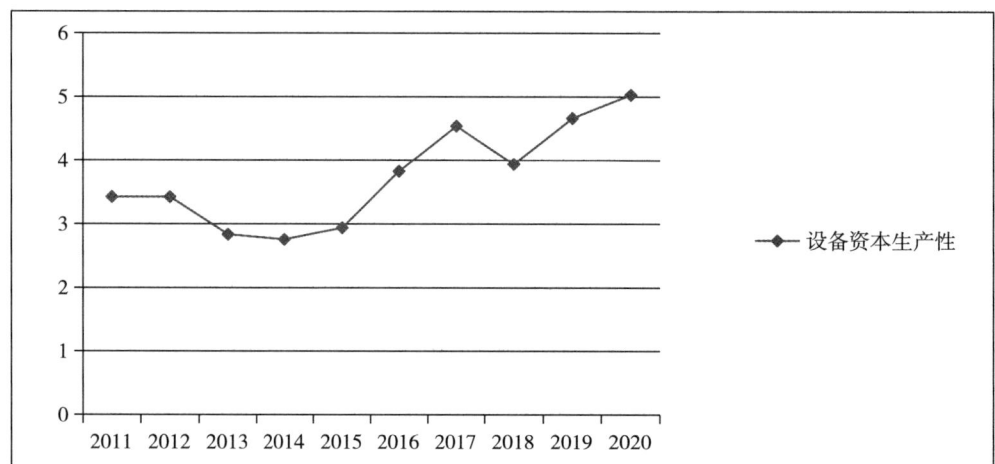

图 3-242　2011—2020 年创业板上市公司设备资本生产性均值变化情况

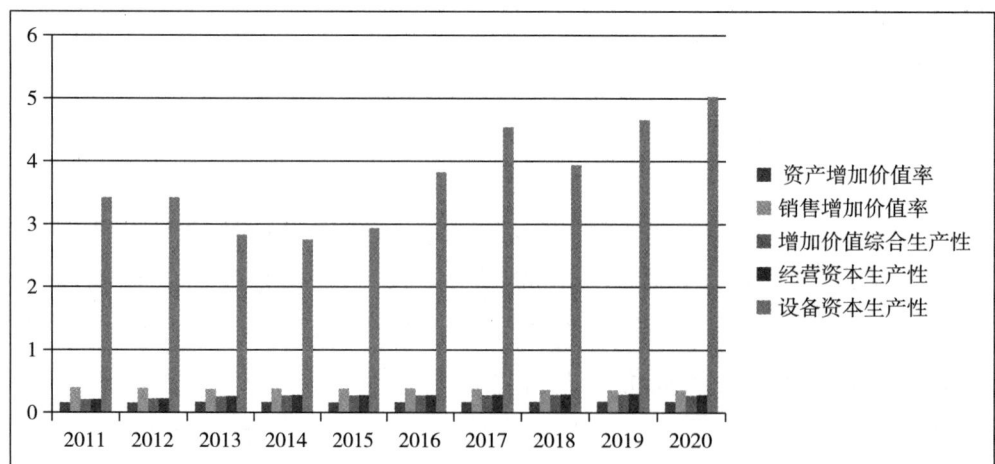

图 3-243　2011—2020 年创业板上市公司生产性指标均值变化情况

3.6 ST 及增加价值为负企业价值创造情况

3.6.1 ST 企业与非 ST 企业价值创造比较

表 3-29 所列的是 2011—2020 年 ST 企业的价值创造情况以及 ST 企业与非 ST 企业的对比。从表中可以看出：非 ST 企业价值创造的均值从 2011—2020 年呈现出稳定的上升趋势，而 ST 企业价值创造的均值不存在明显的规律性，每年的变动较大，从 2011—2020 年，均值的最大值在 2014 年达到 10.73 亿元，2019 年数值仅为 −7.32 亿元，因此将 ST 企业单独进行分析十分有必要。

表 3-29 ST 企业与非 ST 企业价值创造情况　　　　　　（单位：百万元）

年份	是否 ST	均值	中位数	最小值	最大值	标准差	样本数
2011	非 ST 企业	1 638.63	327.68	−1 113.98	657 625.00	15 272.49	2 059
	ST 企业	333.83	43.38	−680.27	12 360.32	1 287.42	133
2012	非 ST 企业	1 614.16	328.00	−2 053.69	636 742.00	14 386.06	2 224
	ST 企业	315.11	75.48	−1 978.29	8 157.04	995.90	102
2013	非 ST 企业	1 755.60	364.70	−4 495.76	671 168.00	14 925.38	2 337
	ST 企业	341.46	102.97	−4 143.08	8 143.00	1 579.80	50
2014	非 ST 企业	1 818.57	402.06	−1 370.57	638 103.00	14 123.96	2 467
	ST 企业	1 073.44	212.72	−1 515.27	25 461.37	3 993.98	43
2015	非 ST 企业	1 769.20	429.39	−3 863.95	501 272.00	11 395.86	2 658
	ST 企业	335.21	150.91	−742.69	4 966.29	840.65	51
2016	非 ST 企业	1 859.19	474.69	−5 506.83	450 972.00	10 365.16	2 933
	ST 企业	948.00	245.31	−3 078.01	14 468.73	2 267.24	62
2017	非 ST 企业	2 192.57	494.73	−2 839.47	495 666.00	13 904.84	3 311
	ST 企业	742.46	165.48	−1 889.85	13 579.13	1 902.04	66
2018	非 ST 企业	2 403.22	523.54	−6 197.48	581 037.00	15 453.33	3 388
	ST 企业	242.13	41.56	−4 650.16	16 894.59	2 187.35	83
2019	非 ST 企业	2 462.91	525.23	−9 668.53	579 391.00	15 061.57	3 554
	ST 企业	−732.28	56.05	−41 506.06	3 858.05	4 358.30	127
2020	非 ST 企业	2 309.65	491.88	−5 082.39	475 961.00	13 378.70	3 709
	ST 企业	111.21	108.05	−24 452.51	11 401.08	2 699.01	151
Total	非 ST 企业	2 040.14	449.22	−9 668.53	671 168.00	13 900.54	28 640
	ST 企业	115.13	110.96	−24 452.51	11 401.08	2 699.25	868

3.6.2 增加价值为负值企业价值创造和分配情况

表3-30所列的是2011—2020年增加价值为负值企业价值创造和分配情况。这十年间增加价值为负值的样本量为1103，占报告样本总量的比例很小，说明我国上市公司价值创造能力较差的企业并不多。在价值的分配中，员工所得额、股东所得额和债权人所得额基本上都是正值，企业和政府承担了主要的亏损。

表3-30 增加价值为负值企业价值创造和分配情况 （单位：百万元）

年份	变量	均值	中位数	最小值	最大值	标准差	企业数
2011	增加价值总额	−151.11	−72.12	−1 113.98	−2.17	232.35	37
	员工所得额	102.68	55.37	0.48	1 479.18	189.85	37
	企业留存额	−242.85	−134.94	−2 700.47	222.91	417.79	37
	政府所得额	−62.66	1.81	−1 356.66	220.58	210.94	37
	股东所得额	3.08	0.00	0.00	71.02	11.50	37
	债权人所得额	48.64	27.41	0.00	384.21	70.99	37
2012	增加价值总额	−288.84	−88.69	−2 053.69	−1.19	466.15	45
	员工所得额	136.06	66.50	−7.49	1 674.31	237.50	45
	企业留存额	−449.86	−151.18	−3 501.29	138.43	707.06	45
	政府所得额	−59.82	−0.05	−1 246.01	350.28	202.73	45
	股东所得额	2.64	0.00	0.00	71.02	11.66	45
	债权人所得额	82.14	25.64	0.00	717.07	147.10	45
2013	增加价值总额	−356.22	−87.14	−4 495.76	−0.72	904.61	58
	员工所得额	153.70	88.02	1.43	1 056.38	200.84	58
	企业留存额	−590.55	−204.48	−5 817.27	136.75	1 144.29	58
	政府所得额	9.84	14.08	−1 240.38	720.32	218.55	58
	股东所得额	2.41	0.00	0.00	71.02	10.80	58
	债权人所得额	68.38	31.16	0.00	910.32	133.02	58
2014	增加价值总额	−218.77	−51.02	−1 515.27	−0.24	349.89	70
	员工所得额	161.12	100.83	1.95	1 715.24	248.14	70
	企业留存额	−508.31	−280.07	−5 971.69	126.17	836.38	70
	政府所得额	29.98	10.12	−1 008.36	1 738.39	247.76	70
	股东所得额	1.66	0.00	0.00	71.02	9.39	70
	债权人所得额	96.77	25.01	0.00	1 205.81	187.80	70
2015	增加价值总额	−300.86	−123.24	−3 863.95	−0.03	593.88	114
	员工所得额	215.63	100.04	−0.43	2 455.85	358.99	114
	企业留存额	−692.52	−309.71	−7 410.82	133.20	1 176.11	114
	政府所得额	44.20	16.81	−1 212.81	1 295.42	242.36	114
	股东所得额	2.87	0.00	0.00	144.58	15.64	114
	债权人所得额	128.96	27.53	0.00	1 232.53	244.64	114

年份	变量	均值	中位数	最小值	最大值	标准差	企业数
2016	增加价值总额	−372.06	−112.21	−5 506.83	−0.34	839.44	81
	员工所得额	485.22	106.26	0.60	13 842.67	1 647.38	81
	企业留存额	−1 033.68	−322.13	−16 114.90	1 651.77	2 486.31	81
	政府所得额	11.39	13.66	−4 597.32	1 488.57	565.94	81
	股东所得额	9.53	0.00	0.00	305.28	46.45	81
	债权人所得额	155.48	23.81	0.00	1 977.67	327.53	81
2017	增加价值总额	−335.88	−166.75	−2 839.47	−0.31	512.01	72
	员工所得额	203.27	92.07	3.71	1 929.46	296.32	72
	企业留存额	−611.07	−313.33	−5 147.25	1 612.65	935.66	72
	政府所得额	−34.41	8.38	−5 068.99	1 015.49	624.91	72
	股东所得额	9.59	0.00	0.00	457.92	58.44	72
	债权人所得额	96.75	19.07	0.00	1 086.02	207.44	72
2018	增加价值总额	−756.33	−417.02	−6 197.48	−1.70	960.58	213
	员工所得额	264.42	157.51	0.48	2 286.45	320.07	213
	企业留存额	−1 136.00	−726.51	−6 977.96	1 338.49	1 180.46	213
	政府所得额	−4.71	29.79	−5 075.30	1 540.37	422.55	213
	股东所得额	2.78	0.00	0.00	629.11	40.46	213
	债权人所得额	117.18	40.33	0.00	1 837.16	223.29	213
2019	增加价值总额	−1 084.46	−388.56	−41 506.06	−1.80	3 030.39	223
	员工所得额	264.53	157.96	2.77	2 320.01	327.66	223
	企业留存额	−1 530.85	−753.86	−46 662.33	153.38	3 412.20	223
	政府所得额	44.19	25.96	−1 197.53	1 826.86	193.77	223
	股东所得额	0.81	0.00	0.00	93.61	7.07	223
	债权人所得额	136.87	44.64	0.00	2 248.55	276.11	223
2020	增加价值总额	−609.32	−225.19	−24 452.51	−0.80	1 874.18	190
	员工所得额	196.11	136.71	2.13	1 412.88	195.92	190
	企业留存额	−903.79	−500.59	−27 746.96	253.78	2 126.28	190
	政府所得额	1.47	14.13	−2 289.00	345.38	194.87	190
	股东所得额	1.62	0.00	0.00	130.73	11.83	190
	债权人所得额	95.26	31.76	0.00	2 164.24	200.24	190
Total	增加价值总额	−600.65	−186.20	−41 506.06	−0.03	1 718.17	1103
	员工所得额	233.22	119.19	−7.49	13 842.67	512.82	1103
	企业留存额	−955.69	−429.70	−46 662.33	1 651.77	2 086.48	1103
	政府所得额	7.69	15.51	−5 075.30	1 826.86	330.58	1103
	股东所得额	2.97	0.00	0.00	629.11	27.28	1103
	债权人所得额	111.16	31.73	0.00	2 248.55	228.93	1103

第4章　2020年上市公司价值创造及分配

本章以 2020 年度 3860 家 A 股上市公司为基础，其中 ST 企业 151 家，增加价值为负值的企业 190 家，非 ST 企业且增加价值为正值的企业 3519 家。为了防止异常值对整体样本的影响，将单独披露 ST 公司及增加价值为负的公司。本章首先分别从总体、分地区、分行业等几个方面，对 2020 年上市公司中的非 ST 企业且增加价值为正值的 3519 家企业的价值创造与分配情况进行分析。

4.1　上市公司价值创造及分配

4.1.1　上市公司总体价值创造及分配

2020 年 3519 家上市公司中增加价值最大额约为 4 759 亿，最小增加价值额为 90 万，3 519家上市公司的平均增加价值额为 24.57 亿，中间值为 5.28 亿。上市公司增加价值最大值和最小值相去甚远，并且均值和中位数数值差距也很大，说明 2020 年上市公司之间的价值创造能力存在较大差距。

表 4-1　2020 年上市公司增加价值创造的描述性统计　（单位：百万元）

变量	中位数 （百万元）	均值 （百万元）	最小值 （百万元）	最大值 （百万元）	标准误	样本数 （个）
增加价值	528.86	2 457.18	0.91	475 961.00	13 719.05	3 519

图 4-1 所示的是 2020 年上市公司增加价值在利益相关者间的分配额，这里使用的数据为均值数据，例如股东所得额即为 2020 年 3519 家上市公司股东所得额的平均值。图 4-2 所示的是 2020 年上市公司增加价值在利益相关者间的分配额占增加价值总额的比例。从图中可以看出，2020 年全部上市公司中员工所得额均值为 9.4 亿元，在所有利益相关者中占比最高，排在后面的分别为政府所得额均值（6.3 亿元）、企业留存额均值（4.6 亿元）、股东所得额均值（2.2 亿元）、债权人所得额均值（1.96 亿元）。

（单位：百万元）

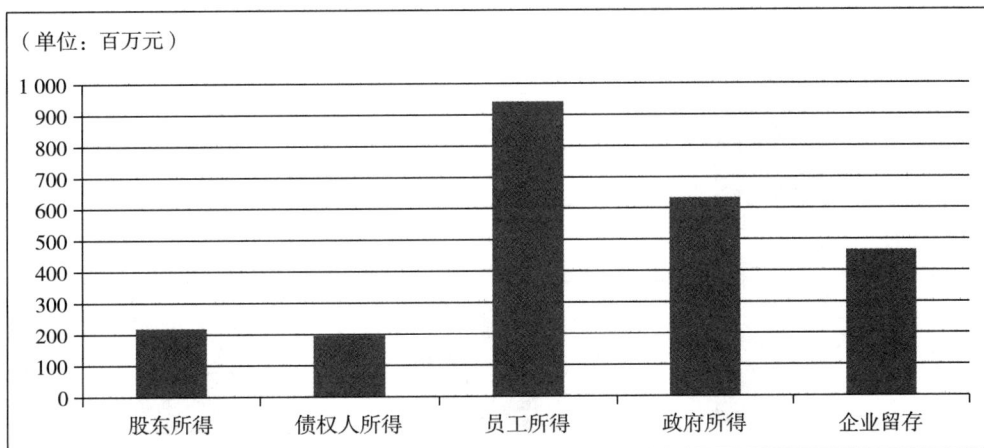

图 4-1　2020 年上市公司增加价值分配额

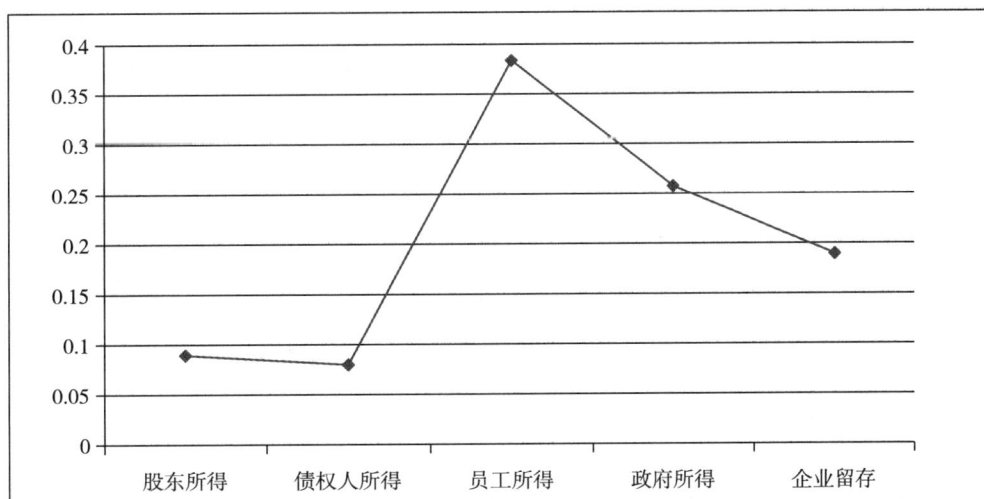

图 4-2　2020 年上市公司增加价值分配率

4.1.2　人均价值创造情况

图 4-3 所示的是 2020 年上市公司人均价值创造情况。从中可以看出：①从集中趋势看，人均增值额均值（44.99 万元）远远高于人均净利润（16.9 万元）和人均薪酬（15.47 万元），人均净利润均值略高于人均薪酬。②从离散程度看，人均增值额最小值与最大值数值差距较大且方差较大，说明 2020 年上市公司人均价值创造内部差异性较大，人均薪酬的差异性小于人均净利润和人均增值额的差异性。

4.1.3　增加价值生产性指标

图 4-4 所示的是 2020 年全部上市公司增加价值生产性指标均值。从中可以看出：设备资本生产性指标数值达到 4，远远高于其他四个指标；资产增加价值率数值最小约为 0.18，其次为增加价值综合生产性，数值为 0.31 左右；相对而言，经营资本生产性和销售增加价值率指标数值稍高，分别约为 0.33 和 0.35。

（单位：万元）

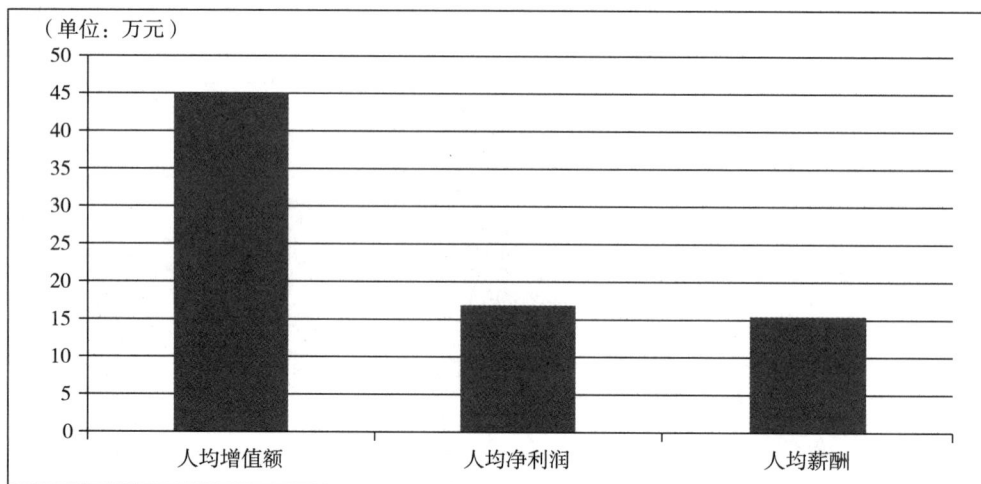

图4-3　2020年上市公司人均价值创造情况

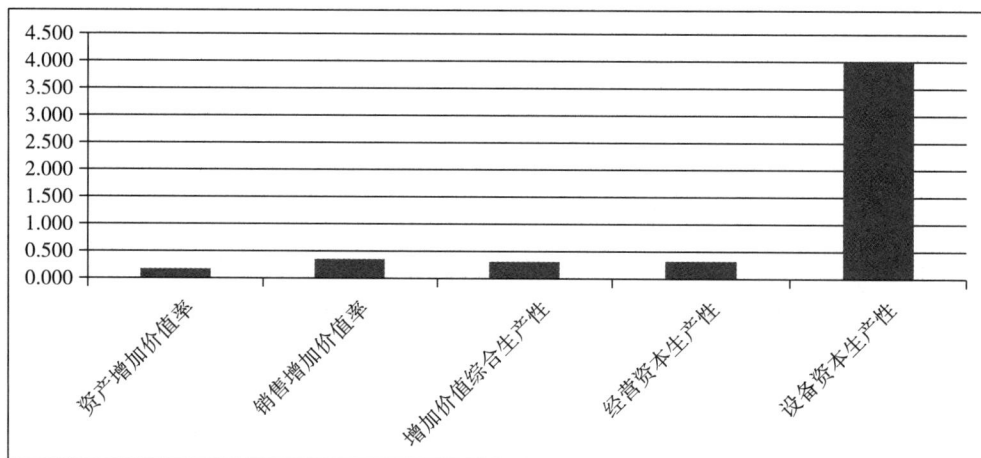

图4-4　2020年上市公司增加价值生产性指标

4.2　分行业上市公司价值创造与分配情况

4.2.1　分行业上市公司增加价值创造

表4-2所列的是2020年分行业上市公司增加价值创造总额的描述性统计情况，图4-5按照增加价值创造总额的均值大小进行排名，从中可以看出：①均值排在前三位的行业是B（采矿业）、E（建筑业）、K（房地产业），排在后三位的是A（农、林、牧、渔业）、N（水利、环境和公共设施管理业）、O（居民服务、修理和其他服务业）；②除O（居民服务、修理和其他服务业）外，各行业上市公司增加价值创造总额的均值均大于中位数，说明各行业上市公司增加价值创造总额较大的公司数量较多；③各行业上市公司增加价值创造总额的最大值和最小值间的差距均较大，其中标准差较大的前三位行业为B（采矿业）、E（建筑业）、

K（房地产业），说明这三个行业价值创造的内部差异性较大，而标准差较小的三个行业为 R（文化、体育和娱乐业）、N（水利、环境和公共设施管理业）、O（居民服务、修理和其他服务业），说明这三个行业价值创造的内部差异性较小。

表 4-2 2020 年分行业上市公司增加价值创造的描述性统计 （单位：百万元）

排名	行业代码	中位数（百万元）	均值（百万元）	最小值（百万元）	最大值（百万元）	标准差（百万元）	公司数（个）
1	B	2 402.84	20 843.89	44.80	475 961.00	79 237.48	64
2	E	861.15	11 601.90	12.75	243 712.00	36 416.44	82
3	K	2 377.65	9 756.65	14.67	155 960.00	22 973.07	92
4	D	1 432.88	4 372.30	113.99	41 411.20	8 147.15	103
5	J	2 586.57	4 273.42	8.79	21 444.90	5 213.95	26
6	G	1 486.45	3 865.20	24.47	39 283.30	6 881.62	97
7	Q	1 479.17	2 163.93	50.43	5 575.30	1 941.93	11
8	F	920.13	2 146.23	25.64	27 496.00	3 742.43	140
9	P	623.93	1 821.67	111.99	8 560.90	3 011.72	7
10	L	509.08	1 613.57	5.36	15 982.40	3 096.13	41
11	C	459.37	1 526.65	0.91	100 008.00	4 726.78	2 363
12	S	605.14	1 288.47	119.57	3 793.76	1 409.45	9
13	H	398.36	1 183.76	1.15	5 370.06	1 915.21	7
14	I	489.93	1 129.18	8.78	78 081.80	4 745.72	282
15	R	540.20	1 101.72	2.94	3 708.55	1 245.51	35
16	M	490.48	956.84	34.96	8 729.67	1 406.16	57
17	A	318.87	949.89	5.29	15 202.80	2 658.32	33
18	N	339.67	783.03	2.92	4 005.82	910.46	69
19	O	21.05	21.05	21.05	21.05	—	1

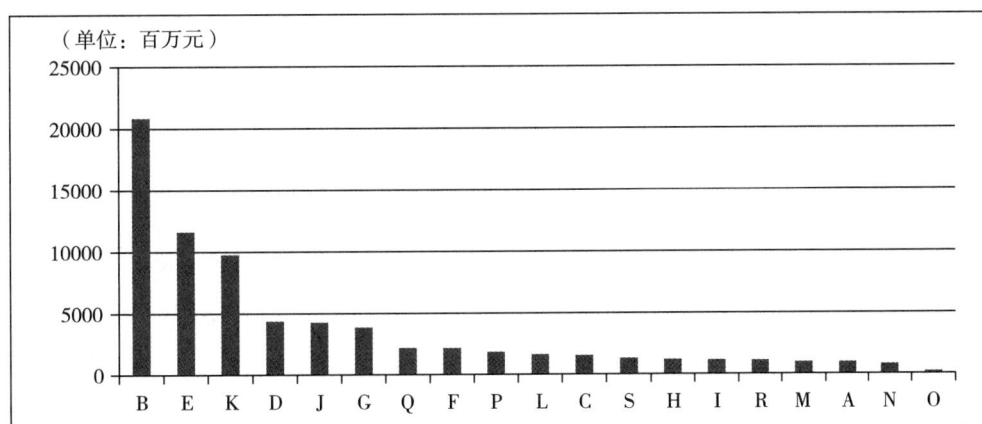

图 4-5 2020 年分行业上市公司增加价值均值

4.2.2 分行业上市公司增加价值分配

表4-3所列的是2020年分行业上市公司增加价值利益相关者分配情况。从表中可以看出：①政府所得额在前三位的行业是B（采矿业）、K（房地产业）、E（建筑业），排在后三位的是R（文化、体育和娱乐业）、A（农、林、牧、渔业）、O（居民服务、修理和其他服务业）；②股东所得额在前三位的行业是B（采矿业）、K（房地产业）、D（电力、热力、燃气及水生产和供应业），排在后三位的是H（住宿和餐饮业）、P（教育）、O（居民服务、修理和其他服务业）；③债权人所得额在前三位的行业是K（房地产业）、E（建筑业）、B（采矿业），排在后三位的是M（科学研究和技术服务业）、R（文化、体育和娱乐业）、O（居民服务、修理和其他服务业）；④员工所得额在前三位的行业是B（采矿业）、E（建筑业）、G（交通运输、仓储和邮政业），排在后三位的是S（综合）、N（水利、环境和公共设施管理业）、O（居民服务、修理和其他服务业）；⑤企业留存额在前三位的行业是K（房地产业）、E（建筑业）、J（金融业），排在后三位的是N（水利、环境和公共设施管理业）、O（居民服务、修理和其他服务业）、H（住宿和餐饮业）。

表4-3 2020年分行业上市公司增加价值利益相关者分配情况 （单位：百万元）

行业	政府所得额（百万元）	股东所得额（百万元）	债权人所得额（百万元）	员工所得额（百万元）	企业留存额（百万元）
A	17.02	82.80	47.53	494.12	308.43
B	10 606.89	1 418.41	1 018.28	6 332.71	1 467.60
C	265.76	184.30	86.14	637.73	352.72
D	987.23	428.21	903.81	1 112.54	940.51
E	2 621.93	389.36	1 182.13	5 330.44	2 078.05
F	590.38	139.55	250.43	908.75	257.12
G	500.74	352.68	450.29	2 276.99	284.50
H	189.76	10.79	65.82	1 021.90	−104.51
I	119.44	67.66	27.10	702.95	212.03
J	1 045.44	281.91	177.85	1 020.86	1 747.36
K	4 040.56	706.75	1 271.19	1 446.76	2 291.38
L	383.76	156.87	193.08	519.70	360.16
M	92.58	67.85	21.37	573.70	201.33
N	139.03	59.89	123.04	306.90	154.17
O	13.20	0.00	0.02	95.33	−87.50
P	81.70	8.39	56.69	1 358.93	315.97
Q	203.25	101.07	108.44	1 215.27	535.89

行业	政府所得额 （百万元）	股东所得额 （百万元）	债权人所得额 （百万元）	员工所得额 （百万元）	企业留存额 （百万元）
R	70.30	192.06	13.07	600.36	225.94
S	272.45	62.17	179.95	443.25	330.64

4.2.3 分行业上市公司人均价值创造情况

图 4-6 所示的是 2020 年分行业上市公司人均增加价值创造情况。因 O（居民服务、修理和其他服务业）价值创造总额过低，将不予排序。从中可以看出：①行业 K（房地产业）和行业 J（金融业）的人均价值创造明显大于其他行业，随后是 D（电力、热力、燃气及水生产和供应业）。其中行业 K（房地产业）人均增值额、人均薪酬和人均净利润数值分别为 221 万元、24 万元和 68 万元，行业 J（金融业）数值分别为 184 万元、43 万元和 84 万元，D（电力、热力、燃气及水生产和供应业）人均增值额、人均薪酬和人均净利润数值分别为 89 万元、20 万元和 34 万元；②行业 B（采矿业）、L（租赁和商务服务业）、S（综合）的人均增值额数值在 50 万元～90 万元，人均净利润在 12 万元~35 万元；行业 A（农、林、牧、渔业）、H（住宿和餐饮业）、P（教育）、Q（卫生和社会工作）相对来说人均增值额处于较低水平，数值均低于 30 万元，人均净利润的数值也较小，处于 8 万元以下，某些行业 2020 年的人均净利润数值甚至为负，例如行业 H（住宿和餐饮业）、P（教育）；③人均薪酬除行业 J（金融业）数值较大外，其他行业人均薪酬相差不是很大。

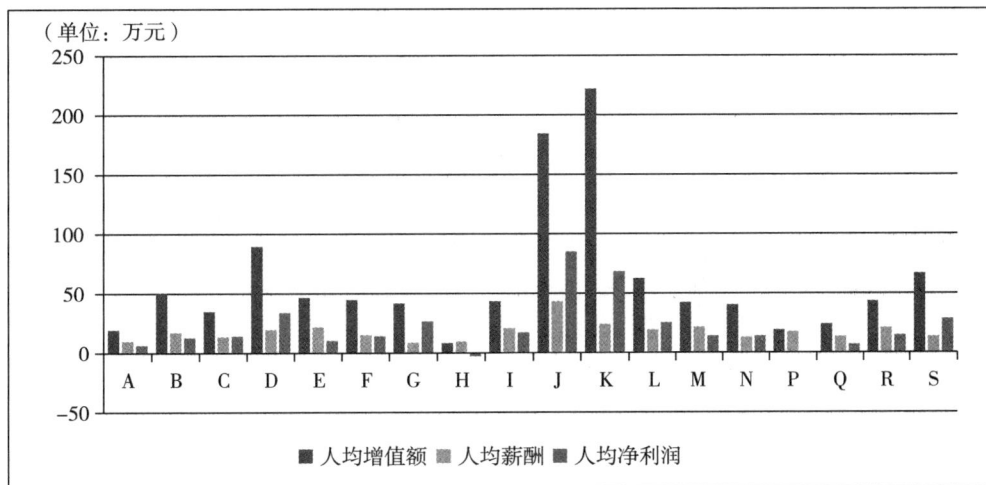

图 4-6 2020 年分行业上市公司人均增加价值创造

4.2.4 分行业上市公司增加价值生产性指标

图 4-7 所示的是 2020 年分行业上市公司部分生产性指标。从图中可以看出：行业 J（金融业）销售增加价值率数值明显超出其他行业，约为 3.4，而其他行业均低于 1。而行业 J（金融业）的资产增加价值率、增加价值综合生产性、经营资本生产性均低于其他行业。

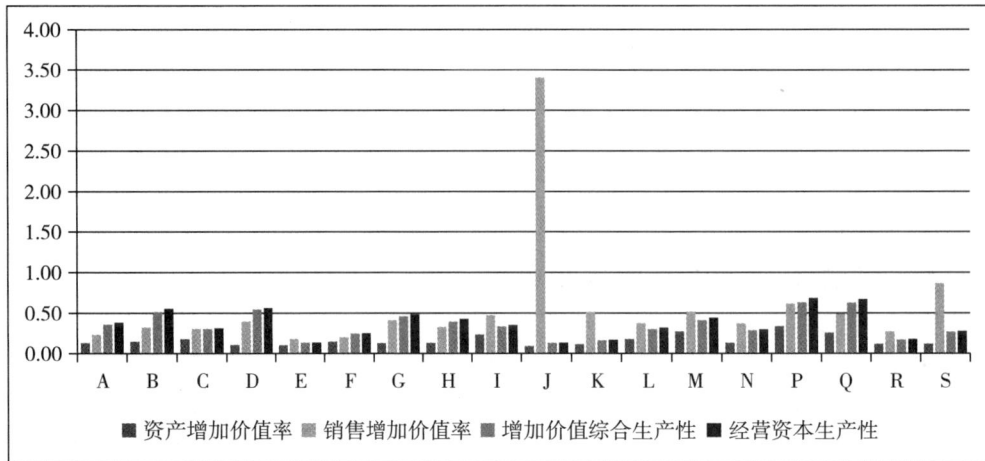

图 4-7　2020 年各行业上市公司部分生产性指标

图 4-8 所示的是 2020 年各行业上市公司设备资本生产性指标，从图中可以明显看出行业间设备资产生产性差异极大，行业 L（租赁和商务服务业）设备资本生产性数值是各行业上市公司中数值最大的，其次数值较大的行业依次为行业 K（房地产业）、行业 P（教育）、行业 J（金融业）、行业 I（信息传输、软件和信息技术服务业）、行业 R（文化、体育和娱乐业），数值在 10 以上，原因主要在于不同行业对于设备资产的依赖程度存在较大差异。对设备资产依赖程度高的行业，例如行业 A（农、林、牧、渔业）、行业 B（采矿业）、行业 C（制造业）等，设备资本生产性数值就比较低。

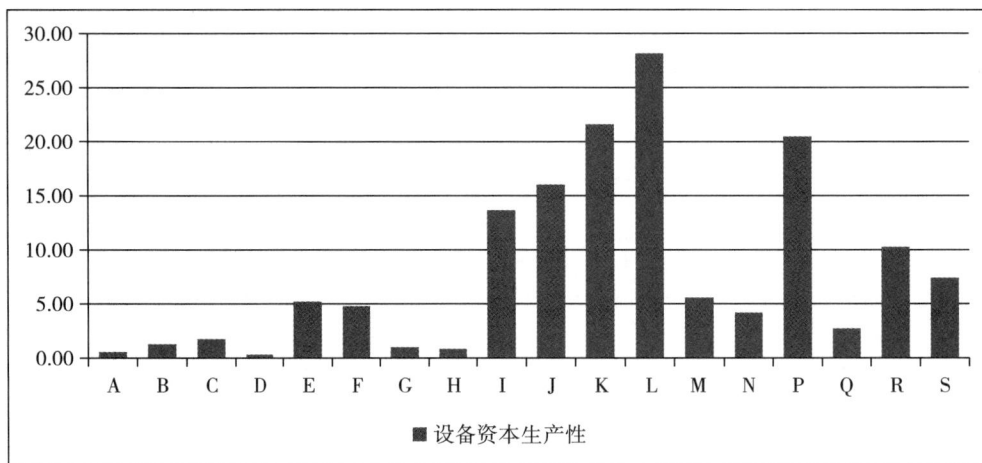

图 4-8　2020 年各行业上市公司设备资本生产性指标

4.3　分地区上市公司价值创造与分配

4.3.1　上市公司价值创造与分配

表 4-4 所列的是 2020 年分地区上市公司增加价值创造的描述性统计。从表中可以看出：

①从分地区上市公司增加价值统计的数据来看，东部地区平均值和标准差最大，中部地区平均值和标准差最小，中位数呈东部－中部－西部逐步递增的规律；②从分地区上市公司数量看，东部地区公司数最多，中部和西部地区公司数较少，东部地区与中部、西部地区公司数相差五倍多，东部地区上市公司增加价值的平均值比中部、西部地区高，标准差比中部、西部地区高出三倍多，但是东部地区的中位数在三个分布区中数值最小，说明东部地区上市公司增加价值的数值分布不均衡，排名靠前的上市公司数值偏大，从而将东部地区的整体增加价值平均数拉高；③中部和西部地区在公司数、平均值、中位数和标准差上差距较小。

表 4 - 4 2020 年分地区上市公司增加价值创造的描述性统计　　　　（单位：百万元）

排名	区域	公司数（百万元）	平均值（百万元）	中位数（百万元）	最大值（百万元）	最小值（百万元）	标准差（百万元）
1	东部	2 585	2 632.17	509.29	475 961.00	0.91	15 677.90
2	中部	520	1 905.10	597.00	63 703.50	8.30	4 632.28
3	西部	414	2 058.00	635.85	100 008.00	2.92	6 136.61

图 4 - 9 所示的是 2020 年分地区上市公司增加价值均值数据图。从图中可以看出：①东部地区上市公司增加价值均值数值最大，超过 25 亿元；②中部地区和西部地区上市公司的增加价值数值均值差距不大；③从整体上看，上市公司增加价值数值接近 25 亿元，由此可以说明，东部地区增加价值较大，拉动了全国上市公司增加价值的数值。

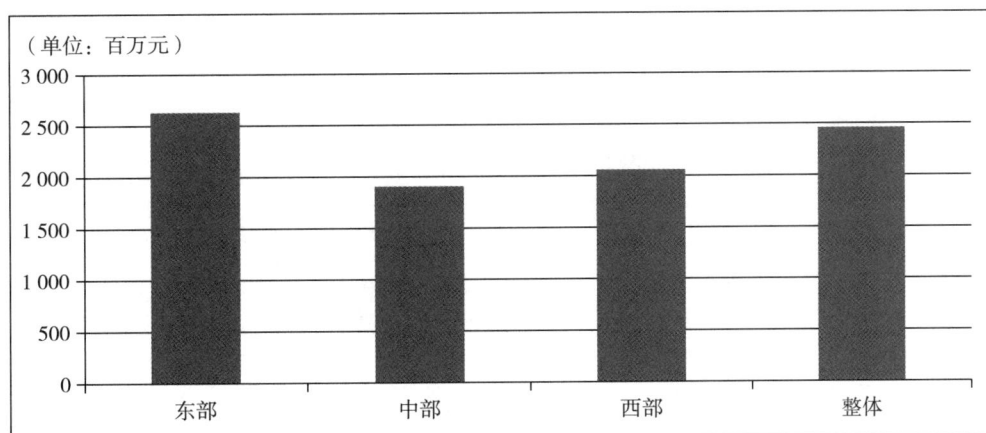

图 4 - 9 2020 年分地区上市公司增加价值均值

图 4 - 10 所示的是 2020 年分地区上市公司增加价值分配，这里采用的也是均值数据。从图中可以看出：①增加价值在股东、债权人、员工、企业和政府之间的分配额整体结构相似，在细节上略有不同，三个区域中员工所得额都高于其他利益相关者，其后是政府所得额和企业留存额，这与全样本的特征相同，股东所得额和债权人所得额在数值上十分接近并不具备明显的可比特征；②对 2020 年全样本进行分地区比较可以发现，区域特征在上市公司增加价值总值和利益相关者分配中表现的并不明显。

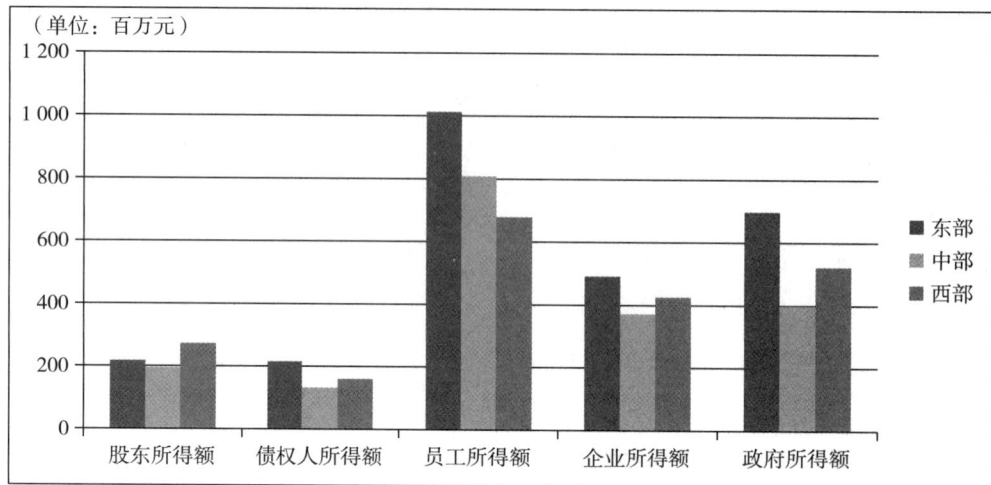

图 4-10　2020 年分地区上市公司增加价值分配

4.3.2　人均价值创造情况

图 4-11 所示的是 2020 年分地区上市公司人均价值创造情况。从图中可以看出：西部地区的人均增加额和人均净利润都明显高于东部地区，但人均薪酬却低于东部地区，中部地区在人均价值创造的三个指标中都是最低。

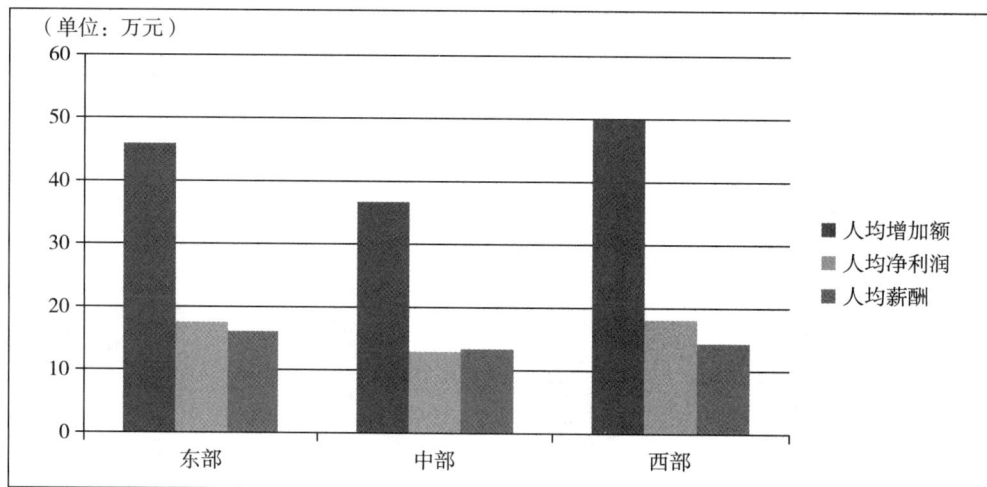

图 4-11　2020 年分地区上市公司人均价值创造

4.3.3　增加价值生产性指标

图 4-12 所示的是 2020 年分地区上市公司增加价值生产性指标。从图中可以看出：①除了设备资本生产性指标之外，资产增加价值率、销售增加价值率、增加价值综合生产性和经营资本生产性的数值基本在 0.2～0.4，但是资产增加价值率数值相对较小，基本在 0.2 以内；②在 2020 年，东部地区上市公司资产增加值率最高，西部地区上市公司销售增加价值率、增加价值综合生产性和经营资本生产性最高，中部地区上市公司在四个指标中都排在

中间；③2020 年上市公司设备资本生产性数值最大，东部地区上市公司与中部和西部地区
上市公司数值相差较大，东部地区最高，为 4.59，中部地区最低，为 2。

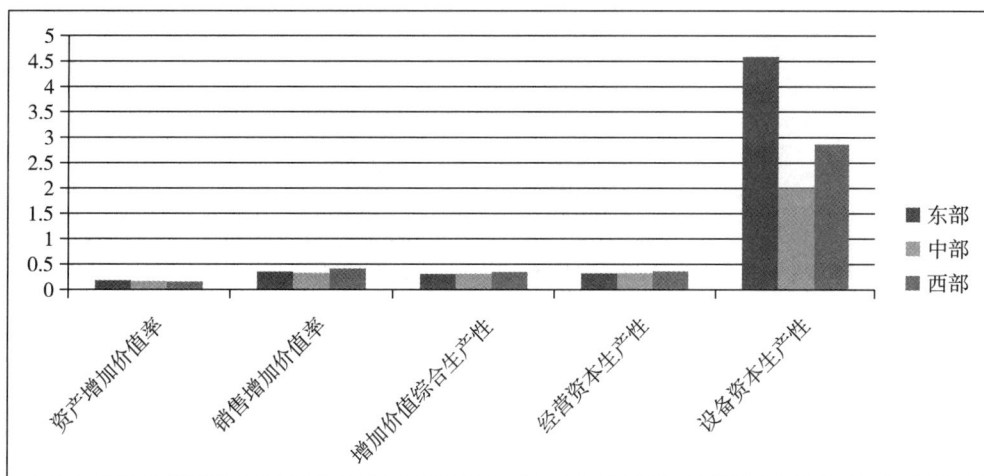

图 4-12　2020 年分地区上市公司增加价值生产性指标

图 4-13 所示的是 2020 年分地区增加价值综合生产性。从图中可以看出：①三个地区
的增加价值综合生产性情况不同，相比较而言，东部地区、中部地区与西部地区相差较大；
②西部地区上市公司的增加价值综合生产性最高，其次是中部地区，东部地区最低。

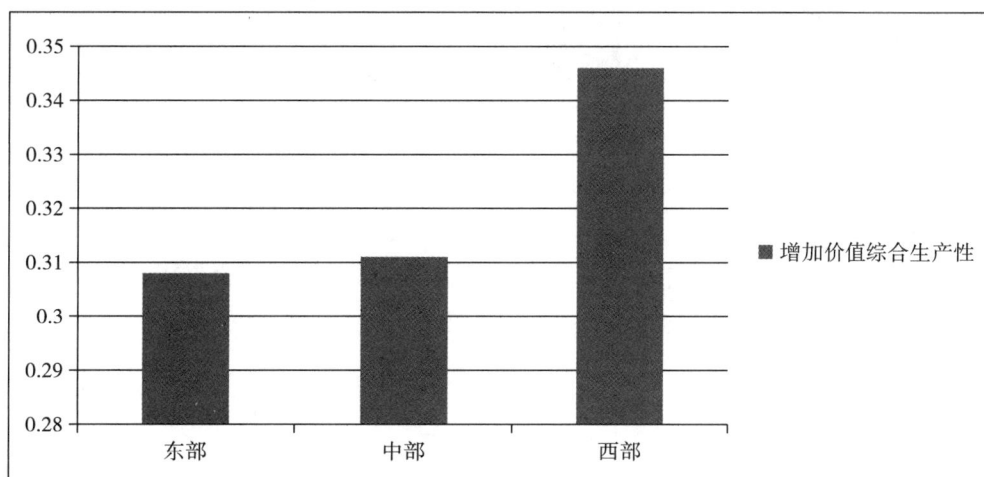

图 4-13　2020 年分地区上市公司增加价值综合生产性

图 4-14 所示的是 2020 年分地区上市公司销售增加价值率。从图中可以看出：①三个
地区的销售增加价值率基本在 0.3～0.4，相差较小；②西部地区上市公司的销售增加价值
率最高，其次是东部地区，中部地区最低。

图 4-15 所示的是 2020 年分地区上市公司资产增加价值率。从图中可以看出：①三个
地区的资产增加价值率呈由东部向西部递减的规律；②东部地区上市公司的资产增加值率最
高，其次是中部地区，西部地区最低。

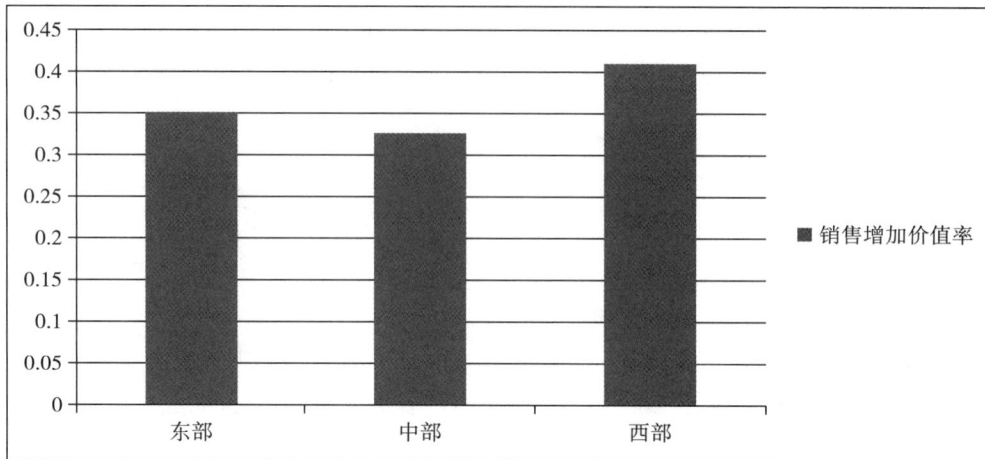

图 4-14　2020 年分地区上市公司销售增加价值率

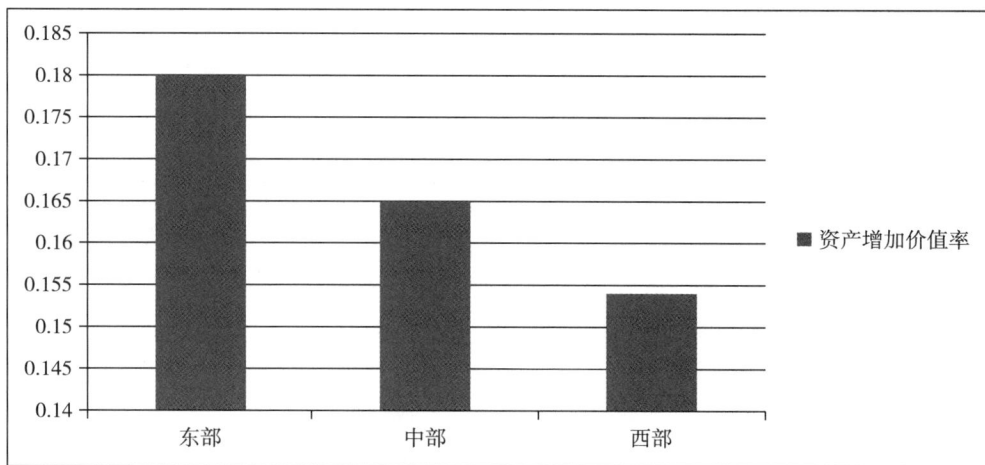

图 4-15　2020 年分地区上市公司资产增加价值率

　　图 4-16 所示的是 2020 年分地区上市公司经营资本生产性。从图中可以看出：①三个地区上市公司的经营资本生产性相差较大；②三个地区上市公司的经营资本生产性呈东部—中部—西部递增的规律，并且西部地区上市公司的经营资本生产性最高，超过 0.35。

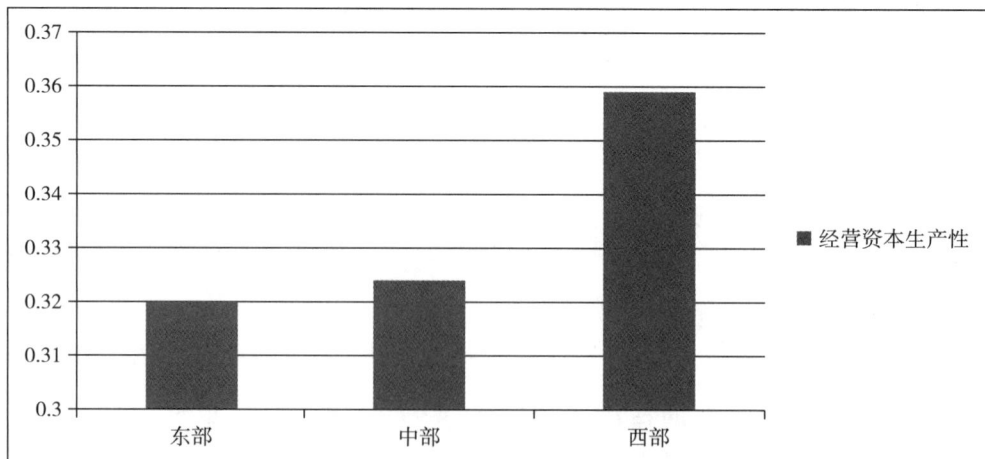

图 4-16　2020 年分地区上市公司经营资本生产性

图 4－17 所示的是 2020 年分地区上市公司设备资本生产性。从图中可以看出：①三个地区上市公司的设备资本生产性相差较大；②东部地区上市公司的设备资本生产性最高，为4.59，其次是西部地区，中部地区最低。

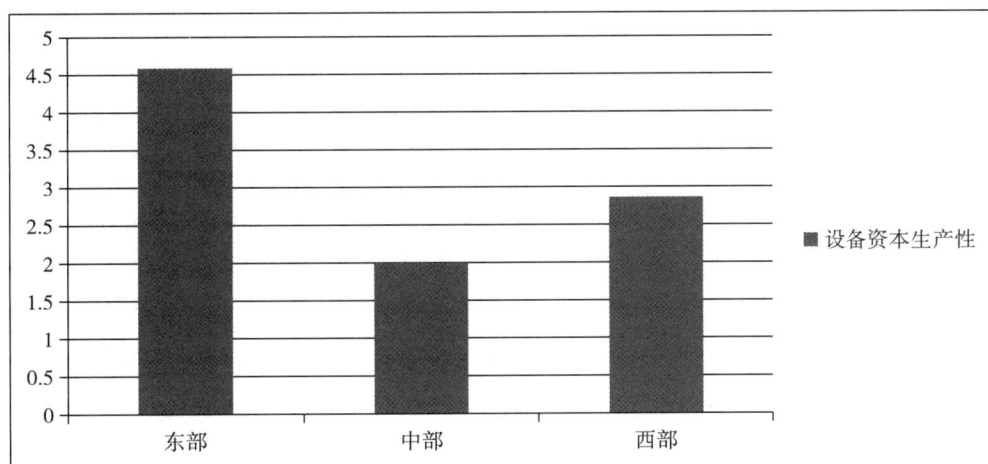

图 4－17　2020 年分地区上市公司设备资本生产性

综合分地区上市公司价值创造情况可以发现，东部地区自身基础条件明显好于中部地区和西部地区，其价值创造能力和价值创造效率也高于其他两个地区，但是人均薪酬却低于西部地区。中部地区的价值创造能力和价值创造效率在三个地区中表现最差，造成这种现象的原因可能与产业分布有关，值得进一步探讨。

4.4　央企、国企及民营上市公司价值创造与分配

4.4.1　增加价值创造

为了分析不同产权性质的上市公司在价值创造能力和价值创造效率的差异性，我们将2020 年上市公司划分为央企、国企和民营企业。表 4－5 所列的是 2020 年不同经济性质上市公司增加价值统计。从表中可以看出：①从不同企业上市公司增加价值统计数据看，民企上市公司公司数量最多，其次为国企，央企数量最少。②央企上市公司增加价值均值最大，是国企的三四倍，民企上市增加公司价值均值最小。③央企上市公司的最大值在三种所有制上市公司中数值最大，其次为国企、最小是民营；中位数和标准差的数值排序均为央企、国企和民企。央企的增加价值均值远远大于中位数，而且最大值和最小值差异较小，标准差较大，说明央企中存在部分增加价值排名较靠前的企业，且央企内部企业增加价值创造差异性较大。④民企上市公司数量最多但是均值为三种所有制中最小的，且标准差和中位数都是最小的，说明民企上市公司普遍规模不大，仅存在几家规模最大的上市公司，只是个例。

表 4-5　2020 年不同所有制上市公司增加价值创造的描述性统计　　　（单位：百万元）

排序	所有制性质	均值	中位数	最小值	最大值	标准差	公司数
1	央企	12 180.53	1 785.96	5.29	475 961.00	46 307.93	250
2	国企	3 381.01	954.44	2.92	155 960.00	9 725.52	803
3	民营	1 171.79	417.61	0.91	60 385.60	3 116.10	2 463

图 4-18 所示的是 2020 年不同所有制上市公司增加价值均值情况。从图中可以看出：①央企增加价值数值最大，数值约为 121.8 亿元；②增加价值数值排名第二的为国企，数值大约在 33.81 亿元，和央企上市公司增加价值数值差距较大；③民企上市公司增加价值数值最小，数值约为 11.72 亿元。总体来说，由于央企上市公司增加价值的数值较大，将全部所有制上市公司的总体增加价值拉高，远高于国企和民企的增加价值数值。

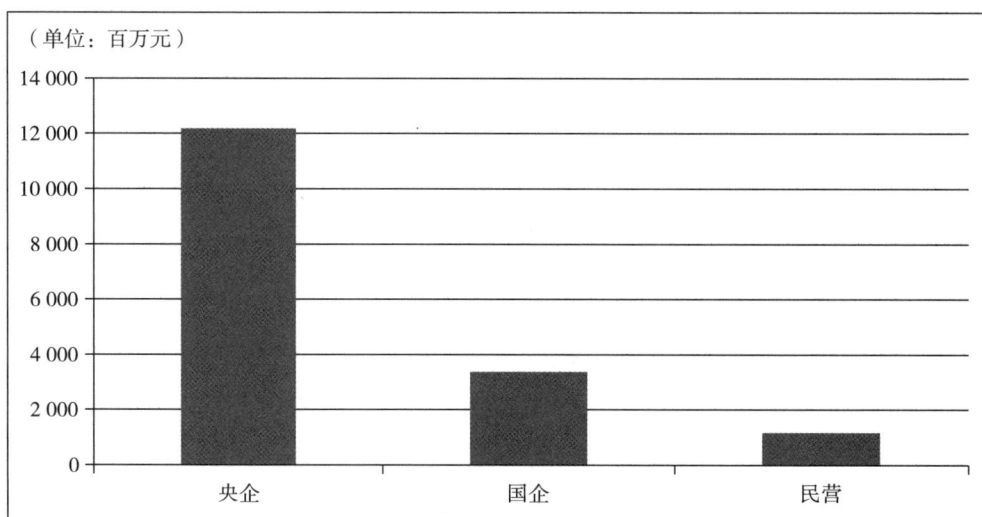

图 4-18　2020 年不同所有制上市公司增加价值创造均值

4.4.2　增加价值分配

图 4-19 所示的是 2020 年不同所有制上市公司增加价值分配。从图中可以看出：①从增加价值额来看，央企增加价值在各利益相关者之间的分配额都是最多的，其次为国企，增加价值分配额最少的为民企；②央企增加价值在员工中分配比例最大，其次为政府、企业留存、债权人所得，股东所得在增加价值分配中所占比例最小；③国企增加价值在员工中分配比例最大，其次为政府、企业、股东，增加价值在债权人中的分配比例最小；④民企增加价值分配与国企类似，员工所得在增加价值利益相关者分配中所占比例最大，其次是企业留存、政府所得，而股东和债权人的分配比例最低。

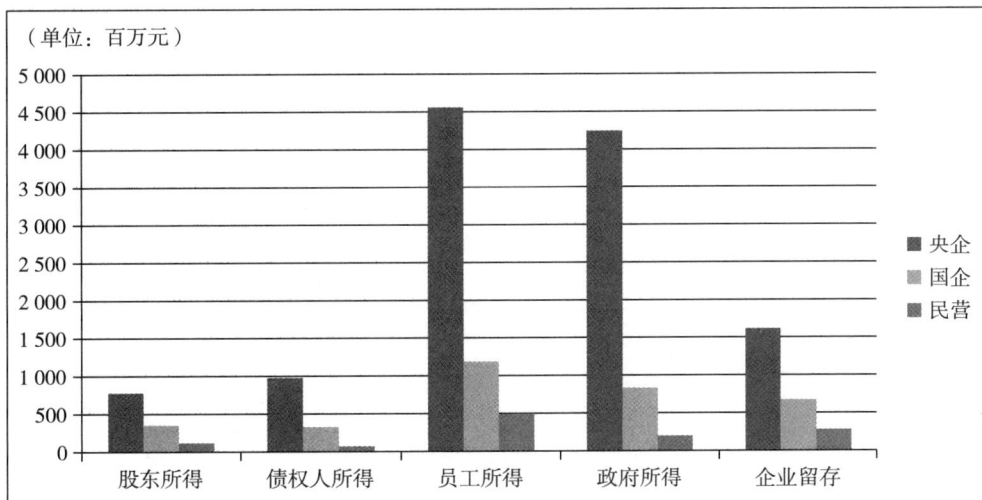

图 4-19　2020 年不同所有制上市公司增加价值分配

4.4.3　人均价值创造情况

图 4-20 所示的是 2020 年不同所有制上市公司人均价值创造均值，从图中可以看出：①国企人均增值额数值最大，大约为 59.08 万元，央企人均增值额排名第二，数值约为 56.74 万元，民企人均增值额最小，数值在 39.14 万元左右；②上市公司人均净利润水平与人均增值额水平类似，国企数值最大，央企排名第二，民企人均净利润数值最小；③2020 年人均薪酬方面，央企数值最大，约为 20.29 万元，国企排名第二，民企人均薪酬额最小。

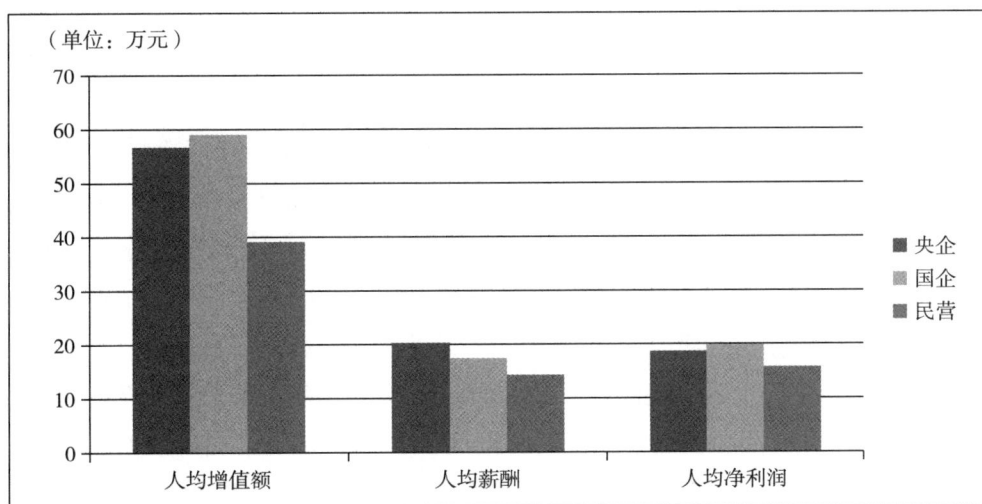

图 4-20　2020 年不同所有制上市公司人均价值创造

4.4.4　增加价值生产性指标

图 4-21 所示的是 2020 年不同所有制上市公司增加价值生产性指标均值，从图中可以看出：①设备资本生产性的数值相对于经营资本生产性，销售增加价值率等其他指标大出许

多，增加价值综合生产性、销售增加价值率、经营资本生产性的数值相差不大，基本在 0.2 至 0.4 之间，资产增加价值率数值相对于其他四个指标稍小，基本在 0.1 至 0.2 之间；②2020 年民营上市公司的设备资本生产性数值最大，约为 4.38，国企设备资本生产性数值低于民营企业，数值约为 3.99，而央企排名最后，数值约为 2.34。

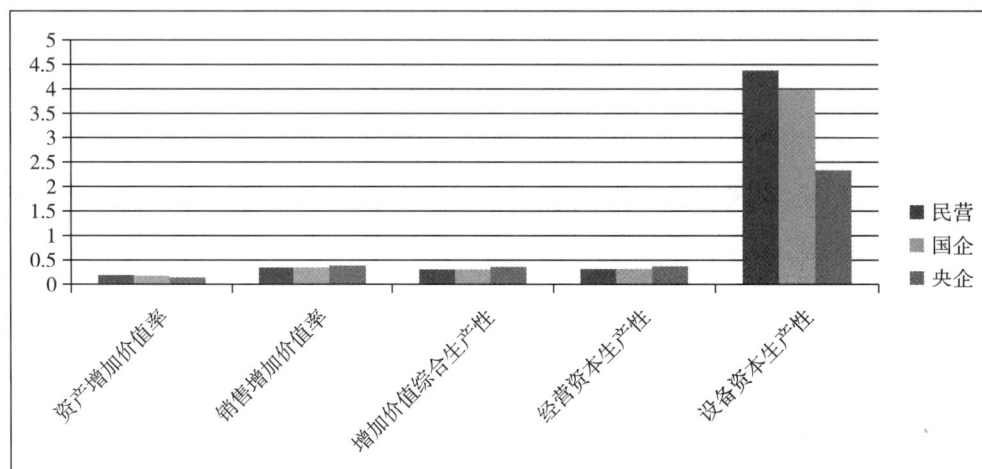

图 4-21　2020 年不同所有制上市公司增加价值生产性指标

4.5　制造业上市公司价值创造与分配情况

4.5.1　增加价值创造

由于制造业企业数量较多，制造业的增加价值创造能力和价值创造效率的高低甚至能直接影响到宏观经济的运行质量，本节重点分析制造业的具体情况。表 4-6 和图 4-22 所示的是制造业上市公司增加价值创造情况，从中可以看出：①该表按照制造业行业均值自大到小排列，黑色金属冶炼和压延加工业（C31）增加价值均值最大，数值为 72.84 亿元，该行业最大值为 366.97 亿元，最小值为 4.64 亿元，标准差为 72.76 亿元，中位数为 61.77 亿元。而排名在第二位的酒、饮料和精制茶制造业（C15），增加价值为 67.79 亿元，最大值为 1000.08 亿元，最小值仅为 0.4 亿元，标准差为 180.85 亿元，中位数为 12.55 亿元，说明黑色金属冶炼和压延加工业（C31）行业较之酒、饮料和精制茶制造业（C15）增加价值的整体水平较高，离散程度比汽车制造业（C36）小，大多数上市公司增加价值数值较高，且该行业最小值比其他行业高出许多。②2020 年皮革、毛皮、羽毛及其制品和制鞋业（C19）上市公司增加价值创造均值最小，仅为 4.23 亿元，最大值为 7.03 亿元，最小值为 1.85 亿元，标准差为 1.79 亿元，也是所有制造业上市公司中数值最小的，说明该行业普遍增加价值创造额较小。

表 4-6 制造业子行业上市公司增加价值创造情况 （单位：百万元）

排名	制造业子行业	公司数	均值	中位数	最小值	最大值	标准差
1	黑色金属冶炼和压延加工业（C31）	27	7 284.15	6 176.83	464.37	36 696.50	7 276.06
2	酒、饮料和精制茶制造业（C15）	36	6 779.21	1 255.48	39.80	100 008.00	18 085.25
3	化学纤维制造业（C28）	25	3 110.62	620.46	64.23	28 358.90	6 548.72
4	汽车制造业（C36）	126	3 036.53	472.61	49.79	94 235.20	10 261.69
5	石油加工、炼焦和核燃料加工业（C25）	13	2 674.87	1 263.90	130.27	18 383.90	4 932.83
6	非金属矿物制品业（C30）	91	2 623.96	662.35	34.93	63 703.50	7 468.01
7	农副食品加工业（C13）	43	2 422.53	743.53	67.51	18 145.40	4 011.76
8	铁路、船舶、航空航天和其他运输设备制造业（C37）	55	2 376.49	433.67	11.31	56 390.70	7 751.38
9	有色金属冶炼和压延加工业（C32）	65	1 684.85	592.12	20.37	18 129.50	2 839.23
10	食品制造业（C14）	55	1 530.26	622.51	62.75	21 501.60	3 207.44
11	纺织服装、服饰业（C18）	28	1 512.39	898.13	51.67	13 792.30	2 632.07
12	电气机械和器材制造业（C38）	221	1 419.99	472.79	16.42	42 611.60	4 071.16
13	计算机、通信和其他电子设备制造业（C39）	385	1 301.35	418.00	28.20	38 829.70	3 392.10
14	家具制造业（C21）	19	1 293.50	965.87	181.75	5 743.68	1 325.60
15	医药制造业（C27）	229	1 269.71	611.53	5.89	14 909.50	1 918.00
16	造纸和纸制品业（C22）	30	1 231.15	560.34	145.88	8 069.43	1 691.93
17	金属制品业（C33）	68	1 079.57	423.45	44.46	17 948.40	2 353.28
18	专用设备制造业（C35）	237	962.25	355.25	0.91	28 325.60	2 409.97
19	化学原料和化学制品制造业（C26）	241	916.46	398.72	8.30	18 583.90	1 653.33
20	通用设备制造业（C34）	130	890.35	360.30	15.88	23 478.70	2 333.11
21	橡胶和塑料制品业（C29）	83	844.78	359.61	14.95	8 325.80	1 389.27
22	纺织业（C17）	35	765.32	530.60	39.44	5 879.11	1 020.58
23	废弃资源综合利用业（C42）	7	699.02	410.97	95.45	1 617.03	607.76
24	木材加工和木、竹、藤、棕、草制品业（C20）	6	680.57	363.13	24.47	1 886.26	737.36
25	其他制造业（C41）	16	579.16	170.60	36.53	5 027.69	1 256.70
26	文教、工美、体育和娱乐用品制造业（C24）	13	536.59	228.83	4.97	2 934.53	775.96
27	印刷和记录媒介复制业（C23）	11	465.78	207.63	69.56	1 909.44	579.62
28	仪器仪表制造业（C40）	60	434.99	282.82	32.26	2 353.66	474.54
29	皮革、毛皮、羽毛及其制品和制鞋业（C19）	8	423.31	401.70	185.16	702.56	178.75
	制造业总体	2 363	1 526.65	459.37	0.91	100 008.00	4 726.78

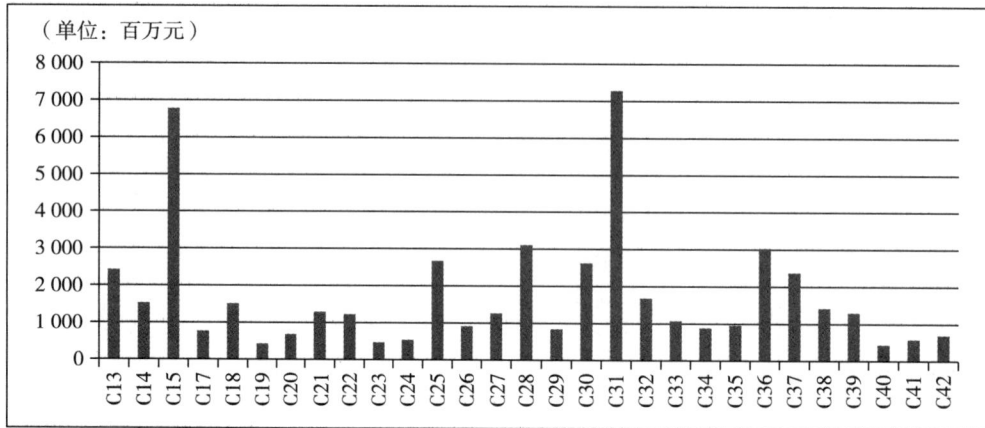

图 4-22 制造业子行业上市公司增加价值均值

4.5.2 增加价值分配

表 4-7 所列的是制造业子行业上市公司增加价值分配情况，该表格依据政府所得按照由高到低的顺序排列。从表中可以看出：①酒、饮料和精制茶制造业（C15）的政府所得数值最大，数值为 28.96 亿元。政府所得均值排在第二、第三位的子行业分别为石油加工、炼焦和核燃料加工业（C25）和黑色金属冶炼和压延加工业（C31）；②2020 年计算机、通信和其他电子设备制造业（C39）的政府所得最小，仅为 692 万元，仪器仪表制造业（C40）、皮革、毛皮、羽毛及其制品和制鞋业（C19）和纺织业（C17）的政府所得也较小；③其他子行业的政府所得均值处于 1.01 亿元至 6.55 亿元之间。

表 4-7 制造业子行业上市公司增加价值分配情况 （单位：百万元）

排名	行业	政府所得	股东所得	债权人所得	员工所得	企业留存
1	C15	2 895.89	1 369.00	23.38	1 000.97	1 489.95
2	C25	1 460.26	201.09	138.97	671.73	202.82
3	C31	1 437.97	939.57	740.10	2 837.97	1 328.53
4	C30	652.33	334.21	169.61	656.61	811.21
5	C36	578.24	240.10	102.09	1 580.97	535.13
6	C13	395.91	352.37	133.60	796.58	744.08
7	C18	390.69	261.77	69.30	574.11	216.52
8	C32	341.39	93.90	291.70	674.57	283.28
9	C28	325.40	438.17	535.55	680.06	1 131.43
10	C14	305.76	288.47	36.66	618.76	280.61
11	C27	281.10	160.11	42.24	458.47	327.78
12	C37	261.16	206.06	62.16	1 419.57	427.54
13	C22	234.49	106.96	173.80	400.26	315.63

（续表）

排名	行业	政府所得	股东所得	债权人所得	员工所得	企业留存
14	C38	191.60	204.17	80.91	636.30	307.01
15	C20	171.32	66.35	45.63	281.87	115.40
16	C21	169.90	126.79	37.78	693.74	265.30
17	C26	164.44	118.62	61.23	334.32	237.85
18	C41	162.90	86.38	33.51	160.07	136.30
19	C33	154.81	87.72	77.03	482.40	277.61
20	C34	147.89	91.88	57.02	428.54	165.02
21	C35	139.23	113.31	42.19	408.67	258.85
22	C42	102.36	46.90	121.28	228.94	199.55
23	C24	102.22	74.29	17.99	268.24	73.86
24	C23	101.27	118.81	5.95	202.63	37.13
25	C29	101.11	112.91	37.42	299.59	293.75
26	C17	85.98	93.42	37.69	378.67	169.56
27	C19	79.25	69.80	15.27	323.00	−64.01
28	C40	56.45	48.57	13.85	198.23	117.89
29	C39	6.92	128.79	75.10	785.49	305.05

4.5.3　人均价值创造情况

图 4-23 所示的是制造业子行业上市公司人均增值额。从图中可以看出：①酒、饮料和精制茶制造业（C15）人均增值额数值最大，大约为 78 万元，排名第二的为石油加工、炼焦和核燃料加工业（C25）；接着为黑色金属冶炼和压延加工业（C31），制造业的其他子行业的人均增值额数值基本低于 45 万元；②2020 年皮革、毛皮、羽毛及其制品和制鞋业（C19）上市公司人均增值额在所有制造业行业中数值最小，仅为 14 万元左右。

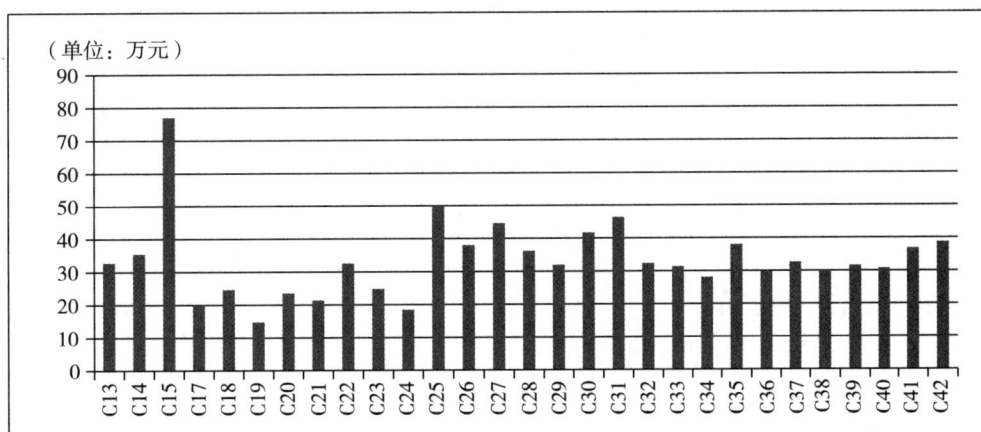

图 4-23　制造业子行业上市公司人均增值额

图 4－24 所示的是制造业子行业上市公司人均净利润。从图中可以看出：①制造业子行业上市公司净利润数值相差较大，其中酒、饮料和精制茶制造业（C15），约为 31 万元，且比制造业其他子行业数值大出许多；②皮革、毛皮、羽毛及其制品和制鞋业（C19）、木材加工和木、竹、藤、棕、草制品业（C20）、文教、工美、体育和娱乐用品制造业（C24）的人均净利润数值都处于较低水平；③其他行业基本集中于 5 万元至 20 万元之间。

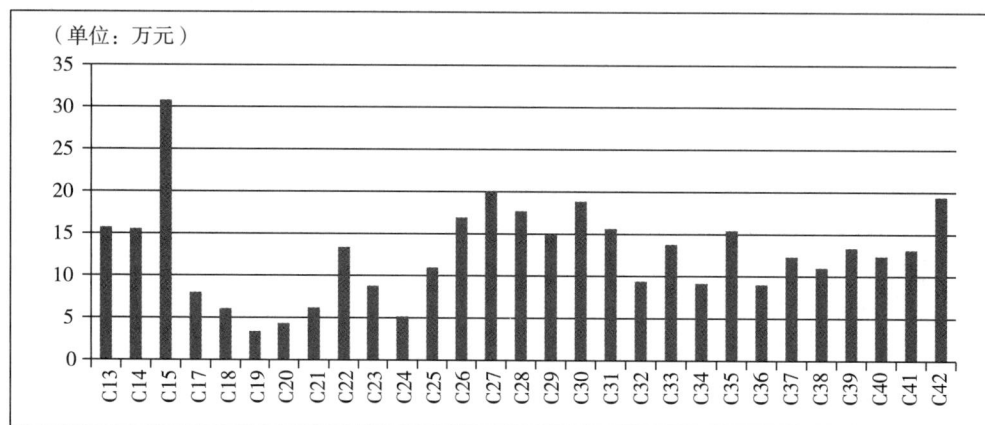

图 4－24　制造业子行业上市公司人均净利润

图 4－25 所示的是制造业子行业上市公司人均薪酬。从图中可以看出：①黑色金属冶炼和压延加工业（C31）上市公司人均薪酬数值最大，大约为 16.6 万元；②皮革、毛皮、羽毛及其制品和制鞋业（C19）人均薪酬数值最小，大约在 8.5 万元，纺织业（C17）、废弃资源综合利用业（C42）人均薪酬数值也处于较低水平；③制造业其他子行业的人均薪酬基本处于 9.5 万元至 16 万元之间。

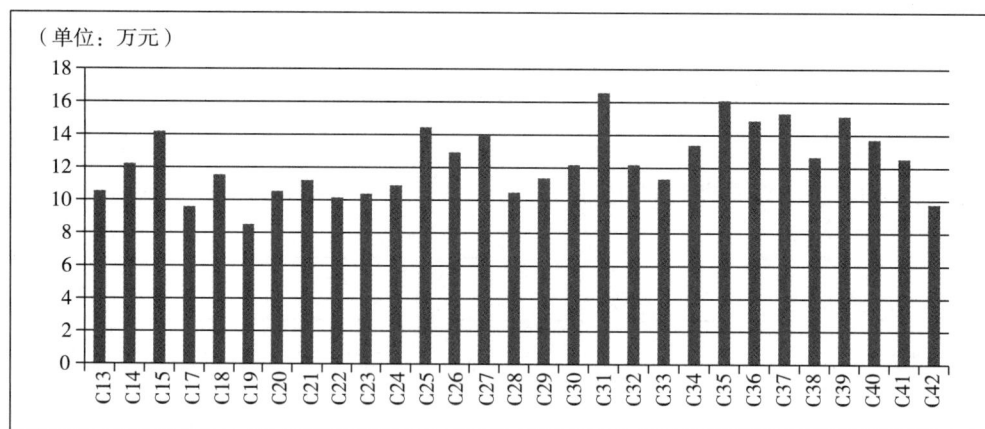

图 4－25　制造业子行业上市公司人均薪酬

4.5.4　增加价值生产性指标

图 4－26 所示的是制造业子行业上市公司增加价值综合生产性。从图中可以看出：①增加价值综合生产性数值最大的是食品制造业（C14），数值为 0.49，其次为家具制造业（C21）和酒、饮料和精制茶制造业（C15）；②2020 年增加价值综合生产性最小的制造业子

行业为木材加工和木、竹、藤、棕、草制品业（C20），数值约为 0.21。

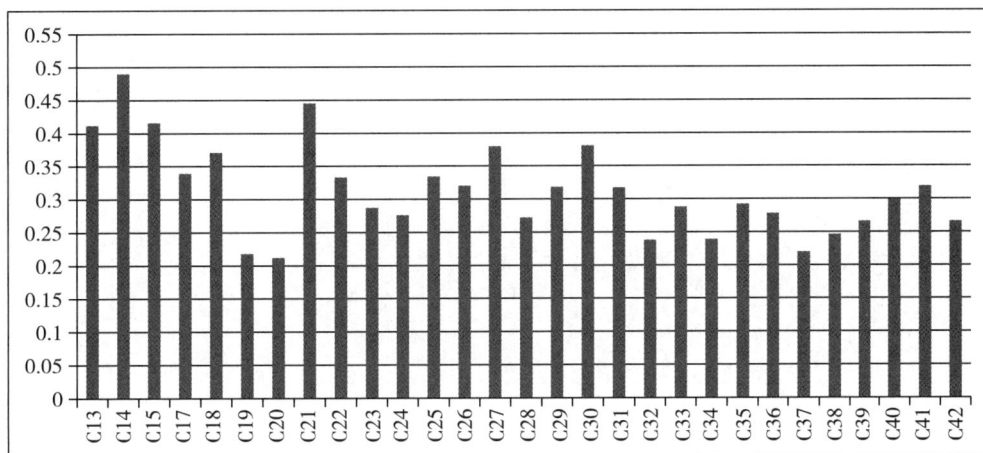

图 4-26　制造业子行业上市公司增加价值综合生产性

图 4-27 所示的是制造业子行业上市公司销售增加价值率的情况。从图中可以看出：①2020 年制造业子行业上市公司销售增加价值率数值最大的行业是酒、饮料和精制茶制造业（C15），大约为 0.54，其次是仪器仪表制造业（C40）；②2020 年制造业子行业上市公司销售增加价值率数值较小的行业为黑色金属冶炼和压延加工业（C31）、有色金属冶炼和压延加工业（C32）和石油加工、炼焦和核燃料加工业（C25）。

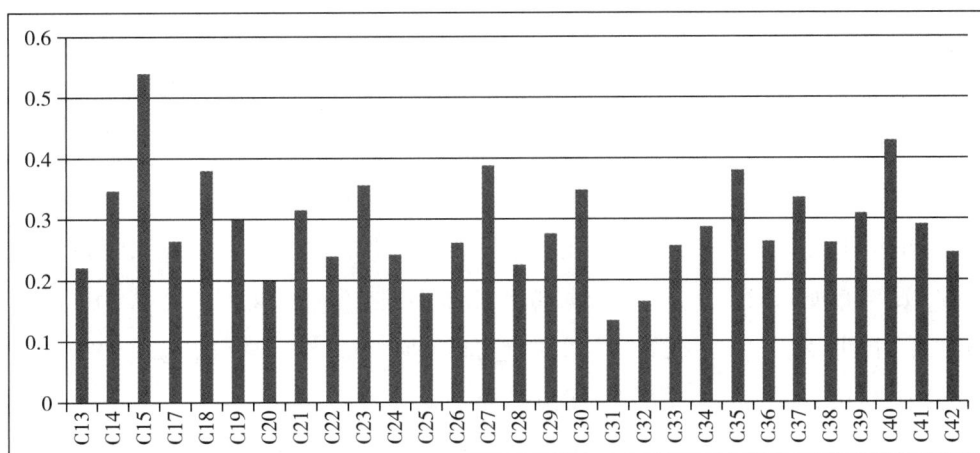

图 4-27　制造业子行业上市公司销售增加价值率

图 4-28 所示的是制造业子行业上市公司经营资本生产性。从图中可以看出：①2020 年制造业子行业上市公司经营资本生产性数值最大的行业是食品制造业（C14），其次是家具制造业（C21）和酒、饮料和精制茶制造业（C15）；②2020 年制造业子行业上市公司经营资本生产性数值最小的行业为木、竹、藤、棕、草制品业（C20）。

图 4-29 所示的是制造业子行业上市公司设备资本生产性。从图中为可以看出：①制造业各子行业的设备资本生产性数值相差较大，2020 年数值最大的为其他制造业（C41），数值为 5.38，其次是仪器仪表制造业（C40）；②制造业子行业中设备资本生产性数值较小的行业为黑色金属冶炼和压延加工业（C31）、化学纤维制造业（C28）、造纸和纸制品业

（C22）、印刷和记录媒介复制业（C23），数值为 0.3 至 0.6 左右。

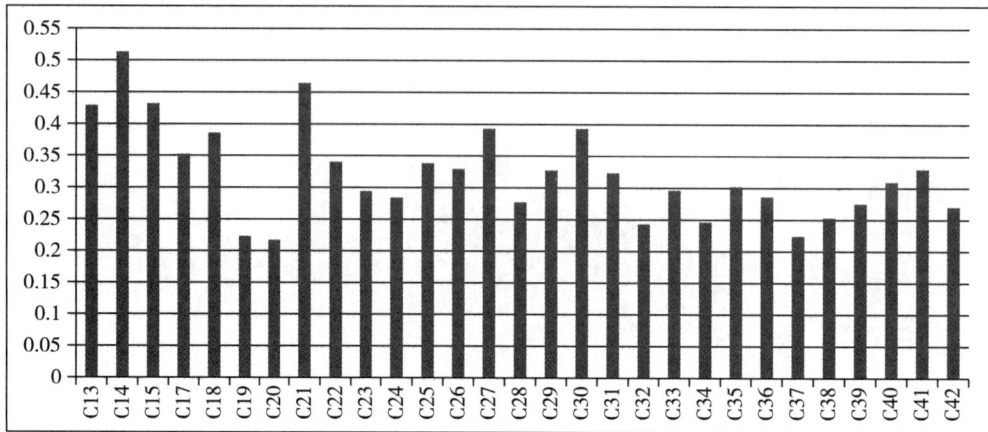

图 4-28 制造业子行业上市公司经营资本生产性

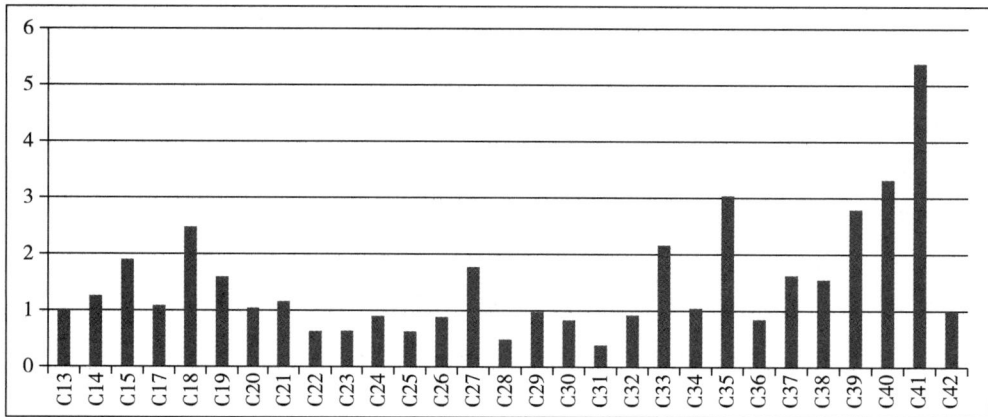

图 4-29 制造业子行业上市公司设备资本生产性

图 4-30 给出的是制造业子行业上市公司资产增加价值率。从图中为可以看出：2020 年资产价值创造效率最好的行业是酒、饮料和精制茶制造业（C15），数值为 0.26，资产价值创造效率最差的行业为有色金属冶炼和压延加工业（C32），数值为 0.12，总体上，制造业子行业上市公司的资产增加价值率数值相差不大。

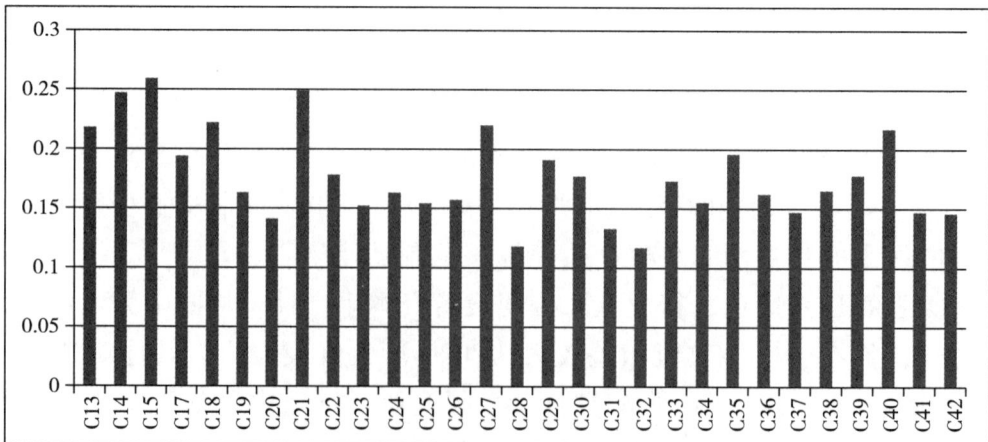

图 4-30 制造业子行业上市公司资产增加价值率

4.6　ST 及增加价值为负企业价值创造情况

4.6.1　ST 企业与非 ST 企业价值创造比较

表 4-8 分别以 ST 企业、非 ST 企业以及 2020 年全体上市企业为样本进行统计性描述，本表中的样本也包含了增加价值为负值的企业。从表中可以发现，ST 企业的价值创造能力较差，远远低于全体上市企业的平均水平，虽然 ST 企业仅有 151 家，但是却将 2020 年全体上市企业的增加价值均值从 23.1 亿元拉低至 22.24 亿元，因此将 ST 企业单独进行分析十分有必要。

表 4-8　ST 企业、非 ST 企业以及全体上市企业价值创造的描述性统计　　（单位：百万元）

是否 ST	均值	中位数	最小值	最大值	标准差	样本数
ST 企业	111.21	108.05	−24 452.51	11 401.08	2 699.01	151
非 ST 企业	2 309.65	491.88	−5 082.39	475 961.00	13 378.70	3 709
2020 年全体上市企业	2 223.65	474.26	−24 452.51	475 961.00	13 132.05	3 860

4.6.2　增加价值为负值企业价值创造与分配情况

表 4-9 展现了 2020 年增加价值为负值的企业价值创造和分配情况，样本量为 190。从表中可以发现，员工所得额、股东所得额和债权人所得额的数值并不存在负值，政府所得额存在负值但其均值和中位数都是正值，说明样本企业中政府所得额多为正值。企业留存额的均值和中位数都是负值，在数值上小于增加价值总额的均值和中位数，并且标准差极大，说明当企业增加价值为负值时，企业所获得的价值分配在所有利益相关者中最低，是企业亏损的主要承担者。

表 4-9　增加价值为负值企业价值创造和分配情况　　（单位：百万元）

变量	均值	中位数	最小值	最大值	标准差	企业数
增加价值总额	−609.32	−225.19	−24 452.51	−0.80	1 874.18	190
员工所得额	196.11	136.71	2.13	1 412.88	195.92	190
企业留存额	−903.79	−500.59	−27 746.96	253.78	2 126.28	190
政府所得额	1.47	14.13	−2 289.00	345.38	194.87	190
股东所得额	1.62	0.00	0.00	130.73	11.83	190
债权人所得额	95.26	31.76	0.00	2 164.24	200.24	190

第 5 章 2020 年上市公司价值创造与分配行业排名及比较

为了使报告内容更加详细，本章节在第四章的基础上，重点研究了 2020 年中国上市公司增加价值创造与分配现状，考虑到行业特征，分行业对每个行业内的企业从价值创造总额指标、价值创造效率指标、价值分配指标和人均指标这四个方面进行排名比较。鉴于居民服务、修理和其他服务业包含的企业数量过少，将不再单独排序。限于篇幅，价值创造总额指标仅列举增加价值总额排名前 10 的企业，价值创造效率指标仅列举资产增加价值率排名前 10 的企业，价值分配指标仅列举政府所得率排名前 10 的企业，人均指标仅列举人均增值额排名前 10 的企业。

5.1 农、林、牧、渔业

5.1.1 价值创造总额指标排名

表 5-1 所列的是农、林、牧、渔业上市公司（33 家）价值创造总额指标描述统计情况，表 5-2 所列的是农、林、牧、渔业上市公司价值创造总额指标排名情况。从表中可以看出，2020 年农、林、牧、渔业增加价值总额行业均值为 9.50 亿元，中位数为 3.19 亿元，均值大于中位数，说明行业内价值创造总额内部差异较大，例如排在第一位的温氏股份增加价值总额高达 152 亿元，而排在第二位的圣农发展增加价值总额仅为 37 亿元。分配法下的增加价值组成要素，员工薪酬、税费、股利、利息支出及企业留存也都基本上呈现相同特征。

表 5-1 农、林、牧、渔业上市公司价值创造总额指标描述统计　　　　（单位：亿元）

	增加价值总额	员工薪酬	税费	股利	利息支出	企业留存
均值	9.50	4.94	0.17	0.83	0.48	3.08
中位数	3.19	1.69	0.07	0.19	0.13	0.48
最大值	152.03	70.25	2.82	12.75	4.11	62.09
最小值	0.05	0.05	−1.28	0.00	0.00	−2.83
标准差	26.58	12.09	0.57	2.44	0.80	11.02

表 5-2 农、林、牧、渔业上市公司价值创造总额指标排名情况　　　　（单位：亿元）

公司简称	增加价值		税费		员工薪酬		股利		利息支出		企业留存	
	数值	排名	数值	排名	数值	排名	数值	排名	数值	排名	数值	排名
温氏股份	152.03	1	2.82	1	70.25	1	12.75	1	4.11	1	62.09	1
圣农发展	37.03	2	0.96	2	14.59	3	0.00	23	1.06	4	20.42	2

公司简称	增加价值		税费		员工薪酬		股利		利息支出		企业留存	
	数值	排名	数值	排名	数值	排名	数值	排名	数值	排名	数值	排名
海南橡胶	19.47	3	0.55	3	16.12	2	0.24	14	2.14	2	0.42	20
北大荒	18.07	4	0.28	6	8.08	4	7.11	2	0.00	33	2.61	3
立华股份	8.10	5	0.03	20	5.43	5	0.61	5	0.10	24	1.93	5
雪榕生物	7.42	6	0.14	11	4.21	6	0.53	6	0.82	8	1.72	7
仙坛股份	6.95	7	0.03	21	3.23	10	1.72	3	0.12	19	1.85	6
湘佳股份	5.51	8	0.12	12	3.59	8	0.20	16	0.10	23	1.50	9
众兴菌业	5.40	9	0.04	19	2.60	14	0.37	10	0.86	7	1.53	8
益生股份	4.84	10	0.25	8	3.49	9	0.00	24	0.13	16	0.97	13

5.1.2 价值创造效率指标排名

表 5-3 所列的是农、林、牧、渔业上市公司价值创造效率指标描述统计情况，涉及的价值创造效率指标包括增加价值综合生产性、经营资本生产性、资产增加价值率、设备资本生产性、销售增加价值率。表 5-4 所列的是农、林、牧、渔业上市公司价值创造效率指标排名情况。结合章节 5.1.1 可以发现，价值创造总额最高的温氏股份其增加价值综合生产性仅排第七位，万辰生物在价值创造总额排名上虽未进入前十名，但其在价值创造效率指标方面表现较好。

表 5-3 农、林、牧、渔业上市公司价值创造效率指标描述统计

	资产增加价值率	销售增加价值率	增加价值综合生产性	经营资本生产性	设备资本生产性
均值	0.13	0.23	0.36	0.38	0.54
中位数	0.11	0.23	0.25	0.26	0.32
最大值	0.30	0.60	1.92	2.18	4.09
最小值	0.00	0.01	0.01	0.01	0.01
标准差	0.08	0.14	0.38	0.42	0.70

表 5-4 农、林、牧、渔业上市公司价值创造效率指标排名情况

公司简称	资产增加价值率		销售增加价值率		增加价值综合生产性		经营资本生产性		设备资本生产性	
	数值	排名	数值	排名	数值	排名	数值	排名	数值	排名
湘佳股份	0.30	1	0.25	15	0.60	6	0.63	6	0.80	6
万辰生物	0.28	2	0.40	3	1.92	1	2.18	1	0.36	16
圣农发展	0.25	3	0.27	13	0.92	3	0.97	3	0.37	14
北大荒	0.23	4	0.56	2	0.54	8	0.59	8	0.56	10
华绿生物	0.22	5	0.39	4	0.71	5	0.75	5	0.36	15
新五丰	0.22	6	0.16	23	0.40	9	0.43	9	0.82	5

公司简称	资产增加价值率		销售增加价值率		增加价值综合生产性		经营资本生产性		设备资本生产性	
	数值	排名	数值	排名	数值	排名	数值	排名	数值	排名
温氏股份	0.21	7	0.20	19	0.58	7	0.62	7	0.59	8
晓鸣股份	0.18	8	0.28	10	1.06	2	1.15	2	0.28	24
雪榕生物	0.18	9	0.34	8	0.71	4	0.77	4	0.29	23
獐子岛	0.16	10	0.23	17	0.27	15	0.28	15	0.57	9

5.1.3 价值分配指标排名

价值分配率指标包括政府所得率、员工所得率、股东所得率、债权人所得率和企业留存率，反映的是各利益相关者从价值创造中所分配的利益占比关系，一般在正常经营状态下，占比应小于1，且和为1，但如果出现企业亏损的情况，就会可能导致企业增加价值总额为负或某一利益相关者所得超过增加价值总额，此时就会出现较大的离群值或异常值。表5-5所列的是全部农、林、牧、渔业上市公司价值创造分配指标描述统计情况。表5-6所列的是农、林、牧、渔业上市公司价值创造分配指标排名情况。从表中可以看出，农、林、牧、渔业股东所得率的均值和中位数最为接近，说明行业内上市公司股东所得率较为平均。

表5-5 农、林、牧、渔业上市公司价值分配指标描述统计

	员工所得率	政府所得率	股东所得率	债权人所得率	企业留存率
均值	0.66	−0.01	0.08	0.14	0.13
中位数	0.53	0.02	0.05	0.04	0.24
最大值	4.72	0.22	0.39	1.42	0.59
最小值	0.29	−1.60	0.00	0.00	−3.53
标准差	0.75	0.30	0.10	0.27	0.69

表5-6 农、林、牧、渔业上市公司价值分配指标排名情况

公司简称	政府所得率		员工所得率		股东所得率		债权人所得率		企业留存率	
	数值	排名	数值	排名	数值	排名	数值	排名	数值	排名
香梨股份	0.22	1	0.41	28	0.00	21	0.00	32	0.37	6
天山生物	0.18	2	0.46	22	0.00	22	0.30	4	0.06	28
农发种业	0.15	3	0.53	17	0.00	23	0.07	13	0.26	15
西部牧业	0.13	4	0.52	18	0.00	24	0.09	12	0.27	13
新赛股份	0.12	5	0.45	25	0.00	25	0.33	3	0.10	25
丰乐种业	0.11	6	0.61	12	0.04	19	0.04	16	0.20	20
巨星农牧	0.09	7	0.54	16	0.09	10	0.06	15	0.22	19
獐子岛	0.05	8	0.63	8	0.00	26	0.23	6	0.08	27
益生股份	0.05	9	0.72	5	0.00	27	0.03	22	0.20	21
登海种业	0.05	10	0.62	11	0.21	5	0.00	29	0.12	23

5.1.4　人均指标排名

表 5－7 所列的是农、林、牧、渔业上市公司人均价值创造指标描述统计情况，涉及的人均价值创造指标包括人均增值额、人均薪酬和人均净利润。表 5－8 所列的是农、林、牧、渔业上市公司人均价值创造指标排名情况。从表中可以看出，农、林、牧、渔行业内人均增加价值额为 19.33 万元，中位数为 16.74 万元，相较于价值创造总额，人均价值创造额行业内差异较小。

表 5－7　农、林、牧、渔业上市公司人均价值创造指标描述统计　　　　（单位：万元）

	人均增加额	人均薪酬	人均净利润
均值	19.33	9.82	6.39
中位数	16.74	8.81	4.56
最大值	44.38	19.97	30.69
最小值	1.80	2.35	－6.35
标准差	10.91	4.39	6.72

表 5－8　农、林、牧、渔业上市公司人均价值创造指标排名情况　　　　（单位：万元）

公司简称	人均增加额		人均薪酬		人均净利润	
	数值	排名	数值	排名	数值	排名
万向德农	44.38	1	12.93	8	30.69	1
天山生物	41.64	2	19.22	2	2.46	24
雪榕生物	35.22	3	19.97	1	10.68	6
荃银高科	34.36	4	15.60	4	15.83	3
福建金森	33.95	5	10.90	12	3.33	21
开创国际	30.85	6	17.46	3	12.59	5
温氏股份	28.79	7	13.30	7	14.17	4
新农开发	27.89	8	15.14	5	7.96	11
新五丰	27.23	9	8.26	19	18.24	2
香梨股份	26.62	10	10.80	13	9.90	7

5.2　采矿业

5.2.1　价值创造总额指标排名

表 5－9 所列的是采矿业上市公司（64 家）价值创造总额指标描述统计情况。表 5－10 所列的是采矿业上市公司价值创造额指标排名情况。仅从价值创造均值和中位数在数值上的对比依旧可以看出行业内存在较大差异，但不同于农、林、牧、渔业一家独大的情形，采矿业则是前三名整体表现较好，中国石油、中国石化、中国神华在总值上都达到千亿量级。

表 5-9　采矿业上市公司价值创造总额指标描述统计　　　　　（单位：亿元）

	增加价值总额	员工薪酬	税费	股利	利息支出	企业留存
均值	208.44	63.33	106.07	14.18	10.18	14.68
中位数	24.03	10.90	6.25	0.69	1.11	2.46
最大值	4 759.61	1 489.54	2 864.96	360.00	274.23	260.11
最小值	0.45	0.09	−1.58	0.00	0.01	−11.37
标准差	792.37	212.38	480.79	51.79	35.17	41.40

表 5-10　采矿业上市公司价值创造总额指标排名情况　　　　　（单位：亿元）

公司简称	增加价值		税费		员工薪酬		股利		利息支出		企业留存	
	数值	排名	数值	排名	数值	排名	数值	排名	数值	排名	数值	排名
中国石油	4 759.61	1	2 661.03	2	1 489.54	1	160.00	2	274.23	1	174.81	2
中国石化	4 208.05	2	2 864.96	1	860.46	2	157.39	3	65.13	2	260.11	1
中国神华	1 219.87	3	425.02	3	293.94	3	360.00	1	28.26	5	112.65	3
中煤能源	344.23	4	122.93	4	81.89	7	17.77	6	50.16	3	71.49	4
兖州煤业	329.27	5	104.53	5	123.79	6	48.60	4	32.57	4	19.78	8
紫金矿业	228.13	6	76.22	6	44.24	15	30.45	5	23.09	6	54.13	5
石化油服	175.46	7	10.00	26	155.60	4	0.00	44	9.07	12	0.79	42
中油工程	151.77	8	17.09	16	124.95	5	2.57	23	1.08	33	6.09	24
潞安环能	143.23	9	49.76	7	62.01	10	5.80	17	12.62	9	13.03	15
淮北矿业	141.59	10	28.60	11	67.77	9	14.12	8	8.52	15	22.58	7

5.2.2　价值创造效率指标排名

　　表 5-11 所列的是采矿业上市公司价值创造效率指标描述统计情况。表 5-12 所列的是采矿业上市公司价值创造效率指标排名情况。从表中可以看出，2020 年采矿业行业内在增加价值综合生产性、经营资本生产性、资产增加价值率和销售增加价值率这四个方面差异都不大，仅在设备资产生产性上存在较大的行业内差距，这也与采矿业本身的行业特征相关。资产增加价值率排名前三位的企业分别是石化油服、安宁股份和盘江股份。

表 5-11　采矿业上市公司价值创造效率指标描述统计

	资产增加价值率	销售增加价值率	增加价值综合生产性	经营资本生产性	设备资本生产性
均值	0.15	0.32	0.51	0.56	1.28
中位数	0.14	0.29	0.47	0.49	0.43
最大值	0.28	0.77	2.53	3.74	42.40
最小值	0.02	0.02	0.03	0.03	0.07
标准差	0.07	0.19	0.40	0.52	5.26

表 5-12　采矿业上市公司价值创造效率指标排名情况

公司简称	资产增加价值率		销售增加价值率		增加价值综合生产性		经营资本生产性		设备资本生产性	
	数值	排名	数值	排名	数值	排名	数值	排名	数值	排名
石化油服	0.28	1	0.26	38	0.57	22	0.58	24	0.76	16
安宁股份	0.28	2	0.68	4	0.65	20	0.66	21	1.05	8
盘江股份	0.28	3	0.73	3	0.91	8	0.97	7	0.96	10
金石资源	0.27	4	0.58	7	0.84	11	0.86	11	0.70	17
海油发展	0.26	5	0.25	40	0.50	30	0.53	29	0.77	15
金岭矿业	0.26	6	0.54	10	0.50	28	0.53	28	2.75	4
平煤股份	0.26	7	0.62	6	0.88	9	0.94	8	0.42	34
露天煤业	0.25	8	0.42	20	1.15	3	1.18	3	0.40	35
中国石化	0.24	9	0.20	45	0.92	7	0.93	9	0.69	18
靖远煤电	0.23	10	0.77	1	0.40	38	0.45	36	0.85	12

5.2.3　价值分配指标排名

表 5-13 所列的是采矿上市公司价值创造分配指标描述统计情况。表 5-14 所列的是采矿业上市公司价值创造分配指标排名情况。采矿业上市公司的五个价值分配指标中，企业留存率标准差最大，且负值较多，说明采矿业在企业留存率上明显存在较大的行业内差距，采矿业内较多企业存在严重的亏损现象。

表 5-13　采矿业上市公司价值分配指标描述统计

	员工所得率	政府所得率	股东所得率	债权人所得率	企业留存率
均值	0.55	0.26	0.06	0.11	0.02
中位数	0.47	0.26	0.04	0.09	0.12
最大值	3.48	0.68	0.45	0.54	0.58
最小值	0.08	−0.73	0.00	0.00	−3.54
标准差	0.50	0.18	0.08	0.11	0.57

表 5-14　采矿业上市公司价值分配指标排名情况

公司简称	政府所得率		员工所得率		股东所得率		债权人所得率		企业留存率	
	数值	排名	数值	排名	数值	排名	数值	排名	数值	排名
中国石化	0.68	1	0.20	55	0.04	33	0.02	56	0.06	42
中国石油	0.56	2	0.31	46	0.03	35	0.06	38	0.04	50
西藏珠峰	0.55	3	0.28	47	0.00	44	0.08	33	0.08	40
中曼石油	0.51	4	3.48	1	0.00	45	0.54	1	−3.54	64
潜能恒信	0.49	5	0.38	39	0.06	25	0.02	51	0.04	47

（续表）

公司简称	政府所得率		员工所得率		股东所得率		债权人所得率		企业留存率	
	数值	排名	数值	排名	数值	排名	数值	排名	数值	排名
西藏矿业	0.45	6	1.77	3	0.00	46	0.03	49	－1.25	62
晋控煤业	0.43	7	0.22	53	0.00	47	0.10	23	0.25	12
露天煤业	0.40	8	0.24	51	0.09	15	0.05	39	0.21	18
国城矿业	0.39	9	0.26	49	0.04	32	0.00	60	0.31	8
洛阳钼业	0.38	10	0.22	54	0.07	21	0.16	13	0.17	24

5.2.4 人均指标排名

表 5-15 所列的是采矿业上市公司人均价值创造指标描述统计情况。表 5-16 所列的是采矿业上市公司人均价值创造指标排名情况。采矿业行业内人均增加额和人均薪酬差异并不明显，人均净利润存在较大差异，原因可能在于部分企业存在的亏损现象。增加价值总额排名前两位的中国石油和中国石化人均增加额分别排名第九位和第八位，中国神华则在总额和人均增加额上都表现得较为优秀。

表 5-15　采矿业上市公司人均价值创造指标描述统计　　　　　　（单位：万元）

	人均增加额	人均薪酬	人均净利润
均值	50.47	17.09	12.79
中位数	33.56	14.55	5.53
最大值	274.49	48.10	87.24
最小值	5.19	5.30	－18.36
标准差	45.89	8.47	19.51

表 5-16　采矿业上市公司人均价值创造指标排名情况　　　　　　（单位：万元）

公司简称	人均增加额		人均薪酬		人均净利润	
	数值	排名	数值	排名	数值	排名
未来股份	274.49	1	26.24	10	60.83	5
中国神华	160.13	2	38.58	2	62.04	4
银泰黄金	147.04	3	13.86	35	87.24	1
潜能恒信	125.47	4	48.10	1	12.64	21
露天煤业	112.84	5	27.13	8	34.27	7
安宁股份	112.10	6	8.44	59	68.75	2
首华燃气	110.18	7	19.57	18	65.04	3
中国石化	109.57	8	22.40	12	10.87	22
中国石油	108.42	9	34.48	4	7.75	28
晋控煤业	99.24	10	21.60	14	24.92	10

5.3　制造业

由于制造业行业内企业数量较多，在对制造业进行排名时，也将其分为劳动密集型制造业、资本密集型制造业和技术密集型制造业，并分别对其排名。

5.3.1　劳动密集型制造业

5.3.1.1　价值创造总额指标排名

表 5-17 所列的是劳动密集型制造业上市公司（476 家）价值创造总额指标描述统计情况。表 5-18 所列的是劳动密集型制造业上市公司价值创造总额指标排名情况。劳动密集型制造业价值创造总额排名前三位的上市公司分别为海螺水泥、金隅集团和伊利股份。

表 5-17　劳动密集型制造业上市公司价值创造总额指标描述统计　（单位：亿元）

	增加价值总额	员工薪酬	税费	股利	利息支出	企业留存
均值	14.56	5.06	2.86	1.99	0.77	3.91
中位数	5.21	2.41	0.75	0.44	0.13	1.03
最大值	637.04	96.33	192.53	112.35	64.83	251.36
最小值	0.05	0.11	−2.44	0.00	−0.01	−13.66
标准值	39.30	9.48	11.15	6.92	3.54	14.15

表 5-18　劳动密集型制造业上市公司价值创造总额指标排名情况　（单位：亿元）

公司简称	增加价值		员工薪酬		税费		股利		利息支出		企业留存	
	数值	排名	数值	排名	数值	排名	数值	排名	数值	排名	数值	排名
海螺水泥	637.04	1	76.22	3	192.53	1	112.35	1	4.58	13	251.36	1
金隅集团	263.51	2	58.87	4	88.25	2	6.41	33	64.83	1	45.15	7
伊利股份	215.02	3	96.33	1	42.75	4	49.88	3	4.94	11	21.11	19
金龙鱼	181.45	4	56.98	5	39.77	5	6.02	35	19.05	4	59.63	3
中集集团	179.48	5	87.88	2	8.73	29	10.07	16	22.76	2	50.05	5
双汇发展	170.23	6	39.25	8	66.29	3	58.21	2	0.99	67	5.49	70
隆基股份	145.85	7	48.18	6	6.81	39	9.43	17	3.86	15	77.57	2
雅戈尔	137.92	8	16.26	25	39.59	6	23.15	5	10.01	5	48.92	6
华新水泥	123.62	9	25.26	16	34.26	8	22.64	6	2.36	29	39.09	10
冀东水泥	122.94	10	26.85	14	34.48	7	6.74	29	9.76	6	45.10	8

5.3.1.2　价值创造效率指标排名

表 5-19 所列的是劳动密集型制造业上市公司价值创造效率指标描述统计情况。表

5-20所列的是劳动密集型制造业上市公司价值创造效率指标排名情况。总体来看，劳动密集型制造业行业内价值创造效率差异不大，资产增加价值率排名前三位的企业分别为英科医疗、立高食品和稳健医疗。

表5-19　劳动密集型制造业上市公司价值创造效率指标描述统计

	资产增加价值率	销售增加价值率	增加价值综合生产性	经营资本生产性	设备资本生产性
均值	0.19	0.30	0.36	0.37	1.41
中位数	0.18	0.28	0.31	0.31	0.82
最大值	0.99	1.62	1.72	1.80	73.76
最小值	0.00	0.00	0.01	0.01	0.00
标准值	0.11	0.16	0.22	0.24	4.55

表5-20　劳动密集型制造业上市公司价值创造效率指标排名情况

公司简称	资产增加价值率		销售增加价值率		增加价值综合生产性		经营资本生产性		设备资本生产性	
	数值	排名	数值	排名	数值	排名	数值	排名	数值	排名
英科医疗	0.99	1	0.57	17	1.54	2	1.56	2	4.34	14
立高食品	0.77	2	0.38	123	1.34	4	1.48	4	2.46	39
稳健医疗	0.67	3	0.47	48	0.84	15	0.86	19	4.39	12
双汇发展	0.54	4	0.23	314	0.84	14	0.89	16	1.63	81
道恩股份	0.53	5	0.29	220	0.75	28	0.75	36	2.87	32
桃李面包	0.48	6	0.43	71	0.99	9	1.03	10	1.55	92
坚朗五金	0.47	7	0.41	92	0.56	73	0.61	61	3.76	19
双一科技	0.46	8	0.49	39	0.57	66	0.60	66	2.98	27
三全食品	0.45	9	0.37	132	0.71	37	0.76	34	1.51	95
汇洁股份	0.45	10	0.49	40	0.62	56	0.65	55	2.37	44

5.3.1.3　价值分配指标排名

表5-21所列的是劳动密集型制造业上市公司价值创造分配指标描述统计情况。表5-22所列的是劳动密集型制造业上市公司价值创造分配指标排名情况。受劳动密集型制造业行业特征影响，员工所得率排名前十位的企业在数值上都大于1。

表5-21　劳动密集型制造业上市公司价值分配指标描述统计

	员工所得率	政府所得率	股东所得率	债权人所得率	企业留存率
均值	0.53	0.11	0.13	0.06	0.16
中位数	0.43	0.17	0.10	0.03	0.22
最大值	7.12	2.45	2.22	4.66	5.63
最小值	0.06	−13.52	0.00	0.00	−7.06
标准值	0.58	0.67	0.16	0.23	0.68

表 5－22　劳动密集型制造业上市公司价值分配指标排名情况

公司简称	政府所得率		员工所得率		股东所得率		债权人所得率		企业留存率	
	数值	排名	数值	排名	数值	排名	数值	排名	数值	排名
明牌珠宝	2.45	1	4.83	3	0.00	394	0.78	2	－7.06	475
天创时尚	0.70	2	2.70	6	0.35	21	0.08	118	－2.83	471
道道全	0.69	3	1.37	13	0.43	12	0.08	111	－1.57	468
盛通股份	0.67	4	3.89	4	0.00	395	0.09	101	－3.65	472
永利股份	0.63	5	2.78	5	0.00	396	0.08	119	－2.48	470
康欣新材	0.56	6	2.44	9	0.00	397	4.66	1	－6.65	474
锦泓集团	0.54	7	1.18	17	0.00	398	0.46	4	－1.18	467
京基智农	0.48	8	0.08	473	0.30	36	0.00	395	0.14	334
佳隆股份	0.47	9	0.38	302	0.12	218	0.00	463	0.04	411
龙泉股份	0.42	10	1.24	16	0.00	399	0.25	15	－0.91	466

5.3.1.4　人均指标排名

表 5－23 所列的是劳动密集型制造业上市公司人均价值创造指标描述统计情况。表 5－24 所列的是劳动密集型制造业上市公司人均价值创造指标排名情况。四川双马在人均增加额、人均薪酬和人均净利润这三个方面都排名第一位。

表 5－23　劳动密集型制造业上市公司人均价值创造指标描述统计　　　　（单位：万元）

	人均增加额	人均薪酬	人均净利润
均值	31.83	11.34	13.57
中位数	24.99	10.52	8.63
最大值	307.27	36.20	232.55
最小值	1.51	4.09	－27.23
标准值	28.50	4.38	19.93

表 5－24　劳动密集型制造业上市公司人均价值创造指标排名情况　　　　（单位：万元）

公司简称	人均增加额		人均薪酬		人均净利润	
	数值	排名	数值	排名	数值	排名
四川双马	307.27	1	36.20	1	232.55	1
玉龙股份	221.92	2	27.93	7	148.02	2
老凤祥	214.04	3	34.30	2	88.22	6
海天味业	177.60	4	21.92	15	105.79	5
京基智农	154.84	5	12.88	107	67.26	10
上峰水泥	144.60	6	8.58	368	84.12	7
好想你	134.00	7	12.52	121	111.42	3
海螺水泥	131.45	8	16.03	46	76.51	8
塔牌集团	123.45	9	20.87	19	66.46	11
英科医疗	120.88	10	8.54	375	107.71	4

5.3.2 资本密集型制造业

5.3.2.1 价值创造总额指标排名

表 5-25 所列的是资本密集型制造业上市公司（567 家）价值创造总额指标描述统计情况。表 5-26 所列的是资本密集型制造业上市公司价值创造总额指标排名情况。资本密集型制造业中在价值创造总额上表现最好的企业是贵州茅台，其增加价值总额、税费、股利、员工所得额都排名第一位，员工薪酬排第三位。

表 5-25　资本密集型制造业上市公司价值创造总额指标描述统计　　　（单位：亿元）

	增加价值总额	员工薪酬	税费	股利	利息支出	企业留存
均值	18.28	5.83	4.56	2.44	1.45	4.01
中位数	4.84	2.06	0.73	0.40	0.14	1.09
最大值	1 000.08	146.44	417.87	242.36	52.94	252.88
最小值	0.08	0.18	−5.19	0.00	−0.05	−11.27
标准差	56.65	12.18	21.82	12.18	4.78	14.57

表 5-26　资本密集型制造业上市公司价值创造总额指标排名情况　　　（单位：亿元）

公司简称	增加价值		员工薪酬		税费		股利		利息支出		企业留存额	
	数值	排名	数值	排名	数值	排名	数值	排名	数值	排名	数值	排名
贵州茅台	1 000.08	1	86.98	3	417.87	1	242.36	1	0.00	510	252.88	1
五粮液	474.63	2	57.75	5	207.74	2	100.15	2	0.00	510	108.99	3
宝钢股份	366.97	3	146.44	1	62.67	6	66.81	3	18.01	12	73.05	5
恒力石化	283.59	4	27.74	22	67.97	5	54.20	4	52.94	1	80.75	4
上海电气	234.79	5	113.93	2	46.69	10	10.90	18	21.51	8	41.76	8
荣盛石化	186.14	6	24.58	27	−5.19	567	10.13	23	33.03	4	123.59	2
万华化学	185.84	7	43.73	13	25.88	16	40.82	6	12.08	14	63.33	6
上海石化	183.84	8	31.33	20	145.11	3	10.82	19	1.01	113	−4.43	564
中国铝业	181.30	9	79.67	4	41.21	11	0.00	445	44.68	2	15.73	28
洋河股份	172.47	10	22.35	34	75.28	4	45.21	5	0.00	509	29.64	10

5.3.2.2 价值创造效率指标排名

表 5-27 所列的是资本密集型制造业上市公司价值创造效率指标描述统计情况。表 5-28 所列的是资本密集型制造业上市公司价值创造效率指标排名情况。资本密集型制造业整体上在价值创造效率上不存在明显的行业内差距，在五个价值创造效率指标中都表现较好的企业为重庆啤酒、南方轴承和贝泰妮。与劳动密集型制造业相比，资本密集型制造业价值创造效率更低。

表 5-27　资本密集型制造业上市公司价值创造效率指标描述统计

	资产增加价值率	销售增加价值率	增加价值综合生产性	经营资本生产性	设备资本生产性
均值	0.16	0.26	0.30	0.30	0.93
中位数	0.14	0.24	0.27	0.28	0.61
最大值	0.92	1.08	1.90	2.01	21.11
最小值	0.00	0.01	0.01	0.01	0.01
标准差	0.09	0.16	0.18	0.19	1.48

表 5-28　资本密集型制造业上市公司价值创造效率指标排名情况

公司简称	资产增加价值率		销售增加价值率		增加价值综合生产性		经营资本生产性		设备资本生产性	
	数值	排名	数值	排名	数值	排名	数值	排名	数值	排名
贝泰妮	0.92	1	0.47	49	1.00	8	1.06	7	19.31	2
山西汾酒	0.59	2	0.77	9	0.69	16	0.74	17	6.35	6
贵州茅台	0.50	3	1.05	2	0.57	37	0.58	39	6.38	5
重庆啤酒	0.50	4	0.47	48	1.06	5	1.16	2	1.56	68
水井坊	0.49	5	0.68	18	0.63	24	0.65	26	3.86	13
南方轴承	0.49	6	1.08	1	1.03	6	1.06	6	2.32	33
李子园	0.44	7	0.40	87	1.06	4	1.13	3	1.13	124
五粮液	0.43	8	0.83	4	0.46	65	0.48	63	7.93	3
嘉亨家化	0.42	9	0.34	124	0.60	29	0.69	24	1.52	71
豪悦护理	0.41	10	0.37	100	0.69	17	0.70	20	1.46	77

5.3.2.3　价值分配指标排名

表 5-29 所列的是资本密集型制造业上市公司价值创造分配指标描述统计情况。表5-30 所列的是资本密集型制造业上市公司价值创造分配指标排名情况。资本密集型制造业员工所得率在所有利益相关者中占比最高，其次是政府所得率，这与劳动密集型制造业的特征存在明显差异。

表 5-29　资本密集型制造业上市公司价值分配指标描述统计

	员工所得率	政府所得率	股东所得率	债权人所得率	企业留存率
均值	0.49	0.18	0.11	0.09	0.13
中位数	0.41	0.18	0.09	0.03	0.22
最大值	14.51	1.14	0.80	3.59	0.75
最小值	0.08	−1.01	0.00	0.00	−16.61
标准差	0.68	0.16	0.12	0.24	0.88

表 5-30　资本密集型制造业上市公司价值分配指标排名情况

公司简称	政府所得率		员工所得率		股东所得率		债权人所得率		企业留存率	
	数值	排名	数值	排名	数值	排名	数值	排名	数值	排名
东方锆业	1.14	1	3.90	2	0.00	445	3.59	1	－7.62	566
华西股份	1.12	2	1.75	9	0.69	3	2.61	3	－5.17	565
和科达	1.04	3	3.18	4	0.00	446	0.01	377	－3.23	563
上海石化	0.79	4	0.17	536	0.06	359	0.01	434	－0.02	529
青青稞酒	0.65	5	0.73	46	0.00	447	0.01	389	－0.39	547
顺鑫农业	0.64	6	0.17	534	0.02	427	0.08	167	0.09	462
兰州黄河	0.61	7	1.15	20	0.00	448	0.06	196	－0.83	554
澳洋健康	0.49	8	3.44	3	0.00	449	1.19	5	－4.12	564
老白干酒	0.49	9	0.34	376	0.07	336	0.01	399	0.09	465
今世缘	0.49	10	0.11	561	0.15	160	0.00	471	0.26	230

5.3.2.4　人均指标排名

表 5-31 所列的是资本密集型制造业上市公司人均价值创造指标描述统计情况。表 5-32 所列的是资本密集型制造业上市公司人均价值创造指标排名情况。人均增加额排名前 10 位的资本密集型制造业上市公司中酒类企业较多。

表 5-31　资本密集型制造业上市公司人均价值创造指标描述统计　　　（单位：万元）

	人均增加额	人均薪酬	人均净利润
均值	37.89	12.99	14.82
中位数	30.30	11.48	10.09
最大值	383.20	55.12	178.93
最小值	0.56	2.94	－68.58
标准差	33.79	5.76	19.70

表 5-32　资本密集型制造业上市公司人均价值创造指标排名情况　　　（单位：万元）

公司简称	人均增加额		人均薪酬		人均净利润	
	数值	排名	数值	排名	数值	排名
泸州老窖	383.20	1	28.88	14	178.93	1
贵州茅台	344.49	2	29.96	11	170.59	2
重庆啤酒	222.03	3	55.12	1	75.86	13
上海石化	217.15	4	37.01	5	7.55	348
华宝股份	198.95	5	24.00	24	126.47	4
长鸿高科	193.03	6	14.98	141	127.81	3
五粮液	183.38	7	22.31	38	80.80	9
水井坊	163.33	8	26.10	19	58.13	18
美思德	149.17	9	27.80	16	98.20	5
嘉化能源	137.24	10	15.19	134	96.80	6

5.3.3　技术密集型制造业

5.3.3.1　价值创造总额指标排名

表 5-33 所列的是技术密集型制造业上市公司（1320 家）价值创造总额指标描述统计情况。表 5-34 所列的是技术密集型制造业上市公司价值创造总额指标排名情况。技术密集型制造业上市公司中，价值创造总额指标上表现最好的企业是上汽集团，增加价值总额高达942.35 亿元，远远高于第二名中国中车的 563.91 亿元。

表 5-33　技术密集型制造业上市公司价值创造总额指标描述统计　　（单位：亿元）

	增加价值总额	员工薪酬	税费	股利	利息支出	企业留存
均值	14.23	7.09	1.77	1.54	0.64	3.20
中位数	4.35	2.12	0.49	0.37	0.08	0.88
最大值	942.35	378.60	250.08	180.47	48.07	219.44
最小值	0.01	0.13	−88.37	0.00	−0.10	−30.82
标准差	45.41	22.60	9.62	6.89	2.37	10.95

表 5-34　技术密集型制造业上市公司价值创造总额指标排名情况　　（单位：亿元）

公司简称	增加价值		员工薪酬		税费		股利		利息支出		企业留存额	
	数值	排名	数值	排名	数值	排名	数值	排名	数值	排名	数值	排名
上汽集团	942.35	1	378.60	1	250.08	1	72.44	3	21.80	4	219.44	1
中国中车	563.91	2	306.36	2	109.96	2	51.66	4	9.36	17	86.57	5
潍柴动力	465.72	3	269.90	3	71.68	4	0.00	1 049	11.39	12	112.75	3
海尔智家	426.12	4	226.89	5	72.73	3	33.04	9	13.27	7	80.18	6
工业富联	388.30	5	219.99	6	−11.86	1 314	49.68	7	5.89	28	124.59	2
格力电器	365.05	6	88.36	13	42.97	9	180.47	1	10.93	13	42.32	17
比亚迪	337.66	7	235.74	4	10.01	45	4.04	86	31.77	2	56.10	9
中兴通讯	292.08	8	203.87	7	26.04	14	9.23	31	14.96	5	37.99	19
三一重工	283.26	9	76.02	16	44.28	8	50.87	5	4.35	42	107.74	4
海康威视	270.74	10	107.66	11	24.06	18	74.75	2	2.23	83	62.04	8

5.3.3.2　价值创造效率指标排名

表 5-35 所列的是技术密集型制造业上市公司价值创造效率指标描述统计情况。表5-36 所列的是技术密集型制造业上市公司价值创造效率指标排名情况。资产增加价值率排名前三位的上市公司分别为奥泰生物、东方生物和圣湘生物。技术密集型制造业的增加价值综合生产性、经营资本生产性、资产增加价值率和销售增加价值率均值都与资本密集型制造业数值接近，设备资本生产性均值远远高于其他两类制造业。

表 5-35   技术密集型制造业上市公司价值创造效率指标描述统计

	资产增加价值率	销售增加价值率	增加价值综合生产性	经营资本生产性	设备资本生产性
均值	0.18	0.33	0.29	0.30	2.23
中位数	0.16	0.31	0.25	0.26	1.10
最大值	1.17	1.70	2.11	2.23	99.55
最小值	0.00	0.00	0.00	0.00	0.00
标准差	0.12	0.17	0.18	0.19	5.10

表 5-36   技术密集型制造业上市公司价值创造效率指标排名情况

公司简称	资产增加价值率		销售增加价值率		增加价值综合生产性		经营资本生产性		设备资本生产性	
	数值	排名	数值	排名	数值	排名	数值	排名	数值	排名
奥泰生物	1.17	1	0.76	19	1.32	3	1.37	3	16.17	29
东方生物	1.14	2	0.69	42	1.22	5	1.26	6	28.42	8
圣湘生物	1.14	3	0.73	29	1.19	7	1.26	7	17.74	24
之江生物	1.06	4	0.65	56	1.25	4	1.35	4	11.14	41
宁波东力	0.99	5	1.43	2	2.11	1	2.23	1	3.46	152
振德医疗	0.95	6	0.42	337	1.38	2	1.45	2	5.84	78
硕世生物	0.78	7	0.77	17	0.89	18	1.00	15	19.00	20
达安基因	0.78	8	0.75	23	1.12	8	1.31	5	12.37	39
明德生物	0.69	9	0.74	25	0.81	24	0.84	27	7.13	64
博硕科技	0.66	10	0.51	172	0.71	32	0.74	33	9.95	45

5.3.3.3   价值分配指标排名

表 5-37 所列的是技术密集型制造业上市公司价值创造分配指标描述统计情况。表 5-38 所列的是技术密集型制造业上市公司价值创造分配指标排名情况。在员工所得率方面，技术密集型制造业呈现与劳动密集型制造业类似的特征，前十名的企业员工所得率都大于 1。

表 5-37   技术密集型制造业上市公司价值分配指标描述统计

	员工所得率	政府所得率	股东所得率	债权人所得率	企业留存率
均值	0.65	0.15	0.11	0.08	0.00
中位数	0.50	0.14	0.08	0.02	0.23
最大值	28.39	13.77	9.96	8.81	0.83
最小值	0.08	-1.05	0.00	-0.02	-42.53
标准差	1.50	0.57	0.29	0.42	2.41

表 5‐38 技术密集型制造业上市公司价值分配指标排名情况

公司简称	政府所得率		员工所得率		股东所得率		债权人所得率		企业留存率	
	数值	排名	数值	排名	数值	排名	数值	排名	数值	排名
众生药业	13.77	1	11.51	6	9.96	1	2.27	8	－36.51	1 317
炼石航空	8.38	2	26.99	2	0.00	1 049	8.16	2	－42.53	1 319
远东股份	7.67	3	18.84	4	0.00	1 050	5.77	3	－31.28	1 315
合力泰	5.66	4	25.33	3	0.00	1 051	8.81	1	－38.80	1 318
双成药业	4.99	5	7.90	7	0.00	1 052	1.70	9	－13.58	1 314
仟源医药	3.64	6	6.96	8	0.00	1 053	2.32	7	－11.92	1 312
通化金马	2.92	7	4.29	9	0.00	1 054	3.31	5	－9.52	1 311
航新科技	2.70	8	28.39	1	0.21	170	3.67	4	－33.98	1 316
莱美药业	2.17	9	1.83	31	0.00	1 055	0.96	14	－3.96	1 308
金城医药	1.67	10	3.46	15	0.71	5	0.21	68	－5.04	1 309

5.3.3.4 人均指标排名

表 5‐39 所列的是技术密集型制造业上市公司人均价值创造指标描述统计情况。表 5‐40 所列的是技术密集型制造业上市公司人均价值创造指标排名情况。技术密集型制造业的人均增加额介于劳动密集型制造业和资本密集制造业之间，但人均薪酬远远高于其他两种制造业。

表 5‐39 技术密集型制造业上市公司人均价值创造指标描述统计 （单位：万元）

	人均增加额	人均薪酬	人均净利润
均值	34.04	14.26	13.87
中位数	26.67	12.54	8.56
最大值	462.46	66.41	387.86
最小值	0.38	3.41	－32.65
标准差	32.10	6.81	24.03

表 5‐40 技术密集型制造业上市公司人均价值创造指标排名情况 （单位：万元）

公司简称	人均增加额		人均薪酬		人均净利润	
	数值	排名	数值	排名	数值	排名
之江生物	462.46	1	49.13	8	322.49	2
卓胜微	452.86	2	38.67	21	387.86	1
圣湘生物	380.89	3	36.12	25	287.22	3
甘化科工	314.49	4	25.21	75	248.20	4
达安基因	253.47	5	52.86	4	155.76	5
硕世生物	233.32	6	51.77	6	142.78	6
天能重工	182.60	7	17.56	264	87.93	18
爱美客	168.04	8	31.30	38	110.70	9

（续表）

公司简称	人均增加额		人均薪酬		人均净利润	
	数值	排名	数值	排名	数值	排名
东方生物	161.81	9	15.49	392	120.71	8
智飞生物	157.60	10	21.05	141	97.67	13

5.4 电力、热力、燃气及水生产和供应业

5.4.1 价值创造总额指标排名

表 5-41 所列的是电力、热力、燃气及水生产和供应业上市公司（103 家）价值创造总额指标描述统计情况。表 5-42 所列的是电力、热力、燃气及水生产和供应业上市公司价值创造总额指标排名情况。电力、热力、燃气及水生产和供应业上市公司增加价值总额极高，排名前三位的企业分别为华能国际、国电电力和中国广核。

表 5-41　电力、热力、燃气及水生产和供应业上市公司价值创造总额指标描述统计（单位：亿元）

	增加价值总额	员工薪酬	税费	股利	利息支出	企业留存
均值	43.72	11.13	9.87	4.28	9.04	9.41
中位数	14.33	3.83	2.19	1.10	1.97	2.39
最大值	414.11	142.53	112.97	40.40	101.58	108.36
最小值	1.14	0.24	0.02	0.00	0.00	−11.69
标准差	81.47	21.80	20.22	7.51	19.29	18.89

表 5-42　电力、热力、燃气及水生产和供应业上市公司价值创造总额指标排名情况（单位：亿元）

公司简称	增加价值		税费		员工薪酬		股利		利息支出		企业留存	
	数值	排名	数值	排名	数值	排名	数值	排名	数值	排名	数值	排名
华能国际	414.11	1	112.97	1	142.53	1	28.26	4	101.58	1	28.78	10
国电电力	372.50	2	102.61	2	105.25	2	7.86	15	87.57	3	69.21	5
中国广核	369.02	3	36.89	9	88.42	3	40.40	1	94.95	2	108.36	1
中国核电	301.06	4	73.44	4	47.55	7	22.69	6	70.60	5	86.78	2
大唐发电	281.28	5	75.97	3	78.63	4	16.84	8	73.51	4	36.32	6
国投电力	231.77	6	68.45	5	23.37	12	19.50	7	42.20	7	78.26	3
华电国际	224.59	7	55.51	6	64.06	5	24.66	5	47.25	6	33.11	8
新奥股份	185.46	8	47.22	7	47.85	6	4.94	24	12.05	17	73.39	4
浙能电力	146.08	9	34.66	10	33.18	8	30.60	2	11.50	18	36.13	7
华能水电	141.53	10	39.76	8	10.55	24	28.80	3	38.38	8	24.03	11

5.4.2　价值创造效率指标排名

表 5-43 所列的是电力、热力、燃气及水生产和供应业上市公司价值创造效率指标描述统计情况。表 5-44 所列的是电力、热力、燃气及水生产和供应业上市公司价值创造效率指标排名情况。电力、热力、燃气及水生产和供应业上市公司价值创造效率明显高于制造业，行业内价值创造效率也存在较大差异，资产增加价值率排名前三位的分别是文山电力、乐山电力和宝新能源。

表 5-43　电力、热力、燃气及水生产和供应业上市公司价值创造效率指标描述统计

	资产增加价值率	销售增加价值率	增加价值综合生产性	经营资本生产性	设备资本生产性
均值	0.10	0.40	0.54	0.56	0.31
中位数	0.10	0.31	0.45	0.46	0.22
最大值	0.25	3.91	3.82	3.88	1.97
最小值	0.02	0.06	0.06	0.06	0.05
标准差	0.04	0.39	0.47	0.48	0.31

表 5-44　电力、热力、燃气及水生产和供应业上市公司价值创造效率指标排名情况

公司简称	资产增加价值率		销售增加价值率		增加价值综合生产性		经营资本生产性		设备资本生产性	
	数值	排名	数值	排名	数值	排名	数值	排名	数值	排名
文山电力	0.25	1	0.38	37	1.71	4	1.72	4	0.36	25
乐山电力	0.24	2	0.41	35	1.10	8	1.50	5	0.46	15
宝新能源	0.19	3	0.51	24	0.67	22	0.68	23	0.38	22
顺控发展	0.19	4	0.65	9	0.69	21	0.71	22	0.62	9
长源电力	0.18	5	0.31	53	1.18	5	1.23	6	0.27	39
佛燃能源	0.18	6	0.18	92	0.53	38	0.56	37	0.41	16
穗恒运 A	0.17	7	0.64	10	0.50	45	0.51	45	0.79	7
通宝能源	0.17	8	0.21	86	0.63	28	0.68	24	0.30	35
蓝天燃气	0.17	9	0.18	93	0.73	17	0.76	18	0.28	36
新奥股份	0.17	10	0.21	84	0.61	30	0.63	30	0.41	17

5.4.3　价值分配指标排名

表 5-45 所列的是电力、热力、燃气及水生产和供应业上市公司价值创造分配指标描述统计情况。表 5-46 所列的是电力、热力、燃气及水生产和供应业上市公司价值创造分配指标排名情况。与其他行业相比电力、热力、燃气及水生产和供应业上市公司各利益相关者所得率数值接近，说明该行业增加价值在利益相关者之间的分配较为均衡。

表5-45　电力、热力、燃气及水生产和供应业上市公司价值分配指标描述统计

	员工所得率	政府所得率	股东所得率	债权人所得率	企业留存率
均值	0.32	0.20	0.11	0.19	0.19
中位数	0.29	0.21	0.09	0.16	0.21
最大值	0.96	0.34	0.45	1.46	0.62
最小值	0.05	0.01	0.00	0.00	－1.53
标准差	0.17	0.07	0.10	0.18	0.23

表5-46　电力、热力、燃气及水生产和供应业上市公司价值分配指标排名情况

公司简称	政府所得率		员工所得率		股东所得率		债权人所得率		企业留存率	
	数值	排名	数值	排名	数值	排名	数值	排名	数值	排名
桂东电力	0.34	1	0.22	75	0.05	72	0.24	26	0.14	78
穗恒运A	0.33	2	0.18	85	0.08	55	0.08	73	0.33	16
黔源电力	0.32	3	0.09	98	0.06	70	0.23	33	0.30	26
国新能源	0.31	4	0.76	3	0.00	87	1.46	1	－1.53	103
桂冠电力	0.31	5	0.15	92	0.23	10	0.16	55	0.15	70
内蒙华电	0.30	6	0.37	30	0.15	25	0.18	46	－0.01	98
华电能源	0.30	7	0.89	2	0.00	88	0.49	4	－0.67	102
通宝能源	0.30	8	0.46	18	0.07	62	0.04	92	0.14	80
国投电力	0.30	9	0.10	97	0.08	53	0.18	45	0.34	14
赣能股份	0.29	10	0.24	71	0.11	40	0.11	65	0.25	36

5.4.4　人均指标排名

表5-47所列的是电力、热力、燃气及水生产和供应业上市公司人均价值创造指标描述统计情况。表5-48所列的是电力、热力、燃气及水生产和供应业上市公司人均价值创造指标排名情况。电力、热力、燃气及水生产和供应业上市公司员工所得率虽低，但人均薪酬普遍较高。

表5-47　电力、热力、燃气及水生产和供应业上市公司人均价值创造指标描述统计（单位：万元）

	人均增加额	人均薪酬	人均净利润
均值	89.42	19.60	33.77
中位数	60.33	18.17	19.71
最大值	501.99	48.41	206.56
最小值	10.84	7.34	－22.16
标准差	82.43	8.37	41.11

表 5-48　电力、热力、燃气及水生产和供应业上市公司人均价值创造指标排名情况（单位：万元）

公司简称	人均增加额		人均薪酬		人均净利润	
	数值	排名	数值	排名	数值	排名
嘉泽新能	501.99	1	23.88	28	200.06	2
华能水电	415.89	2	31.01	11	155.25	3
宝新能源	282.50	3	36.46	6	138.56	4
黔源电力	277.97	4	26.72	21	100.17	9
国投电力	269.07	5	27.12	18	113.49	8
川投能源	259.30	6	14.90	66	206.56	1
申能股份	230.40	7	36.96	5	116.16	6
川能动力	214.98	8	25.13	26	117.00	5
中国核电	207.54	9	32.78	8	75.47	12
中国广核	202.05	10	48.41	1	81.45	10

5.5　建筑业

5.5.1　价值创造总额指标排名

表 5-49 所列的是建筑业上市公司（82 家）价值创造总额指标描述统计情况。表 5-50 所列的是建筑业上市公司价值创造总额指标排名情况。建筑业增加价值均值为 116.02 亿元，中位数为 8.61 亿元，行业内差异较大。价值创造总额排名前三的企业分别为中国建筑、中国中铁和中国铁建。

表 5-49　建筑业上市公司价值创造总额指标描述统计　　　　　（单位：亿元）

	增加价值总额	员工薪酬	税费	股利	利息支出	企业留存
均值	116.02	53.30	26.22	3.89	11.82	20.78
中位数	8.61	3.74	1.39	0.32	1.01	1.14
最大值	2 437.12	790.40	703.01	90.10	234.21	619.41
最小值	0.13	0.07	-4.11	0.00	0.00	-18.56
标准差	364.16	152.77	91.63	11.96	37.45	78.38

表 5-50　建筑业上市公司价值创造总额指标排名情况　　　　　（单位：亿元）

公司简称	增加价值		税费		员工薪酬		股利		利息支出		企业留存	
	数值	排名	数值	排名	数值	排名	数值	排名	数值	排名	数值	排名
中国建筑	2 437.12	1	703.01	1	790.40	1	90.10	1	234.21	1	619.41	1
中国中铁	1 469.81	2	303.45	2	782.22	2	44.23	2	111.64	4	228.27	2
中国铁建	1 323.46	3	275.31	3	675.72	3	31.23	3	115.35	3	225.85	3

（续表）

公司简称	增加价值		税费		员工薪酬		股利		利息支出		企业留存	
	数值	排名	数值	排名	数值	排名	数值	排名	数值	排名	数值	排名
中国交建	1 021.52	4	207.21	4	440.21	4	29.24	4	180.62	2	164.25	4
中国电建	670.00	5	123.89	5	317.33	5	14.17	6	101.42	5	113.19	5
中国中冶	475.98	6	104.05	6	252.79	6	15.54	5	25.32	6	78.28	6
多喜爱	255.27	7	19.01	14	216.78	7	2.16	17	7.94	13	9.37	15
上海建工	252.57	8	62.69	8	134.54	8	12.91	7	23.11	7	19.31	10
葛洲坝	221.43	9	69.85	7	76.77	10	3.36	15	21.88	9	49.57	7
中国化学	146.15	10	28.58	10	74.69	11	11.00	9	4.45	19	27.42	9

5.5.2 价值创造效率指标排名

表5-51所列的是建筑业上市公司价值创造效率指标描述统计情况。表5-52所列的是建筑业上市公司价值创造效率指标排名情况。相较于其他行业，建筑业价值创造效率普遍更低，资产增加价值率排名前三位的企业分别为东易日盛、中国海诚和多喜爱。

表5-51　建筑业上市公司价值创造效率指标描述统计

	资产增加价值率	销售增加价值率	增加价值综合生产性	经营资本生产性	设备资本生产性
均值	0.10	0.18	0.14	0.14	5.20
中位数	0.09	0.16	0.13	0.13	2.44
最大值	0.38	0.47	0.67	0.69	84.09
最小值	0.02	0.06	0.03	0.03	0.18
标准差	0.06	0.08	0.09	0.09	10.25

表5-52　建筑业上市公司价值创造效率指标排名情况

公司简称	资产增加价值率		销售增加价值率		增加价值综合生产性		经营资本生产性		设备资本生产性	
	数值	排名	数值	排名	数值	排名	数值	排名	数值	排名
东易日盛	0.38	1	0.34	3	0.67	1	0.69	1	2.24	44
中国海诚	0.34	2	0.30	13	0.36	3	0.38	3	6.93	17
多喜爱	0.31	3	0.32	6	0.37	2	0.41	2	10.60	9
中天精装	0.24	4	0.24	17	0.25	4	0.26	4	7.36	15
腾达建设	0.17	5	0.31	10	0.24	5	0.24	5	6.61	18
罗曼股份	0.17	6	0.32	5	0.18	11	0.18	13	34.09	2
宏润建设	0.16	7	0.24	18	0.21	8	0.21	8	2.22	45
亚厦股份	0.16	8	0.33	4	0.19	10	0.19	11	4.24	24
杭州园林	0.15	9	0.21	20	0.18	12	0.19	10	0.92	69
镇海股份	0.15	10	0.18	28	0.16	20	0.16	21	3.66	29

5.5.3 价值分配指标排名

表 5-53 所列的是建筑业上市公司价值创造分配指标描述统计情况。表 5-54 所列的是建筑业上市公司价值创造分配指标排名情况。政府所得率排名前三位的企业分别为建艺集团、广田集团和中铝国际。

表 5-53　建筑业上市公司价值分配指标描述统计

	员工所得率	政府所得率	股东所得率	债权人所得率	企业留存率
均值	0.52	0.19	0.05	0.14	0.09
中位数	0.48	0.19	0.03	0.09	0.17
最大值	1.75	0.56	0.56	1.04	0.71
最小值	0.13	—0.41	0.00	0.00	—1.41
标准差	0.26	0.13	0.08	0.18	0.36

表 5-54　建筑业上市公司价值分配指标排名情况

公司简称	政府所得率		员工所得率		股东所得率		债权人所得率		企业留存率	
	数值	排名	数值	排名	数值	排名	数值	排名	数值	排名
建艺集团	0.56	1	0.23	80	0.00	63	0.32	7	—0.11	74
广田集团	0.55	2	0.71	10	0.00	64	0.62	3	—0.88	77
中铝国际	0.43	3	1.26	3	0.00	65	0.37	6	—1.06	80
天健集团	0.40	4	0.28	75	0.13	8	0.04	62	0.14	47
宁波建工	0.39	5	0.38	58	0.05	30	0.08	49	0.10	62
普邦股份	0.37	6	1.35	2	0.00	66	0.19	17	—0.91	78
重庆建工	0.36	7	0.41	53	0.02	54	0.15	25	0.06	66
安徽建工	0.35	8	0.45	47	0.06	23	0.00	80	0.14	49
宝鹰股份	0.33	9	0.35	64	0.02	55	0.20	15	0.11	58
瑞和股份	0.33	10	0.13	82	0.07	19	0.11	34	0.36	8

5.5.4 人均指标排名

表 5-55 所列的是建筑业上市公司人均价值创造指标描述统计情况。表 5-56 所列的是建筑业上市公司人均价值创造指标排名情况。人均增加额排名前三位的企业分别为浦东建设、宏润建设和多喜爱，其中多喜爱在价值创造总额和价值创造效率方面都表现良好。

表 5-55　建筑业上市公司人均价值创造指标描述统计　　　　　　　（单位：万元）

	人均增加额	人均薪酬	人均净利润
均值	46.44	21.67	10.30
中位数	44.20	19.04	8.78
最大值	143.13	110.00	65.18
最小值	8.21	5.81	—28.23
标准差	24.87	14.21	13.27

表 5-56　建筑业上市公司人均价值创造指标排名情况　　　　（单位：万元）

公司简称	人均增加额		人均薪酬		人均净利润	
	数值	排名	数值	排名	数值	排名
浦东建设	143.13	1	41.90	4	65.18	1
宏润建设	130.33	2	77.78	2	26.02	9
多喜爱	124.24	3	110.00	1	5.62	55
美丽生态	98.84	4	22.82	26	27.47	7
高新发展	94.93	5	51.19	3	24.38	10
罗曼股份	87.64	6	14.40	56	49.29	2
中钢国际	79.88	7	28.93	13	31.56	4
中国交建	76.64	8	33.03	7	14.52	23
四川路桥	75.81	9	21.30	31	24.09	11
龙元建设	69.02	10	30.26	10	16.54	18

5.6　批发零售业

5.6.1　价值创造总额指标排名

表 5-57 所列的是批发零售业上市公司（140 家）价值创造总额指标描述统计情况。表 5-58 所列的是批发零售业上市公司价值创造总额指标排名情况。批发零售业上市公司价值创造总额排名前三位的企业分别为建发股份、上海医药和物产中大。

表 5-57　批发零售上市公司价值创造总额指标描述统计　　　　（单位：亿元）

	增加价值总额	员工薪酬	税费	股利	利息支出	企业留存
均值	21.46	9.09	5.90	1.40	2.50	2.57
中位数	9.20	3.48	1.87	0.49	0.43	1.16
最大值	274.96	120.82	89.67	15.00	56.09	67.51
最小值	0.26	0.08	−15.10	0.00	0.00	−118.04
标准差	37.42	17.05	13.52	2.72	6.32	14.18

表 5-58　批发零售上市公司价值创造总额指标排名情况　　　　（单位：亿元）

公司简称	增加价值		税费		员工薪酬		股利		利息支出		企业留存	
	数值	排名	数值	排名	数值	排名	数值	排名	数值	排名	数值	排名
建发股份	274.96	1	89.67	1	47.38	4	14.32	2	56.09	1	67.51	1
上海医药	209.67	2	61.12	3	79.32	3	13.64	3	13.18	6	42.41	2
物产中大	135.10	3	38.60	5	44.60	6	10.12	5	11.47	7	30.31	3
豫园股份	123.60	4	45.79	4	27.87	9	12.82	4	9.70	10	27.42	4

（续表）

公司简称	增加价值		税费		员工薪酬		股利		利息支出		企业留存	
	数值	排名	数值	排名	数值	排名	数值	排名	数值	排名	数值	排名
苏宁易购	122.89	5	33.47	6	120.82	1	0.00	102	22.18	4	−53.58	139
广汇汽车	120.75	6	26.76	8	47.17	5	0.00	102	28.53	2	18.28	9
海航科技	112.58	7	88.58	2	117.60	2	0.00	102	24.44	3	−118.04	140
九州通	96.82	8	20.51	10	32.19	7	9.37	6	10.27	9	24.48	6
华东医药	74.95	9	22.04	9	23.12	11	4.02	11	0.69	57	25.07	5
厦门国贸	73.31	10	18.70	12	12.12	26	8.95	7	13.42	5	20.12	8

5.6.2　价值创造效率指标排名

表 5-59 所列的是批发零售业上市公司价值创造效率指标描述统计情况。表 5-60 所列的是批发零售业上市公司价值创造效率指标排名情况。资产增加价值率排名前三位的企业分别为大参林、良品铺子和健之佳。

表 5-59　批发零售上市公司价值创造效率指标描述统计

	资产增加价值率	销售增加价值率	增加价值综合生产性	经营资本生产性	设备资本生产性
均值	0.15	0.20	0.25	0.25	4.78
中位数	0.13	0.16	0.21	0.21	1.55
最大值	0.43	1.73	0.62	0.66	151.20
最小值	0.01	0.00	0.01	0.02	0.03
标准差	0.09	0.21	0.14	0.14	14.47

表 5-60　批发零售上市公司价值创造效率指标排名情况

公司简称	资产增加价值率		销售增加价值率		增加价值综合生产性		经营资本生产性		设备资本生产性	
	数值	排名	数值	排名	数值	排名	数值	排名	数值	排名
大参林	0.43	1	0.31	24	0.62	1	0.66	1	4.39	27
良品铺子	0.40	2	0.20	55	0.49	11	0.50	11	3.31	39
健之佳	0.38	3	0.23	39	0.48	14	0.50	12	2.81	47
一心堂	0.38	4	0.26	33	0.51	9	0.53	9	5.32	22
红旗连锁	0.35	5	0.22	47	0.57	4	0.58	5	1.71	65
益丰药房	0.35	6	0.29	27	0.56	5	0.59	4	7.53	14
曼卡龙	0.34	7	0.24	38	0.36	27	0.36	29	6.85	16
博士眼镜	0.34	8	0.36	19	0.42	19	0.43	19	6.27	18
来伊份	0.33	9	0.23	40	0.48	13	0.49	13	1.60	69
华东医药	0.33	10	0.22	44	0.52	8	0.53	10	3.26	41

5.6.3 价值分配指标排名

表 5-61 所列的是批发零售业上市公司价值创造分配指标描述统计情况。表 5-62 所列的是批发零售业上市公司价值创造分配指标排名情况。

表 5-61 批发零售上市公司价值分配指标描述统计

	员工所得率	政府所得率	股东所得率	债权人所得率	企业留存率
均值	0.51	0.21	0.07	0.10	0.11
中位数	0.43	0.25	0.05	0.06	0.18
最大值	3.59	1.52	0.36	0.61	0.72
最小值	0.08	−2.91	0.00	0.00	−4.54
标准差	0.44	0.34	0.07	0.12	0.49

表 5-62 批发零售上市公司价值分配指标排名情况

公司简称	政府所得率 数值	政府所得率 排名	员工所得率 数值	员工所得率 排名	股东所得率 数值	股东所得率 排名	债权人所得率 数值	债权人所得率 排名	企业留存率 数值	企业留存率 排名
南宁百货	1.52	1	3.59	1	0.00	102	0.43	3	−4.54	140
海航科技	0.79	2	1.04	7	0.00	103	0.22	19	−1.05	137
国机汽车	0.48	3	0.39	78	0.05	76	0.06	70	0.02	118
外高桥	0.47	4	0.20	126	0.05	68	0.15	32	0.13	90
山煤国际	0.44	5	0.27	112	0.02	97	0.16	30	0.11	95
宁波联合	0.42	6	0.12	138	0.05	73	0.03	80	0.37	15
茂业商业	0.42	7	0.19	130	0.13	23	0.23	17	0.03	116
三夫户外	0.42	8	1.58	5	0.00	104	0.11	45	−1.11	138
银座股份	0.41	9	0.80	13	0.00	105	0.22	18	−0.43	133
杭州解百	0.39	10	0.23	120	0.07	59	0.00	130	0.32	28

5.6.4 人均指标排名

表 5-63 所列的是批发零售业上市公司人均价值创造指标描述统计情况。表 5-64 所列的是批发零售业上市公司人均价值创造指标排名情况。人均增加额排名前三位的企业分别为百大集团、宁波联合和瑞茂通。

表 5-63 批发零售上市公司人均价值创造指标描述统计　　　　　　（单位：万元）

	人均增加额	人均薪酬	人均净利润
均值	44.60	15.10	14.12
中位数	29.99	12.85	7.53
最大值	261.44	44.50	188.03

（续表）

	人均增加额	人均薪酬	人均净利润
最小值	3.09	5.03	－31.91
标准差	40.60	7.43	22.55

表 5-64　批发零售上市公司人均价值创造指标排名情况　　（单位：万元）

公司简称	人均增加额		人均薪酬		人均净利润	
	数值	排名	数值	排名	数值	排名
百大集团	261.44	1	21.90	27	188.03	1
宁波联合	168.00	2	20.39	32	71.30	3
瑞茂通	167.77	3	34.18	3	32.61	22
外高桥	150.64	4	30.02	6	27.33	29
厦门国贸	148.60	5	24.91	14	59.73	6
浙商中拓	140.01	6	26.21	10	33.43	20
东华能源	138.41	7	15.63	58	63.71	5
东方银星	136.37	8	21.15	28	66.52	4
建发股份	131.59	9	22.67	24	39.16	10
辽宁成大	130.02	10	24.33	16	78.57	2

5.7　交通运输、仓储和邮政业

5.7.1　价值创造总额指标排名

表 5-65 所列的是交通运输、仓储和邮政业上市公司（97 家）价值创造总额指标描述统计情况，从表中可以看出行业内上市公司价值创造均值为 38.65 亿元，中位数为 14.86 亿元，行业内差异并不明显。表 5-66 所列的是交通运输、仓储和邮政业上市公司价值创造总额指标排名情况，排名前三位的分别是大秦铁路、顺丰控股和中远海控。

表 5-65　交通运输、仓储和邮政业上市公司价值创造总额指标描述统计　　（单位：亿元）

	增加价值总额	员工薪酬	税费	股利	利息支出	企业留存
均值	38.65	22.77	5.01	3.53	4.50	2.85
中位数	14.86	6.59	1.99	0.61	1.06	1.93
最大值	392.83	249.71	68.82	71.36	57.72	131.88
最小值	0.24	0.23	－7.23	0.00	0.00	－158.22
标准差	68.82	50.76	10.04	8.64	9.63	30.08

表 5-66　交通运输、仓储和邮政业上市公司价值创造总额指标排名情况　　（单位：亿元）

公司简称	增加价值		税费		员工薪酬		股利		利息支出		企业留存	
	数值	排名	数值	排名	数值	排名	数值	排名	数值	排名	数值	排名
大秦铁路	392.83	1	196.26	5	68.82	1	71.36	1	4.78	22	51.61	4
顺丰控股	387.32	2	249.71	1	57.92	2	15.04	6	10.37	12	54.28	3
中远海控	294.91	3	114.52	6	7.67	15	0.00	74	40.84	3	131.88	1
上港集团	197.73	4	70.06	9	24.75	3	29.66	2	11.08	10	62.17	2
南方航空	167.40	5	242.84	2	23.62	5	0.00	74	19.14	6	−118.20	95
东方航空	139.29	6	214.34	4	−7.23	97	0.00	74	57.72	1	−125.54	96
中国国航	125.28	7	221.28	3	6.71	18	0.00	74	55.52	2	−158.22	97
招商港口	118.22	8	28.56	12	14.91	8	7.31	14	19.50	5	47.95	5
中国外运	106.85	9	59.72	10	13.83	10	8.88	12	4.57	23	19.84	8
宁波港	98.05	10	37.86	11	15.45	7	12.96	7	6.85	15	24.93	7

5.7.2　价值创造效率指标排名

表 5-67 所列的是交通运输、仓储和邮政业上市公司价值创造效率指标描述统计情况。表 5-68 所列的是交通运输、仓储和邮政业上市公司价值创造效率指标排名情况。交通运输、仓储和邮政业上市公司价值创造效率指标中仅有设备资本生产性存在较大的行业内差距。

表 5-67　交通运输、仓储和邮政业上市公司价值创造效率指标描述统计

	资产增加价值率	销售增加价值率	增加价值综合生产性	经营资本生产性	设备资本生产性
均值	0.13	0.41	0.46	0.49	0.99
中位数	0.11	0.39	0.40	0.42	0.33
最大值	1.01	1.97	1.58	1.87	21.59
最小值	0.03	0.06	0.06	0.06	0.05
标准差	0.11	0.29	0.25	0.28	2.31

表 5-68　交通运输、仓储和邮政业上市公司价值创造效率指标排名情况

公司简称	资产增加价值率		销售增加价值率		增加价值综合生产性		经营资本生产性		设备资本生产性	
	数值	排名	数值	排名	数值	排名	数值	排名	数值	排名
德邦股份	1.01	1	0.35	53	1.58	1	1.87	1	3.22	4
顺丰控股	0.38	2	0.25	65	0.75	13	0.82	11	1.88	12
恒通股份	0.27	3	0.08	94	0.58	24	0.60	27	0.81	31
海晨股份	0.26	4	0.37	51	0.37	57	0.38	57	1.44	19
大秦铁路	0.24	5	0.54	27	0.79	11	0.81	12	0.50	38
华贸物流	0.23	6	0.12	86	0.35	62	0.36	61	2.69	8
招商南油	0.23	7	0.47	36	0.90	5	0.95	6	0.31	53
密尔克卫	0.22	8	0.20	70	0.46	43	0.48	44	0.98	26

公司简称	资产增加价值率		销售增加价值率		增加价值综合生产性		经营资本生产性		设备资本生产性	
	数值	排名	数值	排名	数值	排名	数值	排名	数值	排名
锦江投资	0.22	9	0.41	45	0.54	30	0.58	29	1.38	21
强生控股	0.21	10	0.55	24	0.51	35	0.54	35	0.92	28

5.7.3　价值分配指标排名

表 5-69 所列的是交通运输、仓储和邮政业上市公司价值创造分配指标描述统计情况。表 5-70 所列的是交通运输、仓储和邮政业上市公司价值创造分配指标排名情况。员工所得占比在所有利益相关者中最高，政府所得率和企业留存率接近，员工所得率排名前九位的企业数值上都大于 1。

表 5-69　交通运输、仓储和邮政业上市公司价值分配指标描述统计

	员工所得率	政府所得率	股东所得率	债权人所得率	企业留存率
均值	0.50	0.15	0.09	0.11	0.14
中位数	0.40	0.15	0.06	0.07	0.22
最大值	2.20	0.60	0.42	0.95	0.74
最小值	0.06	−0.16	0.00	0.00	−1.31
标准差	0.37	0.09	0.09	0.14	0.32

表 5-70　交通运输、仓储和邮政业上市公司价值分配指标排名情况

公司简称	政府所得率		员工所得率		股东所得率		债权人所得率		企业留存率	
	数值	排名	数值	排名	数值	排名	数值	排名	数值	排名
中储股份	0.60	1	0.22	81	0.04	59	0.05	64	0.09	71
天顺股份	0.35	2	0.26	74	0.06	53	0.11	37	0.22	49
春秋航空	0.34	3	0.71	18	0.00	74	0.12	32	−0.17	87
宁沪高速	0.30	4	0.18	88	0.41	2	0.08	46	0.04	80
福然德	0.30	5	0.11	95	0.17	19	0.02	72	0.39	14
皖通高速	0.27	6	0.19	87	0.21	10	0.07	53	0.27	32
中国铁物	0.26	7	0.32	67	0.00	75	0.06	56	0.36	17
海汽集团	0.25	8	1.27	6	0.00	76	0.00	84	−0.52	92
赣粤高速	0.24	9	0.27	71	0.21	12	0.26	11	0.03	81
楚天高速	0.24	10	0.21	84	0.09	35	0.27	9	0.19	55

5.7.4　人均指标排名

表 5-71 所列的是交通运输、仓储和邮政业上市公司人均价值创造指标描述统计情况。表 5-72 所列的是交通运输、仓储和邮政业上市公司人均价值创造指标排名情况。人均增加

额排名前三位的企业分别为重庆路桥、东莞控股和招商轮船。

表 5-71 交通运输、仓储和邮政业上市公司人均价值创造指标描述统计　　　（单位：万元）

	人均增加额	人均薪酬	人均净利润
均值	55.57	18.81	20.43
中位数	42.33	17.25	14.44
最大值	283.97	52.01	162.31
最小值	4.09	5.06	−17.70
标准差	41.60	8.65	26.54

表 5-72 交通运输、仓储和邮政业上市公司人均价值创造指标排名情况　　　（单位：万元）

公司简称	人均增加额		人均薪酬		人均净利润	
	数值	排名	数值	排名	数值	排名
重庆路桥	283.97	1	16.57	54	162.31	1
东莞控股	156.78	2	15.26	61	104.86	2
招商轮船	154.10	3	52.01	1	78.94	3
上港集团	140.55	4	49.80	2	65.28	8
五洲交通	129.77	5	15.75	57	67.70	6
中谷物流	120.00	6	20.19	34	70.54	5
福然德	116.97	7	13.10	73	66.18	7
山东高速	110.37	8	27.06	13	35.28	22
嘉友国际	106.24	9	13.41	69	73.97	4
宁沪高速	104.65	10	19.22	33	46.16	13

5.8　信息传输、软件和信息技术服务业

5.8.1　价值创造总额指标排名

表 5-73 所列的是信息传输、软件和信息技术服务业上市公司（282 家）价值创造总额指标描述统计情况。表 5-74 所列的是信息传输、软件和信息技术服务业上市公司价值创造总额指标排名情况。整个行业中表现最好的上市公司为中国联通，增加价值总额高达 780.82 亿元，远远高于行业内的其他公司。

表 5-73 信息传输、软件和信息技术服务业上市公司价值创造总额指标描述统计　（单位：亿元）

	增加价值总额	员工薪酬	税费	股利	利息支出	企业留存
均值	11.29	7.03	1.20	0.68	0.27	2.15
中位数	4.90	2.67	0.42	0.23	0.03	0.80

（续表）

	增加价值总额	员工薪酬	税费	股利	利息支出	企业留存
最大值	780.82	547.01	91.94	20.41	16.62	104.84
最小值	0.09	0.22	−0.96	0.00	−0.06	−12.86
标准差	47.46	33.01	5.62	2.00	1.09	7.66

表 5-74　信息传输、软件和信息技术服务业上市公司价值创造总额指标排名情况 （单位：亿元）

公司简称	增加价值		税费		员工薪酬		股利		利息支出		企业留存	
	数值	排名	数值	排名	数值	排名	数值	排名	数值	排名	数值	排名
中国联通	780.82	1	91.94	1	547.01	1	20.41	1	16.62	1	104.84	1
国电南瑞	104.66	2	16.46	2	35.39	3	19.41	2	0.69	30	32.71	3
三六零	71.48	3	9.70	3	32.99	5	0.00	223	0.41	42	28.38	4
用友网络	57.48	4	5.23	5	39.93	2	6.54	6	1.81	7	3.97	27
昆仑万维	55.78	5	2.06	30	2.89	134	2.04	16	0.91	18	47.88	2
科大讯飞	50.00	6	7.38	4	27.58	9	4.45	7	0.62	34	9.97	9
三七互娱	46.71	7	3.66	9	12.29	29	4.22	8	0.41	41	26.13	5
恒生电子	42.28	8	3.92	8	24.70	11	1.04	37	0.03	142	12.59	6
完美世界	40.99	9	4.55	6	20.49	14	3.10	10	0.91	17	11.94	7
博彦科技	38.33	10	2.45	24	32.01	6	1.16	30	0.45	37	2.26	60

5.8.2　价值创造效率指标排名

表 5-75 所列的是信息传输、软件和信息技术服务业上市公司价值创造效率指标描述统计情况。表 5-76 所列的是信息传输、软件和信息技术服务业上市公司价值创造效率指标排名情况。与其他行业相比，信息传输、软件和信息技术服务业上市公司设备资本生产性极高，均值高达 13.89。

表 5-75　信息传输、软件和信息技术服务业上市公司价值创造效率指标描述统计

	资产增加价值率	销售增加价值率	增加价值综合生产性	经营资本生产性	设备资本生产性
均值	0.24	0.47	0.33	0.35	13.64
中位数	0.19	0.44	0.28	0.28	4.14
最大值	1.75	2.04	1.64	1.82	450.12
最小值	0.01	0.01	0.01	0.01	0.06
标准差	0.20	0.26	0.24	0.27	34.96

表 5-76　信息传输、软件和信息技术服务业上市公司价值创造效率指标排名情况

公司简称	资产增加价值率		销售增加价值率		增加价值综合生产性		经营资本生产性		设备资本生产性	
	数值	排名	数值	排名	数值	排名	数值	排名	数值	排名
法本信息	1.75	1	0.98	9	1.47	2	1.82	1	110.32	6
京北方	1.52	2	0.99	8	1.40	4	1.60	3	33.36	27

公司简称	资产增加价值率		销售增加价值率		增加价值综合生产性		经营资本生产性		设备资本生产性	
	数值	排名	数值	排名	数值	排名	数值	排名	数值	排名
品茗股份	0.97	3	0.81	35	0.87	10	1.00	9	80.80	9
安硕信息	0.89	4	1.02	5	0.89	8	1.05	7	26.34	34
博彦科技	0.89	5	0.89	21	1.12	6	1.29	5	11.91	65
诚迈科技	0.70	6	0.73	45	1.12	5	1.22	6	6.56	103
赛意信息	0.70	7	0.84	29	0.89	7	1.01	8	54.30	14
中望软件	0.67	8	0.89	20	0.67	27	0.77	23	11.04	70
中科软	0.66	9	0.64	66	0.65	30	0.69	31	30.39	32
信雅达	0.66	10	0.83	32	0.73	19	0.80	19	28.54	33

5.8.3 价值分配指标排名

表 5-77 所列的是信息传输、软件和信息技术服务业上市公司价值创造分配指标描述统计情况。表 5-78 所列的是信息传输、软件和信息技术服务业上市公司价值创造分配指标排名情况。从表中可以看出，与其他利益相关者相比，员工所得占比极高，均值高达 0.73，其次是政府所得率。

表 5-77　信息传输、软件和信息技术服务业上市公司价值分配指标描述统计

	员工所得率	政府所得率	股东所得率	债权人所得率	企业留存率
均值	0.73	0.11	0.07	0.03	0.06
中位数	0.60	0.10	0.05	0.01	0.20
最大值	19.20	0.52	0.43	0.79	0.86
最小值	0.05	−0.29	0.00	−0.02	−18.79
标准差	1.23	0.08	0.08	0.08	1.26

表 5-78　信息传输、软件和信息技术服务业上市公司价值分配指标排名情况

公司简称	政府所得率		员工所得率		股东所得率		债权人所得率		企业留存率	
	数值	排名	数值	排名	数值	排名	数值	排名	数值	排名
华星创业	0.52	1	2.95	6	0.00	223	0.51	3	−2.98	276
皖通科技	0.50	2	1.83	8	0.00	224	0.01	131	−1.34	275
世纪瑞尔	0.46	3	1.84	7	0.00	225	0.04	62	−1.34	274
三五互联	0.38	4	3.01	5	0.00	226	0.79	1	−3.18	277
青云科技	0.36	5	19.20	1	0.00	227	0.23	9	−18.79	281
深南股份	0.29	6	0.41	233	0.00	228	0.00	195	0.31	71
国联股份	0.28	7	0.14	278	0.05	136	0.03	76	0.51	14
万达信息	0.26	8	4.78	4	0.00	229	0.53	2	−4.56	280
壹网壹创	0.26	9	0.25	264	0.11	64	0.00	209	0.38	39
华东电脑	0.25	10	0.50	202	0.08	96	0.00	186	0.17	163

5.8.4　人均指标排名

表 5-79 所列的是信息传输、软件和信息技术服务业上市公司人均价值创造指标描述统计情况。表 5-80 所列的是信息传输、软件和信息技术服务业上市公司人均价值创造指标排名情况。人均增加额排名前三位的企业分别为昆仑万维、吉比特和新媒股份。

表 5-79　信息传输、软件和信息技术服务业上市公司人均价值创造指标描述统计　（单位：万元）

	人均增加额	人均薪酬	人均净利润
均值	43.33	20.56	17.09
中位数	31.60	18.39	8.15
最大值	740.78	79.02	662.94
最小值	1.55	5.03	−34.27
标准差	53.67	9.45	45.51

表 5-80　信息传输、软件和信息技术服务业上市公司人均价值创造指标排名情况　（单位：万元）

公司简称	人均增加额		人均薪酬		人均净利润	
	数值	排名	数值	排名	数值	排名
昆仑万维	740.78	1	38.35	17	662.94	1
吉比特	298.69	2	79.02	1	177.30	2
新媒股份	222.43	3	33.40	27	176.37	3
中国卫通	195.01	4	46.76	6	116.22	5
柏楚电子	184.88	5	30.41	36	124.87	4
盛讯达	147.16	6	19.06	135	105.45	6
金科文化	145.49	7	40.38	12	81.25	8
思瑞浦	128.64	8	45.98	7	85.48	7
国电南瑞	118.85	9	40.19	13	59.18	16
光环新网	116.88	10	18.23	142	74.38	11

5.9　金融业

5.9.1　价值创造总额指标排名

表 5-81 所列的是金融业上市公司（26 家）价值创造总额指标描述统计情况，表 5-82 所列的是金融业上市公司价值创造总额指标排名情况。总体上，金融业行业内部价值创造总额差异并不明显。金融业中增加价值均值为 42.73 亿元，中位数为 25.87 亿元，相较于其他行业，金融业中行业内差异较小。

表 5-81　金融业上市公司价值创造总额指标描述统计　　　（单位：亿元）

	增加价值总额	员工薪酬	税费	股利	利息支出	企业留存
均值	42.73	10.21	10.45	2.82	1.78	17.47
中位数	25.87	7.29	3.79	0.84	0.40	7.82
最大值	214.45	47.47	44.20	23.64	15.65	127.53
最小值	0.09	0.09	0.01	0.00	0.00	−3.66
标准差	52.14	10.80	13.61	4.84	3.15	27.42

表 5-82　金融业上市公司价值创造总额指标排名情况　　　（单位：亿元）

公司简称	增加价值		税费		员工薪酬		股利		利息支出		企业留存	
	数值	排名	数值	排名	数值	排名	数值	排名	数值	排名	数值	排名
中油资本	214.45	1	44.20	1	16.16	5	23.64	1	2.91	6	127.53	1
中航资本	129.82	2	42.99	3	18.48	3	0.00	18	15.65	1	52.70	2
国投资本	121.65	3	23.27	4	47.47	1	8.29	2	3.85	4	38.78	6
五矿资本	108.43	4	43.27	2	15.78	6	4.68	6	4.96	2	39.73	5
经纬纺机	75.19	5	22.03	5	36.37	2	0.79	14	4.01	3	12.00	9
东方财富	74.34	6	11.78	8	12.69	8	5.17	5	2.08	8	42.61	4
越秀金控	70.61	7	11.40	9	6.72	16	6.88	3	0.00	21	45.61	3
东方能源	51.75	8	12.82	7	8.09	12	3.23	9	3.55	5	24.06	7
国网英大	37.82	9	15.18	6	7.14	14	3.55	8	0.47	13	11.49	10
中粮资本	37.31	10	4.70	13	16.43	4	1.04	12	0.00	21	15.15	8

5.9.2　价值创造效率指标排名

表 5-83 所列的是金融业上市公司价值创造效率指标描述统计情况。表 5-84 所列的是金融业上市公司价值创造效率指标排名情况。金融行业的设备资本生产性均值高达 14.74，金融业本身并不依赖固定资产，因此其固定资产净值普遍更低。

表 5-83　金融业上市公司价值创造效率指标描述统计

	资产增加价值率	销售增加价值率	增加价值综合生产性	经营资本生产性	设备资本生产性
均值	0.09	3.40	0.13	0.14	16.01
中位数	0.06	1.05	0.09	0.10	6.60
最大值	0.48	26.18	0.53	0.55	96.75
最小值	0.02	0.15	0.03	0.03	0.06
标准差	0.10	5.80	0.11	0.12	22.76

表 5－84　金融业上市公司价值创造效率指标排名情况

公司简称	资产增加价值率		销售增加价值率		增加价值综合生产性		经营资本生产性		设备资本生产性	
	数值	排名	数值	排名	数值	排名	数值	排名	数值	排名
同花顺	0.48	1	1.04	14	0.53	1	0.54	1	6.88	13
指南针	0.26	2	0.59	20	0.32	2	0.34	2	1.21	21
经纬纺机	0.21	3	1.65	10	0.26	3	0.29	3	5.55	15
大智慧	0.19	4	0.55	23	0.25	5	0.26	5	18.08	8
爱建集团	0.13	5	1.93	8	0.26	4	0.26	4	0.65	23
国网英大	0.10	6	0.75	17	0.15	8	0.15	8	4.27	17
浙江东方	0.09	7	0.15	26	0.20	6	0.21	6	6.32	14
东方财富	0.09	8	2.29	7	0.09	15	0.09	15	4.48	16
五矿资本	0.08	9	1.72	9	0.15	7	0.15	7	51.36	3
民生控股	0.08	10	6.54	5	0.10	13	0.10	13	2.26	19

5.9.3　价值分配指标排名

表 5－85 所列的是金融业上市公司价值创造分配指标描述统计情况。表 5－86 所列的是金融业上市公司价值创造分配指标排名情况。

表 5－85　金融业上市公司价值分配指标描述统计

	员工所得率	政府所得率	股东所得率	债权人所得率	企业留存率
均值	0.41	0.24	0.06	0.05	0.23
中位数	0.35	0.19	0.04	0.03	0.31
最大值	1.05	1.02	0.22	0.31	0.65
最小值	0.08	0.03	0.00	0.00	－1.15
标准差	0.28	0.19	0.07	0.07	0.34

表 5－86　金融业上市公司价值分配指标排名情况

公司简称	政府所得率		员工所得率		股东所得率		债权人所得率		企业留存率	
	数值	排名	数值	排名	数值	排名	数值	排名	数值	排名
绿庭投资	1.02	1	0.97	2	0.00	18	0.15	2	－1.15	26
新力金融	0.47	2	0.23	17	0.00	19	0.00	25	0.30	15
国网英大	0.40	3	0.19	19	0.09	7	0.01	17	0.30	14
五矿资本	0.40	4	0.15	23	0.04	14	0.05	11	0.37	9
中航资本	0.33	5	0.14	24	0.00	20	0.12	5	0.41	7
爱建集团	0.31	6	0.22	18	0.12	4	0.08	6	0.27	17
华创阳安	0.31	7	0.45	9	0.00	21	0.03	12	0.21	18
经纬纺机	0.29	8	0.48	8	0.01	17	0.05	10	0.16	21
东方能源	0.25	9	0.16	22	0.06	11	0.07	8	0.46	4
浙江东方	0.23	10	0.27	15	0.04	15	0.06	9	0.40	8

5.9.4 人均指标排名

表 5-87 所列的是金融业上市公司人均价值创造指标描述统计情况。表 5-88 所列的是金融业上市公司人均价值创造指标排名情况。人均增加额排名前三位的企业分别为越秀金控、海德股份和中油资本，金融业人均薪酬高达 43.11 万元，远远高于其他行业。

表 5-87　金融业上市公司人均价值创造指标描述统计　　　　（单位：万元）

	人均增加额	人均薪酬	人均净利润
均值	184.30	43.11	84.93
中位数	116.58	38.10	46.54
最大值	754.43	98.99	560.78
最小值	12.37	12.95	−72.19
标准差	180.97	21.40	125.42

表 5-88　金融业上市公司人均价值创造指标排名情况　　　　（单位：万元）

公司简称	人均增加额		人均薪酬		人均净利润	
	数值	排名	数值	排名	数值	排名
越秀金控	754.43	1	71.81	4	560.78	1
海德股份	539.81	2	98.99	1	220.35	3
中油资本	486.83	3	36.69	16	343.19	2
爱建集团	420.54	4	90.91	2	165.28	4
五矿资本	386.15	5	56.21	6	158.16	5
中航资本	265.76	6	37.84	14	107.87	6
国投资本	188.70	7	73.63	3	73.00	10
东方能源	182.46	8	28.53	18	96.21	8
浙江东方	160.36	9	43.79	11	70.99	11
民生控股	149.09	10	38.36	13	76.74	9

5.10　房地产业

5.10.1　价值创造总额指标排名

表 5-89 所列的是房地产业上市公司（92 家）价值创造总额指标描述统计情况。表 5-90 所列的是房地产业上市公司价值创造总额指标排名情况。2020 年房地产上市公司价值创造均值为 97.57 亿元，中位数为 23.78 亿元，行业内存在一定差距，但差距并不明显，价值创造总额排名前三的企业分别是万科、保利地产和绿地控股。

表 5 - 89　房地产业上市公司价值创造总额指标描述统计　　　　（单位：亿元）

	增加价值总额	员工薪酬	税费	股利	利息支出	企业留存
均值	97.57	14.47	40.41	7.07	12.71	22.91
中位数	23.78	3.79	9.38	0.97	1.82	3.84
最大值	1 559.60	165.16	633.24	145.22	168.21	447.76
最小值	0.15	0.18	0.26	0.00	0.00	−30.94
标准差	229.73	28.37	99.06	19.34	27.49	62.98

表 5 - 90　房地产业上市公司价值创造总额指标排名情况　　　　（单位：亿元）

公司简称	增加价值		税费		员工薪酬		股利		利息支出		企业留存	
	数值	排名	数值	排名	数值	排名	数值	排名	数值	排名	数值	排名
万科 A	1 559.60	1	633.24	1	165.16	1	145.22	1	168.21	1	447.76	1
保利地产	1 050.67	2	509.61	2	81.87	4	87.36	2	58.70	7	313.12	2
绿地控股	794.89	3	384.56	3	137.97	2	30.42	7	61.00	6	180.94	3
新城控股	603.86	4	234.10	5	83.04	3	46.24	4	122.06	2	118.42	7
招商蛇口	540.09	5	196.54	6	71.29	6	50.71	3	103.13	3	118.42	6
华侨城 A	503.98	6	256.68	4	44.10	10	32.81	5	45.97	9	124.42	4
金地集团	374.61	7	130.44	7	62.04	8	31.60	6	29.72	13	120.80	5
中南建设	317.28	8	90.43	10	79.79	5	21.25	9	69.02	5	56.79	10
金科股份	250.18	9	79.31	11	64.53	7	24.03	8	9.30	23	73.01	8
荣盛发展	229.26	10	105.18	9	32.78	14	15.22	12	13.56	19	62.52	9

5.10.2　价值创造效率指标排名

　　表 5 - 91 所列的是房地产业上市公司价值创造效率指标描述统计情况。表 5 - 92 所列的是房地产业上市公司价值创造效率指标排名情况。在价值创造效率指标方面，房地产行业内销售增加价值率差异最小。

表 5 - 91　房地产业上市公司价值创造效率指标描述统计

	资产增加价值率	销售增加价值率	增加价值综合生产性	经营资本生产性	设备资本生产性
均值	0.12	0.51	0.16	0.17	21.61
中位数	0.08	0.42	0.10	0.10	7.75
最大值	1.09	2.98	1.07	1.26	263.32
最小值	0.01	0.11	0.02	0.02	0.06
标准差	0.16	0.40	0.21	0.23	39.30

表 5-92　房地产业上市公司价值创造效率指标排名情况

公司简称	资产增加价值率		销售增加价值率		增加价值综合生产性		经营资本生产性		设备资本生产性	
	数值	排名	数值	排名	数值	排名	数值	排名	数值	排名
特发服务	1.09	1	0.78	13	1.03	2	1.22	2	105.62	4
新大正	1.01	2	0.86	7	1.07	1	1.26	1	8.96	44
南都物业	0.44	3	0.53	32	0.57	7	0.61	7	19.35	27
我爱我家	0.34	4	0.70	15	0.69	5	0.71	5	19.49	25
深物业 A	0.32	5	0.90	6	0.36	8	0.37	9	35.08	15
世联行	0.28	6	0.48	36	0.34	9	0.37	8	26.13	20
招商积余	0.27	7	0.52	33	0.69	4	0.76	4	7.52	48
华联控股	0.27	8	1.14	4	0.34	10	0.34	10	3.84	63
世荣兆业	0.24	9	0.66	19	0.27	12	0.27	12	17.09	28
深深房 A	0.21	10	0.65	22	0.25	13	0.25	13	35.64	14

5.10.3　价值分配指标排名

表 5-93 所列的是房地产业上市公司价值创造分配指标描述统计情况。表 5-94 所列的是房地产业上市公司价值创造分配指标排名情况。从表中可以明显看出，房地产行业内有较多企业存在明显亏损现象。

表 5-93　房地产业上市公司价值分配指标描述统计

	员工所得率	政府所得率	股东所得率	债权人所得率	企业留存率
均值	0.24	0.44	0.06	0.18	0.08
中位数	0.17	0.44	0.05	0.09	0.18
最大值	1.99	1.77	0.57	2.23	0.56
最小值	0.03	0.04	0.00	0.00	−4.99
标准差	0.26	0.23	0.08	0.33	0.63

表 5-94　房地产业上市公司价值分配指标排名情况

公司简称	政府所得率		员工所得率		股东所得率		债权人所得率		企业留存率	
	数值	排名	数值	排名	数值	排名	数值	排名	数值	排名
莱茵体育	1.77	1	1.99	1	0.00	74	2.23	1	−4.99	92
粤宏远 A	1.12	2	0.34	13	0.24	3	0.28	14	−0.98	90
珠江股份	1.03	3	0.28	20	0.00	75	0.64	3	−0.94	89
京能置业	0.82	4	0.18	42	0.00	76	0.12	38	−0.12	85
西藏城投	0.72	5	0.08	79	0.01	70	0.06	55	0.13	63
荣丰控股	0.71	6	0.43	12	0.00	77	0.17	31	−0.31	86
凤凰股份	0.71	7	0.09	69	0.09	21	0.02	80	0.09	71
华联控股	0.69	8	0.05	88	0.11	14	0.01	81	0.14	60
华丽家族	0.65	9	0.10	67	0.01	69	0.06	57	0.17	52
华远地产	0.62	10	0.19	36	0.07	34	0.04	67	0.07	74

5.10.4　人均指标排名

表 5 - 95 所列的是房地产业上市公司人均价值创造指标描述统计情况。表 5 - 96 所列的是房地产业上市公司人均价值创造指标排名情况。人均增加额排名前三位的企业分别为张江高科、浦东金桥和首开股份。

表 5 - 95　房地产业上市公司人均价值创造指标描述统计　　　　（单位：万元）

	人均增加额	人均薪酬	人均净利润
均值	221.71	24.08	68.27
中位数	122.47	21.68	39.82
最大值	1 333.43	66.96	995.78
最小值	4.59	3.67	−77.38
标准差	239.81	12.72	128.41

表 5 - 96　房地产业上市公司人均价值创造指标排名情况　　　　（单位：万元）

公司简称	人均增加额		人均薪酬		人均净利润	
	数值	排名	数值	排名	数值	排名
张江高科	1 333.43	1	41.64	12	995.78	1
浦东金桥	1 149.41	2	32.93	18	516.73	2
首开股份	953.63	3	50.48	6	206.74	8
城投控股	921.31	4	38.90	14	239.68	4
京投发展	677.15	5	52.02	5	207.28	7
上海临港	644.28	6	52.71	4	270.00	3
滨江集团	605.42	7	30.12	22	228.15	5
中交地产	540.42	8	34.13	17	65.45	27
深振业 A	499.39	9	40.45	13	227.43	6
合肥城建	480.99	10	27.90	28	199.14	10

5.11　租赁和商务服务业

5.11.1　价值创造总额指标排名

表 5 - 97 所列的是租赁和商务服务业上市公司（41 家）价值创造总额指标描述统计情况。表 5 - 98 所列的是租赁和商务服务业上市公司价值创造总额指标排名情况。增加价值总

额排名前三位的企业分别为中国中免、美凯龙、分众传媒。

表5-97　租赁和商务服务业上市公司价值创造总额指标描述统计　　　　　（单位：亿元）

	增加价值总额	员工薪酬	税费	股利	利息支出	企业留存
均值	16.14	5.27	3.94	1.61	1.97	3.75
中位数	5.09	1.41	0.97	0.18	0.10	0.91
最大值	159.82	32.46	62.87	19.52	29.14	53.84
最小值	0.05	0.25	−0.89	0.00	0.00	−3.20
标准差	30.96	7.89	10.50	4.10	5.54	9.59

表5-98　租赁和商务服务业上市公司价值创造总额指标排名情况　　　　　（单位：亿元）

公司简称	增加价值		税费		员工薪酬		股利		利息支出		企业留存	
	数值	排名	数值	排名	数值	排名	数值	排名	数值	排名	数值	排名
中国中免	159.82	1	62.87	1	23.42	3	19.52	1	0.17	20	53.84	1
美凯龙	102.13	2	19.89	2	32.46	1	0.00	29	29.14	1	20.64	3
分众传媒	69.03	3	16.31	3	12.25	6	16.88	2	0.46	16	23.13	2
厦门象屿	59.06	4	13.38	4	15.10	5	6.47	3	14.30	3	9.80	4
怡亚通	36.40	5	7.21	5	12.14	7	0.42	16	16.20	2	0.42	28
蓝色光标	33.12	6	3.39	7	20.91	4	1.52	7	1.39	9	5.91	6
科锐国际	30.74	7	3.10	8	25.55	2	0.00	29	0.01	26	2.08	13
农产品	17.16	8	3.73	6	6.73	10	1.02	10	2.28	5	3.40	8
南极电商	15.21	9	1.57	14	1.73	18	4.08	5	0.06	24	7.78	5
电声股份	12.83	10	1.26	17	10.17	8	0.21	20	0.00	35	1.19	17

5.11.2　价值创造效率指标排名

表5-99所列的是租赁和商务服务业上市公司价值创造效率指标描述统计情况。表5-100所列的是租赁和商务服务业上市公司价值创造效率指标排名情况。美凯龙和中国中免在价值创造总额和价值创造效率上都表现良好。租赁和商务服务业上市公司的设备资本生产性数值高达28.16。

表5-99　租赁和商务服务业上市公司价值创造效率指标描述统计

	资产增加价值率	销售增加价值率	增加价值综合生产性	经营资本生产性	设备资本生产性
均值	0.18	0.37	0.30	0.32	28.16
中位数	0.11	0.36	0.22	0.23	4.85
最大值	1.68	1.24	1.81	2.28	287.24
最小值	0.00	0.00	0.00	0.00	0.02
标准差	0.26	0.29	0.29	0.36	59.95

表 5 - 100　租赁和商务服务业上市公司价值创造效率指标排名情况

公司简称	资产增加价值率		销售增加价值率		增加价值综合生产性		经营资本生产性		设备资本生产性	
	数值	排名	数值	排名	数值	排名	数值	排名	数值	排名
科锐国际	1.68	1	0.78	5	1.81	1	2.28	1	287.24	1
电声股份	0.51	2	0.39	18	0.51	6	0.54	6	43.35	6
中国中免	0.43	3	0.30	25	0.58	5	0.59	5	9.76	14
三人行	0.35	4	0.20	27	0.36	13	0.36	13	183.69	3
分众传媒	0.34	5	0.57	7	0.59	4	0.61	4	5.04	20
元隆雅图	0.26	6	0.18	28	0.30	16	0.31	16	32.28	9
南极电商	0.25	7	0.36	21	0.33	15	0.34	14	216.19	2
畅联股份	0.23	8	0.30	26	0.41	11	0.44	10	0.66	35
锦和商业	0.21	9	0.45	13	0.65	3	0.66	3	39.14	7
德必集团	0.19	10	0.32	22	0.37	12	0.38	12	66.30	4

5.11.3　价值分配指标排名

表 5 - 101 所列的是租赁和商务服务业上市公司价值创造分配指标描述统计情况。表 5 - 102 所列的是租赁和商务服务业上市公司价值创造分配指标排名情况。

表 5 - 101　租赁和商务服务业上市公司价值分配指标描述统计

	员工所得率	政府所得率	股东所得率	债权人所得率	企业留存率
均值	0.48	0.20	0.09	0.13	0.11
中位数	0.39	0.20	0.04	0.02	0.17
最大值	2.58	0.47	0.40	1.72	0.71
最小值	0.08	−0.45	0.00	0.00	−1.83
标准差	0.42	0.14	0.12	0.29	0.46

表 5 - 102　租赁和商务服务业上市公司价值分配指标排名情况

公司简称	政府所得率		员工所得率		股东所得率		债权人所得率		企业留存率	
	数值	排名	数值	排名	数值	排名	数值	排名	数值	排名
香溢融通	0.47	1	0.63	9	0.00	29	0.00	26	−0.11	36
中国中免	0.39	2	0.15	37	0.12	11	0.00	29	0.34	8
普路通	0.38	3	0.19	32	0.04	21	0.22	7	0.16	23
海宁皮城	0.37	4	0.24	30	0.04	19	0.04	17	0.30	11
浙江东日	0.34	5	0.52	15	0.05	17	0.02	21	0.07	29
海印股份	0.33	6	0.25	29	0.04	20	0.35	4	0.03	32
万林物流	0.30	7	0.36	23	0.04	23	0.21	8	0.09	28
深大通	0.29	8	0.17	36	0.00	30	0.01	22	0.54	3
锦和商业	0.27	9	0.25	28	0.32	4	0.00	30	0.16	24
深赛格	0.26	10	0.52	14	0.02	24	0.17	9	0.03	31

5.11.4 人均指标排名

表 5-103 所列的是租赁和商务服务业上市公司人均价值创造指标描述统计情况。表 5-104所列的是租赁和商务服务业上市公司人均价值创造指标排名情况。人均增加额排名前三位的企业分别为紫天科技、南极电商和富森美。

表 5-103 租赁和商务服务业上市公司人均价值创造指标描述统计 （单位：万元）

	人均增加额	人均薪酬	人均净利润
均值	62.43	19.29	25.45
中位数	40.24	16.04	8.64
最大值	366.62	95.77	260.46
最小值	8.16	6.47	−33.30
标准差	62.49	14.15	48.87

表 5-104 租赁和商务服务业上市公司人均价值创造指标排名情况 （单位：万元）

公司简称	人均增加额		人均薪酬		人均净利润	
	数值	排名	数值	排名	数值	排名
紫天科技	366.62	1	29.95	4	260.46	1
南极电商	174.18	2	19.85	11	135.75	2
富森美	149.52	3	13.90	28	103.27	3
科锐国际	115.23	4	95.77	1	7.78	24
中国中免	112.42	5	16.48	20	51.60	7
深大通	101.85	6	17.01	19	54.04	6
分众传媒	101.83	7	18.07	14	59.02	5
厦门象屿	100.69	8	26.04	6	28.07	11
三人行	93.67	9	18.64	13	59.87	4
普路通	89.07	10	17.13	18	18.30	15

5.12 科学研究和技术服务业

5.12.1 价值创造总额指标排名

表 5-105 所列的是科学研究和技术服务业上市公司（57 家）价值创造总额指标描述统计情况。表 5-106 所列的是科学研究和技术服务业上市公司价值创造总额指标排名情况。2020 年科学研究和技术服务业上市公司增加价值总额排名前三位的企业分别为药明康德、华大基因和华建集团。

表 5-105　科学研究和技术服务业上市公司价值创造总额指标描述统计　（单位：亿元）

	增加价值总额	员工薪酬	税费	股利	利息支出	企业留存
均值	9.57	5.74	0.93	0.68	0.21	2.01
中位数	4.90	2.71	0.47	0.32	0.04	0.95
最大值	87.30	54.03	7.33	8.86	1.96	21.00
最小值	0.35	0.23	−0.26	0.00	0.00	−1.79
标准差	14.06	8.67	1.30	1.28	0.41	3.91

表 5-106　科学研究和技术服务业上市公司价值创造总额指标排名情况　（单位：亿元）

公司简称	增加价值		税费		员工薪酬		股利		利息支出		企业留存	
	数值	排名	数值	排名	数值	排名	数值	排名	数值	排名	数值	排名
药明康德	87.30	1	1.45	12	54.03	1	8.86	1	1.96	1	21.00	1
华大基因	47.45	2	7.33	1	18.21	4	1.40	6	0.89	4	19.62	2
华建集团	35.79	3	4.29	2	28.79	2	0.29	34	0.34	10	2.08	17
康龙化成	32.75	4	−0.26	57	21.26	3	2.38	4	0.29	12	9.09	3
华设集团	26.93	5	4.20	3	16.53	6	1.39	7	0.15	16	4.65	5
苏交科	26.15	6	3.80	4	16.80	5	1.15	9	1.40	3	3.00	9
华测检测	22.00	7	1.61	10	14.43	7	0.58	17	0.07	25	5.31	4
甘咨询	15.46	8	1.89	7	10.48	8	0.76	14	0.01	39	2.33	15
中国汽研	13.68	9	1.89	6	5.94	15	2.97	2	0.00	45	2.88	10
勘设股份	13.15	10	2.45	5	4.96	18	1.55	5	0.57	8	3.62	8

5.12.2　价值创造效率指标排名

表 5-107 所列的是科学研究和技术服务业上市公司价值创造效率指标描述统计情况。表 5-108 所列的是科学研究和技术服务业上市公司价值创造效率指标排名情况。资产增加价值率排名前三位的企业分别为深圳瑞捷、奥雅设计和华大基因。

表 5-107　科学研究和技术服务业上市公司价值创造效率指标描述统计

	资产增加价值率	销售增加价值率	增加价值综合生产性	经营资本生产性	设备资本生产性
均值	0.27	0.52	0.41	0.44	5.56
中位数	0.24	0.56	0.32	0.36	1.90
最大值	1.12	0.91	1.05	1.17	133.54
最小值	0.01	0.08	0.03	0.03	0.07
标准差	0.18	0.20	0.24	0.27	17.60

表 5-108　科学研究和技术服务业上市公司价值创造效率指标排名情况

公司简称	资产增加价值率		销售增加价值率		增加价值综合生产性		经营资本生产性		设备资本生产性	
	数值	排名	数值	排名	数值	排名	数值	排名	数值	排名
深圳瑞捷	1.12	1	0.86	4	0.98	2	1.17	1	133.54	1
奥雅设计	0.71	2	0.86	3	0.74	7	0.84	7	11.52	5
华大基因	0.55	3	0.57	27	0.74	8	0.82	8	4.02	11
谱尼测试	0.53	4	0.63	15	0.90	4	0.95	4	1.85	31
华阳国际	0.53	5	0.65	12	0.68	10	0.78	9	3.27	15
筑博设计	0.48	6	0.90	2	0.47	18	0.57	14	3.76	13
华测检测	0.44	7	0.62	19	0.78	6	0.90	5	1.63	35
国检集团	0.43	8	0.63	17	1.05	1	1.10	2	1.42	38
甘咨询	0.42	9	0.62	18	0.52	15	0.65	12	2.35	25
昭衍新药	0.38	10	0.63	16	0.70	9	0.74	10	1.58	37

5.12.3　价值分配指标排名

表 5-109 所列的是科学研究和技术服务业上市公司价值创造分配指标描述统计情况。表 5-110 所列的是科学研究和技术服务业上市公司价值创造分配指标排名情况。从价值分配指标的均值和中位数对比可以明显看出，科学研究和技术服务业上市公司价值分配存在较大的行业内差距。

表 5-109　科学研究和技术服务业上市公司价值分配指标描述统计

	员工所得率	政府所得率	股东所得率	债权人所得率	企业留存率
均值	0.64	0.11	0.08	0.07	0.09
中位数	0.62	0.12	0.06	0.01	0.23
最大值	3.45	0.30	0.41	2.37	0.88
最小值	0.20	−0.24	0.00	0.00	−5.12
标准差	0.43	0.08	0.08	0.32	0.74

表 5-110　科学研究和技术服务业上市公司价值分配指标排名情况

公司简称	政府所得率		员工所得率		股东所得率		债权人所得率		企业留存率	
	数值	排名	数值	排名	数值	排名	数值	排名	数值	排名
华控赛格	0.30	1	3.45	1	0.00	49	2.37	1	−5.12	57
聆达股份	0.29	2	1.40	2	0.00	50	0.50	2	−1.18	56
中源协和	0.25	3	1.08	3	0.00	51	0.01	25	−0.33	55
华电重工	0.23	4	0.62	30	0.04	39	0.02	18	0.09	46

公司简称	政府所得率		员工所得率		股东所得率		债权人所得率		企业留存率	
	数值	排名	数值	排名	数值	排名	数值	排名	数值	排名
华安鑫创	0.22	5	0.25	55	0.16	7	0.05	7	0.32	9
中材节能	0.21	6	0.50	41	0.09	21	0.00	41	0.20	31
阿拉丁	0.21	7	0.26	53	0.36	2	0.00	42	0.17	35
勘设股份	0.19	8	0.38	49	0.12	13	0.04	8	0.28	12
泰坦科技	0.18	9	0.33	51	0.14	10	0.03	12	0.32	10
中设股份	0.18	10	0.50	40	0.04	38	0.00	35	0.27	13

5.12.4　人均指标排名

表 5-111 所列的是科学研究和技术服务业上市公司人均价值创造指标描述统计情况。表 5-112 所列的是科学研究和技术服务业上市公司人均价值创造指标排名情况。人均增加额排名前三位的企业分别为南网能源、开普检测和三联虹普。

表 5-111　科学研究和技术服务业上市公司人均价值创造指标描述统计　（单位：万元）

	人均增加额	人均薪酬	人均净利润
均值	42.17	21.59	14.16
中位数	32.53	20.19	8.17
最大值	152.55	54.79	87.36
最小值	6.58	4.57	−37.15
标准差	31.77	10.00	20.35

表 5-112　科学研究和技术服务业上市公司人均价值创造指标排名情况　（单位：万元）

公司简称	人均增加额		人均薪酬		人均净利润	
	数值	排名	数值	排名	数值	排名
南网能源	152.55	1	35.43	6	79.25	2
开普检测	137.01	2	26.72	11	87.36	1
三联虹普	132.03	3	46.04	3	64.55	3
华大基因	125.58	4	48.19	2	55.64	4
华安鑫创	95.77	5	23.96	17	45.94	6
航天工程	86.80	6	44.61	4	29.54	8
中国汽研	82.81	7	35.96	5	35.38	7
地铁设计	80.99	8	54.79	1	18.54	12
中胤时尚	53.90	9	13.59	47	53.29	5
中公高科	53.21	10	30.21	9	15.83	14

5.13　水利、环境和公共设施管理业

5.13.1　价值创造总额指标排名

表5-113所列的是水利、环境和公共设施管理业上市公司（69家）价值创造总额指标描述统计情况。表5-114所列的是水利、环境和公共设施管理业上市公司价值创造总额指标排名情况。从表5-113可以看出水利、环境和公共设施管理业在价值创造总额上行业内差异不明显，从表5-114也可以明显看出各上市公司在数值上的相近。

表5-113　水利、环境和公共设施管理业上市公司价值创造总额指标描述统计　（单位：亿元）

	增加价值总额	员工薪酬	税费	股利	利息支出	企业留存
均值	7.83	3.07	1.39	0.60	1.23	1.54
中位数	3.40	1.43	0.58	0.19	0.30	0.89
最大值	40.06	24.18	8.41	3.83	11.77	13.82
最小值	0.03	0.15	−0.17	0.00	0.00	−14.17
标准差	9.10	4.33	1.94	0.91	2.13	3.71

表5-114　水利、环境和公共设施管理业上市公司价值创造总额指标排名情况　（单位：亿元）

公司简称	增加价值		税费		员工薪酬		股利		利息支出		企业留存	
	数值	排名	数值	排名	数值	排名	数值	排名	数值	排名	数值	排名
碧水源	40.06	1	7.92	2	8.36	6	1.74	9	11.77	1	10.26	3
盈峰环境	34.70	2	7.55	3	11.57	4	3.80	2	1.28	20	10.50	2
玉禾田	33.87	3	2.42	11	24.18	1	1.55	12	0.38	34	5.34	8
浙富控股	31.20	4	8.41	1	5.29	11	2.15	6	1.54	17	13.82	1
瀚蓝环境	26.49	5	3.73	8	8.83	5	1.69	10	3.35	8	8.89	4
侨银股份	20.46	6	0.61	34	15.29	3	0.41	24	0.49	32	3.66	12
伟明环保	19.12	7	3.81	7	2.45	25	3.83	1	0.30	35	8.73	5
华光环能	17.72	8	3.85	6	6.95	7	1.96	8	0.54	30	4.42	10
上海环境	17.11	9	1.61	19	5.26	12	0.95	15	2.78	9	6.51	6
东方园林	16.85	10	7.15	4	6.55	8	0.00	50	8.04	2	−4.89	68

5.13.2　价值创造效率指标排名

表5-115所列的是水利、环境和公共设施管理业上市公司价值创造效率指标描述统计情况。表5-116所列的是水利、环境和公共设施管理业上市公司价值创造效率指标排名情况。资产增加价值率排名前三位的企业分别为玉禾田、侨银股份和南大环境。

表 5-115　水利、环境和公共设施管理业上市公司价值创造效率指标描述统计

	资产增加价值率	销售增加价值率	增加价值综合生产性	经营资本生产性	设备资本生产性
均值	0.13	0.37	0.29	0.30	4.18
中位数	0.11	0.34	0.22	0.22	1.62
最大值	0.94	0.78	1.35	1.53	38.08
最小值	0.00	0.03	0.01	0.01	0.01
标准差	0.13	0.18	0.23	0.25	7.56

表 5-116　水利、环境和公共设施管理业上市公司价值创造效率指标排名情况

公司简称	资产增加价值率		销售增加价值率		增加价值综合生产性		经营资本生产性		设备资本生产性	
	数值	排名	数值	排名	数值	排名	数值	排名	数值	排名
玉禾田	0.94	1	0.78	1	1.35	1	1.53	1	5.18	11
侨银股份	0.53	2	0.72	4	1.03	2	1.13	2	2.94	20
南大环境	0.36	3	0.67	5	0.35	18	0.38	15	8.33	8
太和水	0.29	4	0.61	12	0.85	17	0.36	19	26.91	4
德林海	0.29	5	0.61	9	0.32	20	0.32	20	38.08	1
艾可蓝	0.24	6	0.30	43	0.26	28	0.27	28	2.77	22
伟明环保	0.22	7	0.61	10	0.82	3	0.85	3	5.12	12
金达莱	0.21	8	0.60	13	0.25	29	0.25	29	4.61	16
万德斯	0.21	9	0.36	31	0.24	33	0.24	33	3.20	19
凯龙高科	0.20	10	0.30	44	0.29	25	0.30	26	0.91	43

5.13.3　价值分配指标排名

表 5-117 所列的是水利、环境和公共设施管理业上市公司价值创造分配指标描述统计情况。表 5-118 所列的是水利、环境和公共设施管理业上市公司价值创造分配指标排名情况。从企业留存率的均值为负值还是可以明显看出，水利、环境和公共设施管理业行业内还是有较多亏损企业。

表 5-117　水利、环境和公共设施管理业上市公司价值分配指标描述统计

	员工所得率	政府所得率	股东所得率	债权人所得率	企业留存率
均值	0.81	0.20	0.08	0.25	−0.33
中位数	0.36	0.18	0.05	0.10	0.25
最大值	14.23	1.94	0.47	5.29	0.61
最小值	0.09	−0.03	0.00	0.00	−15.00
标准差	1.96	0.23	0.09	0.68	2.42

表 5-118 水利、环境和公共设施管理业上市公司价值分配指标排名情况

公司简称	政府所得率		员工所得率		股东所得率		债权人所得率		企业留存率	
	数值	排名	数值	排名	数值	排名	数值	排名	数值	排名
张家界	1.94	1	8.36	2	0.00	50	0.42	9	−9.72	68
西域旅游	0.49	2	14.23	1	0.00	51	1.27	3	−15.00	69
东方园林	0.42	3	0.39	33	0.00	52	0.48	7	−0.29	61
金圆股份	0.38	4	0.19	58	0.03	43	0.11	33	0.29	28
博天环境	0.35	5	4.23	3	0.00	53	5.29	1	−8.88	67
浙富控股	0.27	6	0.17	63	0.07	25	0.05	43	0.44	11
岭南股份	0.27	7	1.09	7	0.00	54	0.56	4	−0.92	64
冠中生态	0.26	8	0.24	51	0.04	39	0.02	51	0.43	14
黄山旅游	0.25	9	0.89	9	0.00	55	0.00	62	−0.14	58
希努尔	0.24	10	0.51	24	0.00	56	0.48	6	−0.23	60

5.13.4 人均指标排名

表 5-119 所列的是水利、环境和公共设施管理业上市公司人均价值创造指标描述统计情况。表 5-120 所列的是水利、环境和公共设施管理业上市公司人均价值创造指标排名情况。水利、环境和公共设施管理业在人均价值创造指标上行业内差异不明显。

表 5-119 水利、环境和公共设施管理业上市公司人均价值创造指标描述统计 （单位：万元）

	人均增加额	人均薪酬	人均净利润
均值	40.24	13.06	14.06
中位数	38.39	11.51	13.26
最大值	132.24	28.96	85.12
最小值	0.57	2.51	−45.48
标准差	26.88	5.86	21.14

表 5-120 水利、环境和公共设施管理业上市公司人均价值创造指标排名情况 （单位：万元）

公司简称	人均增加额		人均薪酬		人均净利润	
	数值	排名	数值	排名	数值	排名
绿茵生态	132.24	1	20.31	10	76.24	2
东珠生态	116.46	2	13.33	24	85.12	1
上海凯鑫	99.36	3	28.96	1	50.50	5
蒙草生态	93.45	4	16.14	18	20.63	20
金达莱	89.90	5	16.32	17	59.15	3
伟明环保	78.38	6	10.05	43	51.49	4
德林海	77.52	7	10.54	40	49.68	6
联泰环保	71.41	8	6.74	65	37.88	7

（续表）

公司简称	人均增加额		人均薪酬		人均净利润	
	数值	排名	数值	排名	数值	排名
碧水源	65.12	9	13.60	22	19.51	24
铁汉生态	63.21	10	23.01	7	2.54	52

5.14　文化、体育和娱乐业

5.14.1　价值创造总额指标排名

表 5-121 所列的是文化、体育和娱乐业上市公司（35 家）价值创造总额指标描述统计情况。表 5-122 所列的是文化、体育和娱乐业上市公司价值创造总额指标排名情况。文化、体育和娱乐业 2020 年价值创造总额均值为 11.02 亿元，中位数为 5.40 亿元，相较于其他行业，文化、体育和娱乐业行业内差异并不明显。

表 5-121　文化、体育和娱乐业上市公司价值创造总额指标描述统计　（单位：亿元）

	增加价值总额	员工薪酬	税费	股利	利息支出	企业留存
均值	11.02	6.10	0.72	1.98	0.13	2.41
中位数	5.40	3.52	0.61	0.78	0.02	1.86
最大值	37.09	18.78	2.32	11.31	1.40	17.48
最小值	0.03	0.26	−0.08	0.00	0.00	−6.70
标准差	12.46	5.92	0.62	2.92	0.28	4.53

表 5-122　文化、体育和娱乐业上市公司价值创造总额指标排名情况　（单位：亿元）

公司简称	增加价值		税费		员工薪酬		股利		利息支出		企业留存	
	数值	排名	数值	排名	数值	排名	数值	排名	数值	排名	数值	排名
芒果超媒	37.09	1	1.68	3	15.48	4	2.31	10	0.14	9	17.48	1
中文传媒	36.98	2	1.28	8	16.00	3	7.45	3	1.40	1	10.85	2
凤凰传媒	36.57	3	1.66	4	18.78	1	10.18	2	0.00	27	5.95	6
中南传媒	35.83	4	1.86	2	18.50	2	11.31	1	0.00	30	4.15	9
山东出版	30.48	5	1.18	9	15.30	5	6.68	4	0.04	13	7.28	4
中原传媒	26.05	6	1.45	6	15.25	6	3.17	8	0.01	18	6.17	5
新华文轩	26.00	7	1.32	7	12.24	7	3.82	6	0.00	28	8.61	3
中国出版	21.64	8	2.32	1	11.39	8	2.22	11	0.08	10	5.62	7
南方传媒	18.96	9	0.74	13	10.39	9	2.78	9	0.15	8	4.92	8
长江传媒	17.43	10	0.49	20	8.82	10	4.25	5	0.01	21	3.86	10

5.14.2　价值创造效率指标排名

表5-123所列的是文化、体育和娱乐业上市公司价值创造效率指标描述统计情况。表5-124所列的是文化、体育和娱乐业上市公司价值创造效率指标排名情况。从表5-123可以明显看出，设备资本生产性行业内差异最大，其他方面则不存在明显差异。

表5-123　文化、体育和娱乐业上市公司价值创造效率指标描述统计

	资产增加价值率	销售增加价值率	增加价值综合生产性	经营资本生产性	设备资本生产性
均值	0.12	0.27	0.17	0.18	10.26
中位数	0.14	0.28	0.19	0.19	1.86
最大值	0.23	0.65	0.36	0.39	108.51
最小值	0.00	0.00	0.00	0.00	0.02
标准差	0.07	0.14	0.09	0.10	23.97

表5-124　文化、体育和娱乐业上市公司价值创造效率指标排名情况

公司简称	资产增加价值率		销售增加价值率		增加价值综合生产性		经营资本生产性		设备资本生产性	
	数值	排名	数值	排名	数值	排名	数值	排名	数值	排名
中信出版	0.23	1	0.35	10	0.24	10	0.25	10	47.83	3
风语筑	0.21	2	0.37	7	0.23	13	0.23	14	4.37	10
芒果超媒	0.20	3	0.26	21	0.28	3	0.30	3	20.18	4
中原传媒	0.20	4	0.27	20	0.32	2	0.33	2	1.74	20
新经典	0.19	5	0.46	3	0.20	16	0.20	17	108.51	1
山东出版	0.18	6	0.31	13	0.24	9	0.25	9	1.35	25
锋尚文化	0.18	7	0.44	5	0.19	18	0.19	18	9.62	6
南方传媒	0.17	8	0.27	19	0.36	1	0.39	1	2.03	17
中国科传	0.17	9	0.39	6	0.24	11	0.24	12	4.04	11
新华文轩	0.16	10	0.29	17	0.26	6	0.27	5	1.56	21

5.14.3　价值分配指标排名

表5-125所列的是文化、体育和娱乐业上市公司价值创造分配指标描述统计情况。表5-126所列的是文化、体育和娱乐业上市公司价值创造分配指标排名情况。文化、体育和娱乐业仅在股东所得率上差异较小，而政府所得率、员工所得率、债权人所得率和企业留存率都存在较大的行业内差异。

表5-125　文化、体育和娱乐业上市公司价值分配指标描述统计

	员工所得率	政府所得率	股东所得率	债权人所得率	企业留存率
均值	1.32	0.18	0.11	0.16	−0.77
中位数	0.52	0.07	0.11	0.00	0.24

（续表）

	员工所得率	政府所得率	股东所得率	债权人所得率	企业留存率
最大值	13.97	2.40	0.32	4.04	0.77
最小值	0.13	−0.18	0.00	0.00	−15.40
标准差	2.57	0.44	0.09	0.69	3.02

表 5－126　文化、体育和娱乐业上市公司价值分配指标排名情况

公司简称	政府所得率		员工所得率		股东所得率		债权人所得率		企业留存率	
	数值	排名	数值	排名	数值	排名	数值	排名	数值	排名
中国电影	2.40	1	13.97	1	0.00	25	0.02	10	−15.40	34
力盛赛车	1.11	2	4.68	3	0.00	26	0.41	2	−5.20	32
锋尚文化	0.26	3	0.13	34	0.17	11	0.00	31	0.44	4
华媒控股	0.21	4	3.25	4	0.00	27	0.26	4	−2.72	30
新经典	0.19	5	0.26	32	0.25	3	0.00	29	0.30	8
中视传媒	0.18	6	1.50	5	0.00	28	0.00	34	−0.69	29
风语筑	0.18	7	0.41	29	0.18	9	0.00	25	0.24	17
世纪天鸿	0.17	8	0.51	21	0.15	13	0.01	16	0.17	25
博瑞传播	0.15	9	0.55	13	0.10	19	0.01	13	0.18	24
光线传媒	0.13	10	0.26	33	0.06	23	0.06	5	0.50	2

5.14.4　人均指标排名

表 5－127 所列的是文化、体育和娱乐业上市公司人均价值创造指标描述统计情况。表 5－128 所列的是文化、体育和娱乐业上市公司人均价值创造指标排名情况。文化、体育和娱乐业在人均价值创造指标上的行业内差异较小。

表 5－127　文化、体育和娱乐业上市公司人均价值创造指标描述统计　　（单位：万元）

	人均增加额	人均薪酬	人均净利润
均值	43.39	20.88	14.91
中位数	34.06	19.56	13.74
最大值	159.61	50.36	96.13
最小值	0.20	8.23	−96.12
标准差	36.44	8.20	31.57

表 5－128　文化、体育和娱乐业上市公司人均价值创造指标排名情况　　（单位：万元）

公司简称	人均增加额		人均薪酬		人均净利润	
	数值	排名	数值	排名	数值	排名
锋尚文化	159.61	1	21.38	16	96.13	1
华策影视	126.96	2	50.36	1	59.65	3

公司简称	人均增加额		人均薪酬		人均净利润	
	数值	排名	数值	排名	数值	排名
华录百纳	99.33	3	27.79	6	76.93	2
新经典	96.47	4	24.94	10	53.14	5
光线传媒	96.45	5	24.70	11	53.75	4
芒果超媒	82.95	6	34.61	2	44.27	6
中国科传	70.32	7	31.92	3	33.30	7
中文传媒	56.66	8	24.52	12	28.04	8
风语筑	54.10	9	22.16	13	22.36	9
凤凰传媒	50.60	10	25.99	8	22.32	10

5.15 综合

5.15.1 价值创造总额指标排名

表 5-129 所列的是综合上市公司（9 家）价值创造总额指标描述统计情况。表 5-130 所列的是综合上市公司价值创造总额指标排名情况。增加价值总额排名前三位的企业分别为中国宝安、东阳光和广汇物流。

表 5-129 综合上市公司价值创造总额指标描述统计 （单位：亿元）

	增加价值总额	员工薪酬	税费	股利	利息支出	企业留存
均值	12.88	4.43	2.72	0.62	1.80	3.31
中位数	6.05	1.69	1.04	0.21	0.56	1.64
最大值	37.94	15.25	11.09	3.77	7.76	9.90
最小值	1.20	0.28	0.01	0.00	0.00	0.40
标准差	14.09	5.32	3.58	1.14	2.66	3.29

表 5-130 综合上市公司价值创造总额指标排名情况 （单位：亿元）

公司简称	增加价值		税费		员工薪酬		股利		利息支出		企业留存	
	数值	排名	数值	排名	数值	排名	数值	排名	数值	排名	数值	排名
中国宝安	37.94	1	6.50	2	15.25	1	0.77	2	5.52	2	9.90	1
东阳光	32.44	2	3.74	3	12.95	2	0.00	7	7.76	1	7.99	2
广汇物流	21.61	3	11.09	1	0.93	6	3.77	1	1.06	3	4.76	3
创元科技	7.09	4	1.04	5	3.77	3	0.40	3	0.24	7	1.64	5
粤桂股份	6.05	5	1.29	4	3.43	4	0.10	6	0.70	4	0.53	8
华金资本	4.62	6	0.59	6	1.69	5	0.21	5	0.56	5	1.57	6

（续表）

公司简称	增加价值		税费		员工薪酬		股利		利息支出		企业留存	
	数值	排名	数值	排名	数值	排名	数值	排名	数值	排名	数值	排名
综艺股份	3.63	7	0.18	7	0.89	7	0.00	7	0.27	6	2.28	4
天宸股份	1.39	8	0.09	8	0.28	9	0.34	4	0.00	9	0.68	7
博通股份	1.20	9	0.01	9	0.70	8	0.00	7	0.08	8	0.40	9

5.15.2　价值创造效率指标排名

表 5-131 所列的是综合上市公司价值创造效率指标描述统计情况。表 5-132 所列的是综合上市公司价值创造效率指标排名情况。资产增加价值率排名前三位的企业分别为华金资本、博通股份和创元科技。

表 5-131　综合上市公司价值创造效率指标描述统计

	资产增加价值率	销售增加价值率	增加价值综合生产性	经营资本生产性	设备资本生产性
均值	0.12	0.87	0.27	0.28	7.41
中位数	0.13	0.49	0.22	0.23	0.76
最大值	0.19	3.78	0.63	0.69	56.45
最小值	0.05	0.19	0.14	0.14	0.29
标准差	0.04	1.06	0.15	0.16	17.39

表 5-132　综合上市公司价值创造效率指标排名情况

公司简称	资产增加价值率		销售增加价值率		增加价值综合生产性		经营资本生产性		设备资本生产性	
	数值	排名	数值	排名	数值	排名	数值	排名	数值	排名
华金资本	0.19	1	0.90	3	0.63	1	0.69	1	4.83	2
博通股份	0.15	2	0.58	4	0.38	2	0.38	2	0.29	9
创元科技	0.15	3	0.22	8	0.22	5	0.23	5	0.76	5
粤桂股份	0.13	4	0.19	9	0.28	3	0.28	3	0.45	7
广汇物流	0.13	5	0.49	5	0.21	6	0.21	6	56.45	1
中国宝安	0.12	6	0.36	6	0.18	7	0.19	7	0.82	4
东阳光	0.12	7	0.31	7	0.24	4	0.24	4	0.49	6
综艺股份	0.06	8	0.96	2	0.15	8	0.15	8	0.32	8
天宸股份	0.05	9	3.78	1	0.14	9	0.14	9	2.26	3

5.15.3　价值分配指标排名

表 5-133 所列的是综合上市公司价值创造分配指标描述统计情况。表 5-134 所列的是综合上市公司价值创造分配指标排名情况。综合上市公司员工所得率和企业留存率数值接近，基本上不存在企业亏损。

表 5-133　综合上市公司价值分配指标描述统计

	员工所得率	政府所得率	股东所得率	债权人所得率	企业留存率
均值	0.37	0.16	0.06	0.09	0.32
中位数	0.40	0.13	0.02	0.07	0.26
最大值	0.59	0.51	0.25	0.24	0.63
最小值	0.04	0.01	0.00	0.00	0.09
标准差	0.17	0.14	0.08	0.07	0.15

表 5-134　综合上市公司价值分配指标排名情况

公司简称	政府所得率		员工所得率		股东所得率		债权人所得率		企业留存率	
	数值	排名	数值	排名	数值	排名	数值	排名	数值	排名
广汇物流	0.51	1	0.04	9	0.17	2	0.05	7	0.22	8
粤桂股份	0.21	2	0.57	2	0.02	6	0.12	4	0.09	9
中国宝安	0.17	3	0.40	4	0.02	5	0.15	2	0.26	5
创元科技	0.15	4	0.53	3	0.06	3	0.03	8	0.23	7
华金资本	0.13	5	0.37	6	0.04	4	0.12	3	0.34	3
东阳光	0.12	6	0.40	5	0.00	7	0.24	1	0.25	6
天宸股份	0.06	7	0.20	8	0.25	1	0.00	9	0.49	2
综艺股份	0.05	8	0.25	7	0.00	8	0.07	5	0.63	1
博通股份	0.01	9	0.59	1	0.00	9	0.07	6	0.34	4

5.15.4　人均指标排名

表 5-135 所列的是综合上市公司人均价值创造指标描述统计情况。表 5-135 所列的是综合上市公司人均价值创造指标排名情况。人均增加额排名前三位的企业分别为广汇物流、华金资本和综艺股份。

表 5-135　综合上市公司人均价值创造指标描述统计　　　　　　（单位：万元）

	人均增加额	人均薪酬	人均净利润
均值	66.67	13.60	28.58
中位数	28.43	11.42	8.00
最大值	293.20	26.02	115.73
最小值	17.37	9.84	1.81
标准差	81.24	4.72	35.20

表 5-136　综合上市公司人均价值创造指标排名情况　　　　　　（单位：万元）

公司简称	人均增加额		人均薪酬		人均净利润	
	数值	排名	数值	排名	数值	排名
广汇物流	293.20	1	12.62	4	115.73	1
华金资本	71.22	2	26.02	1	27.39	4

公司简称	人均增加额		人均薪酬		人均净利润	
	数值	排名	数值	排名	数值	排名
综艺股份	63.29	3	15.59	2	39.80	2
天宸股份	53.56	4	10.62	8	39.47	3
中国宝安	28.43	5	11.42	5	8.00	5
东阳光	27.28	6	10.89	7	6.72	7
创元科技	26.66	7	14.20	3	7.66	6
博通股份	19.01	8	11.19	6	6.40	8
粤桂股份	17.37	9	9.84	9	1.81	9

5.16　卫生和社会工作行业

5.16.1　价值创造总额指标排名

表 5 - 137 给出的是卫生和社会工作行业上市公司（11 家）价值创造总额指标描述统计情况。表 5 - 138 给出的是卫生和社会工作行业上市公司价值创造总额指标排名情况。

表 5 - 137　卫生和社会工作上市公司价值创造总额指标描述统计　　　（单位：亿元）

	增加价值总额	员工薪酬	税费	股利	利息支出	企业留存
均值	21.64	12.15	2.03	1.01	1.08	5.36
中位数	14.79	8.86	1.42	0.00	0.51	5.45
最大值	55.75	31.31	7.28	6.18	3.73	17.67
最小值	0.50	1.84	−0.84	0.00	0.08	−6.14
标准差	19.42	10.06	2.46	1.92	1.18	7.59

表 5 - 138　卫生和社会工作上市公司价值创造总额指标排名情况　　　（单位：亿元）

公司简称	增加价值		税费		员工薪酬		股利		利息支出		企业留存	
	数值	排名	数值	排名	数值	排名	数值	排名	数值	排名	数值	排名
爱尔眼科	55.75	1	7.28	1	28.95	2	6.18	1	0.75	5	12.59	3
美年健康	43.75	2	2.26	5	31.31	1	0.00	5	3.73	1	6.45	5
泰格医药	36.23	3	2.55	3	12.88	5	2.62	2	0.51	6	17.67	1
金域医学	33.84	4	2.52	4	15.29	3	1.51	3	0.29	7	14.22	2
迪安诊断	33.00	5	5.60	2	14.63	4	0.81	4	2.07	3	9.89	4
通策医疗	14.79	6	1.42	6	7.74	7	0.00	7	0.19	10	5.45	6
国际医学	9.91	7	−0.84	11	8.86	6	0.00	6	1.54	4	0.35	8

（续表）

公司简称	增加价值		税费		员工薪酬		股利		利息支出		企业留存	
	数值	排名	数值	排名	数值	排名	数值	排名	数值	排名	数值	排名
盈康生命	3.91	8	0.53	8	1.89	10	0.00	10	0.20	9	1.29	7
宜华健康	3.56	9	0.56	7	6.83	8	0.00	8	2.31	2	−6.14	11
光正眼科	2.79	10	0.37	9	1.84	11	0.00	11	0.26	8	0.32	9

5.16.2 价值创造效率指标排名

表5-139给出的是卫生和社会工作行业上市公司价值创造效率指标描述统计情况。表5-140给出的是卫生和社会工作行业上市公司价值创造效率指标排名情况。

表5-139 卫生和社会工作上市公司价值创造效率指标描述统计

	资产增加价值率	销售增加价值率	增加价值综合生产性	经营资本生产性	设备资本生产性
均值	0.26	0.49	0.63	0.67	2.71
中位数	0.23	0.47	0.50	0.53	1.86
最大值	0.61	1.13	1.85	1.99	13.11
最小值	0.02	0.07	0.04	0.04	0.04
标准差	0.19	0.29	0.49	0.53	3.63

表5-140 卫生和社会工作上市公司价值创造效率指标排名情况

公司简称	资产增加价值率		销售增加价值率		增加价值综合生产性		经营资本生产性		设备资本生产性	
	数值	排名	数值	排名	数值	排名	数值	排名	数值	排名
金域医学	0.61	1	0.41	7	0.84	3	0.90	3	2.96	3
通策医疗	0.51	2	0.71	2	1.85	1	1.99	1	1.86	6
爱尔眼科	0.41	3	0.47	6	1.04	2	1.15	2	2.89	4
迪安诊断	0.29	4	0.31	8	0.42	9	0.44	9	3.28	2
泰格医药	0.27	5	1.13	1	0.47	7	0.48	8	13.11	1
美年健康	0.23	6	0.56	5	0.50	6	0.53	6	1.75	7
光正眼科	0.17	7	0.30	9	0.57	4	0.59	4	0.96	8
盈康生命	0.17	8	0.59	4	0.56	5	0.57	5	2.22	5
国际医学	0.09	9	0.62	3	0.47	8	0.50	7	0.18	10
宜华健康	0.06	10	0.23	10	0.15	10	0.16	10	0.55	9

5.16.3 价值分配指标排名

表5-141给出的是卫生和社会工作行业上市公司价值创造分配指标描述统计情况。表5-142给出的是卫生和社会工作行业上市公司价值创造分配指标排名情况。

表 5-141　卫生和社会工作上市公司价值分配指标描述统计

	政府所得率	员工所得率	股东所得率	债权人所得率	企业留存率
均值	0.10	1.26	0.02	0.12	−0.50
中位数	0.13	0.52	0.00	0.06	0.23
最大值	0.21	6.87	0.11	0.65	0.49
最小值	−0.08	0.36	0.00	0.01	−6.23
标准差	0.08	1.91	0.04	0.18	2.00

表 5-142　卫生和社会工作上市公司价值分配指标排名情况

公司简称	政府所得率		员工所得率		股东所得率		债权人所得率		企业留存率	
	数值	排名	数值	排名	数值	排名	数值	排名	数值	排名
创新医疗	0.21	1	6.87	1	0.00	5	0.15	3	−6.23	11
迪安诊断	0.17	2	0.44	10	0.02	4	0.06	6	0.30	5
宜华健康	0.16	3	1.92	2	0.00	6	0.65	1	−1.73	10
盈康生命	0.14	4	0.48	8	0.00	11	0.05	7	0.33	4
光正眼科	0.13	5	0.66	5	0.00	9	0.09	4	0.11	8
爱尔眼科	0.13	6	0.52	7	0.11	1	0.01	9	0.23	6
通策医疗	0.10	7	0.52	6	0.00	10	0.01	10	0.37	3
金域医学	0.07	8	0.45	9	0.04	3	0.01	11	0.42	2
泰格医药	0.07	9	0.36	11	0.07	2	0.01	8	0.49	1
美年健康	0.05	10	0.72	4	0.00	8	0.09	5	0.15	7

5.16.4　人均指标排名

表 5-143 给出的是卫生和社会工作行业上市公司人均价值创造指标描述统计情况。表 5-144 给出的是卫生和社会工作行业上市公司人均价值创造指标排名情况。

表 5-143　卫生和社会工作上市公司人均价值创造指标描述统计　　　（单位：万元）

	人均增加额	人均薪酬	人均净利润
均值	24.18	13.51	7.10
中位数	24.44	13.15	8.23
最大值	60.06	21.35	33.64
最小值	1.55	8.12	−9.67
标准差	16.79	4.00	11.88

表 5-144　卫生和社会工作上市公司人均价值创造指标排名情况　　　（单位：万元）

公司简称	人均增加额		人均薪酬		人均净利润	
	数值	排名	数值	排名	数值	排名
泰格医药	60.06	1	21.35	1	33.64	1
通策医疗	35.92	2	18.78	2	13.23	3

公司简称	人均增加额		人均薪酬		人均净利润	
	数值	排名	数值	排名	数值	排名
迪安诊断	35.48	3	15.73	3	11.50	4
金域医学	31.59	4	14.27	4	14.69	2
盈康生命	28.72	5	13.88	5	9.51	5
爱尔眼科	24.44	6	12.69	7	8.23	6
光正眼科	16.72	7	10.99	8	1.92	7
国际医学	14.71	8	13.15	6	0.52	9
美年健康	12.52	9	8.96	10	1.84	8
宜华健康	4.23	10	8.12	11	−7.30	10

5.17 住宿和餐饮业

5.17.1 价值创造总额指标排名

表5-145给出的是住宿和餐饮业上市公司（7家）价值创造总额指标描述统计情况。表5-146给出的是住宿和餐饮业上市公司价值创造总额指标排名情况。整个行业中表现最好的上市公司为锦江酒店，增加价值总额高达53.70亿元，远远高于行业内的其他公司。

表5-145　住宿和餐饮业上市公司价值创造总额指标描述统计　（单位：亿元）

	增加价值总额	员工薪酬	税费	股利	利息支出	企业留存
均值	11.84	10.22	1.90	0.11	0.66	−1.05
中位数	3.98	4.38	0.41	0.00	0.01	−0.12
最大值	53.70	39.37	8.52	0.56	3.41	1.84
最小值	0.01	0.11	0.01	0.00	0.00	−5.31
标准差	17.73	12.89	2.89	0.20	1.18	2.44

表5-146　住宿和餐饮业上市公司价值创造总额指标排名情况　（单位：亿元）

公司简称	增加价值		税费		员工薪酬		股利		利息支出		企业留存	
	数值	排名	数值	排名	数值	排名	数值	排名	数值	排名	数值	排名
锦江酒店	53.70	1	8.52	1	39.37	1	0.56	1	3.41	1	1.84	1
首旅酒店	15.53	2	3.26	2	16.54	2	0.00	3	1.05	2	−5.31	7
同庆楼	5.77	3	0.67	3	3.24	5	0.20	2	0.01	5	1.65	2
岭南控股	3.98	4	0.41	4	6.18	3	0.00	3	0.01	4	−2.62	5
西安饮食	2.04	5	0.13	6	1.71	6	0.00	3	0.11	3	0.08	3
全聚德	1.83	6	0.29	5	4.38	4	0.00	3	0.00	7	−2.84	6
大东海A	0.01	7	0.01	7	0.11	7	0.00	3	0.01	6	−0.12	4

5.17.2　价值创造效率指标排名

表 5-147 给出的是住宿和餐饮业上市公司价值创造效率指标描述统计情况。表 5-148 给出的是住宿和餐饮业上市公司价值创造效率指标排名情况。资产增加价值率排名前三位的企业分别为同庆楼、西安饮食和锦江酒店。

表 5-147　住宿和餐饮业上市公司价值创造效率指标描述统计

	资产增加价值率	销售增加价值率	增加价值综合生产性	经营资本生产性	设备资本生产性
均值	0.13	0.33	0.39	0.43	0.82
中位数	0.10	0.29	0.54	0.60	0.69
最大值	0.32	0.54	0.65	0.68	2.35
最小值	0.01	0.07	0.09	0.11	0.03
标准差	0.09	0.16	0.22	0.23	0.67

表 5-148　住宿和餐饮业上市公司价值创造效率指标排名情况

公司简称	资产增加价值率		销售增加价值率		增加价值综合生产性		经营资本生产性		设备资本生产性	
	数值	排名	数值	排名	数值	排名	数值	排名	数值	排名
同庆楼	0.32	1	0.21	6	0.15	6	0.16	6	0.71	3
西安饮食	0.17	2	0.07	7	0.09	7	0.11	7	0.03	7
锦江酒店	0.14	3	0.50	2	0.54	4	0.60	4	0.69	4
全聚德	0.10	4	0.23	5	0.22	5	0.23	5	0.45	6
岭南控股	0.10	5	0.29	4	0.57	2	0.63	2	0.67	5
首旅酒店	0.09	6	0.54	1	0.54	3	0.60	3	0.87	2
大东海 A	0.01	7	0.45	3	0.65	1	0.68	1	2.35	1

5.17.3　价值分配指标排名

表 5-149 给出的是住宿和餐饮业上市公司价值创造分配指标描述统计情况。表 5-150 给出的是住宿和餐饮业上市公司价值创造分配指标排名情况。从表中可以看出，与其他利益相关者相比，员工所得占比极高，均值高达 2.43，其次是政府所得率。

表 5-149　住宿和餐饮业上市公司价值分配指标描述统计

	政府所得率	员工所得率	股东所得率	债权人所得率	企业留存率
均值	0.22	2.43	0.01	0.10	−1.75
中位数	0.16	1.06	0.00	0.06	−0.34
最大值	0.73	9.85	0.03	0.48	0.29
最小值	0.07	0.56	0.00	0.00	−10.06
标准差	0.21	3.08	0.01	0.16	3.44

表 5 - 150　住宿和餐饮业上市公司价值分配指标排名情况

公司简称	政府所得率		员工所得率		股东所得率		债权人所得率		企业留存率	
	数值	排名	数值	排名	数值	排名	数值	排名	数值	排名
全聚德	0.73	1	2.40	2	0.00	7	0.48	1	−10.06	7
西安饮食	0.21	2	0.84	5	0.00	6	0.07	2	−0.34	4
首旅酒店	0.16	3	1.06	4	0.00	5	0.00	7	−1.56	6
锦江酒店	0.16	4	0.73	6	0.01	2	0.06	3	0.03	3
同庆楼	0.12	5	0.56	7	0.03	1	0.00	6	0.29	1
大东海 A	0.10	6	9.85	1	0.00	4	0.00	5	−0.66	5
岭南控股	0.07	7	1.55	3	0.00	3	0.06	4	0.04	2

5.17.4　人均指标排名

表 5 - 151 给出的是住宿和餐饮业上市公司人均价值创造指标描述统计情况。表 5 - 152 给出的是住宿和餐饮业上市公司人均价值创造指标排名情况。人均增加额排名前三位的企业分别为锦江酒店、同庆楼和首旅酒店。

表 5 - 151　住宿和餐饮业上市公司人均价值创造指标描述统计　　　（单位：万元）

	人均增加额	人均薪酬	人均净利润
均值	8.21	9.65	−3.05
中位数	7.39	11.23	−3.64
最大值	15.31	12.21	3.83
最小值	0.96	5.14	−9.64
标准差	4.44	2.52	4.52

表 5 - 152　住宿和餐饮业上市公司人均价值创造指标排名情况　　　（单位：万元）

公司简称	人均增加额		人均薪酬		人均净利润	
	数值	排名	数值	排名	数值	排名
锦江酒店	15.31	1	11.47	2	−4.86	5
同庆楼	11.95	2	9.44	5	−9.64	7
首旅酒店	10.64	3	5.14	7	0.23	3
岭南控股	7.39	4	12.21	1	−7.93	6
西安饮食	6.11	5	11.33	3	−3.64	4
全聚德	5.09	6	11.23	4	0.68	2
大东海 A	0.96	7	6.71	6	3.83	1

5.18   教育行业

5.18.1   价值创造总额指标排名

表5-153给出的是教育行业上市公司（7家）价值创造总额指标描述统计情况。表5-154给出的是教育行业上市公司价值创造总额指标排名情况。2020年教育行业上市公司增加价值总额均值为18.22亿元，增加价值总额排名前三位的企业分别为中公教育、紫光学大和昂立教育。另外，该指标的标准差为27.88，最大值为85.61亿元，最小值为1.12亿元，行业内差距较为明显。

表 5-153   教育上市公司价值创造总额指标描述统计　　　　（单位：亿元）

	增加价值总额	员工薪酬	税费	股利	利息支出	企业留存
均值	18.22	13.59	0.82	0.08	0.57	3.16
中位数	6.24	4.35	0.54	0.00	0.53	0.58
最大值	85.61	57.10	3.75	0.52	1.72	23.04
最小值	1.12	2.04	−0.35	0.00	0.00	−2.85
标准差	27.88	18.32	1.25	0.18	0.55	8.23

表 5-154   教育上市公司价值创造总额指标排名情况　　　　（单位：亿元）

公司简称	增加价值		税费		员工薪酬		股利		利息支出		企业留存	
	数值	排名	数值	排名	数值	排名	数值	排名	数值	排名	数值	排名
中公教育	85.61	1	3.75	1	57.10	1	0.00	3	1.72	1	23.04	1
紫光学大	16.82	2	0.68	3	15.00	2	0.00	3	0.71	3	0.43	5
昂立教育	8.28	3	0.36	5	10.71	3	0.00	3	0.06	6	−2.85	7
东方时尚	6.24	4	0.79	2	3.54	5	0.52	1	0.53	4	0.86	3
传智教育	4.96	5	−0.04	6	4.35	4	0.07	2	0.00	7	0.58	4
科德教育	4.49	6	0.54	4	2.38	6	0.00	3	0.20	5	1.37	2
凯文教育	1.12	7	−0.35	7	2.04	7	0.00	3	0.76	2	−1.32	6

5.18.2   价值创造效率指标排名

表5-155给出的是教育行业上市公司价值创造效率指标描述统计情况。表5-156给出的是教育行业上市公司价值创造效率指标排名情况。增加价值综合生产性排名前三位的企业分别为中公教育、紫光学大和科德教育。教育上市公司价值创造效率指标中的设备资本生产性存在较大的行业内差距。

表 5－155　教育上市公司价值创造效率指标描述统计

	资产增加价值率	销售增加价值率	增加价值综合生产性	经营资本生产性	设备资本生产性
均值	0.34	0.61	0.63	0.68	20.48
中位数	0.32	0.69	0.56	0.58	2.71
最大值	0.70	0.78	1.10	1.23	120.01
最小值	0.03	0.35	0.10	0.10	0.09
标准差	0.21	0.16	0.32	0.37	40.78

表 5－156　教育上市公司价值创造效率指标排名情况

公司简称	资产增加价值率		销售增加价值率		增加价值综合生产性		经营资本生产性		设备资本生产性	
	数值	排名	数值	排名	数值	排名	数值	排名	数值	排名
中公教育	0.70	1	0.76	2	1.10	1	1.20	2	7.49	3
紫光学大	0.47	2	0.69	4	1.05	2	1.23	1	10.23	2
传智教育	0.44	3	0.78	1	0.53	5	0.56	5	120.01	1
昂立教育	0.32	4	0.46	6	0.49	6	0.53	6	2.71	4
科德教育	0.27	5	0.53	5	0.57	3	0.59	3	2.24	5
东方时尚	0.14	6	0.74	3	0.56	4	0.58	4	0.57	6
凯文教育	0.03	7	0.35	7	0.10	7	0.10	7	0.09	7

5.18.3　价值分配指标排名

表 5－157 给出的是教育行业上市公司价值创造分配指标描述统计情况。表 5－158 给出的是教育行业上市公司价值创造分配指标排名情况。从表 5－157 可以看出，员工所得率的均值为 0.95，该占比相较于其他利益相关者的占比而言是极高的，政府所得率均值和股东所得率均值相近。

表 5－157　教育上市公司价值分配指标描述统计

	政府所得率	员工所得率	股东所得率	债权人所得率	企业留存率
均值	0.95	0.01	0.01	0.13	−0.10
中位数	0.88	0.04	0.00	0.04	0.12
最大值	1.82	0.13	0.08	0.68	0.31
最小值	0.53	−0.32	0.00	0.00	−1.18
标准差	0.43	0.14	0.03	0.23	0.49

表 5－158　教育上市公司价值分配指标排名情况

公司简称	政府所得率		员工所得率		股东所得率		债权人所得率		企业留存率	
	数值	排名	数值	排名	数值	排名	数值	排名	数值	排名
昂立教育	1.29	2	0.04	4	0.00	3	0.01	6	−0.34	6
紫光学大	0.89	3	0.04	5	0.00	3	0.04	4	0.03	5

公司简称	政府所得率		员工所得率		股东所得率		债权人所得率		企业留存率	
	数值	排名	数值	排名	数值	排名	数值	排名	数值	排名
传智教育	0.88	4	−0.01	6	0.01	2	0.00	7	0.12	4
中公教育	0.67	5	0.04	3	0.00	3	0.02	5	0.27	2
东方时尚	0.57	6	0.13	1	0.08	1	0.08	2	0.14	3
科德教育	0.53	7	0.12	2	0.00	3	0.04	3	0.31	1

5.18.4 人均指标排名

表 5-159 给出的是教育行业上市公司人均价值创造指标描述统计情况。表 5-160 给出的是教育行业上市公司人均价值创造指标排名情况。人均增加额排名前三位的企业分别为传智教育、科德教育和中公教育。

表 5-159　教育上市公司人均价值创造指标描述统计　　（单位：万元）

	人均增加额	人均薪酬	人均净利润
均值	19.19	17.71	−0.82
中位数	17.10	13.11	3.46
最大值	30.01	31.11	6.89
最小值	14.70	8.87	−20.23
标准差	5.07	7.71	8.73

表 5-160　教育上市公司人均价值创造指标排名情况　　（单位：万元）

公司简称	人均增加额		人均薪酬		人均净利润	
	数值	排名	数值	排名	数值	排名
传智教育	30.01	1	26.32	2	3.94	3
科德教育	22.52	2	11.95	6	6.89	1
中公教育	19.00	3	12.67	5	5.11	2
凯文教育	17.10	4	31.11	1	−20.23	7
东方时尚	15.62	5	8.87	7	3.46	4
昂立教育	15.38	6	19.90	3	−5.29	6
紫光学大	14.70	7	13.11	4	0.37	5

参 考 文 献

[1] Friedman，M. (1970) . The Social Responsibility of Business is to Increase its Profits. New York Times Magazine (13)，235 – 251.

[2] Suojanen，W. W. (1954) . Accounting theory and the large corporation. The Accounting Review，54，618 – 629.

[3] 余绪缨 . 论增值表的编制原理及其分析利用 [J] . 财会通讯，1996 (10)：3 – 5.

[4] Meek G K，Gray S J. The Value Added Statement：An Innovation for U. S. Companies? [J] . 1988 (6)：73 – 81.

[5] Gray R，Owen D，Maunders K T. Corporate Social Reporting：Accounting and Accountability. 1987.

[6] 赵丽萍 . 关于企业增值表问题的再探讨 [J] . 财政研究，2002 (1)：61 – 65.

[7] 娄尔行，张为国 . 新兴的增值表——资本主义企业会计的一个动向 [J] . 会计研究，1985 (1)：20 – 25.

[8] Michael F. Morley. The Value Added Statement in Britain [J] . The Accounting Review，1979，3 (7)：，618 – 629.

[9] Staden V，C J. Aspects of the predictive and explanatory power of value added information in South Africa [J] . South African Journal of Accounting Research，1999，13 (2)：53 – 75.

[10] Karpk，P. and A. Belkaoui. The Relative Relationship between Systematic Risk and Value Added Variables [J] . Journal of International Financial Management and Accouting，1990，1 (3)：259 – 276.

[11] Riahi－Belkaoui，A. Earnings－Returns Relation versus Net－Value Added－Returns Relation：A Case for Nonlinear Specification [J] . Advances in Quantitative Analysis of Finance and Accounting，1996 (4)：175 – 185.

[12] Niranjan，M. and Suvarun，G. Value Added Statement－A Critical Analysis [J] . Great Lakes Herald，2008，2：98 – 120.

[13] 水野一郎 . 付加価値会計の現代的展開 [J] . 産業経理，2003，18 (1)：11 – 24.

[14] Morley，M. F. The Value Added Statement in Britain [J] . The Accouting Review，1979，64 (3)：618 – 629.

[15] 水野一郎 . 現代企業の管理会計：付加価値管理会計序説 [M] . 東京：白桃書房，1990.

[16] Raj，Aggarwal. Value－added annual shareholders meetings：reflections on people's capitalism at Wal－Mart [J] . Journal of Retailing & Consumer Services，2001 (8)：347 – 349.

[17] 楼士明 . 论增值会计 [J] . 会计研究，1996 (11)：25 – 28.

[18] 朱卫东，杨春清 . 利益相关者合作分享企业剩余权的逻辑 [J] . 科技管理研究，2012，32 (07)：191 – 196.

[19] 王锦 . 基于增加价值的企业治理理论与实证研究 [D] . 合肥工业大学，2015.

[20] 王化成 . 中国会计指数研究报名 (2012) [M] . 中国人民大学出版社，2013.

[21] 鲍曙明，张同斌 . 制造业行业分类体系的演变与新进展 [J] . 东北财经大学学报，2017 (5)：25 – 33.

后　记

本研究 2011 年受教育部博士点基金的资助，开始了对增加价值会计的理论与应用研究。2013 年受日本关西大学政治经济研究所水野一郎教授的邀请，去关西大学进行了近两个月的增加价值会计的研究，为本研究报告提供了有益的研究资料。

增加价值会计理论在上世纪 50 年代中期得以构建，当时西方各国处在二战后经济建设的快速成长期，为提高各种资源的利用效率，促进生产效率的提升而进行探索。德国学者雷曼在《创造价值计算论》中以经营共同体思想为基础，把企业看成是由各种利益相关者组成的国民经济的一环，提出以增加价值测度各种资源生产效率的理论与方法。

20 世纪七十年代中期，西方国家掀起了增加价值会计报告制度化的浪潮。日本会计研究学会成立了增加价值会计特别委员会进行了系列的研究，当时的研究报告和出版资料总结了增加价值会计的相关研究，在日本通商产业省产业政策局编制的《日本企业经营分析——企业类别统计》报告和日本银行调查统计局编《主要企业经营分析》等有关企业经营分析的资料中均包括生产性分析指标，并使用与增加价值相关的产出效率指标进行分析，这些资料为展开增加价值会计的研究提供了可以借鉴的经验。

中国改革开放四十多年，经济发展取得辉煌成果。新发展理念要求中国经济发展实现共享发展，实现人民"共同富裕"。初次分配的效率与公平成为社会关注的问题。增加价值反映了企业创造价值在劳动者、股东、债权人和政府之间的初次分配。如何实现初次分配的效率与公平？首先应该把上市公司的初次分配信息通过一定的途径向社会公开，发挥信息的监督作用，提升初次分配的公平性监督。同时，各公司增加价值创造信息利用于经营决策，可提升各生产要素的价值创造效率。本报告以上市公司增加价值信息为基础，在信息披露与分析上做了初步的尝试。

增加价值反映了企业为社会主要利益相关者创造的总体价值，是企业社会价值的重要体现。增加价值的创造效率分析，能反映企业利用劳动力、资本和各种资产的价值产出效率，是站在社会价值的基础上去分析各种社会资源的产出效率，对它的分析有利于社会资源的高效利用。

企业创造的增加价值从概念界定上看是市场反映的创造价值，用减法去计量更加科学准确。为了获导增加价值在利益相关者之间的分配数据，现在普遍采用加法的计算方法去计量企业创造的增加价值。基于现在上市公司披露的年度报告中的财务信息用加法计量的企业增加价值信息可能与减法计量的增加价值信息存在一定的误差。有必要对企业增加价值会计展开系统规范的研究。增加价值会计的制度规范化，增加价值各组成部分的构成、确认计量的内涵、基准等都是值得进一步探讨的内容。

企业增加价值创造的管理在管理会计领域也有理论研究成果和实际应用的案例。海尔集团的人单合一管理模式可以看成是应用增加价值的思想去提高员工价值创造绩效有效应用。日本京瓷公司的阿米巴管理模式也是应用增加价值的思想，计算每个阿米巴组织内单位时间创造增加价值，对它进行管理提高绩效的有效案例。期望增加价值会计的研究能为社会高效利用各种资源创造价值，公平分配创造价值做出有益的探索和贡献。

本书在合肥工业大学经济学院策划下得以在合肥工业大学出版社出版。孙南洋编辑为此书的出版付出了辛勤的工作。在此，对经济学院和出版社的领导以及孙南洋编辑表示衷心感谢。